Martina Schmidt

Ich war eine
Zeugin
Jehovas

Protokoll einer
Verführung

Gütersloher Verlagshaus

Bibliografische Information Der Deutschen Bibliothek
Die Deutsche Bibliothek verzeichnet diese Publikation in der
Deutschen Nationalbibliografie; detaillierte bibliografische Daten sind im
Internet unter http://dnb.ddb.de abrufbar.

ISBN 3-579-06851-2
© Gütersloher Verlagshaus GmbH, Gütersloh 2005

Umschlaggestaltung:
Hauptmann und Kampa Werbeagentur, München – Zürich
Titelbild: © Patrick McSean/ès-collection
Druck und Bindung: GGP Media GmbH, Pößneck
Printed in Germany

www.gtvh.de

» Wenn ihr bleiben werdet an meinem Wort,
so seid ihr wahrhaftig meine Jünger
und werdet die Wahrheit erkennen,
und die Wahrheit wird euch frei machen.«

(Johannes 8,31.32)

EINFÜHRUNG

Wie ist es eigentlich, wenn ein Mensch in eine Sekte gerät?

Zum Beispiel zu den Zeugen Jehovas, einer Religionsgemeinschaft, von der wohl fast jeder schon einmal irgendetwas gehört hat.

Viele halten sie für harmlos. Warum auch soll nicht jeder einfach das glauben können, was er will? Andere aber stufen sie als gefährliche Sekte ein.

Was sind das für Menschen? Sind das ordnungsliebende Menschen, die auf der Suche nach der Wahrheit sind, sich aufopferungsvoll für ihre Religion einsetzen? Oder können nur arme Irre an die wirren Glaubenssätze glauben? Was bringt Menschen dazu, fanatisch für ihren Glauben einzustehen? Was treibt sie, in den Fußgängerzonen zu stehen und an jeder Tür zu klingeln, obwohl sie doch offenkundig keiner hören oder sehen will?

Macht diese Religion nicht sogar bessere Menschen aus ihren Anhängern? Hören Diebe nicht auf zu stehlen, Betrüger zu betrügen und Raucher zu rauchen? Oder leiden hinter den Fassaden Menschen in irgendeiner Art und Weise? Sind Freiheit und Liebe nicht die Wahlsprüche, die sich diese Gemeinschaft auf die Fahnen schreibt, und tut sie es nun zu Recht oder zu Unrecht?

Welche Mechanismen sind wirksam? Wird in irgendeiner Art und Weise das Bewusstsein kontrolliert, und wenn ja, wie? Was kann Menschen, die sich in eine Sekte verstricken, helfen? Und was hilft nicht? Was schadet? Was geht bloß in diesen Menschen vor?

Und wieso sollte ich mich das überhaupt alles fragen?

Dies ist meine Geschichte, die Essenz zweier meiner Lebensjahre. Ich habe diese Jahre bis in die kleinsten Einzelheiten rekonstruieren können durch Publikationen der Wachtturm-Gesellschaft, Tagebuchaufzeichnungen, Notizen, Terminkalender, Briefe, Tonbandaufnahmen und Erinnerungen. Lediglich die Namen der Menschen, um die es hier geht, habe ich geändert, mit Ausnahme meines eigenen und derer meiner Familie.

Vielleicht kann diese Geschichte helfen, Antworten zu den oben gestellten Fragen zu finden. Es geht in diesem Buch nicht darum, die Stichhaltigkeit der Lehren der Zeugen Jehovas zu überprüfen, ihre Glaubwürdigkeit oder ihre geschichtliche Entwicklung darzustellen. Darüber sind andere Bücher geschrieben worden. Ich will niemanden richten oder sagen, was er glauben soll. Ich schildere lediglich, was ich persönlich erlebt habe und wie ich es empfunden habe, denn ich kann nur für mich allein sprechen. Durch meine Erfahrungen möchte ich dafür sensibilisieren, wie Menschen unter moralischen Druck gesetzt werden können. Und ich will stark machen, damit das eigene Denken unangreifbar bleibt.

Die Zeugen Jehovas in Deutschland kämpfen nun schon seit vielen Jahren um den Status einer Körperschaft des öffentlichen Rechts. Sie wären dadurch endgültig als Religionsgemeinschaft anerkannt, hätten steuerliche Vergünstigungen, könnten Kirchensteuer erheben und eigene Kindergärten einrichten. Unzählige ehemalige Zeugen Jehovas warnen vor den Folgen eines solchen Schrittes, während sich die Wachtturm-Gesellschaft selbst gerne als harmlos und gutbürgerlich darstellt.

Teil 1

»Und er versammelte sie an einen Ort,
der heißt auf Hebräisch Harmagedon.«

(Offenbarung 16,16)

KAPITEL 1

Es war ein kalter Märzabend. Meine Eltern saßen am Küchentisch in der großen Wohnküche unserer Bauernkate, als der Hund anschlug. Auf dem kalten Betonboden der Diele hallte sein Bellen wider, jemand musste an der Haustür sein.

Ein Klopfen gegen die Türglasscheibe. Mama ging in die Veranda und kam mit zwei fremden Männern in die Küche, damit sie nicht in der Kälte stehen mussten. Ich beobachtete die Szene durch den Schlitz der Stubentür.

»Guten Abend.«

Der eine, ein langer schlanker Mann, so um die 35, mit dunklen Haaren und betont freundlichem Gesicht, wandte sich meinem Vater zu. Der andere, etwas kleiner und untersetzt, mit ergrauendem Haar, hielt sich dicht hinter dem Sprecher.

»Wir besuchen heute Abend unsere Mitmenschen, um mit ihnen über einen Gedanken aus der Bibel zu sprechen.«

»Zeugen Jehovas, hm?«, sagte Papa. Unser Hof lag so weit ab der Straße, dass zum Glück nur wenige Vertreter zu uns fanden.

Ohne darauf einzugehen, fuhr der Mann fort: »Die heutigen Weltverhältnisse beunruhigen die Menschen. Es scheint, als laufe die Entwicklung auf einen Höhepunkt zu. Nun, aber genau das wurde in der Bibel vorhergesagt. Besonders das Bibelbuch ›Offenbarung‹ beschäftigt sich mit unserer Zukunft. Deswegen bieten wir ein Buch an, das dieses sprichwörtliche ›Buch mit sieben Siegeln‹ Vers für Vers erläutert und zeigt, wie es sich gerade jetzt erfüllt.«

Der Zeuge zauberte ein großes und dickes rotes Buch aus seiner dicken Umhängetasche und hielt es meinem Vater entgegen.

»Nein, nein, von so was alles weiß ich nichts«, wehrte dieser ab. Doch dann fiel ihm ein: »Aber unsere Tochter, die liest im Moment viel in der Bibel, für die wäre das vielleicht was.«

Und schon rief Mama: »Martina!«

Mist, jetzt musste ich aus der Deckung kommen. Nichts hasste ich mehr, als mit wildfremden Leuten sprechen zu müssen.

Ich war vor etwas mehr als zwei Monaten siebzehn geworden und ich fand es nicht gerade fair von Papa, mich diesen Männern auszuliefern, auch wenn ich mich gerade tatsächlich viel mit der Bibel beschäftigte.

Ich hatte mir von meinem schmalen Taschengeld eine Bibel gegönnt, da sich in unserem Haushalt bisher keine befand. Gerade erst hatte ich die ersten beiden Bücher Mose und die Offenbarung gelesen. Aber wie die Zeugen die Offenbarung auslegen wollten, das interessierte mich nun doch.

So kam ich nach einem kurzen Moment des Zögerns hinter der Tür hervor und setzte einen überraschten Blick auf, nach dem Motto »Was, Besuch da?«.

»Dieses Buch erläutert die Offenbarung Vers für Vers und zeigt, wie es sich gerade auf die heutige Zeit anwenden lässt«, wandte sich der Dunkelhaarige nun an mich, offensichtlich erfreut darüber, noch ein weiteres Familienmitglied entdeckt zu haben. Er sah wirklich nicht schlecht aus, er hatte so ein Leuchten in seinen braunen Augen, wie in den Augen eines Kindes. »Schauen Sie es sich doch einfach mal an«, sagte er und drückte mir das Buch in die Hände.

Ich ließ mich auf dem Küchenstuhl nieder. Die beiden Zeugen Jehovas waren jetzt die Einzigen, die noch standen. Der Grauhaarige hatte noch kein Wort gesagt.

In Goldprägung leuchtete der Titel auf dem Einband hervor: »*Die Offenbarung – Ihr großartiger Höhepunkt ist nahe!*« Ein Relief zeigte einige Leute in einer paradiesischen Landschaft, ein strahlender Gott und eine Stadt über ihnen. Ich blätterte und sah wunderschöne Bilder, so detailgetreu gemalt, als sähe man selbst die biblischen Visionen vor Augen, und unheimlich viel Text.

»Na ja, ganz interessant«, kommentierte ich. Der Inhalt ließ sich durch einfaches Blättern leider nicht so schnell greifbar machen.

»Was soll denn das kosten?«, fragte Papa, und der Dunkelhaarige sagte schnell: »Acht Mark – nur für Druck und Papier.«

»Acht Mark ist für so ein Buch wirklich nicht viel«, meinte Mama. »Kauf es ihr doch, Gerhard, sie hat ja auch noch nichts für das gute Zeugnis bekommen.«

Der Zeuge nahm das Geld und verabschiedete sich mit »Dann wollen wir Sie jetzt nicht weiter aufhalten. Ich lasse Ihnen noch zwei Zeitschriften da«, wobei er mir den Wachtturm und Erwachet in die Hände legte. »Falls Sie irgendwelche Fragen beim Lesen bekommen, schreiben Sie sich die auf, wir kommen ein andermal wieder, um sie zu beantworten. Ich freue mich, dass Sie sich die Zeit genommen haben.«

Mama begleitete die beiden daraufhin hinaus und ging wieder zufrieden an ihre Arbeit.

Am nächsten Tag machte ich mich daran, nachmittags nach der Schule und vor allem abends, wenn wir alle zusammen in der warmen Stube saßen und meine Eltern fernsahen, das neue Buch durchzulesen.

Die Offenbarung der Bibel handelte vom Endkampf zwischen Gut und Böse, zwischen Gott und Satan, und von den Geschehnissen in der Zeit des Endes, bei denen letztendlich das Gute als Sieger hervorging und das Böse Vernichtung fand.

Die erste wichtige Botschaft, die das Buch der Zeugen Jehovas mir vermittelte, war: Diese Endzeit fand angeblich jetzt, gerade in dieser Zeit, statt! Der Menschheit stand eine Katastrophe bevor, die den Höhepunkt dieser Prophezeiungen darstellen würde. Dieses Buch versprach spannender zu werden als alle Science Fiction und Fantasy, die ich in den letzten Jahren gelesen hatte.

Fasziniert nahm ich die Botschaft des Buches in mich auf: Gott würde wohl sehr bald schon sein Urteil an der verdorbenen Welt vollstrecken. Wer dem entgehen wolle, könne ein ganz normales, sinnvolles Leben führen, müsse sich aber von Politik, Wirtschaft, Religion, Gewalttätigkeit und Unsittlichkeit fernhalten und sich bemühen, Gottes Willen zu tun.

Nun, das sollte nicht das Problem sein. Wer mitten im Landschaftsschutzgebiet auf einem kleinen Bauernhof wohnte, mit zwei älteren Nachbarehepaaren, das nächste Dorf vier Kilometer und die nächste Kleinstadt zehn Kilometer entfernt, hatte sowieso kaum Gelegenheit, sich mit solchem »weltlichen« Unsinn zu beschäftigen. Da sprachen mir die Zeugen Jehovas doch geradewegs aus dem Herzen.

Natürlich verstand ich nur die Hälfte von dem, was ich las, dafür fehlten mir noch zu viele Grundlehren der Zeugen. Doch mein Interesse war geweckt, und innerhalb weniger Tage hatte ich alle 319 Seiten durchgelesen.

»Nun«, fragte mein Vater, »was sagt das Buch, kommt morgen das Ende der Welt?«

»Tja, es ist schon merkwürdig, wie das alles zusammenpasst, aber alles soll sich an Jehovas Zeugen erfüllen. Sie sagen, dass die Zeit des Endes 1914 begonnen hat, als der Erste Weltkrieg ausbrach. Seitdem wäre es immer schlimmer geworden mit den Kriegen, Hungersnöten, Seuchen und so.«

»Quatsch, das war doch schon immer so.«

»Aber die Statistiken sind wirklich beeindruckend.«

Wenn ich es nüchtern betrachtete, gab es eigentlich nur zwei Möglichkeiten: Entweder das, was die Zeugen Jehovas erzählten, war tatsächlich Quatsch, so würde es aber doch helfen, die Bibel besser zu verstehen, oder aber es war doch alles wahr, dann wäre es wirklich besser, diese Religion genauer kennen zu lernen.

Der Wachtturm, den ich gratis dazu bekommen hatte, beschäftigte sich mit »Babylon der Großen«, einem der vielen Symbole aus der Offenbarung, und wen sie darstellen sollte. Die Deutung fand ich verblüffend:

Die heutige Welt würde von Satan beherrscht, und dazu benutze er hauptsächlich drei Elemente: Politik, die Macht des Geldes und die Religion. Dann verfuhr man nach dem Ausschlussprinzip: Nach Offenbarung 18,3 hätten die Könige mit Babylon Hurerei getrieben; Babylon die Große könne also nicht die Politik darstellen. Derselbe Vers stellte fest, dass Kaufleute durch Babylon reich geworden wären. Also könne sie auch nicht die Macht des Geldes symbolisieren. Übrig blieb: die falsche Religion! Babylon die Große, die »Mutter der Huren«, stünde also für alle Religionen dieser Welt. Babylon hätte Blutschuld aufgehäuft, sei von Gott gerichtet und würde vernichtet werden samt allen, die ihr anhingen.

Was sagte der Anhang meiner Lutherbibel dazu? Unter dem Stichwort »Babylon« fand ich: »Im Neuen Testament wird der Name als Deckbezeichnung für die römische Weltmacht und ihre Hauptstadt Rom verwendet (1 Petrus 5,13; vgl. Offenbarung 18). Vergleichspunkt ist die Feindschaft gegen das Gottesvolk: Der römische Kaiser lässt die Christen verfolgen; die Babylonier haben Jerusalem zerstört und einen Teil des Volkes in die Verbannung geführt.« (Senfkornbibel, Deutsche Bibelgesellschaft Stuttgart, 1984, Anhang)

Das war ja nun was ganz anderes! Wer hatte Recht? Babylon gleich Rom? Das würde bedeuten, dass die Offenbarung sich dann erfüllte, wenn Rom vernichtet würde, denn Babylon die Große wurde zum Schluss vom wilden Tier zerfleischt. Aber Rom existierte doch schon lange nicht mehr als Weltmacht. Dann hätte aber die Offenbarung ihre Bedeutung verloren, ja, die ganze Bibel wäre Humbug.

Nein, die Deutung der Kirche konnte nicht stimmen. Was die Zeugen sagten, klang für mich viel einleuchtender. Sprach das nicht für diese Organisation?

Immer wieder las ich, dass *Harmagedon*, der große Krieg Gottes, der Höhepunkt der Offenbarung, offenbar unmittelbar bevorstand, und dass alle, die noch mit »Babylon der Großen« irgendwie in Verbindung standen, mit ihr vernichtet werden würden.

Sollte man die Kirche nicht doch lieber verlassen? Viel Einfluss übte die Kirche sowieso nicht auf mein Leben aus. Ein Entschluss begann in mir zu reifen: Eigentlich könnte ich auch austreten.

»Mama, ich möchte gerne aus der Kirche austreten«, gestand ich darum eines Abends meiner Mutter, als ich ihr wie so oft um

Mitternacht herum beim Geschirr abtrocknen helfen musste, denn eher kam sie nicht dazu.

»Wie kommst du denn jetzt darauf?« Ihrem Gesichtsausdruck nach zu urteilen bereute sie es schon jetzt, mir das Offenbarungsbuch gegeben zu haben. »Meinst du, wir lassen dich konfirmieren, damit du jetzt wieder austrittst?«

»Aber ihr geht doch auch nie in die Kirche, nicht einmal zu Weihnachten. Wenn die Kirche euch im Leben so egal ist, warum spart ihr euch dann nicht die Steuer?«

»Hör zu, wenn du achtzehn bist, kannst du machen, was du willst, dann ist mir das alles egal, aber bis dahin unternimmst du nichts!«

Damit war die Sache für sie erledigt.

Gut, wartete ich eben, bis ich achtzehn war, bis dahin würde Harmagedon wohl hoffentlich noch nicht gekommen sein.

Ein Problem bereitete mir die sonst scheinbar stimmige Bibelauslegung der Zeugen Jehovas allerdings doch noch: Sie erforderte, dass die Menschheit buchstäblich von Adam und Eva abstammte, die in einem Paradies von einer verbotenen Frucht gegessen hatten und deswegen ihre Vollkommenheit verloren, wodurch sie den Tod auf ihre Nachkommen weitervererbten und so die Wiederherstellung des Paradieses am Ende der Zeiten nötig machten.

Ich war in der elften Klasse und hatte neben Kunst einen Biologie-Leistungskurs belegt, der fünf Wochenstunden umfasste, und mir war klar, dass ich mir dieses Problem gründlich durch den Kopf gehen lassen musste. Es reichte nicht zu sagen, die Evolutionstheorie lasse Raum für einen Schöpfer, der sich eben dieses Mechanismusses bedient habe, sondern es musste schon genau geklärt werden, ob der Mensch nun vom Affen abstammte oder vielleicht doch nicht.

Nun kam es mir wie gerufen, dass auf der letzten Seite des Offenbarungsbuches noch andere Veröffentlichungen der Zeugen Jehovas vorgestellt wurden. Unter anderem las ich dort, dass es ein Buch mit dem Titel »*Das Leben – Wie ist es entstanden?*

Durch Evolution oder durch Schöpfung?« gab, das sogar als »wissenschaftliche Veröffentlichung« bezeichnet wurde.

Ich zeigte meiner Mutter diese Passage.

»Das Buch würde ich gerne bestellen. Schau, es kostet auch nur acht Mark, genau wie das andere.«

»Meinst du, dass das wirklich nötig ist?«

»Ich habe doch im dreizehnten Schuljahr das Thema Evolution auf dem Lehrplan. Vielleicht hilft mir das Buch, mich schon mal genauer darauf vorzubereiten.«

»Nun, das musst du wissen. Wenn du das Geld dafür zu viel hast ...«

So schrieb ich einen Brief an die Wachtturm-Gesellschaft in Selters/Taunus, die mir dieses Buch portofrei zuschicken sollte. Mit dem Fahrrad strampelte ich die vier Kilometer zur nächsten Post, kaufte für acht Mark Briefmarken, steckte sie in den Umschlag und warf den Brief ein.

Da im Moment Osterferien waren und ich dadurch also genug Zeit hatte neben der Arbeit, die auf einem kleinen Bauernhof eben anfiel, nahm ich mir vor, meine Bibel einfach mal durchzulesen, ein Vorhaben, auf das ich richtig stolz war.

»Schau mal, Mama, das hat doch auch was!«

Meine Mutter putzte, während ich ein Mußestündchen auf dem Küchenstuhl zum Bibellesen nutzte. Sichtlich genervt stieß sie zwischen zwei Atemzügen hervor: »Was denn nun schon wieder?« Manchmal schien sie sich zu wünschen, dass sich ihre Tochter doch lieber mit anderen Jugendlichen herumtrieb, statt wieder mal meinem Mitteilungszwang ausgesetzt zu sein. Aber hatte sie nicht auch ein bisschen Schuld daran, wenn sie mir nicht einmal erlaubte, mit dem Fahrrad die zehn Kilometer zur Stadt zu fahren?

»Hier in Sprüche 13, Vers 24 steht: › *Wer seine Rute schont, der hasst seinen Sohn; wer ihn aber lieb hat, der züchtigt ihn beizeiten.*‹ Das heißt doch, dass sich die Bibel gegen die antiautoritäre Erziehung ausspricht. Meinst du nicht auch, dass es viel weniger Drogenabhängige, jugendliche Kriminelle, Alkoholiker und so was alles gäbe, wenn die Eltern hier beizeiten etwas fester durchgegriffen hätten?«

»Ich weiß nicht, ich finde das ein bisschen brutal.« Während sie den Lappen im Dreckwasser auswrang, versuchte sie vergeblich, mit dem Unterarm die grau-schwarze Locke aus der Stirn zu wischen.

»Na hör mal, ihr seid auch nicht gerade zimperlich mit mir umgegangen! Ihr habt zwar nicht buchstäblich eine Rute benutzt, aber draufgehauen wurde da auch mal, wenn ich mich nicht so verhielt, wie ihr es gerne wolltet. Und, habe ich jemals geraucht? Habe ich mich jemals besoffen? Treibe ich mich etwa mit Jungen herum? Wirklich, hättest du das lieber, als dass ich in der Bibel lese?«

»Nein, das nicht«, seufzte sie gequält.

»Jedes Mal wenn ich mir in der Schule meine Mitschüler angucke, kommt mir das Kotzen! Die laufen da herum, die Hose am Knie aufgeschnitten, dass das Hosenbein im Sitzen bis zu den Knöcheln hängt, und dabei eine Fresse, als hätten sie direkt in der Bierflasche übernachtet. Die meinen, die könnten sich alles herausnehmen. Es geht das Gerücht, dass der Lehrerberuf die höchste Selbstmordrate aufweist. Glaubst du, dass diese Typen auch nur eine Ohrfeige zu Hause kriegen? Obwohl das denen wirklich nicht schaden würde. Alle in einen Sack und kräftig draufhauen, triffst immer den Richtigen!«

»Ist das denn wirklich so schlimm?«

»Es ist so schlimm. Die Generation, die da heranwächst, kann einen das Fürchten lehren. Würden die Leute viel mehr nach der Bibel leben und wäre der Glaube an Gott nicht so aus der Mode gekommen, wäre es erst gar nicht so weit gekommen. Aber die Bibel ist ja angeblich nicht anwendbar.«

Ich vertiefte mich wieder in meine Lektüre. War es nicht so, wie ich es gesagt hatte? Hatten die Eltern von heute ihre Kinder denn noch im Griff? Würden die Kinder an Gott glauben, würden sie sich auch jemandem verantwortlich fühlen, aber so …

Und war es nicht auch ein weiser Spruch, was ich jetzt in Sprüche, Kapitel 17, Vers 10 las: *»Ein Scheltwort dringt tiefer bei dem Verständigen als hundert Schläge bei dem Toren.«* Die Bibel ging also sogar noch weiter und riet dazu, sich dem Kind anzupassen und es erst einmal mit Worten zu versuchen bei denen, die sich davon beeinflussen ließen. Ein Mittelweg also, und Mittelwege waren immer gut.

Doch, für mich war die Bibel ein Buch, das man im Leben anwenden sollte, davon war ich mehr und mehr überzeugt.

Es war April geworden. Ich saß mit meiner Bibel in meinem Zimmer und war am Trübsalblasen. Morgen sollte die Schule wieder angehen, und ich hatte eine Lust wie ein toter Hund zum Bellen. Warum konnte man nicht immer frei haben? Ich war so gut vorangekommen mit meinem Bibelleseprogramm und hatte in den letzten zwei Wochen die Sprüche, den Prediger und die Psalmen durchgelesen. Jetzt würde ich wohl wieder keine Zeit mehr dafür haben, stattdessen musste man den lieben langen Tag Dinge in seinen Kopf hämmern, die man sowieso nie wieder brauchen würde. Vielleicht war dieser riesige Plastikbau von Schulzentrum ja in der Zwischenzeit abgebrannt oder wenigstens diese langweilige Geschichtslehrerin krank? Ach, Illusionen halfen jetzt auch nicht weiter.

Ich schlug die Bibel auf und begann, einfach irgendwo zu lesen:

»Und das ist die Zuversicht, die wir haben zu Gott: Wenn wir um etwas bitten nach seinem Willen, so hört er uns. Und wenn wir wissen, dass er uns hört, worum wir auch bitten, so wissen wir, dass wir erhalten, was wir von ihm erbeten haben.« (1 Johannes 5,14.15)

War das Zufall? Oder war es Fügung? Genau diese Stelle gab mir wieder Mut. Handelte Gott mit mir? Wollte er, dass ich zu ihm betete?

Ich legte meine Bibel beiseite und senkte den Kopf. Die Hände faltete ich zusammen, so wie es meine Oma mir einmal gezeigt hatte.

»Lieber Gott.«

Lieber Gott, mach mich fromm, dass ich in den Himmel komm. Mein Gott, klang das kindisch. Aber wie sollte ich Gott sonst anreden? Jesus sagte »Abba, mein Vater«, aber ich war nicht Jesus, und ich wusste nicht, ob ich wirklich würdig war, Gott meinen Vater zu nennen. Herr? Das erschien mir wieder zu unpersönlich. Oder gar: Jehova? Vielleicht lieber Jahwe? Jahwe klang irgendwie schön.

»Lieber Gott, Jehova, Jahwe, oder wie auch immer dein Name ist, bitte, erhöre mein Gebet. Du weißt, was in meinem Herzen ist und welches meine Sorgen und Probleme sind. Bitte, gib mir Kraft, wann immer ich sie brauche, führe mich auf deinen Wegen und zeige mir, wie ich dir so dienen kann, dass es für dich annehmbar ist. Hilf mir, deinen Willen zu erkennen und, bitte, hilf mir, dich zu erkennen.«

Zögernd erhob ich meine Augen zur Decke. Würde sich vor mir der Himmel auftun und ein strahlendes Leuchten meine Augen blenden? Die Decke blieb weiß wie immer.

Doch als ich voll Inbrunst meine Augen schloss, den Kopf gen Himmel erhoben, fühlte ich einen Lufthauch über meine Stirn wehen. Was war das? War es Gott? Ein tiefer Friede begann meinen Körper auszufüllen. Ja, es musste Gott gewesen sein, er hatte mich gehört, denn ich fühlte mich ihm so nah, mein ganzes Selbst bestand nur noch aus Frieden und aus Geborgenheit und Liebe? Nie zuvor hatte ich so etwas gefühlt. Ja, Gott gab mir seine Kraft, seine Stärke und Glauben, der mir helfen würde, alles zu schaffen und alles zu überstehen, was immer sich mir in den Weg stellte.

Als ich die Augen öffnete, durchlief noch einmal ein Erschauern meinen Körper und ich war wieder da. Das musste es sein, was man mit Nähe zu Gott meinte. War das nicht der Beweis, dass es ihn gab und dass er uns hörte? Oh ja, diesem Wesen wollte ich mein Leben widmen, ihm wollte ich dienen.

Auf diese Weise lief der Schulalltag wieder einigermaßen erträglich an. Ich war überzeugt, dass ich diesen Umstand allein Gott zu verdanken hatte. Als seine Dienerin, als ein Kind, das versuchte, ihn zu finden und ihm zu gefallen, wandelte ich auf dem Erdboden dahin mit einer ständigen Verbindung zwischen mir und dieser Kraft da irgendwo ganz weit oben. Das Gebet nahm ich immer öfter in Anspruch, denn mit Glauben schien alles wie von selbst zu klappen. Wo ich erst einen Berg gesehen hatte, blieb nach dem Gebet kaum mehr ein Hügel übrig.

So saß ich eines Morgens beim Frühstück. Meine Eltern schliefen noch, was ungewöhnlich war für einen Bauern, aber da das bisschen Vieh, das wir mal gehabt hatten, verkauft werden musste, damit wir uns über Wasser halten konnten, gab es nichts, was ein frühes Aufstehen unbedingt erfordert hätte.

Während ich mein Brot mit Butter bestrich, lachte mich schon die ganze Zeit diese Marmelade an, Kirschmarmelade aus dem Handel, nicht immer nur diese blöde selbst gemachte Erdbeermarmelade. Doch als ich den Deckel öffnen wollte, gab es eine herbe Enttäuschung: Das Glas war noch frisch. Normalerweise war mein Vater der Einzige, der frische Marmeladengläser aufbekam, und normalerweise gab meine Mutter ihm abends die Gläser zum Aufmachen, damit ich morgens Marmelade haben konnte. Das hatte sie diesmal wohl vergessen. Nach ein paar zaghaften Versuchen stellte ich das Glas zurück. Da hätte man Bodybuilder sein müssen.

Mein Blick ging über die Schokocreme hin zum Honig und mein Mund zog sich schon beim Gedanken an dieses süße Zeug zusammen. Als Alternative standen Leberwurst und selbst gemachtes Schmalz zur Verfügung – igitt. Sollte es denn so unmöglich sein, so ein dummes Glas aufzukriegen?

Moment, hatte Gott mir nicht auch bei anderen Kleinigkeiten geholfen? Vielleicht würde er das ja auch hierbei machen. Ein Versuch schadete schließlich nichts ...

»Lieber Gott, ich weiß zwar, dass es dir bestimmt egal ist, ob ich Marmelade essen kann oder nicht, aber vielleicht möchtest du mir trotzdem meine Bitte erfüllen, mir Kraft zu geben, damit ich das Glas aufkriege. Aber nur, wenn du es willst, wenn du mir nicht hilfst, will ich es nicht übel nehmen.«

Wie hieß es noch? »*Und was ihr bitten werdet in meinem Namen, das will ich tun, damit der Vater verherrlicht werde im Sohn.*« (Johannes 14,13) Deswegen fügte ich noch schnell hinzu: »Das bitte ich im Namen deines Sohnes Jesus Christus.«

So nahm ich das Glas und wollte gerade alle meine Kraft daransetzen, als es auch schon »Pflopp« machte.

»Danke, lieber Gott, dass du auch in dieser Sache deine Dienerin unterstützt«, vergaß ich nicht, noch schnell hinterherzuschicken.

Während ich nun die Marmelade auf das Brot schmierte, kamen bohrende Zweifel auf. Irgendwie kam ich mir lächerlich vor. Da betete man zu Gott, damit man ein Glas aufmachen konnte, wo gab es denn so was! Und was, wenn sich das Glas durch das vorherige Probieren schon leicht geöffnet hatte? Das war eigentlich viel zu kurz dazu gewesen. Wenn es Zufall war? Unwahrscheinlich. Hatte ich nicht die Kraft gespürt, die auf einmal in meiner Hand steckte? Hatte sich das Glas nicht fast schon wie von selbst geöffnet?

Wie auch immer, wenn mir tatsächlich Gott geholfen hatte, so wusste ich jetzt, dass er mir immer helfen würde, aber in Zukunft wollte ich ihn nicht mehr mit solchen Bagatellen belästigen, das nahm ich mir fest vor.

»Was ist denn jetzt mit diesem Buch, das du bestellt hast? Haben die dir das tatsächlich geschickt?«, fragte eines Abends mein Vater hinter dem Küchentisch.

»Ja, ja, das ist schon seit einiger Zeit da. Ich habe es aber erst zur Hälfte gelesen. Wenn ich nachmittags um vier erst von der Schule komme, habe ich nicht so viel Zeit zum Lesen.«

»Und? Schlauer geworden?«

»Na ja, die Evolutionstheorie steht nicht auf so festen Füßen, wie alle meinen. Es gibt genug Gründe, die dagegen zu sprechen scheinen.«

»Und wie soll dann nach deren Meinung das alles entstanden sein?«

»Nun, Gott hat halt alles erschaffen, so wie es in der Bibel steht. Der Mensch könnte doch auch von Adam und Eva abstammen.«

»Und den Quatsch glaubst du?«

»Niemand kann beweisen, dass die Evolution stimmt. Kannst du mir beweisen, dass die Bibel nicht stimmt?«

Mit einem Ausdruck der Hilflosigkeit konnte Papa nur den Kopf schütteln, aber seiner Stirn war deutlich abzulesen, was er in Wirklichkeit dachte: »Der ist auch nicht mehr zu helfen.« Mit Mühe unterdrückte ich meinen Ärger, als ich diese Miene bemerkte, und erst recht, als ich das gequälte Gesicht meiner Mutter sehen musste. Sie war wieder mal gar nicht erfreut darüber, dass ausgerechnet dieses unangenehme Gesprächsthema als Hintergrundmusik diente.

»Willst du denn auch mit denen Klinkenputzen gehen?«

Da traf er meinen empfindlichsten Nerv. So erstaunt ich auch über die Glaubenslehre der Zeugen Jehovas war und so verblüfft über die Schlüssigkeit ihrer Argumentation, so abstoßend fand ich doch dieses »von Tür zu Tür gehen«. Was für ein ekliger Gedanke: Bei wildfremden Leuten zu klingeln und ihnen von etwas zu erzählen, wovon sie weder Ahnung hatten noch Interesse, am besten noch beschimpft und hinausgeworfen zu werden. Wollte ich das wirklich? Nein, das wollte ich wirklich nicht! Es musste doch auch irgendeine andere Möglichkeit geben, Gott zu dienen. Im Wachtturm hatte ich was von »Betheldienst« gelesen, also von Zeugen, die in den Druckereien arbeiteten und mit allem, was sonst noch so dazugehörte. Vielleicht könnte man auch einfach nur ihre Zusammenkünfte besuchen, ohne predigen gehen zu müssen.

So antwortete ich wahrheitsgemäß: »Nein, das will ich wirklich nicht.«

Endlich durfte ich zu Bett gehen, doch meine Gedanken waren noch viel zu aufgewühlt um einzuschlafen. Stimmte das, was ich in dem neuen Buch gelesen hatte? Ich glaubte felsenfest an Gott. Ich glaubte auch, dass die Bibel das Wort Gottes an uns Menschen war. Konnte man sie deswegen aber wortwörtlich nehmen? Für all die Behauptungen der Zeugen Jehovas hatten sie Bibeltexte gefunden. Vielleicht hatten die sich die ja nur ausgedacht? Schließlich hatten sie eine eigene Bibelübersetzung benutzt, die »Neue-Welt-Übersetzung«. Ich nahm meine Lutherbibel und schlug einige Stellen nach.

In Matthäus 24,3 fragten die Jünger Jesus: »*Sage uns, wann wird das geschehen? Und was wird das Zeichen sein für dein Kommen und für das Ende der Welt?*« Und Jesus hatte in Vers 7 geantwortet: »*Denn es wird sich ein Volk gegen das andere erheben ... und es werden Hungersnöte sein und Erdbeben hier und dort.*«

In dem Buch der Zeugen Jehovas wurde dann noch das Lukasevangelium zitiert. Ich schlug Lukas 21,10.11 auf: Tatsächlich, Jesus sprach wieder über die Endzeit: »*Dann sprach er zu ihnen: Ein Volk wird sich erheben gegen das andere und ein Reich gegen das andere, und es werden geschehen große Erdbeben und hier und dort Hungersnöte und Seuchen; auch werden Schrecknisse und vom Himmel her große Zeichen geschehen.*«

Papa hatte gesagt, das wäre schon immer so gewesen. Das Buch räumte aber damit auf: Teile des Zeichens der Endzeit, von denen Jesus gesprochen hatte, wären tatsächlich immer zu beobachten gewesen, aber in der heutigen Zeit seien einige Umstände anders. Erstens seien zum ersten Mal alle Einzelheiten des Zeichens gleichzeitig zu bemerken. Diese Ereignisse beobachte außerdem eine komplette *Generation*, und zwar die Generation, die auch schon 1914 am Leben war, als die Endzeit begann. »*Dieses Geschlecht wird nicht vergehen, bis es alles geschieht*«, erklärte Jesus in Lukas 21,32. Zweitens könne man zum ersten Mal überall, auf der ganzen Welt, die Auswirkungen des Zeichens spüren und drittens hätten sich die Verhältnisse seitdem ständig verschlechtert, wie ja schon Jesus in Matthäus 24,8 feststellte: »*Das alles aber ist der Anfang der Wehen*«. Und viertens könne man beobachten, dass sich erfülle, was Jesus in Matthäus 24,12 vorausgesagt hatte, dass nämlich »*die Liebe in vielen erkalten*« würde. Waren die Menschen nicht wirklich fürchterlich in der heutigen

Zeit? Lieblos, egoistisch, brutal und rücksichtslos? Konnte es denn wirklich jemals so schlimm gewesen sein wie heute?

Außerdem erfüllte sich heute noch eine Prophezeiung in beeindruckender Art und Weise: *» Und es wird gepredigt werden dies Evangelium vom Reich in der ganzen Welt zum Zeugnis für alle Völker«*, sagte Jesus in Matthäus 24,14, was man eindeutig auf die Tätigkeit der Zeugen Jehovas in der ganzen Welt beziehen könne, und der letzte Teil dieses Verses stand noch aus: *»... und dann wird das Ende kommen«*.

Tja, was sollte ich dazu sagen? Ich betrachtete die Illustrationen zu diesen Ausführungen: Im Hintergrund die Trümmer von Hochhäusern (sah nach Manhattan aus), eingetaucht in einen blutroten Schein, getroffen von Blitzen, die aus den düsteren Wolken darüber herniederschossen; im Vordergrund Familien mit Kindern, die sich von diesem Inferno entfernten, freudestrahlend, befreit. Die Bösen vernichtet, die Guten gerettet.

Das alles erschien mir ungeheuerlich. Was, wenn es aber doch stimmte? Wenn sich die Offenbarung tatsächlich heute erfüllte? Wenn jetzt tatsächlich die Endzeit war und sich all diese spannenden Dinge, von denen Jesus sprach, jetzt erfüllten? Wenn es denn so wäre, wollte ich ganz bestimmt zu den Guten gehören.

Was, wenn es höchst aktuelle Worte wären, die ich in Matthäus 24,36 – 42 las:

»Von dem Tage aber und von der Stunde weiß niemand, auch die Engel im Himmel nicht, auch der Sohn nicht, sondern allein der Vater. Denn wie es in den Tagen Noahs war, so wird auch sein das Kommen des Menschensohns. Denn wie sie waren in den Tagen vor der Sintflut – sie aßen, sie tranken, sie heirateten und sie ließen sich heiraten bis an den Tag, an dem Noah in die Arche hineinging, und sie beachteten es nicht, bis die Sintflut kam und raffte sie alle dahin – so wird es auch sein beim Kommen des Menschensohns. Dann werden zwei auf dem Felde sein; der eine wird angenommen, der andere wird preisgegeben. Zwei Frauen werden mahlen mit der Mühle; die eine wird angenommen, die

andere wird preisgegeben. Darum wachet; denn ihr wisst nicht, an
welchem Tag euer Herr kommt.«
Aber da war ich dann auch schon eingeschlafen.

Mein Kopf ist erfüllt von einem Dröhnen. Es drückt gegen meine
Schläfen, es betäubt meine Ohren. Wie ich mich auch winde, ich
kann ihm nicht entkommen, während es lauter und lauter wird,
meine Gedanken überdeckt, bis ich nur noch Dröhnen bin und
... Stille.
Ich stehe in der Veranda, mein Blick durch die trüben Glas-
scheiben auf unseren Rasen gerichtet und den Weg, der zu unserem Haus führt. Stille. Auf einmal fällt Feuer vom Himmel, einzelne Feuerbälle, die herabschießen und alles in Brand setzen,
was sie treffen. Wie wogende Wellen breitet sich das Feuer aus,
umgibt die Veranda, während ich vor Schreck erstarrt bin. Ich
sehe, wie sich die Flammen unter der Tür durchquetschen wollen, und ich weiß, es gibt kein Entkommen, die Welt draußen ist
nicht mehr, und ich weiß nicht, ob es vielleicht doch irgendeine Hoffnung gibt für mich, ob Gott mich rettet ...
Schweißgebadet schreckte ich aus dem Bett hoch. Was war
das denn jetzt? War das eine Vision? Hatte Gott mir diesen Traum
geschickt, um mich zu warnen? Um zu zeigen, dass so die Zukunft
aussah und ich handeln musste, um eine Chance zu haben?
Ich hatte gelesen, dass ich die Wahl hatte: Entweder Gott dienen und leben oder nur meinen eigenen Wünschen folgen und
vernichtet werden. Noch war es Zeit, zu Gott zu kommen. Noch
war es Zeit, diesem schrecklichen Strafgericht, das da kommen
sollte, zu entgehen.
»Oh Herr, mein Gott, Jehova, wenn dieser Traum eine Warnung sein sollte, so habe ich sie gehört. Ich will auf deinen Pfa-
den wandeln und deinen Willen tun. Für dich will ich da sein
und dir Freude bereiten wie ein Kind seinem Vater. Hilf mir bitte,
dich zu erkennen. Hilf mir, das zu tun, was du für mich vorgesehen hast. Hilf mir, dass ich gerettet werden kann. Führe mich.
Erhöre mein Gebet durch Jesus Christus, deinen Sohn.«

So verharrte ich auf meiner Bettdecke, den Kopf gesenkt und die Hände gefaltet im Gebet, der Tatsache bewusst, dass ich Gottes Gnade völlig ausgeliefert war, und hoffte auf Erhörung. Und da war er wieder, dieser Lufthauch, der über meine Stirn strich. Dankbar schlug ich die Augen auf. Ja, Gott hatte mich erhört. Er würde mich führen, er würde mir den Weg zeigen, wie ich gerettet werden konnte.

KAPITEL 2

Tags darauf bellte abends der Hund wieder wie verrückt: Das untrügliche Zeichen dafür, dass jemand an der Haustür sein musste. »Ich geh schon hin, Mama!«

Durch die Glasscheibe konnte ich sie gleich erkennen. Es waren die beiden Zeugen Jehovas, die mir vor einem Monat das Offenbarungsbuch verkauft hatten, dieser überaus gut aussehende Dunkelhaarige und der dickliche Ältere.

»Guten Abend. Wie schön, Sie wieder anzutreffen.« Offensichtlich wollte der Dunkelhaarige auch diesmal wieder der Wortführer sein.

»Äh, guten Abend, meine Eltern haben im Moment gar keine Zeit, wir wollen gleich essen und ...«

»Wir wollten sowieso hauptsächlich Sie wieder treffen. Haben Sie denn schon einmal Zeit gehabt, ein wenig in das Buch, das wir Ihnen das letzte Mal dagelassen haben, hineinzusehen?«

»Natürlich, ich habe es schon ganz durchgelesen.«

»Aber das ist ja wunderbar!« Sein Gesicht strahlte wie die Abendsonne. »Haben Sie irgendwelche Fragen, mit denen Sie uns bombardieren möchten?«

Wie in der Schule. »Habt ihr noch Fragen?«, und keiner meldete sich, weil sowieso allen alles klar war. Ich schüttelte den Kopf.

»Waren Sie denn nicht erstaunt darüber, dass Babylon die Große das Weltreich der falschen Religion darstellt und dass somit auch die christliche Kirche von Gott verurteilt ist? Und ist es nicht auch erstaunlich, dass die Bibel so offen darüber spricht, welches Schicksal Babylon erwartet?«

»Nein. Von der Bibel sollten wir doch erwarten, dass sie uns die Wahrheit sagt, oder?«

»Dann gestatten Sie mir, dass ich Ihnen noch kurz einen Vers aus der Bibel vorlese.« Und schon zog er eine Bibel aus seiner Umhängetasche und blätterte in den letzten Seiten.

»Hier, Offenbarung 18, Vers 4. Vielleicht möchten Sie mit hineinschauen.« Er stellte sich so hin, dass wir beide in die aufgeschlagene Bibel hineinsehen konnten. Nur zu gut noch konnte ich mich an diesen Text erinnern, in dem eine Stimme vom Himmel her das Volk Gottes aufforderte, aus Babylon zu flüchten, um nicht mit ihr vernichtet zu werden.

»Wir müssen also handeln, wenn wir dem Strafgericht, das bald Babylon die Große treffen wird, entgehen wollen«, fasste der Prediger zusammen und blickte mir keck in die Augen. Er erwartete offensichtlich einen Kommentar von mir, irgendeinen Widerspruch.

»Ich habe auch vor, aus der Kirche auszutreten, sobald ich volljährig bin«, antwortete ich mit einem Grinsen.

Darauf war er wohl nicht vorbereitet. »Tja«, und er trat einen Schritt von mir zurück, »da kann man Sie ja eigentlich nur noch beglückwünschen.« Er lächelte verlegen.

»Danke«, erwiderte ich schlicht.

Eine Weile schwiegen wir uns gegenseitig an.

»Ich lasse Ihnen noch mal einen Zettel da.« Er zog ein Blatt Papier aus seiner Tasche und gab es mir. Ich sah sofort, wovon es handelte: Darauf stand, wann und wo sich die Zeugen Jehovas regelmäßig in Eckernförde, der nächstgelegenen Kleinstadt, versammelten. Ich hatte gelesen, wie wichtig es war, mit anderen Zeugen Jehovas zusammenzukommen, wenn man Gott richtig kennen lernen wollte, und ich hatte mich schon lange gefragt, wie um Gottes Willen ich das herausfinden sollte. Aber Eckern-förde! Das war so weit weg!

»Vielleicht finden Sie ja mal die Gelegenheit, im König-reichssaal vorbeizuschauen. Wir würden uns sehr darüber freu-en. Und zum Schluss lasse ich Ihnen auch noch zwei Zeitschrif-ten da.« Er legte mir einen Wachtturm und einen Erwachet in die Hände. Darüber freute ich mich wirklich. Endlich wieder neues Lesefutter. Der Ältere schaute mich sehr zufrieden an.

»Dann wollen wir Sie nicht länger aufhalten. Wir werden Sie sicher wieder mal besuchen, wenn wir dürfen.«

»Ja, sicher. Auf Wiedersehen.« Der Dunkelhaarige nickte zufrie-den und wandte sich zum Gehen. Ich schloss die Tür hinter ihm.

Die neuen Zeitschriften verschlang ich noch am selben Abend.

Den Erwachet fand ich nicht so toll, da war viel Blabla und dass man das eine tun und das andere lassen sollte, aber der Wachtturm, ja, der war spannend. Auch diesmal konnte ich wie-der von Babylon der Großen lesen und wie sie vernichtet wer-den würde. Wer gerettet werden wollte, musste Babylon die Große verlassen, sprich nichts mehr mit der falschen Religion zu tun haben. Wer gerettet werden wollte, musste sich aber auch Gott hingeben, um ihm zu dienen, und sich taufen lassen.

Gott hingeben, das hatte ich ja eigentlich schon in meinen Gebeten getan. Aus der Kirche austreten konnte ich, sobald ich achtzehn war, das war ja auch nur noch etwas über ein halbes Jahr hin, fehlte also nur noch die Taufe. Eine Erwachsenentau-fe, mit vollständigem Untertauchen ins Wasser. Gut, das wollte ich alles tun, aber Zeuge Jehovas werden und womöglich noch predigen gehen, das lag mir immer noch sehr fern.

Der Wachtturm sagte, dass diejenigen gerettet würden, die den Namen Jehovas anriefen, und führte dazu Römer 10,13 in ihrer Neue-Welt-Übersetzung an. In meiner Lutherbibel lautete der Vers folgendermaßen: »*Denn, wer den Namen des Herrn anrufen wird, soll gerettet werden.*« (Joel 3,5) Im Buch Joel war im zitierten Vers »HERR« in Großbuchstaben geschrieben. Der Anhang erklärte, dass »HERR« für die Konsonanten JHWH im hebräischen Urtext stand. »Durch ein Missverständnis ist später daraus das Kunstwort JeHoVaH geworden. Die ursprüngliche Form des Gottesnamens lässt sich erschließen aus der Kurzform jah, die z. B. in Hallelu-jah (preist Jahwe) enthalten ist, sowie aus alten griechischen Texten.«

Bis jetzt kannte ich nur eine Religionsgemeinschaft, die überhaupt irgendeinen Namen Gottes benutzte die Zeugen Jehovas. Dann konnten sie eigentlich nicht so verkehrt sein. Jedenfalls wollte ich in meinen Gebeten fortan auch den Namen »Jehova« benutzen.

Auf den Rückseiten der Zeitschriften wurden wieder Bücher zum Verkauf angeboten. Der Erwachet pries das Buch »*Überleben – und dann eine neue Erde*« für den Spottpreis von 2,50 DM an. Nein, Geschäfte konnten die bei diesen Preisen eigentlich nicht machen.

Auch dieses Buch sollte sich darum drehen, was uns allen bevorstand, wann es geschehen sollte und wie man dem entgehen konnte. Das klang so spannend! Ich musste unbedingt mehr darüber wissen. Aber was würden meine Eltern sagen, wenn ich noch mehr Bücher dieser Gemeinschaft haben wollte?

Auf der Werbeseite für das Buch über die Evolutionstheorie war ebenfalls ein weiteres Buch angepriesen, das mich nun auf einmal brennend interessierte. Es trug den verheißungsvollen Titel »*Du kannst für immer im Paradies auf Erden leben*« und versprach Antworten auf alle elementaren Fragen, die ich hatte: Wer war Gott? Wieso ließ er das Böse zu? Wer kam in den Himmel? Vor einem Monat erst hatte ich dieses Buch nicht bestellt, weil es mir zu sehr danach aussah, dass mir irgendwelche Glaubensinhalte eingetrichtert werden sollten, zu sehr nach Indoktrination. Aber jetzt schien es mir geradezu unumgänglich, dieses Buch zu lesen, wollte ich der schrecklichen Vernichtung der gottlosen Welt entgehen. Was geschah da nur mit mir?

»Da ist heute Vormittag ein Päckchen für dich gekommen. Wachtturmgesellschaft steht drauf. Du hast doch wohl nicht noch mehr Bücher von denen bestellt?«

Mama schaute mich wieder mit diesem Gesichtsausdruck an, der mich so sehr reizen konnte. Was ging sie das überhaupt an? Aber ich war noch viel zu müde von der Schule, um mich mit ihr streiten zu können. »Ist doch mein Taschengeld«, antwortete ich deswegen nur lakonisch.

»Dein Bibellesen wird mir manchmal unheimlich. Das ist doch nicht normal, dass ein Mädchen in deinem Alter den ganzen Tag nur in der Bibel liest.«

»Soll ich mich lieber in der Stadt herumtreiben? Vielleicht mal ein bisschen besaufen, ein bisschen was mit einem Jungen haben, das wäre wohl normaler, was?«

Mama wandte sich wieder gequält ihrer Arbeit zu und ich verzog mich mit den neuen Büchern für die nächsten Stunden auf mein Zimmer.

Das Paradiesbuch war schnell gelesen. Ich war ein wenig enttäuscht davon. Das schien mir nun doch alles ein bisschen zu sehr vereinfacht zu sein:

Auf der einen Seite Adam, der durch seinen Ungehorsam im Paradies die Vollkommenheit und damit das ewige Leben für sich und alle seine Kinder verwirkte, nur weil er einen Apfel gegessen hatte. Auf der anderen Seite Jesus, der als einziger vollkommener Mensch unschuldig starb und dadurch wie ein Opferlamm die Sünde der Menschen tilgte, um wieder ewiges Leben im Paradies auf der Erde zu ermöglichen.

Auf der einen Seite Gott, der geklärt haben wollte, ob er überhaupt unbedingten Gehorsam von uns Menschen fordern durfte, oder ob wir Menschen besser allein für uns sorgen könnten. Auf der anderen Seite Satan, der Teufel, der zeigen wollte, dass alle Menschen Gott ungehorsam sein würden.

Auf der einen Seite die Böcke, die Bösen, die ewige Vernichtung verdient hatten. Auf der anderen Seite die Schafe, die heute von Jesus aus den Menschen herausgesondert wurden, die Guten, die ewiges Leben bekommen würden.

Auf der einen Seite schwarz, auf der anderen Seite weiß.

Das Überlebensbuch war nicht viel besser. Alle Glaubenssätze noch mal ein wenig anders formuliert, hier und da der eine oder andere Aspekt anders beleuchtet. Noch ein paar Punkte mehr, die zeigen sollten, warum gerade 1914 die Zeit des Endes begonnen haben sollte, noch ein paar Zitate mehr, die dieses bestätigen sollten.

Interessant an diesem Buch war, dass es alle möglichen Bibelberichte aus dem Alten Testament auf heute bezog. Jede der frommen Geschichten, die ich als Kind schon in meiner Bilderbibel immer so geliebt hatte, hatte anscheinend eine konkrete Bedeutung für uns moderne Menschen, entweder indem sie uns Verhaltensmaßstäbe vermittelte oder als eine Art Prophezeiung der kommenden Dinge. So hatte ich die Bibel noch gar nicht gesehen.

Die Geschichte aus Hesekiel 9,1-11 berührte mich auf eigenartige Weise.

»*Und siehe, da kamen sechs Männer auf dem Wege vom oberen Tor her, das gegen Norden liegt, und jeder hatte ein Werkzeug zum Zerschlagen in seiner Hand. Aber es war einer unter ihnen, der hatte ein Kleid von Leinwand an und ein Schreibzeug an seiner Seite ... und der HERR rief dem, der das Kleid von Leinwand anhatte und das Schreibzeug an seiner Seite, und sprach zu ihm: Geh durch die Stadt Jerusalem und zeichne mit einem Zeichen an der Stirn die Leute, die da seufzen und jammern über alle Gräuel, die darin geschehen. Zu den anderen Männern aber sprach er, so dass ich es hörte: Geht ihm nach durch die Stadt und schlagt drein; eure Augen sollen ohne Mitleid blicken und keinen verschonen ... aber die das Zeichen an sich haben, von denen sollt ihr keinen anrühren.*« (Hesekiel 9,2-6)

Ein Kennzeichen an der Stirn derer, die überleben sollten! Sollte etwa der Hauch auf meiner Stirn, den ich bei meinen ersten ernsthaften Gebeten gespürt hatte, meine Kennzeichnung gewesen sein? Das wäre so wunderbar.

Das Überlebensbuch machte allerdings klar, dass es nicht allein ausreichte, ein anständiges Leben zu führen und sich von den gottlosen Religionsorganisationen fern zu halten, um zu überleben. Man müsste auch als Anbeter Jehovas gekennzeichnet sein, und dieses Zeichen sollten alle Gott hingegebenen, getauften Zeugen Jehovas haben. Also müsste ich mich eigentlich nur noch taufen lassen.

Hoffentlich würde ich unter denen sein, die überlebten.

Das Dröhnen in meinem Kopf wurde wieder stärker und stärker. Ich warf mich von einer auf die andere Seite, aber ich konnte nicht entkommen. Wenn es doch nur endlich aufhören würde ...

Schau nach links. Du, ja, du bist auserwählt. Du darfst Gott schauen. Schau nach links ...

Ja, ich will Gott sehen. Wo bist du, Herr?

Nein, niemand darf Gott sehen als Jesus allein. Du bist Satan, du bist der Versucher, lass ab von mir, geh weg ...

Ich werde nicht schauen, ich werde in die andere Richtung sehen.

Das Dröhnen schwillt wieder an, es lähmt mich ...

Komm, mach die Beine auseinander, du sollst dich mit Gott verschmelzen. Lass mich in dich!

Ja, komm, Herr, das ist so schön, so schön ...

Nein, jetzt erkenne ich dich, du bist Satan, verschwinde, so verschwinde doch endlich! Ich kann mich nicht bewegen, oh nein, ich bin ausgeliefert, Gott, hilf mir, hilf mir ...

Schweißgebadet fuhr ich auf. Er war wieder da, dieser Teufel. Der Leuchtzeiger meines Weckers zeigte wieder ein Uhr. Warum nur immer um diese Zeit? Irgendwo da war er, bereit wieder loszuschlagen, sobald ich wieder eingeschlafen und wehrlos war.

»Oh Herr, Jehova, mein Gott, bitte beschütze mich vor Satan, mach, dass er verschwindet, dass er mich in Ruhe lässt. Ich will doch dir treu bleiben! Bin ich zu weit gegangen, habe ich mich beschmutzt? Oh Jehova, im Namen deines Sohnes Jesus Christus flehe ich dich um Verzeihung an, wenn ich gesündigt haben sollte. Bitte, reinige mich, führe mich auf deinem Weg und sorge dafür, dass dein Widersacher, der Satan, mir nichts mehr anhaben kann. Amen.«

Angsterfüllt betete ich zu Gott, den Kopf reumütig über die gefalteten Hände gesenkt, und hoffte auf Vergebung. Ich spürte zwar nicht mehr diesen angenehmen Hauch, aber ich fühlte, dass ich Gott nahe war und dass er wie ein liebevoller Vater auf sein Kind herabblickte. Er würde mich schützen. Satan war nur noch ganz fern, er konnte mir nichts mehr anhaben.

So konnte ich beruhigt wieder einschlafen. Vor dem Dröhnen brauchte ich keine Angst mehr zu haben, es würde nie wiederkommen.

Nach der Schule war ich mit dem Stadtbus ins Zentrum gefahren. Mein Bus nach Hause ging erst in einer Stunde, deswegen wollte ich noch ein bisschen bummeln gehen.

Vor einem Laden sah ich eine kleine alte Frau stehen. Sie hielt sich zwei Zeitschriften vor die Brust, mit der Titelseite nach vorne, so dass jeder sehen konnte, dass es sich um Wachtturm und Erwachet handelte. An dieser Stelle hatte ich schon oft welche stehen sehen, aber ich hatte sie nie weiter beachtet.

Diese Frau hier war irgendwie anders. Sie schaute jedem Passanten freudig entgegen und hielt dabei die Zeitschriften ein wenig höher, aber die Leute gingen einfach an ihr vorbei, und sie verfolgte sie dann in einem Halbkreis mit ihren Zeitschriften, und jedes Mal sah ihre Miene so bedrückt, so traurig aus. Sie wusste, dass sie etwas Wunderbares zu bieten hatte, und sie hätte es jedem Einzelnen gegönnt, das auch kennen zu lernen. Bei jedem Einzelnen hoffte sie, eine gute Seele zu finden, und bei jedem Einzelnen war sie ehrlich enttäuscht, wenn es sich nicht so verhielt.

Ich musste sie einfach irgendwie aufmuntern! Sie setzte sich so sehr für ihre Mitmenschen ein, sie hatte etwas Gutes verdient.

Ich blieb bei ihr stehen. Irritiert hielt sie in ihrer Halbkreisbewegung inne, so als ob sie es noch gar nicht ganz begriffen hätte, dass da jemand nicht einfach weitergehen wollte.

Dann quoll ein Wasserfall an Worten aus ihr heraus, alles, was sie schon die ganze Zeit jemanden hatte erzählen wollen, von den Zeitschriften, von Jehovas Königreich und von der Hoffnung der Sanftmütigen, einmal für immer in einer neuen Welt leben zu können. Ich war schier überwältigt von der Begeisterung des alten Mütterchens.

»Ich weiß schon von den Lehren der Zeugen Jehovas, ich habe einige ihrer Bücher gelesen.«

»Oh, dann tut es mir Leid, dass ich so viel von Dingen erzählt habe, die Ihnen längst vertraut sind. Aber, Moment ...«, und sie kramte aus ihrem Täschchen zwei Zeitschriften hervor, die sie mir in die Hände legte, »ich schenke Ihnen noch diese Zeitschriften, ihr Jugendlichen seid ja meist recht mittellos.«

»Oh, vielen Dank!« Ich freute mich ehrlich über noch mehr Zeitschriften. Allerdings sah ich sofort, dass die Zeitschriften das Erscheinungsdatum vom letzten Jahr hatten.

»Nun ja, vielleicht sehen wir uns einmal wieder«, meinte die freundliche Alte.

»Ja, das hoffe ich auch.« Vielleicht würde ich sie sehen, wenn ich mal in den Königreichssaal kommen könnte. Das wäre schön.

Ja, das war ein Gespräch, von dem beide etwas hatten. Sie hatte endlich jemandem eine Predigt halten können und ich war seit langem mal von jemandem mit ernsthaftem Interesse behandelt worden. Aber in einem Punkt machte ich mir keine Illusionen: Ich hätte bestimmt nicht so viel Kraft, stundenlang in der Fußgängerzone zu stehen und die Leute an mir vorübergehen zu sehen!

In der darauf folgenden Woche am Montag kamen so gegen halb sieben Uhr abends wieder zwei Zeugen Jehovas an unsere Tür. Mama öffnete ihnen, und ich erkannte gleich den Dicken wieder, der immer nichts sagte. Diesmal war eine junge Frau in seiner Begleitung, eine sehr zarte Erscheinung mit dünnen schwarzen Locken und stark geröteten Wangen.

»Kommen Sie doch in unsere Stube, dort können Sie sich in Ruhe mit unserer Tochter unterhalten.« Mama ließ die beiden mit einladender Geste durch unsere Wohnküche in die Stube eintreten, wo wir uns um den Wohnzimmertisch herum setzten. Sie selber verschwand allerdings sofort wieder in der Küche und schloss die Tür.

»Jaaa«, grinste die junge Frau mich verlegen an und blickte daraufhin auf ihren Begleiter, als sei nicht ganz klar, wer diesmal Wortführer sein sollte. Der sagte jetzt zum ersten Mal auch etwas.

»Wie schön, dass wir uns mal so in Ruhe zusammensetzen können. Ich stelle uns am besten erst einmal vor: Mein Name ist Dieter Gollersch, und das ist Schwester Ruth Hoffmann«, zeigte er auf die Frau. Ich schätzte sie auf Mitte Zwanzig. Schwester?

»Ja, ich bin auch froh, dass wir mal ungestört sein können«, erwiderte ich und gab damit meinem momentan stärksten Gefühl Ausdruck. Wie oft hatte ich schon darum gebetet, dass Gott mir die Gelegenheit verschaffen möge, mich mit Zeugen Jehovas zu unterhalten, ohne unter den Augen meiner Eltern jedes Wort zweimal abwägen zu müssen. Nun, hier war offenkundig seine Antwort auf meine Gebete, und ich wollte mich ganz seiner Führung unterstellen.

»Ich habe bereits ein paar Bücher bei den Zeugen Jehovas bestellt«, begann ich.

»Welche Bücher hast du denn bestellt? Ich darf doch ›du‹ zu dir sagen?«, wollte die junge Frau von mir wissen.

»Moment, ich zeige sie Ihnen.« Im Nu hatte ich die drei Bücher aus meinem Zimmer geholt und breitete sie auf dem Stubentisch aus.

»Hast du die denn alle schon durchgelesen?« Ihre Augen leuchteten genauso begeistert wie die des dunkelhaarigen Mannes, der sonst immer mit mir gesprochen hatte.

»Klar. Ich habe die schon lange durch. Im Moment lese ich wieder einfach so in der Bibel.«

»Hast du auch schon die ganze Bibel durchgelesen?«

»Na ja, fast, die beiden Bücher der Chronik habe ich noch nicht gelesen, die sind so trocken.«

Die beiden Zeugen blickten sich an und nickten anerkennend.

»Gestatte mir bitte eine ganz persönliche Frage: Glaubst du an Gott?«

»Ja«, antwortete ich schlicht. Wieder anerkennendes Nicken.

»Wir bieten den Leuten nicht nur Bücher an, sondern auch die Möglichkeit zu einem kostenlosen Heimbibelstudium. Auf diese Art und Weise können die Wahrheiten der Bibel noch viel besser verstanden werden. Wäre das nicht was für dich?«

Ein *Heimbibelstudium*. Ich hatte davon gelesen.

»Wir würden dann einmal in der Woche zu dir nach Hause kommen und zusammen ein Buch durchlesen, zum Beispiel das Paradiesbuch. Fragen, die dir dann einfallen, können dann viel besser besprochen werden. Dir ist bestimmt auch schon aufgefallen, dass am Fuß der Seiten immer Fragen zu den einzelnen Abschnitten stehen. Die werden dann auch besprochen«, erläuterte die Frau. Der Mann hatte in der Zwischenzeit in seiner Bibel geblättert und einen Text aufgeschlagen.

»Sieh dir an, was die Bibel dazu sagt.« Er schob mir seine Bibel hin. »Lies doch mal, was in Johannes, Kapitel 17, Vers 3 dazu steht.«

Diese Bibel war wenigstens größer gedruckt als meine. Also las ich mit fester Stimme vor, dass Erkenntnis über Gott und Christus aufzunehmen ewiges Leben bedeutete.

Ich schlug die Bibel wieder zu. »*Neue-Welt-Übersetzung der Heiligen Schrift*« leuchtete mir in goldenen Lettern entgegen. Allerdings war dieses Exemplar schon arg abgegriffen. Die Zeugen Jehovas schienen ihre Bibeln oft zu gebrauchen. Ich schob sie zu dem Zeugen zurück.

»Nein danke, ich glaube nicht, dass so ein Studium nötig ist. Ich lese ja auch so schon genug und die Bücher habe ich bisher auch so ganz gut verstehen können. Ich glaube auch nicht, dass es meinen Eltern recht wäre, wenn Sie mich so regelmäßig besuchen würden.«

»Ja, das verstehe ich. Hm, hast du dann vielleicht Lust, mal in den Königreichssaal zu kommen?« Die Frau schaute mir hoffnungsvoll in die Augen und schien meine Freude bei dieser Frage zu bemerken, aber auch die Enttäuschung, die gleich darauf folgte:

»Ich würde schon gerne mal hinkommen, aber ich kann nur mit dem Fahrrad dahin fahren, und Sie wissen, es ist sonntags früh und der Weg ist so weit, das erlauben mir meine Eltern bestimmt nicht.«

»Das ist kein Problem. Ich habe ein Auto. Ich würde hierher kommen und dich abholen, und ich würde dich auch wieder zurückfahren«, meinte die Frau.

»Wirklich? Ja, wenn das denn nicht zu viel verlangt ist, das würde ich sehr gerne einmal machen!« Ich war begeistert. Gott schien wieder alles recht zu lenken.

»Okay. Sagen wir diesen Sonntag? Ich wäre dann um viertel vor neun hier.«

»Klar, das geht in Ordnung!«

Die beiden Zeugen schoben die Stühle zurück und verabschiedeten sich herzlich bei mir. Vorher schenkten sie mir noch die neuesten Zeitschriften. »Bis Sonntag dann also.« Ich geleitete sie zur Tür hinaus.

Mama war aus der Küche verschwunden. Sie konnte also auch nicht an der Tür gelauscht haben. Irgendwie beruhigte mich das.

Beim Abendessen wollte Papa von mir wissen, was bei dem Gespräch herausgekommen war, so als erwartete er, ich hätte irgendeinen Vertrag unterschrieben oder eine Waschmaschine gekauft.

»Die Frau holt mich Sonntagvormittag zur Versammlung im Königreichssaal ab.«

»Was?« Mama war entsetzt. »Du kannst die doch nicht nur wegen dir hierher fahren lassen! Schämst du dich nicht?«

Papa schien das auch überhaupt nicht zu schmecken. »Du spinnst doch«, flüsterte er.

»Jetzt kann sie der aber auch nicht mehr absagen. Also müssen wir sie wohl hinfahren lassen«, wandte Mama ein.

»Aber lass dich ja nicht von denen bequatschen, da etwa öfter hinzugehen!« Papa schien richtig wütend.

»Wieso? Andere gehen zum Sportverein«, meinte ich.

»Ach, was soll denn der Quatsch!« Damit war das Gespräch für ihn erledigt und er wandte sich wieder seinem Essen zu. Mir war irgendwie der Appetit vergangen. Ich war nur froh, dass ich diesmal nicht auf die Idee gekommen war, um Erlaubnis zu fragen, als diese Ruth mir den Fahrdienst anbot. Das wäre peinlich geworden.

Ich sollte da also nicht öfter hingehen. Es war aber sehr wahrscheinlich, dass ich da öfter hingehen wollte, ich musste es sogar.

Ich verzog mich auf mein Zimmer und blätterte im Paradiesbuch. Beim zweiten Mal Durchlesen war es mir schon nicht mehr ganz so unglaubwürdig erschienen. Es stand ja alles in der Bibel!

Ich blieb am Kapitel über Satan hängen. Er führte die Menschen irre. Er war der »Feind des ewigen Lebens«. Er war ein »Meister der Täuschung«. »*Und das ist auch kein Wunder; denn er selbst, der Satan, verstellt sich als Engel des Lichts*«, war auch in meiner Bibel in 2 Korinther 11,14 zu lesen.

Und da Satan also unser aller Feind war, würde er alles tun, um zu verhindern, dass wir Gott erkennen konnten. Er könnte zum Beispiel dafür sorgen, dass wir verspottet würden, sobald wir uns mit der Botschaft der Bibel befassten. Einige Angehörige und gute Freunde könnten auf die eine oder andere Weise Widerstand leisten. Schon Jesus hatte gesagt: »*Und des Menschen Feinde werden seine eigenen Hausgenossen sein.*« (Matthäus 10,36)

Mein Vater sollte ein Werkzeug Satans werden, mein Feind? Das sollte nicht so sein!

Hilf, Jehova, mache meinen Vater verständig, ändere seinen Sinn, damit er mich nicht daran hindert, zu deinem Volk zu gehen! Es muss ja dein Wille sein, dass ich dahin gehe. Warum sonst habe ich auf einmal so viel mit den Zeugen Jehovas zu tun, seit ich mich dir hingegeben habe?

KAPITEL 3

Ich war fix und fertig angezogen, saubere Jeans, sauberer Pulli, Haare gebürstet, Schuhe zugebunden. Es war Sonntag, der 18. Juni 1989, und von mir aus konnte es losgehen zum Königreichssaal.

Meine Eltern lagen noch im Bett. Wenn ich unbedingt sonntagmorgens um acht schon aufstehen wollte, war das wohl meine Sache, also hatte ich mir mein Frühstück alleine gemacht. Wenigstens brauchte ich mir auf diese Weise keine dummen Sprüche anzuhören.

Jetzt war es Viertel vor neun. Ob diese Frau überhaupt kommen würde? Vielleicht hatte sie mich schon lange vergessen. Aber eigentlich waren die so wild hinter neuen Anhängern her, dass mir das sehr unwahrscheinlich erschien. Die würde schon noch kommen.

Durch das Verandafenster sah ich ein weißes Auto an unserem Hof vorbeifahren. Wenig später hatte es am Ende der Straße, bevor es nur noch den Feldweg in den Wald gab, gewendet und hielt nun vor dem Hofplatz. Ich stürmte zum Auto und setzte mich auf den Beifahrersitz.

»Guten Morgen. Na, ausgeschlafen?«, lachte sie mich an. Die erste freundliche Begrüßung für mich heute.

»Ja. Guten Morgen.«

Sie fuhr los auf die Kreisstraße.

»Weißt du, wo der Königreichssaal ist?«, fragte sie mich.

»Ja, ja, ich habe auf dem Zettel, den ich mal bekommen habe, gesehen, dass er in der Nähe von den ganzen Supermärkten sein muss. Aber, ehrlich gesagt, mir ist da noch nie ein Saal aufgefallen.«

»Das kann schon sein. Man muss die Straße nur ein Stück weiter an den Läden vorbeifahren, das letzte Haus ist dann der Königreichssaal. Er wird dir gefallen, wir haben ihn erst neu gebaut. Alle Zeugen Jehovas aus der Nähe waren gekommen, um zu helfen. Das war ein Hallo, sage ich dir. Übrigens, du kannst ruhig Ruth zu mir sagen.«

»Gerne. Ich bin Martina«, nickte ich ihr zu.

Ich war gespannt wie ein Flitzebogen: Heute sollte ich mit Jehovas Volk zusammenkommen. In den Büchern waren Bilder von Königreichssälen zu sehen gewesen, von daher wusste ich schon mal das eine: Wie in einer Kirche würde es nicht sein.

Ruth bog an den Supermärkten vorbei in einen kleinen Weg ein, ließ die übrigen Läden rechts und links liegen und parkte schließlich auf einem Parkplatz, der zu diversen Bekleidungsgeschäften gehörte. Es sah alles noch sehr neu aus.

»So, wir sind da.« Ruth stieg aus ihrem Auto aus. Ich ging um das Auto herum zur Fahrertür.

»Moment, ich ziehe mir nur noch andere Schuhe an. Mit diesen Pumps kann ich einfach kein Auto fahren.« Sie hatte ihre Straßenschuhe ausgezogen und vor den Sitz gelegt. Nun stand sie auf mit ihren Pumps, schwarzem Rock und weißer Rüschenbluse und sah wirklich wie aus dem Ei gepellt aus. Nur ihre Locken machten zusammen mit ihren Rüschen und den glühenden Wangen einen etwas wirren Eindruck. Um die Schulter hängte sie sich eine alte Schultasche.

Zusammen machten wir uns auf den Weg zu einem langen Haus. Es erschien mir wie ein Kasten mit Dach. Die Klinker leuchteten in der Morgensonne, und der schmale Weg und die Bepflanzung machten einen sehr gepflegten Eindruck. Es war erst kurz nach neun, aber der kleine Parkplatz vor dem Saal war bereits voll. Vor der großen Eingangstür standen zwei Männer und begrüßten jeden Ankommenden mit Handschlag.

»Warum sind die Fenster hier alle vergittert?«, fragte ich. Erst jetzt fielen mir die glänzend schwarzen Eisengitter rings um das Haus auf.

»Es hat immer wieder Vandalen gegeben, die die Fenster eingeschlagen haben. Deswegen mussten wir die Gitter davor machen. Nicht schön, aber wirkungsvoll.« Ruth lächelte etwas gequält.

»Morgen, Michael, Morgen, Christian. So früh auf dem Posten?« Ruth gab den beiden Männern an der Tür schwungvoll die Hand.

»Oh, du hast jemanden mitgebracht?« Der eine, Michael offenbar, dünn und schlaksig, streckte mir seine Hand entgegen. »Herzlich willkommen!« Zögernd ergriff ich sie. Mit einer solch herzlichen Begrüßung hatte ich nicht gerechnet.

Das Empfangskomitee am Eingang war aber noch nichts gegen das, was nun folgen sollte. An jeder Ecke standen Zeugen, die Herren in Schlips und Kragen, die Damen in Rock und Bluse, in freundlichen Plausch vertieft, aber sobald sie Ruth sahen, begrüßten sie sie freudestrahlend mit einem herzlichen »Guten Morgen, Ruth!« und sahen dann mich. Ich kam mir mit meinen Jeans sehr fehl am Platz vor.

Unzählige Hände, die die meinen schütteln wollten, blitzende Zähne an allen Enden, Schulterklopfen hier und da, und Ruth, die mich jedem Einzelnen vorstellte und mir auch deren Namen sagte. Mein Kopf war bald nur noch ein einziger Wirrwarr von dem vielen Bruder hier und Schwester da, so dass es mir kaum gelang, mich einmal in Ruhe umzusehen.

Der Saal bestand nach dem Eingangsraum aus einem großen Raum mit Auslegeware, künstlichen Bäumen am Rand und unter den Fenstern, und war voll gestellt mit gepolsterten Stühlen, alles in den Farben grau und braun. Die Stuhlreihen teilten sich auf einen kleineren Block jeweils rechts und links und einen großen Block in der Mitte auf. Auf einigen Stühlen saßen schon Zeugen, die in Büchern und Heften blätterten, die meisten aber standen irgendwo im Gang zwischen diesen Stuhlblöcken. Der ganze Saal war erfüllt von einem ständigen Gebrumm durch die vielen Gespräche, die geführt wurden, als hätte man lang nicht mehr gesehene Freunde endlich einmal wieder getroffen.

Das Ganze war so anders als das, was ich bisher in der Kirche kennen gelernt hatte. Da musste man immer ganz still hineingehen, sich möglichst unauffällig einen Platz suchen und vor allem leise sein. Manchmal gab es den einen oder anderen, den man durch dezentes Nicken begrüßte, meistens aber nur starre Gesichter und allenthalben mal ein verhaltenes Flüstern.

Hier aber war ich offenbar in eine große Familie hineingekommen, in der jeder akzeptiert wurde, allein durch die Tatsache, dass er überhaupt hier war. Diese Leute besuchten ihre Versammlung nicht nur, um fromme Worte zu hören oder zu beten, sondern auch, um all die lieben Gleichgesinnten endlich wiedersehen zu können.

Jenseits der Stuhlreihen erhob sich einige Stufen hoch ein weitläufiges Podest, umsäumt von künstlichen Pflanzen und im Hintergrund begrenzt durch einen schweren beigefarbenen Vorhang. In der Mitte befand sich ein Rednerpult mit Mikrophon, rechts daneben stand einen Meter weiter noch ein Mikrophon mit Ständer, schräg dahinter ein Tisch mit zwei Stühlen.

Wir waren inzwischen an der zweitvordersten Stuhlreihe angelangt, wo mich eine ältere Frau begrüßte, die genau solch dünne schwarzen Locken hatte wie Ruth.

»Meine Mutter«, sagte Ruth.

»So, du bist also das junge Mädchen, das unsere Ruth heute zum Königreichssaal fahren wollte. Ich habe schon viel von dir gehört. Wie schön, dass du hier bist!« Ihre Hände umfassten die meinen und schüttelten sie noch herzlicher als alle anderen bisher.

»Und das ist mein Vater. Er ist im Moment vorsitzführender Ältester unserer Versammlung.« Ruth zeigte auf einen stattlichen Mann neben ihrer Mutter, der gerade in ein ernsteres Gespräch mit einem Mitbruder vertieft war. Er hatte dieselben glühenden Wangen und dieselben glühenden Augen wie Ruth.

»So, jetzt ist es aber Zeit, unsere Plätze einzunehmen, die Versammlung wird gleich anfangen. Meine Mutter hat uns zwei Plätze hier freigehalten.« Ruth setzte sich neben ihre Mutter und stellte ihre Schultasche vor sich auf den Boden. Ich setzte mich neben Ruth.

Die anderen Zeugen nahmen wie auf ein geheimes Kommando alle ihre Plätze ein. Ruths Vater ging nach vorne auf die Bühne und stellte sich ans Rednerpult.

»Guten Morgen, liebe Brüder und Schwestern, liebe Gäste«, und dabei blickte er mir in die Augen und nickte mir freundlich zu, »wie schön, dass wir heute Morgen wieder alle zusammengekommen sind, um am gedeckten Tisch Jehovas Platz zu nehmen und die ›geistige Speise zur rechten Zeit‹ in uns aufzunehmen. Heute wird uns Bruder Meier den Vortrag halten über das Thema: ›Erkennst du die Zeichen der Zeit?‹. Vorher wollen wir aber noch das Lied 121 singen und ein Gebet sprechen.«

Alle im Saal erhoben sich von ihren Stühlen, deswegen stand ich auch erst einmal auf. Ruth hatte aus ihrer Tasche ein braunes Büchlein herausgeholt, das Lied aufgeschlagen, und hielt mir das Buch nun so hin, dass ich auch mit hineinsehen konnte.

Ich konnte es kaum fassen, die hatten also sogar ein eigenes Liederbuch! Schon ertönte auch laut die Musik zu dem Lied, aber keine Orgelmusik, sondern Klaviermusik vom Band, klang ein bisschen nach Hollywoodfilm. Aber im Gegensatz zur Kirche waren diesmal nicht nur die Musik und ein paar verzagte Stimmen neben meiner zu hören, sondern alle im Saal sangen mit, so gut sie nur konnten. Alle Achtung! Da fiel es mir leicht, mich dem Gesang anzuschließen. Ruth blickte mich anerkennend von der Seite an. Nun, schon im Schulchor hatte ich gerne und kraftvoll gesungen.

Nachdem das Lied zu Ende war, legten alle ihre Liederbücher hinter sich auf die Stühle und blieben dann mit gesenktem Kopf und gefalteten Händen stehen. Ich tat es Ruth gleich. Ihr Vater sprach ein langes Gebet ins Mikrophon, in dem er Jehova für die Versammlung dankte und um seinen Segen bat. Die Menge ließ ein lautes »Amen« ertönen, und die ganze Versammlung setzte sich wieder. Ruths Vater war von der Empore heruntergekommen und hatte sich auf den letzten Stuhl unserer Stuhlreihe gesetzt. Wieder lächelte er mir zu. Irgendwie mochte ich diese Leute.

Ein anderer Mann im Anzug war mit Manuskript und Bibel bewaffnet hinter das Pult getreten und begann nun seinen Vortrag. Von Zeit zu Zeit hieß er die Menge mit ihm zusammen einen Vers in der Bibel aufschlagen. Dann konnte man jeweils das Rascheln der Blätter im ganzen Saal hören, welches das einzige Geräusch war, denn sonst hörten alle, wirklich alle zu. Ruth hielt mir immer ihre Bibel so hin, dass ich mit hineinsehen konnte. Nächstes Mal würde ich meine eigene Bibel mitbringen, damit ich ihr nicht solche Umstände machen musste.

Der Vortrag zog sich eine Dreiviertelstunde hin, aber die ganze Zeit machte niemand einen Mucks. Vielleicht mal ein unterdrücktes Hüsteln hier und da, oder ein Kind, das seiner Mutter leise etwas zuflüstern wollte. So langsam wurde mir richtig schwummrig im Kopf.

Schließlich hatte der Redner geendet und wieder seinen Platz aufgesucht. Ruths Vater ging wieder nach vorne und ließ die Versammlung ein weiteres Lied singen. Ja, das Singen gefiel mir immer noch am besten. Ein Marschlied diesmal.

Ich wusste, dass jetzt etwas kommen sollte, das Wachtturm-Studium genannt wurde. Alle, die ich sehen konnte, hielten jetzt ihre Bibel auf dem Schoß und einen Wachtturm in der Hand. »Hast du den schon?«, flüsterte mir Ruth zu. Ich sah sofort anhand der Titelseite, dass das der zweite Wachtturm war, den ich im Frühjahr bekommen hatte. Ich nickte ihr bestätigend zu.

In der Zwischenzeit war ein anderer Anzugträger hinter das zweite Mikrophon getreten und begann nun, den Absatz vorzulesen, an dessen Anfang die kleine Zahl »Eins« gedruckt war. Ruths Vater las daraufhin die Frage vor, die am Fuß der Seite mit der Zahl »Eins« gekennzeichnet war. Sofort erhoben sich vor und hinter mir einige Finger hoch in die Luft. Ruths Vater sagte »Schwester Kramer« ins Mikrophon, und ein junger Zeuge in Anzug kam mit einem dünnen schwarzen Stab zu einer der vorderen Reihen gelaufen. Das Ende des Stabes hielt er einer alten Frau vor den Mund: das alte Mütterchen aus der Fußgängerzone! Ihre Antwort auf die Frage, im Prinzip das, was vorher schon vorgelesen worden war, nur ein wenig anders formuliert, tönte nun durch die Lautsprecher rechts und links an der Decke.

Auf diese Weise verging auch diese Stunde. Ich dachte immer, dass man als Erwachsener nicht mehr in die Schule gehen müsse, aber da hatte ich mich wohl getäuscht. Das Thema des Wachtturm-Artikels aber fand ich interessant: Christus war nicht an einem Kreuz gestorben, sondern mit den Armen nach oben an einem *Pfahl*! Das war zweifelsfrei aus der griechischen Ursprache zu erkennen, wo das Wort »staurós« stand, das Pfahl bedeutete. Dass das noch keiner Kirche aufgefallen war! Erst jetzt fiel mir auf, dass ich nirgendwo im Saal ein Kreuz gesehen hatte. Damit war das hier die erste christliche Gemeinschaft, die kein Kreuz als Symbol verwendete. Diese Zeugen Jehovas bemühten sich wirklich um die vollständige Wahrheit. Wie sollte es auch uns Normalbürgern möglich sein, die Bibel auf diese genaue Art und Weise auseinander zu nehmen? Das hier war jedenfalls viel lohnender als irgendein langweiliger Gottesdienst!

Zum Schluss wurde noch ein drittes Lied gesungen und danach ein abschließendes Gebet gesprochen, in dem Jehova dafür gedankt wurde, wieder etwas Neues gelernt haben zu dürfen. Die Menge erhob sich allmählich von den Stühlen, einige reckten sich glücklich, aber alle sahen sehr zufrieden aus. Das allgemeine Gesprächsrauschen erhob sich wieder.

Mir war immer noch ganz komisch im Kopf.

»Wie hat es dir gefallen?«, wollte Ruth wissen.

»Puh, das muss ich wohl erst einmal alles verdauen. Ich weiß gar nicht, wie ihr das macht, zwei Stunden so konzentriert zuzuhören und danach noch so ausgeruht auszusehen. Ich fand das ganz schön anstrengend!«

»Das ging uns allen am Anfang so«, meinte Ruths Mutter lächelnd, »aber mit der Zeit gewöhnt man sich daran.«

»Ich fand das auch merkwürdig, alles über Mikrophon und so, sogar die, die sich gemeldet haben. So etwas habe ich noch nirgendwo gesehen.«

»Das muss ja so sein. Sonst würde doch nicht jeder im Saal verstehen können, was gesagt wurde«, erklärte Ruth. Da hatte sie wohl Recht.

»Möchtest du nächstes Mal wieder herkommen? Ich hole dich auch gerne wieder ab.« Ruth sprühte vor Begeisterung.

»Ich würde schon gerne. Aber ich weiß nicht, was meine Eltern dazu sagen. Die waren schon nicht so begeistert darüber, dass ich heute hierher gekommen bin.«

»Ich verstehe«, meinte Ruth enttäuscht, und ihre Mutter nickte verständnisvoll. »Dann warten wir besser erst einmal ab. Vielleicht ist es dann auch gar nicht so gut, wenn ich so oft bei dir zu Hause vorspreche.« Sie strich nachdenklich über ihr Kinn. »Du kannst aber auch mal zu mir nach Hause kommen. Ich wohne nicht weit von hier, im Eichkamp 44.«

»Ja, das ist die Lösung! Ich gehe doch hier auf das Gymnasium.« Nur zwei Straßen weiter stand unser heiß geliebter Plastikbau.

»Das habe ich mir gedacht«, sagte Ruth erwartungsvoll.

»Wenn ich erst nach der siebten Stunde aus habe, kann ich immer erst eine Stunde später mit dem Linienbus nach Hause fahren, da muss ich immer erst zur Bundesstraße laufen. Da komme ich doch quasi bei euch vorbei. Wenn ich euch in der Zeit besuche, merkt das kein Mensch!«

»Ja, so machen wir das.« Ruth sah zufrieden aus, aber auch zweifelnd. Vielleicht dachte sie, ich sage das nur so daher und tauche dann aber doch nie bei ihr auf. Da kannte sie mich schlecht.

»Komm, ich zeige dir noch unsere Bibliothek.« Ruth griff mich am Arm und zog mich durch die vielen Grüppchen durch in einen Nebenraum, in dem ein paar Stuhlreihen standen und ein Mikrophon sowie Tisch und zwei Stühle – ein Mini-Königreichssaal sozusagen.

Mein Blick fiel auf ein Regal, das die gesamte rechte Wand von oben bis unten, von links nach rechts mit Büchern bedeckte, offensichtlich alles Bücher, die die Zeugen Jehovas anzubieten hatten: Große, kleine, in allen Farben, mit oder ohne Goldschrift, ganze Jahrgänge von Wachtturm und Erwachet. Ich liebte Bücher! Hier wollte ich mich gerne einmal einschließen lassen.

Ruth sah mit offensichtlicher Zufriedenheit, dass ich beeindruckt war. Leider kam aber nun ein Zeuge und forderte uns auf, so langsam doch mal nach Hause zu gehen, der Saal solle noch sauber gemacht werden.

So gingen wir also wieder zu Ruths kleinem Auto, Ruth tauschte ihre Pumps wieder gegen ihre Straßenschuhe und wir fuhren zu mir nach Hause. Ich war viel zu erschlagen, um mich noch großartig unterhalten zu können. Deswegen setzte mich Ruth nur kurz vor unserem Hofplatz ab und verabschiedete sich freundlich. »Bis demnächst dann, also!«

Meine Eltern saßen noch am Frühstückstisch, obwohl es ja eigentlich Mittagszeit war, aber so konnte ich wenigstens noch ein zweites Frühstück mit ihnen zusammen einnehmen.

»Na, wann ist's denn das nächste Mal?«, fragte Papa mit breitem Grinsen. Hätte ich gewusst, dass er heute so gut aufgelegt war, hätte ich ja gleich etwas mit Ruth ausmachen können!

»Ich habe noch nichts ausgemacht. Aber die waren da alle so nett! Ganz anders als in der Kirche. Ich würde da total gerne mal wieder hingehen.«

Papa bemerkte offensichtlich meine Begeisterung. »Ja, ja, ist ja schon gut.«

»Du solltest aber erst mal nicht so oft hingehen, vielleicht nur einmal im Monat oder so. Mehr finde ich nicht gut«, meinte Mama.

Na, das war doch was. Da kannte ich doch meine Eltern: Mit der Zeit würden es zweimal werden, dreimal, viermal ... Da schmeckte mir mein Wurstbrot doch gleich doppelt so gut. Das würde sich alles finden, Gott würde es recht lenken.

Am Dienstag hatte ich wieder Schule bis kurz nach zwei. Mein Bus sollte erst um halb vier gehen. Normalerweise machte ich in dieser Zeit die Hausaufgaben oder las ein gutes Buch. Aber ich hatte ja Ruth versprochen, mal bei ihr vorbeizuschauen, also fasste ich mir ein Herz, schulterte meine dicke Schultasche und machte mich auf den Weg Richtung Bundesstraße und Bushaltestelle quer durch die Siedlung. Nur, dass ich diesmal beim Straßenschild »Eichkamp« nach links abbog.

Zur Linken sah ich die Hausnummern drei und fünf. Was hatte sie gesagt, Nummer 44? Dann müsste ich ja noch die ganze Straße rauf gehen.

Nummer 40, Nummer 42, Nummer 46 ... Stopp, hier musste es doch irgendwo sein!

Vor einer Doppelhaushälfte stand eine zierliche Frau bei der Gartenarbeit, die schwarzen Haare voll riesiger Lockenwickler. Als ich so an dem Haus vorbei marschiert war, hatte sie von ihrer Arbeit aufgesehen und rief dann erfreut: »Hallo Martina!«. Jetzt erst erkannte ich sie: Es war Ruths Mutter, Frau Hoffmann. Als ich freudig auf sie zuging, sah ich auch die 44 unter einem großen Busch hervorblitzen.

»Hallo! Fast wäre ich an eurem Haus vorbeigelaufen, so kann die Hausnummer ja keiner sehen«, grüßte ich und zeigte auf den Busch.

»Ja, du hast Recht. Ich muss Klaus unbedingt mal sagen, dass er die Pflanzen stutzen soll. Ach, wir haben immer so viel zu tun. Aber komm rein, Ruth ist oben in ihrem Zimmer. *Ruth!*«, rief sie die Treppe hoch. »Ja, Mama, ich komme!«, hörte man es von weit weg.

Frau Hoffmann begleitete mich in die Küche und hieß mich auf einen Stuhl setzen, als Ruth auch schon hereinkam. »Hey, wie schön, dass du gekommen bist!«, rief sie und schüttelte mit einem breiten Lächeln meine Hand.

»Ich leg mich mal ein bisschen hin«, meinte Frau Hoffmann mit Blick auf Ruth und ging aus der Küche. Sie sah wirklich sehr müde und abgespannt aus. Ruth setzte sich mir schräg gegenüber auf die Eckbank.

»Ich hatte gar nicht mit dir gerechnet, gerade habe ich oben in meinem Zimmer den Wachtturm für Sonntag studiert. Ich freue mich so, dass du gekommen bist! Wie war denn die Schule?«

»Och, das Übliche. Lauter belangloser Kram. Du weißt ja bestimmt, wie das ist in der elften Klasse.«

»Nein, ich habe nur Hauptschulabschluss.« Ruth schüttelte lässig den Kopf und ich versuchte, meine Überraschung zu verbergen. So dumm wirkte sie doch gar nicht. Stimmte es also doch, dass wir Gymnasiasten eine Menge Vorurteile über die anderen Schulen hatten?

»Mein Bruder Manuel, der geht auch auf das Gymnasium. Er kommt nach den Ferien auch in die Elfte. Da kommt er gerade.«

Ein junger schlanker Bursche war in die Küche gekommen und strahlte über das ganze Gesicht, als er mich sah. Diesen Jungen hatte ich im Königreichssaal eine der beiden Mikrophonstangen halten sehen. Das war also Ruths Bruder. Sie hatten die gleichen schlanken Nasen und roten Wangen. Nur, dass Manuels schwarze Haare angenehm gewellt waren und nicht in so großen Locken wirr vom Kopf standen wie bei Ruth. Gut aussehender Typ, dachte ich, bis Manuel den Mund aufmachte und eine riesige Lücke dort dunkel leuchtete, wo normalerweise zwei Backenzähne hätten stehen sollen.

»Hey, du kommst uns besuchen, das ist ja klasse!«, rief er und ließ sich lässig auf einen Küchenstuhl fallen.

»Wir reden gerade über die Schule«, sagte Ruth zu ihm, »Martina ist jetzt auch in der elften Klasse bei euch.«

»Bald bin ich dann ja in der zwölften«, ergänzte ich noch schnell.

»Echt?«, meinte Manuel erfreut. »Oh Mann, ich hab mir jetzt schon die ganzen Monate den Kopf darüber zerbrochen, was ich bloß für Leistungskurse belegen sollte, bevor ich mich dann endlich für Geschichte und Deutsch entschieden habe. Was hast du denn für Leistungskurse?« Er wippte beim Reden aufgeregt auf dem Stuhl hin und her, als wüsste er gar nicht, wohin mit all seiner Energie. Eigentlich war er wie all die anderen Jungen auch, die ich in der Schule kennen gelernt hatte, mit dem Unterschied, dass er der Erste war, der mich nicht spüren ließ, dass er mich für eine hässliche Kuh hielt. Es gab also auch noch nette Jungen auf der Welt.

»Ich habe Biologie und Kunst«, sagte ich und versuchte dabei, so locker wie möglich zu klingen.

»Echt? Kunst? Das hätte ich nicht gedacht! Und, sind die Kurse schwer?«

»Nö, es ist nur, dass du in den Leistungskursen ein paar mehr Unterrichtsstunden hast. Das ist alles halb so wild.«

Eigentlich war ich ja hierher gekommen, um noch mehr über die Zeugen Jehovas zu erfahren, aber Manuel hatte noch so viele Fragen an mich, dass es ruckzuck schon wieder Zeit für mich war, allmählich zum Bus zu gehen.

»Ich schenke dir noch den neuesten Wachtturm und Erwachet.« Ruth hatte in der Zwischenzeit zwei Zeitschriften geholt, die ich freudig entgegennahm.

»Was hältst du davon, die Zeitschriften zu abonnieren?«, fragte sie.

»Daran habe ich auch schon mal gedacht. Was muss ich denn dafür machen?«

»Ich kann dir ein Abo besorgen, das ist kein Problem.«

»Das würdest du für mich tun? Ja, das wäre nett, danke.« Endlich könnte ich die Zeitschriften regelmäßig lesen. Ich hungerte förmlich nach neuer Literatur.

»Hast du Lust, Sonntag zur Versammlung zu kommen? Ich hole dich ab?« Am liebsten wäre ich ihr um den Hals gefallen.

»Oh ja, gerne. Das ist wirklich lieb von dir.« Ich dachte einen Moment nach. »Ein Liederbuch müsste ich auch noch haben.«

»Das kannst du da auch bekommen. Du brauchst nicht jedes Mal an die Gesellschaft zu schreiben, die Bücher kann man auch ganz normal bei uns im Saal kaufen.«

»Wir sehen uns dann also zur selben Zeit wie letztes Mal? Ich muss jetzt wirklich los, sonst verpasse ich noch meinen Bus.«

»Na klar, bis dann. Komm, ich bring dich noch raus.«

»Tschüss, Manuel. Man sieht sich.«

»Tschüss, Martina. Bis Sonntag also.« Manuel winkte mir noch hinterher, und damit war er tatsächlich der erste Junge, der mir winkte!

Am Sonntag wurde ich wie abgesprochen von Ruth pünktlich abgeholt. Diesmal allerdings hatte ich einen Wickelrock angezogen. Ruth war es sofort aufgefallen, als ich ins Auto einstieg, und ließ mich ihre Bewunderung deutlich spüren.

Im Königreichssaal wurde ich diesmal sogar noch herzlicher begrüßt als letztes Mal. Es war fast so, als würde man mir erst jetzt glauben, dass ich an Jehova glaubte und nicht nur eine war, die sich das alles mal anschaute, dann aber doch nie wieder kam.

Ich durfte zwischen Ruth und ihrer Mutter Platz nehmen. »Sag doch einfach Eva zu mir«, hatte mich Frau Hoffmann begrüßt, und ich fühlte mich diesen Leuten noch mehr zugetan.

Der Vortrag und das darauf folgende Wachtturm-Studium ermüdeten mich diesmal längst nicht so. So schnell konnte man sich also daran gewöhnen! Ich hatte diesmal meinen eigenen Wachtturm mitgebracht, so dass Ruth entspannt allein in den ihren hineinsehen konnte. Bei ihr allerdings waren die Stellen unterstrichen, in denen die Antworten auf die Fragen zu finden waren. Bei mir nicht.

Das Thema des Studienartikels drehte sich diesmal um die Unterordnung der Frau unter ihren Ehemann. Die Frau hatte dem Ehemann vorbildlich den Haushalt zu führen und mit ihm zusammenzuarbeiten bei dem, was er für die Familie vorgesehen hatte. Schließlich hatte Gott dem Adam die Eva als Gehilfin gegeben. Als ich weiter in meinem Wachtturm blätterte, sah ich, dass letzten Sonntag das Thema behandelt worden war, wie der Mann gut für seine Ehefrau sorgen konnte und wie er sie nicht unterdrückte. Am Ende des Schlussgebetes, als sich wieder das allgemeine Getümmel zwischen den Stühlen erhob, sah Ruth mich an, als ob sie irgendein Zeichen des Widerspruchs von mir erwartete.

»Guter Artikel, nicht wahr? Es würde den meisten Familien besser gehen, wenn sie sich nach dem richten würden, was in der Bibel geschrieben steht.« Ihre Augen blickten provozierend in die meinen.

»Ja, das ist wahr«, meinte ich. »Bei meinen Eltern läuft es so auch am besten. Ich weiß, die Frauen heutzutage wollen immer nur sich selbst verwirklichen, aber so funktioniert das nicht in einer Familie. Die Frauen können bestimmte Sachen einfach besser als Männer, und die Männer können dafür andere Sachen gut.«

Mit einem sehr zufriedenen Gesichtsausdruck zog mich Ruth durch die Grüppchen hindurch zu einem Tresen gleich rechts neben dem Eingang, hinter dem ein älterer Zeuge Jehovas stapelweise Wachttürme und Erwachet an die davor stehenden Menschen ausgab und Geld dafür kassierte. »Hallo Paul! Wie geht es dir?«, begrüßte Ruth ihn, die anscheinend fast alle hier beim Vornamen nannte.

»Jo, es muss«, antwortete er gemächlich. Dabei reichte er unter den Tresen und hob einen sehr hohen Stapel an Zeitschriften hoch. »Deine übliche Ration, Ruth.« Ruth bezahlte mit einem Schein. »Ach ja, Martina hier braucht noch ein Liederbuch«, sagte sie wie beiläufig.

Pauls Blick fiel auf mich und er lächelte ein wenig. Dann drehte er sich zu einem Regal zu seiner Rechten um, zog ein braunes Büchlein heraus und reichte es mir über den Tresen. »*Singt Jehova Loblieder*« stand in goldenen Lettern auf dem Einband. »Vier Mark sind das dann.«

Ich gab ihm das Geld und sah dabei im Regal zwischen den vielen bunten Büchern auch Exemplare der Bücher stehen, die ich damals per Post angefordert hatte. Ja, so ging das natürlich viel einfacher.

Glücklich hielt ich mein Liederbuch in den Händen. Ruth hatte in der Zwischenzeit zwei kleine Zettelchen in gelb und blau geholt und begann sie auszufüllen. »Das ist für dein Abo«, erklärte sie. Das Geld dafür wollte ich ihr das nächste Mal geben.

Das Abonnement war jetzt für ein Jahr abgeschlossen. Ein Jahr lang wenigstens würde ich also zwangsläufig immer etwas mit den Zeugen Jehovas zu tun haben. Ich fühlte mich seltsam.

»Hier hast du erst einmal wieder die zwei neuesten Zeitschriften. Es wird ein bisschen dauern, bis dein Abo durch ist.

Bis dahin kriegst du welche von mir.« Ruth reichte mir zwei Zeitschriften von ihrem Stapel.

»Vielen Dank.« Ich fand es wirklich sehr lieb von Ruth, dass sie sich so gewissenhaft um mich kümmerte.

Wir blieben dann noch bei dem einen oder anderen Grüppchen stehen, um ein paar Worte zu wechseln. Ruths ganze Verwandtschaft schien anwesend zu sein, neben ihrer Oma stellte sie mir auch zwei Tanten und Onkel sowie zwei Cousinen und zwei Cousins vor. So eine nette Familie hätte ich auch gerne gehabt. Aber sie behandelten mich ja auch so schon, als gehörte ich fast zur Familie.

Als Ruth mich wieder nach Hause gefahren hatte, stand mein Vater auf unserem Hofplatz und hackte das Unkraut.

»Guten Morgen. Auch am Sonntag immer fleißig?« Ruth kannte anscheinend keine Scheu vor den Menschen.

»Moin, moin.« Papa sah nur kurz von seiner Arbeit auf. Als hätte er es sich dann aber doch anders überlegt, stellte er die Hacke an die Hauswand und zündete sich eine Zigarette an. Nicht ohne vorher noch einmal kräftig abgehustet und ausgespuckt zu haben. »Es kann ja nicht jeder immer sonntags in die Kirche gehen«, sagte er zu Ruth gewandt.

»Wir gehen nicht in die Kirche«, entgegnete Ruth seelenruhig. »Wir *studieren die Bibel*, um zu erfahren, was Gott in dieser bedeutenden Zeit mit uns vorhat.«

»So, so, hat er das?«

»Sie stimmen sicher mit mir darin überein, dass es so, wie es im Moment auf der Welt aussieht mit all den Kriegen und der ganzen Umweltverschmutzung nicht lange weitergehen kann.« Ruths Augen begannen zu funkeln. Ich wünschte allerdings, sie würde die Dinge einfach auf sich beruhen lassen und nach Hause fahren. Ich hatte keine Lust auf eine peinliche Auseinandersetzung mit meinem Vater.

Der zeigte sich aber ungewohnt nachdenklich.

»Ja, ja, das stimmt schon«, sagte er und zog langsam an seiner Zigarette, »aber die Probleme lösen wir nicht durch Luftschlösser.«

Es entstand eine kurze Gesprächspause. Ich heftete meinen Blick neugierig auf Ruth. Sie schloss aber nur die Augen und sagte mit einem bedächtigen Kopfschütteln: »Das sind keine Luftschlösser.« Anscheinend hatte sie nicht vor, weiter darüber zu diskutieren.

»Vom 21. bis zum 23. Juli findet im Hamburger Volksparkstadion unser diesjähriger Bezirkskongress statt. Ich würde mich freuen, wenn ich Martina für den Sonntag dort einladen dürfte.« Ruth hatte wirklich Mut.

Papa antwortete aber nur: »Da müssen Sie Martina selbst fragen.«

Ich blickte ihn erstaunt an. »Ja, dürfte ich denn?«

»Wenn du meinst, dass du unbedingt hingehen musst.« Hatte Ruth vielleicht Papas Meinung über die Zeugen Jehovas geändert?

»Ich würde gerne kommen, Ruth, aber du weißt ja, wie soll ich ...«

»Hey, das Auto von meinen Eltern ist eh schon voll, ich muss sowieso mit meinem eigenen Auto hinfahren. Da kann ich dich auch einfach mitnehmen.«

Klasse, nach Hamburg! Ich hätte einen Luftsprung gemacht, wenn Papa nicht daneben gestanden wäre.

»Falls wir uns also vorher nicht mehr sehen sollten, komme ich am 23. morgens um kurz vor sechs und sammle dich auf. Du wirst bestimmt beeindruckt sein von den vielen Leuten da.«

»Geht klar!«

Ruth stieg zufrieden in ihr Auto, Papa begann wieder zu hacken und ich lief glücklich ins Haus. Ich war wirklich sehr gespannt, was wohl Mama zu der Neuigkeit sagen würde. Es konnte ja nichts mehr passieren, Papa hatte es erlaubt! Ein Wunder war geschehen, oh, ich danke dir, Jehova, dass du meine Eltern mir nicht hast zu Feinden werden lassen!

Den Samstagabend verbrachte ich noch mit der Verwandtschaft bei einem kleinen Familientreffen. Der Zeiger der Stubenuhr schritt unaufhörlich voran.

»Ich muss heute früh ins Bett. Morgen früh fahre ich nämlich zum Bezirkskongress der Zeugen Jehovas nach Hamburg«, erwähnte ich wie beiläufig. Den ganzen Tag schon waren meine Gedanken nur bei diesem Thema, und ich musste das endlich mal loswerden.

Hans-Heinrich, mein zehn Jahre älterer Bruder, schluckte deutlich hörbar seinen Korn hinunter. Sein Gesicht war versteinert.

»Och, das wird bestimmt interessant, nicht, Hermann?« Marie-Luise lächelte meinen Onkel an, der locker mit den Schultern zuckte und das nächste Glas leerte.

»Ist das dein Ernst?« Meine Schwägerin Julia sprach selten mit mir. Ihre Augen waren vor Entsetzen geweitet. »Du weißt wohl nicht, was du da tust.«

»Ich kann dir einen guten Psychiater empfehlen.« Mein Bruder war liebenswürdig wie immer.

»Wieso? Wisst ihr einen Grund, der dagegen spricht? Kennt ihr die Zeugen Jehovas?«

»Ich habe einmal mit einem von denen an der Tür gesprochen, das hat mir gereicht.« Aus Hans-Heinrichs Gesicht sprach die pure Verachtung, doch Julias hatte einen Ausdruck von Hass angenommen: »Ich weiß, was die mit ihren Kindern machen, wenn die todkrank sind und Blut brauchen. Diese Leute sind doch krank im Kopf!«

»Davon habe ich noch nichts gehört. Ich habe nur gemerkt, dass sie sich wirklich bemühen, die Wahrheit aus der Bibel herauszufinden. Und es sind alle nur liebe Menschen, das habe ich gesehen, als ich in ihrer Versammlung war.« Bei mir läuteten inzwischen alle Alarmglocken: Satan im Anmarsch!

»Du hast was?« Julia blickte erst entsetzt auf mich, dann auf meine Mutter, als wollte sie fragen, wie sie so etwas nur zulassen konnte, dann aber fasste sie Hans-Heinrich am Arm und sagte leise: »Komm, lass uns nach Hause fahren, ich habe schreckliche Kopfschmerzen.«

»Ja, sicher, ich komme gleich«, antwortete ihr Hans-Heinrich genauso leise, und zu mir gewandt fragte er: »Bist du dir sicher, dass ich dir nicht doch einen Psychiater empfehlen soll?«

»Ich glaube nicht, dass ich den nötig habe«, meinte ich trocken.

Die beiden verabschiedeten sich, und Mama brachte sie noch zur Tür hinaus. Ich saß auf meinem Stuhl und fühlte mich ganz schrecklich.

»Hör mal, ich finde es ganz in Ordnung, dass du zu diesem Kongress fährst.« Marie-Luise hatte wohl gesehen, wie ich mich fühlte. »Wo findet der noch mal statt?«

»In Hamburg, im Volksparkstadion«, antwortete ich tonlos.

»Na siehst du, du warst doch noch nie in einem Stadion, oder? Das ist mal was ganz Neues für dich. Was sagst du dazu, Hermann?«

»Ich habe nichts gegen die Zeugen Jehovas.« Mein Onkel blickte dumpf auf sein Glas, seine Nase hatte rötlich zu leuchten begonnen. »Herbert und Erna waren doch auch mal welche gewesen.«

Ich horchte auf. Herbert und Erna? Das waren Freunde meiner Eltern und die Eltern meiner Lieblingspatentante. Früher hatten sie uns immer einmal im Jahr besucht und das war immer so lustig gewesen. Sie hatten immer prima Schokolade dabei gehabt. Es war noch nicht lange her, dass beide gestorben waren.

»Herbert und Erna waren Zeugen Jehovas?« Ich konnte es immer noch gar nicht fassen: Menschen aus Gottes Volk im Bekanntenkreis!

»Das ist schon ewig lange her.« Hermann bekam einen verklärten Blick. »Damals hatten sie oft irgendwelche Freunde mitgebracht, und dann ging das immer ›Bruder Dings‹ und ›Schwester Bums‹ und so. Aber irgendwann hatten sie dann wohl die Schnauze voll und haben ihren Austritt erklärt.«

»Ach so.« Meine Begeisterung verflachte. Sie waren ausgetreten, deswegen hatte ich also nie etwas davon mitbekommen. Ich hatte gelesen, dass Austreten etwas ganz Schlimmes war. Die anderen Menschen, die waren ja nur deshalb keine Zeugen Jehovas, weil sie die Wahrheit noch nicht erkannt hatten. Die aber ausgetreten waren, hatten ja schon einmal die Wahrheit gekannt und hatten sich trotzdem von Jehova abgewandt.

Merkwürdig, ich hatte sie trotzdem immer nur als liebe und fröhliche Menschen erlebt.

Als ich an diesem Abend zu Bett ging, hatte ich viel, worüber ich nachdenken musste.

KAPITEL 4

Ratlos stand ich vor meinem Kleiderschrank: Was sollte ich nur anziehen? Zum Kongress würden die sich bestimmt genauso hübsch machen wie im Königreichssaal. Endlich entschied ich mich für einen geblümten Rock und rosa T-Shirt dazu. Ja, – ich betrachtete mich zufrieden im Spiegel – das war fein genug. Mit meinen kinnlangen braunen Haaren und der großen goldgeränderten Brille fand ich mich eigentlich sogar ein bisschen hübsch. Was hatten die in der Schule bloß immer nur? Nur weil ich mich nicht schminkte, sollte ich hässlich sein? Natürlichkeit fand ich viel besser. Außerdem war Make-up teuer.

Es war jetzt Viertel vor sechs. Aus dem Schlafzimmer meiner Eltern röhrte das Schnarchen meines Vaters. Dass Mama dabei schlafen konnte! Aber sie sagte immer, sie wache eher auf, wenn es ruhig sei, weil sie dann erst einmal checken müsse, ob Papa überhaupt noch atme. Seine Lunge war schon so kaputt von den Zigaretten. Was für ein Glück, dass Rauchen bei den Zeugen Jehovas nicht erlaubt war! Ich hatte gelesen, dass sie das als unrein empfanden, und fand das nur vernünftig.

Die Sonne war schon lange aufgegangen. Heute würde ich keine Jacke brauchen. Ich hatte eine alte Ledertasche von meiner Schwester genommen und mein neues Liederbuch sowie meine Lutherbibel eingepackt. Ich fand es eine gute Angewohnheit, die Schriftstellen immer auch in der eigenen Bibel nachzuschlagen. Niemand konnte sagen, es stünde ja nur in der Zeugen-Jehovas-Bibel!

Der Hund bellte. Ich rannte sofort nach draußen, wo Ruth bereits ihr Auto am Ende der Straße gewendet hatte und vor unserem Hofplatz angehalten war.

»Morgen! Pünktlich wie immer.« Ich setzte mich auf den Beifahrersitz und klemmte meine Tasche zwischen die Beine.

»Na, schon aufgeregt?« Ruths Wangen glühten mal wieder. »Ich habe heute Nacht wieder kaum geschlafen. Und ich habe schon als Baby die Kongresse besucht. Die letzten beiden Tage waren so wundervoll gewesen! Ich habe wieder so viel gehört, dass ich das erst einmal verarbeiten musste. Es gibt doch jedes Mal wieder etwas Neues zu lernen! Gestern wurde dann auch noch ein tolles neues Buch freigegeben: Ein Buch nur für junge Leute! Da mussten sich alle jungen Leute nachmittags versammeln und haben einen gesonderten Vortrag hören können, und am Schluss hat dann jeder das neue Buch *geschenkt* bekommen! Die Gesellschaft ist wirklich großartig, eine Gemeinschaft, die wirklich etwas für ihre Jugendlichen tut!«

Ruths Redeschwall hielt noch eine Weile an, während ich mich wunderte, dass sie noch zu den »jungen Leuten« zählte. Sie musste gut und gerne fünfundzwanzig Jahre alt sein. Das war kurz bevor man dreißig war!

»Wo fahren wir hin?« Zu meiner Überraschung bog sie von der Hauptstraße ab in eine Seitenstraße.

»Wir treffen uns bei uns zu Hause. Meine Eltern werden mit ihrem Auto vorausfahren.«

Vor Ruths Haus hielten wir an und stiegen aus. Drinnen war noch ein aufgeregtes Hin-und-her-Gelaufe im Gange. Ruths Vater, im grauen Anzug, begrüßte mich herzlich und fuhr dann ein schwarzes Auto aus einer nahe gelegenen Garage heraus.

»Na, Ruth, heute kannst du mal richtig Bleifuß fahren. Morgen, Martina!« Manuel kam in Hemd und Anzughose an uns vorbeigerauscht und quetschte sich auf den Rücksitz des Wagens.

Währenddessen war noch ein Ehepaar in Alltagskleidung gekommen, das auch mitfahren wollte.

Die beiden nahmen hinten im Auto neben Manuel Platz, während Eva, in feiner Rüschenbluse – ich hatte es doch geahnt –, die Haustür verschloss und mit wehender Tasche zum Auto eilte. Ruth und ich stiegen wieder in ihr kleines weißes Gefährt ein und fuhren dem schwarzen Auto hinterher. Jetzt ging es also los, auf zum Kongress!

Auf der Autobahn war noch kaum Verkehr. Ruth schob eine Kassette ins Autoradio und Orchestermusik ertönte. Allerdings hörte sie sich sehr ungewohnt an, wie eine Mischung zwischen Filmmusik und Kinderlied. Allmählich erkannte ich eine Melodie wieder. »Sind das nicht Lieder aus dem Liederbuch?«

»Ja, das sind die ›Königreichsmelodien‹. Ich höre sie viel, wenn ich länger im Auto sitze oder auch zu Hause beim Studieren oder kurz bevor ich in den Dienst gehe. Allerdings bevorzuge ich die konzertante Fassung.«

»Stimmt, ich finde sie auch besser als die Klaviermusik.« Da war man doch gleich richtig auf das Folgende eingestimmt.

Hamburg kam schnell näher und schon konnten wir von der Autobahn abfahren, das schwarze Auto immer noch voraus. An jeder Abzweigung waren Wegweiser angeheftet. Bald waren wir an einer großen Parkplatzanlage angelangt, wo an jeder Biegung ein junger Mann mit orange leuchtender Weste und Kelle stand und uns den Weg wies. Entspannt parkten wir neben dem Wagen von Ruths Eltern, die bereits ausstiegen.

»Ja, so toll ist es *nur* bei Zeugen Jehovas organisiert. Überall Brüder, die als Ordner eingeteilt sind. Kein Gedrängel, kein Gehupe, kein Parkplatzgesuche.« Ruth löste glücklich ihren Gurt.

Nachdem alle ihre Taschen geschultert hatten, machten wir uns auf den Weg zum Stadion, das man von weitem schon erkennen konnte.

Wir waren an der Treppe angelangt, die zum Stadion hinaufführte. Eine Menschenmasse kam geschäftig aus allen Richtungen angeströmt und bewegte sich die Treppe hinauf, alle hübsch angezogen, die Damen im Rock, die Herren mit Schlips und Kragen, Taschen über der Schulter, hin und wieder rannte einer ein wenig, aber es gab keine Rempelei. Die Blumen um das Stadion herum waren alle gut gepflegt und es lag kein Müll herum, keine Bierdosen, auch keine Zigarettenkippen, wie Ruth betonte.

Am Fuß der Treppe stand ein Mann und versuchte mit ernstem Gesicht, den Passanten Zettel zu reichen, doch die beachteten ihn zum Großteil nicht.

»Nimm keinen Zettel von dem«, flüsterte Ruth mir zu. »Das ist ein Abtrünniger. Er war mal Zeuge Jehovas, aber dann hat er sich von der Wahrheit abgewandt, und jetzt versucht er, andere mit seinen Lügen von uns wegzuziehen. Es soll sogar Abtrünnige geben, die eigene Versammlungen aufgemacht haben und ihre eigenen Publikationen veröffentlichen.« Aus Ruths Gesicht sprach Abscheu.

Ich fand, dass der Mann gar nicht so böse aussah, mehr als wollte er jemanden warnen. Mir wurde ganz flau im Magen. Sollte der Kongress etwa etwas Gefährliches sein? Das konnte ich nicht glauben. Die Leute hier sahen doch alle so fröhlich aus. Nur dieser Mann nicht. Ich blickte mich noch lange zu ihm um.

Dann aber waren wir oben angelangt, dort wo die Stuhlreihen begannen. Etwa die Hälfte aller Sitzplätze war bereits besetzt. Ruth nahm von einem Broschürenstapel ein Exemplar und gab es mir. »Das Kongressprogramm; da kannst du lesen, was dich heute erwartet.«

Ihre Familie ging gezielt auf eine Stuhlreihe zu, um die herum Gesichter zu sehen waren, die ich bereits aus der Versammlung kannte. Nach einigem fröhlichen Händeschütteln setzten wir uns alle in eine Reihe auf die grünen Plastiksitzschalen, Manuel links neben mir, zu seiner Linken Eva, und zu meiner Rechten schließlich Ruth.

»Fällt dir nichts auf?«, rief Eva zu mir herüber, das allgemeine Gemurmel übertönend.

»Nein, was?« Ich versuchte, mir ein Bild von der Bühne auf dem Rasen unten zu machen, dort wo sonst immer ein Fußballtor stand.

»Na, dass alle ihre Sachen hier liegen lassen können.« Eva wies auf einige freie Sitzschalen vor uns, auf die Bibeln und Liederbücher verteilt waren, offensichtlich um die Plätze zu besetzen.

»Warum? Ist das sonst nicht so?« Ich war schließlich nicht nur noch nie in einem Stadion gewesen, sondern auch auf überhaupt keiner großen Veranstaltung.

»So etwas findet man *nur* bei den Zeugen Jehovas!« Eva wandte sich der Frau des mitgenommenen Ehepaares zu, die säuerlich auf sie einzureden begann, während der Mann selig auf die Menschenmassen blickte.

»Wir haben Glück, dass wir diesmal hier auf den Plastiksitzen sitzen können. Drüben gibt es nur Bänke.« Ruth wies mit dem Kopf auf die gegenüberliegende Seite des Stadions. Im Halbrund zwischen den Stadionseiten hatten sich ebenfalls lauter Grüppchen niedergelassen, viele mit Kinderwagen, wie ich bemerkte. Sie hatten sich aus Schirmen und Folien allerlei Bedeckungen zum Schutz vor der Sonne zusammengebastelt.

Die Bühne allerdings war mit einer Überdachung versehen. Vor der Bühne war ein großes Blumenmeer zusammengestellt, und davor waren im Halbkreis große weiße Buchstaben aufgestellt, die das Wort »Gottergebenheit« bildeten.

Ich schaute mir das Programm an, das Ruth mir in die Hand gedrückt hatte. Jeder Kongresstag schien eine zeitlich erweiterte Form einer üblichen Versammlung zu sein, eingeleitet, unterbrochen und beendet durch Lied und Gebet und dazwischen Vortragsfolgen darüber, wie man Gott gefiel, wie man Versuchungen vermied, was man als Mann, Frau, Kind, wann und wie zu tun hatte ... bis 16 Uhr sollte ich mir das nun antun.

Auf der Bühne waren immer wieder Männer in Anzügen zu sehen, die mit Manuskripten in den Händen das Mikrophon auszuprobieren schienen und hier und da noch etwas ordneten und richteten. Danach verschwanden sie wieder hinter der Bühne.

»Die Vorträge halten meistens Älteste aus dem Bethel in Selters. Manchmal kommen aber sogar Brüder der leitenden Körperschaft aus New York.« Ruth war schon wieder ganz begeistert. Ich wusste zwar ungefähr, wovon sie sprach, aber mir war immer noch flau in der Magengegend. Bis heute Nachmittag um vier stillsitzen?

Auf einmal fing Musik aus den zahllosen Lautsprechern an, die Gespräche um mich herum zu übertönen, dieselbe Musik, die Ruth auch im Auto gehört hatte. Hier im Stadion klang sie allerdings viel gewaltiger.

Wer sich bis dahin noch in den schmalen Gängen aufgehalten hatte, beeilte sich auf seinen Sitzplatz zu kommen, und als die Musik nach zehn Minuten ausklang, war allgemeine Stille eingekehrt und das ganze Stadion stand jetzt von den Stühlen auf, Liederbücher in den Händen.

Das Singen war überwältigend! Wenn mir schon das Singen im Königreichssaal gefallen hatte, so war das nichts gewesen im Vergleich zu einem ganzen Stadion voller Menschen, die alle dieses Lied hier sangen wie ein gewaltiger Chor, und es klang wunderbar! In diesem Moment war ich Teil dieser Menge, Teil von Gottes Volk, und der Gesang war so gewaltig, dass ihn auch die Engel hören mussten.

Am Schluss des Liedes blieb die Menge stehen, um andächtig dem Gebet zu lauschen, das jetzt ein Redner unten auf der Bühne ins Mikrophon rezitierte. Ruth hatte den Kopf gesenkt und die Augen geschlossen, aber ich war noch viel zu aufgewühlt von dem Gesang, um in mich einkehren zu können.

Schließlich holten Ruth und alle anderen um mich herum ihre Bibeln heraus, Schreibheft und Kugelschreiber sowie ein kleines, hellbraunes Büchlein. »*Täglich in den Schriften forschen 1989*« konnte ich darauf erkennen. Der Redner auf der Bühne begann vorzulesen, was zur Überschrift »Sonntag, 23. Juli« zu lesen war, nämlich wie gemäß Offenbarung 7,9 eine »große Volksmenge« vor dem Thron Gottes stand. Während der Text darunter vorgelesen wurde, in dem erklärt wurde, dass heute in den »letzten Tagen« Menschen aller Rassen und Länder zu einer internationalen Einheit zusammengebracht würden, ließ ich meinen Blick über die Menge vor und neben mir schweifen, wie sie alle dasaßen mit aufgeschlagenen Bibeln und Heften. Hier war also ein Teil dieser großen Volksmenge versammelt. Und ich durfte dazugehören.

Ruth hatte einiges in ihrem Büchlein unterstrichen. Sie hatte den Text also auch schon mal zu Hause gelesen, trotzdem war ihre ganze Aufmerksamkeit bei der Bühne. Jetzt sah sie zu mir, lächelte und schob mir ihr Büchlein rüber, damit ich selber auch noch einmal hineinsehen konnte. Für jeden Tag standen ein Bibelvers und ein interpretierender Text darunter. Jedes Mal war ein Wachtturm von 1988 angegeben. Die Schlüsselgedanken vom letzten Jahr wurden also dieses Jahr noch einmal in täglichen Portionen wiederholt. Sehr gründlich, diese Zeugen Jehovas!

Der Redner unten hatte in der Zwischenzeit seine Zettel zusammengepackt und war hinter die Bühne gegangen, während ein anderer Vortragender ans Pult getreten war. Wäre sein Anzug nicht eine Farbnuance dunkler gewesen, wäre mir der Wechsel fast entgangen.

Ich nahm meine Bibel zur Hand und schlug nun jede Bibelstelle, die der Redner angab, sogleich nach. Ruth bemerkte das mit offensichtlicher Bewunderung, dabei tat sie genau dasselbe. Sie machte sich allerdings auch noch zusätzlich mit ihrer bauchigen Schrift Notizen in ihr Schreibheft. Wirklich eine sehr ungewöhnliche Schrift, damit hätte sie gut thailändisch schreiben können. Manuels Schrift links neben mir war dagegen ganz krickelig.

Der Redner hatte mittlerweile seine Stimme immer lauter werden lassen. Jetzt ließ er 2 Thessalonicher 2,3 aufschlagen. »*Lasst euch von niemandem verführen, in keinerlei Weise; denn zuvor*«, das hieß bevor der »Tag Jehovas« kam, »*muss der Abfall kommen und der Mensch der Bosheit offenbart werden, der Sohn des Verderbens.*«

Der Redner hatte mittlerweile in sein Mikrophon zu schreien begonnen. »Bei diesem geheimnisvollen ›Menschen‹ handelt es sich um eine ganze Personengruppe, und zwar handelt es sich dabei unzweideutig um die gesamte Geistlichkeit der abtrünnigen Christenheit!«, rief er und schlug dabei ein paar Mal mit der Faust auf das Pult. Weiter hallte seine Stimme durch das ganze Stadion, während er die Vokale immer abgehackter betonte: »Sie haben die göttlichen Wahrheiten gegen heidnische Lügen eingetauscht, gegen unbiblische Lehren wie die Lehre von der Unsterblichkeit der Seele, der Feuerhölle, dem Fegefeuer und der Dreieinigkeit. Sie sind wie die religiösen Führer, zu denen Jesus sagte: ›Ihr seid aus eurem Vater, dem Teufel, und nach den Begierden eures Vaters wünscht ihr zu tun ...‹«

Ein wahrer Schwall von Beschimpfungen ergoss sich nun über den gesamten Klerus der verschiedenen christlichen Gemeinschaften: Dass sie sich mehr als alle anderen Religionen vom Weg der Wahrheit abgewandt hätten und durch ihre Unterstützung diverser Kriege und so weiter eine immense Blutschuld auf sich geladen hätten.

Irgendwo hatte ich diese Stimme schon einmal gehört. Ein Bild tauchte in meinem Kopf auf: Ein Mann an einem Rednerpult, in Uniform und mit kleinem quadratischen Schnauzbart unter der Nase.

Schließlich begann sich seine Stimme fast zu überschlagen, als er schrie: »Wir – wollen – weiterhin – Babylon – die Große – und ihren – Menschen – der – Gesetzlosigkeit – bloßstellen!«

Tosender Applaus erhob sich im gesamten Stadion, während der Redner hinter die Bühne verschwand und durch wieder einen anderen abgelöst wurde.

Hörten Vertreter der Geistlichkeit vielleicht draußen vor dem Stadion, wie hier gegen sie gewettert wurde? Und durfte überhaupt jemand so gegen jemand anderen hetzen? Die Menge aber jubelte ihm zu, und Ruth neben mir klatschte genauso begeistert in ihre Hände, während sie versuchte, ihre teilweise doppelt unterstrichenen Notizen nicht vom Schoß rutschen zu lassen.

Den folgenden Vorträgen darüber, wie man sich als wahrer Christ verhalten sollte, konnte ich nur noch mit einem Ohr folgen. Ich schlug zwar weiterhin fleißig die Bibelstellen nach, aber meine Gedanken waren immer noch bei diesem Vortrag, in dem so merkwürdig militärisch gehetzt worden war. Im Wachtturm hatte ich zwar schon oft Anschuldigungen über die anderen christlichen Gemeinschaften gelesen, aber ich hatte sie immer rein sachlich aufgefasst. Wurde hier nicht doch künstlich Hass erzeugt?

Zum Glück brachte mich ein gemeinsames Lied wieder auf neue Gedanken. Wie sollte eine Gemeinschaft, die so schön zusammen singen konnte, böse sein? Waren dies nicht alles Menschen, die Gott in Wahrheit und Reinheit anbeten wollten? Und waren die Anschuldigungen bezüglich der Kirchen nicht auch dennoch wahr gewesen?

»Jetzt kommt das Drama«, flüsterte mir Ruth mit glänzenden Augen zu. »Das ist immer das Schönste vom ganzen Kongress.«

Ein kleines Theaterstück folgte nun. Warum sie das »*Drama*« genannt hatten, war mir allerdings schleierhaft. Da war nun wirklich nichts Dramatisches dran. Die Laienspieler spielten lediglich Alltagssituationen aus dem Königreichssaal nach. Trotzdem war es aber doch sehr entspannend, mal nicht einem Vortrag konzentriert folgen zu müssen.

Am besten war aber immer noch das Singen, das jetzt wieder folgte. Davon hätte ich noch mehr haben können.

In einer nicht ganz zweistündigen Pause durften wir uns nun erholen. Die Menge fing bereits an, über die zahlreichen Treppen nach draußen zu drängen. Ruth packte noch ihre Unterlagen ein, während ich mich reckte und streckte, so gut es in der Enge ging. Die Sitzschalen waren schon hart genug, wie musste es nur denen da drüben auf den Bänken ergehen?

»Wie hat es dir bis jetzt gefallen?« Ruth sah mich erwartungsvoll an.

»Ja, ganz gut. Ganz schön viele Vorträge«, erwiderte ich und versuchte dabei nicht allzu müde auszusehen.

»Ja, ist anstrengend, das glaube ich dir. Dafür haben wir ja auch jetzt erst einmal Pause.«

»Der Vortrag über den ›Menschen der Gesetzlosigkeit‹ hat mir nicht so gut gefallen«, begann ich. Ich musste einfach mit ihr darüber sprechen!

»Aha.« Ruths Lächeln wurde steif.

»Der Mensch hat irgendwie so ... so hart gesprochen. Verstehst du, so als würde er einen Trupp Soldaten anfeuern.«

»Das muss er aber auch.« Ruth blickte nachdenklich auf die Bühne, dann hinter mich. Wir schienen allmählich einen kleinen Stau zu verursachen.

»Schau mal, dadurch wird seine Sprache doch ganz klar und leicht verständlich. Außerdem hat er über die Gottlosigkeit der Christenheit geredet, da ist eine ernste und nachdrückliche Redeweise doch sehr angebracht. Aber komm jetzt, wir wollen zum Essenstand gehen – oder willst du erst auf die Toilette?«

»Lass uns erst aufs Klo gehen.« So ganz überzeugt hatte sie mich noch nicht. Aber sie hatte ja Recht: Es gab im Moment Wichtigeres als das, also beließ ich es dabei.

Auf dem Kongressgelände wimmelte es von Menschen. Fast alle schienen aus dem Stadion herausgeströmt zu sein, um irgendetwas Wichtiges zu erledigen. Ruth führte mich in einen Raum, der sich als die Literaturausgabe herausstellte. Hinter einem Tresen waren mehrere Männer damit beschäftigt, kleine Bücher aus Pappkartons herauszuholen und vor sich aufzutürmen. Davor warteten schon dutzende Kaufwillige.

»Hier kann man die Kongressfreigaben bekommen. Von dem Blauen hier habe ich dir ja schon heute Morgen erzählt: ›Fragen junger Leute – praktische Antworten‹. Klasse, sag ich dir, ich konnte es gestern vor dem Einschlafen gar nicht aus der Hand legen. Das andere, das kleine orangefarbene hier, heißt: ›Die Bibel – Gottes oder Menschenwort?‹. Kann ich dir auch nur empfehlen.« Ruth reichte mir zwei Bücher und ich durfte ein wenig darin blättern. Wirklich sehr interessant, am liebsten hätte ich sie gar nicht wieder hergegeben.

»Ich habe leider kein Geld mit«, gestand ich Ruth. Mein Kopf glühte. Wie konnte ich nur auf eine solche Veranstaltung gehen und kein Geld mitnehmen?

»Ach so. Ja, dann … Wann gibt es die Bücher in den Versammlungen?«, fragte Ruth einen Mann hinter dem Tresen, der gerade schwitzend den nächsten Karton aufschlitzte.

»Wie? Ach so … hm, ich denke, das wird noch einige Wochen dauern, so viel wie im Moment zu tun ist«, antwortete er.

»Danke.« Ruth wandte sich wieder mir zu. »Ich denke, ab September kannst du die auf jeden Fall in der Versammlung bekommen.«

»Dann muss ich mich wohl oder übel so lange gedulden.« Es tat mir ehrlich Leid, die schönen Bücher wieder auf den Stapel legen zu müssen. An der Wand hinter dem Tresen waren Holzregale aufgebaut, die ebenfalls voll von verschiedensten Büchern waren. Hätte ich doch nur genug Geld, um alle kaufen zu können, dachte ich. Die Gier auf neue Literatur war immer stärker geworden.

Wir kämpften uns nun durch die Massen zu den Toiletten durch, vor denen die Damen schon etwa fünf Meter Schlange standen. Als wir das hinter uns gebracht hatten, führte mich Ruth an den zahlreichen Ständen vorbei, die an dem Weg um das Stadion herum aufgebaut waren. Da gab es Stellen, wo große, dicke braune Bücher verteilt wurden, Stände, die prallgefüllte braune Papiertüten gegen Marken abgaben (waren das die Lunchpakete?), und Stände, an denen man Getränke in Pappbecher eingeschenkt bekommen konnte, und vor allen Ständen hatten sich dichte Menschentrauben gebildet, die angeregt miteinander ins Gespräch vertieft waren. Der Lärm, den die Menschen machten, konnte einer Disco Konkurrenz machen.

»Alles freiwillige Helfer, die hier arbeiten!«, rief Ruth mir ins Ohr, während sie für uns ein Lunchpaket besorgte.

»Hey Ruth, altes Haus, sieht man dich mal wieder!« Ein gut aussehender junger Mann kam auf uns zu und begrüßte Ruth mit herzhaftem Handschlag.

»Wie immer auf einem Kongress«, lachte Ruth ihn an.

»Wen hast du denn da mitgebracht?« Er blickte mich interessiert an.

»Das ist Martina, sie interessiert sich für die Wahrheit«, rief Ruth ihm zu. Ich spürte einen Stich in meinem Herzen.

»Aha. Sehr schön. Dann viel Vergnügen noch euch beiden. Ich muss weiter«, und schon war er wieder im Gewimmel verschwunden.

Soso, ich war offiziell also nur *interessiert.* Geduldet sozusagen. Dass ich mich wirklich Jehova hingegeben hatte, würde man mir wohl erst bei meiner Taufe glauben.

Auf dem Weg zurück ins Stadion redete ich mit Ruth noch über einen Entschluss, den ich inzwischen gefasst hatte. »Eigentlich wollte ich ja Bibliothekarin werden«, sagte ich zu ihr wie beiläufig.

»Oh, interessanter Beruf«, erwiderte sie.

»Da müsste ich aber mehrere Jahre lang auf einer speziellen Schule studieren. Die nächste davon liegt in Hamburg, ich habe mich da schon informiert. In dem Vortrag wurde aber ja vor den Folgen schlechter Gesellschaft gewarnt.« Mir war dieser »Irre nicht ab ...«-Vortrag noch gut im Sinn. Der Redner hatte immer wieder betont, dass das Zusammensein mit Nichtchristen über längere Zeit unser eigenes Denken von den wirklichen geistigen Belangen ablenken könnte und deswegen vermieden werden sollte, wenn man weise sein wollte. Das klang sehr logisch. Und Nichtchristen waren alle, die keine Zeugen Jehovas waren.

»Ach ja?«, meinte Ruth, so als könne sie nicht ganz ihren Ohren trauen.

»Ich habe mir gedacht, dass ich deswegen lieber etwas anderes machen möchte. Vielleicht Buchhändlerin oder so. Da könnte ich dann vielleicht auch einmal nur halbe Tage arbeiten und hätte so mehr Zeit für den Predigtdienst.« Auch das war im Vortrag betont worden.

»Ja, das ist eine gute Einstellung. Bevor du das machen kannst, solltest du aber erst noch einmal richtig die Bibel studiert haben«, bremste Ruth mich.

»Was meinst du damit? Ich studiere doch die Bibel.«

»Ja, aber nicht richtig. Du weißt doch, was Dieter und ich dir über ein Heimbibelstudium erzählt haben. Nun, mein Angebot steht noch: Wenn du willst, komme ich ab August zu dir nach Hause und wir studieren dann zusammen das Paradiesbuch.«

Ich war ganz begeistert. Klar, ein Heimbibelstudium, die Vorbereitung auf Hingabe und Taufe! Das war es, was ich jetzt machen musste. Wieso war ich nicht gleich darauf gekommen? »Okay, so machen wir es!«, lachte ich Ruth an.

»Alles klar«, meinte sie, als wäre es das Selbstverständlichste auf der Welt.

Zusammen gingen wir auf unsere Plätze im Stadion zurück, um das Lunchpaket zu vernichten. Mir schmeckten die labbrigen Brote und die kleinen Marmelade- und Wurstdosen wirklich lecker, immerhin lag die letzte Mahlzeit mehr als sieben Stunden zurück, doch Ruth aß nur wie ein Spatz. Manuel, der sich mittlerweile dazugesellt hatte, aß so viel wie ich, war aber trotzdem nicht dicker als Ruth.

»Kinder werden, wenn möglich, immer zum Kongress mitgenommen.« Ruth wies auf einige Kinder, die im Gang herumgetollt waren. Ihre Mütter ließen sie mit einem Zischen wieder still Platz nehmen.

»Ja, gar nicht so einfach für die, so lange still zu sitzen.« Ruth lächelte zu Manuel hinüber. »Manuel war früher auch immer ganz zappelig, aber dann hat meine Mutter ihm einfach den Rücken gestreichelt, so mit den Fingerspitzen immer auf der Wirbelsäule rauf und runter. Wenn sie das gemacht hat, war er ganz still.«

Ich sah auf Manuels Rücken. Eigenartigerweise verspürte ich auf einmal so etwas wie Neid auf seine Mutter. Gleichzeitig fühlte ich mich jetzt so glücklich wie schon sehr lange nicht mehr. Was für ein Geschenk Gottes, hier mit Gottes Volk zusammen sein zu können und von ihm belehrt zu werden!

Die Königreichsmelodien erschallten nun wieder aus den zahlreichen Lautsprechern über mir. Das Programm ging also weiter. Die meisten waren bereits wieder auf ihren Plätzen.

»Das Stadion scheint voller zu sein als vorhin, kann das sein?«, flüsterte ich Ruth zu.

»Jetzt kommt doch der öffentliche Vortrag. Da werden meistens noch mal eine Menge Gäste mehr mitgebracht.« Nun, da konnte ich ja froh sein, dass ich den ganzen Tag hier sein durfte.

Der Vortrag »Befreiung für Menschen von Gottergebenheit nahe!« war viel mehr nach meinem Geschmack. Es wurde der Vergleich gezogen zwischen der Gegenwart und der Zeit, als Noah seine Arche bauen musste. Genau wie damals stünde heute ein Strafgericht Gottes unmittelbar bevor, genau wie damals blieben die Menschen demgegenüber gleichgültig. »... sie nahmen *keine Kenntnis* davon, bis die Sintflut kam und sie alle wegraffte ...«

Diese Worte verfehlten ihre Wirkung nicht. Im ganzen Stadion war die Anspannung förmlich mit Händen zu greifen, während der Vergleich fortgeführt wurde: Genau wie damals hätte Gott für eine Rettungsvorkehrung, eine Arche gesorgt, und das wäre die Organisation Jehovas, die Gemeinschaft der Zeugen Jehovas auf der ganzen Erde. Wer zögerte, Teil dieser Gemeinschaft zu werden und sich Gott hinzugeben und taufen zu lassen, musste damit rechnen, dass das Strafgericht Gottes in Bälde auf ihn herniederkäme, die Tür der Arche dann aber verschlossen wäre.

Die Menschen spotteten über das merkwürdige Benehmen der Zeugen Jehovas, so wie sie Noah verspotteten, als er auf trockenem Land eine Arche baute. Und so wie Noah damals seine Familie über Gott belehrte und ohne Zweifel auch seine Mitmenschen vor der bevorstehenden Sintflut warnte, müssten auch wir Zeugen Jehovas heute alles daransetzen, um so viele Seelen wie möglich auf der neuzeitlichen Arche retten zu können.

Ich sah mich inmitten dieses Stadions wie in dieser Arche. Draußen würde die Welt untergehen – die Menschen hatten es weiß Gott verdient –, aber hier drinnen waren die versammelt, die Gnade gefunden hatten vor Gott und alles taten, was Gott ihnen gebot. Hierher hatte mich Jehova geführt. Das war es, was er für mich vorgesehen hatte. Hätte ich doch auch nur zu den 200 neuen Schafen gehört, die gestern getauft worden waren! Hoffentlich blieb die Tür der Arche noch ein wenig offen.

Der Nachmittag war wie im Flug vergangen, und als die rund 16000 Menschen um mich herum vereint das letzte Lied sangen, trieb es mir die Tränen in die Augen. Mit einem schweren Kloß im Hals gelang es mir nur mit Mühe, das Lied zu Ende zu singen. Nach dem Schlussgebet packten wir alle unsere Sachen ein. Müde und glücklich wie wir waren, strömten wir ohne viele Worte mit der Menge hinaus auf das Kongressgelände, wo die Massen sich in Richtung der einzelnen Parkplätze aufteilten.

Die Rückfahrt habe ich wirklich genossen. Wir ließen mit Manuel, der diesmal mit uns mitfuhr, noch einmal den Kongress an uns vorüberziehen und hatten eine Menge Spaß zusammen.

Nach etwas mehr als einer Stunde waren wir schließlich wieder bei mir zu Hause angekommen und Ruth versprach, mich nächsten Sonntag zur Versammlung abzuholen. Das nahm ich gerne an, ich glaubte nicht, dass meine Eltern jetzt noch etwas dagegen haben würden. Überhaupt schwebte ich immer noch wie auf Wolken und fühlte mich schon fast wie eine Zeugin Jehovas.

Dieser Tag heute war ganz eindeutig der Höhepunkt in meinem bisherigen Leben gewesen!

KAPITEL 5

»Na, hat es dir gefallen?« Mama stand beim Abwasch und schrubbte die Töpfe.

»Oh, wundervoll, das kannst du dir gar nicht vorstellen, wie das war! Tausende Leute, alle so nett, und das Singen! Ich kann es jetzt noch kaum fassen, dass ich da war. Diese Ruth holt mich Sonntag zur Versammlung ab. Im Grunde ist so eine Versammlung ein Kongress im Kleinen, ich wünschte, ich könnte jeden Sonntag hingehen!«

»Nun mach mal halblang! Ich dachte sowieso, du könntest eigentlich auf Julias Geburtstagsfete dieses Wochenende gehen.«

Mir tönten noch die Worte vom Kongress im Ohr: Hütet euch vor schlechter Gesellschaft! Ja, auf diese Art von Gesellschaft konnte ich gut verzichten. So eine Sauf- und Rauchfete hatte im Vergleich zu den Versammlungen ungefähr die gleiche Anziehungskraft wie die Hölle im Vergleich zum Himmel. Außerdem – sollte ich mich von denen wie ein kleines Küken behandeln lassen, nur weil sie ja alle sooo viel älter waren als ich und alles besser wussten? »Oh nein, Mama, darauf habe ich gar keine Lust!«, sagte ich daher so gequält wie nur möglich.

Mama presste die Lippen zusammen und die Falte zwischen ihren Augen vertiefte sich, während sie mit aller Macht diesen Topf schrubbte. »Ist doch besser, wenn du mal unter Leute kommst als immer nur zu denen in die Kirche.«

Genauso gut hätte sie einem Stier ein rotes Tuch vorhalten können.

»Das ist keine *Kirche*!«, rief ich empört. Das wäre ja noch schöner, die Zeugen Jehovas ein Teil Babylons der Großen! »Da sitzen wir nicht nur herum und singen und beten und irgendjemand hält da vorne eine Predigt. Okay, singen und beten tun wir schon und der Vortrag am Anfang ist fast eine Stunde lang, aber beim Wachtturm-Studium danach machen alle mit, das geht alles mit Melden und so. Das bringt einem wirklich was, verstehst du? Da geht man nicht nur hin, um heilig zu werden, sondern wir wollen was lernen über Gott und die Bibel.«

»Ich weiß nicht, wie ich mir das vorstellen soll. Was ist das überhaupt – Wachtturm-Studium …«, grummelte sie und klang dabei so, als ob das etwas Unanständiges wäre.

»Den Wachtturm, den kennst du doch. Da gibt es immer extra Artikel drin, die werden abschnittsweise vorgelesen, einer stellt Fragen dazu …«

»Hör auf, hör auf, ich will davon ja gar nichts wissen! Mach, was du willst, aber halt mich da raus!« Die Falte zwischen ihren Augen hatte sich mittlerweile verdoppelt. »Ich verstehe nicht, dass du nicht lieber auf die Geburtstagsfeier willst …«, murmelte sie.

Ich verzog mich in mein Zimmer und vertiefte mich wieder in mein Offenbarungsbuch. Ich las es jetzt zum zweiten Mal und hatte schon mehr als die Hälfte durch, aber diesmal richtig durchgearbeitet, mit Bibelstellen aufschlagen und unterstreichen der wichtigsten Sachen und so.

Erst wollte Mama mich verstehen und dann wollte sie doch wieder nichts verstehen. Sie verstand sowieso gar nichts!

Trotzdem: Ich fühlte mich gut, ich fühlte mich stark. Satan versuchte jetzt sogar schon, mich durch meine eigene Mutter zu verführen und von Jehovas Zeugen abzubringen, doch das fruchtete nichts.

Ich sollte auf eine Geburtstagsfeier, ha!

Ich war schon ewig nicht mehr auf Geburtstagsfeiern gewesen, so kam es mir vor. Meine Eltern feierten nur kurz mit den Nachbarn und der Familie, meine Schulfreunde luden mich schon lange nicht mehr ein, weil ich ja immer nicht kommen konnte, die wohnten ja alle zehn Kilometer weit weg, und mein Geburtstag wurde auch nur mit meiner Schwester und ihrer Familie zusammen gefeiert. Ich hatte gelesen, dass Jehovas Zeugen keine Geburtstage feierten, weil das kein christlicher Brauch war. Durch alle heidnischen Bräuche aber ehrte man Satan.

Nein, sie würden mich nicht dazu kriegen, Gott untreu zu werden und Satan zu ehren. Ich würde nie wieder irgendwelche Geburtstage feiern, und ich würde *nichts* vermissen! So viel stand fest.

Mein Kopf schwirrte von dem, was ich alles gelesen hatte. Die Bilder aus dem Offenbarungsbuch tauchten immer wieder vor mir auf, und sie waren so unheimlich!

Die ganze jetzige Erde mit all ihren Herrschern und Präsidenten und Kaufleuten und Priestern war in Wahrheit also Satans Reich. 1914 war Satan von Jesus aus dem Himmel vertrieben worden, und jetzt konnten er und seine Engel, die Dämonen, nur noch bei uns hier auf der Erde ihr Unwesen treiben, deswegen auch die Unmenschlichkeit überall, die Lieblosigkeit, die vielen Kriege und all das Leid. Befreiung von diesem Leid würde im Krieg Gottes kommen, »*Harmagedon*« (Offenbarung 16,16).

Dieses Wort klang so schrecklich! Und all die Bilder dazu! Hochhäuser, Panzer, Kirchen, alles stand in Flammen, und alle Menschen, die nicht Gottes Rettung verdienten, kamen darin um. Die Bösen genauso wie die Gleichgültigen, alle die, die lieber dieses »System der Dinge« haben wollten als Gottes Königreich. Alle die, die auf die eine oder andere Weise Satan die Ehre gaben und nicht Gott.

Und der einzige Weg, dieser fürchterlichen Vernichtung zu entgehen, war, sich von Satans Welt fern zu halten und zu Jehovas Volk zu gehören. Jehovas Volk bestand aus den »144000 geistgesalbten Christen« (Offenbarung 14,1), die mit Jesus als Könige im Himmel herrschen würden, und einer »großen Volksmenge« (Offenbarung 7,9), zu der der ganze Rest gehörte, der Harmagedon überleben und danach das Paradies auf der Erde erben würde. Alle hatten sie »ihre Gewänder rein gewaschen« im Blut Christi und durch die Taufe hatten sie das öffentlich gezeigt.

Ich aber war noch nicht getauft. Meine Gewänder waren schmutzig und besudelt durch diese Welt um mich herum. Was würde mit mir geschehen, wenn zum Beispiel morgen Harmagedon käme? Würde Gott in mein Herz sehen und sagen: »Okay, Martina, du warst ja so gut wie getauft, da drücken wir mal ein Auge zu.«? Oder würde er sagen: »Tut mir Leid, du hast leider zu lange gezögert, wenn du mich wirklich geliebt hättest, hättest du schneller Stellung bezogen.«?

Um getauft zu werden, musste man sich Gott hingegeben haben, das hieß, man hatte geschworen, sein Leben in den Dienst Gottes zu stellen. Das hatte ich doch schon! Ich könnte also auch jederzeit getauft werden, dachte ich. Ich musste mich unbedingt um eine Taufe bemühen, aber ich hatte keine Ahnung, wie ich das eigentlich anstellen sollte. Ging das überhaupt schon, wenn man noch nicht achtzehn war?

Und wie sollte ich das nur mit dem Predigtdienst machen? Dieser Gedanke behagte mir immer noch nicht. Vielleicht würde man ja Verständnis dafür haben, dass ich wegen der Schule im Predigtdienst noch nicht so eifrig würde sein können.

»Oh Jehova, mein Gott, bitte hilf mir, noch rechtzeitig deine Dienerin zu werden. Leite die Dinge für mich und führe mich. Du kennst doch mein Herz und du weißt, dass ich diese Welt verabscheue. Bitte, lass nicht zu, dass ich am Tag deines Zorns vernichtet werde. Ich flehe dich an durch deinen Sohn Jesus Christus, der für uns gestorben ist.«

Ich war so dankbar, dass es die Möglichkeit des Gebets gab. Wenn ich nicht so sicher sein könnte, dass Gott dafür sorgen würde, dass ich noch rechtzeitig in die große Volksmenge mit einbezogen werden konnte, ich hätte nicht gewusst, wie ich die Angst vor Harmagedon hätte aushalten sollen.

Sonntagmorgen zur gewohnten Zeit fuhr Ruth in ihrem kleinen weißen Auto vor und holte mich zur Versammlung ab.

Der Vortrag ging diesmal noch schneller vorbei als letztes Mal. Ich hatte wieder meine kleine Lutherbibel dabei und schlug alle angegebenen Stellen nach. Der Artikel im Wachtturm handelte vom »christlichen Benehmen«. Jetzt wurde mir auch klar, wieso auf dem Kongress alles so wohl geordnet ablief und warum im Königreichssaal alle immer so freundlich waren. Es war ein Erfordernis für *wahre* Christen, sich »der guten Botschaft würdig« zu benehmen und jederzeit und zu allen Menschen, ob in Predigtdienst, Königreichssaal oder Freizeit freundlich, höflich und bescheiden zu sein. »*Daran wird jedermann erkennen, dass ihr meine Jünger seid, wenn ihr Liebe untereinander habt*«, lasen wir in Johannes 13,35. Ja, wenn diese Menschen hier das nicht erfüllten, dann wusste ich es auch nicht.

Ruth ging mit mir zum Literaturtresen, um ihre neuen Zeitschriften abzuholen. Auf dem Weg dorthin mussten wir noch stehen bleiben, um ein paar Worte mit ihren Cousinen und Freundinnen zu wechseln. Das war eine richtige Clique, so wie ich sie aus der Schule kannte. Normalerweise war ich kein Cliquentyp. Und trotzdem, von jungen Leuten meines Alters anscheinend so vorurteilsfrei aufgenommen zu werden, war mal eine ganz neue Erfahrung.

Am Literaturtresen gab Ruth mir praktischerweise wieder gleich zwei Zeitschriften ab. Dann aber fiel ihr Blick auf einen Kartonstapel mit orange und blauen Büchern hinter Paul, dem Zeitschriftenverkäufer. »Habt ihr etwa schon die neuen Bücher vom Kongress?«, fragte sie ihn erstaunt.

»Och, eigentlich noch nicht, aber wir haben eine Ration auf dem Kongress abzweigen können. Braucht ihr welche?«, sagte er in seiner betont langsamen Art.

»Oh ja, gib mir mal je zwei.« Ruth bezahlte ihn glücklich und wandte sich dann mir zu.

»Hier, die schenke ich dir.« Sie drückte mir kurzerhand zwei Bücher in die Hand, und ich konnte vor lauter Sprachlosigkeit kaum »danke« sagen. Jetzt konnte ich die neuen Bücher also doch schon haben, na, wenn das kein Geschenk Gottes war!

Wieder zu Hause stürzte ich erst einmal in mein Zimmer und blätterte die neuen Bücher und Zeitschriften durch. So viel neue Literatur, ich schwebte vor Glück! Jetzt hatte ich schon drei bunte große und vier bunte kleine Bücher und einen Stapel Zeitschriften. Die machten sich ganz gut in meinem Bücherregal, neben all den Comics und Lexika. Wie gut, dass diese Bücher so billig waren, ich konnte mir ja sonst nie welche leisten.

Im Wachtturm stand nicht viel Neues, nur über Paradies und so, das kannte ich ja. Trotzdem immer wieder schön, sich mit dem Gedanken an das Paradies zu beschäftigen. Auf der Rückseite wurden die Königreichsmelodien angeboten, acht Kassetten für je fünf Mark. Ich legte den Wachtturm betrübt beiseite. Vierzig Mark, für Musikkassetten ...

Von »*Die Bibel – Gottes oder Menschenwort?*« war ich zunächst ganz begeistert. Der Inhalt, wie sich die Bibel auf wunderbare Weise bis heute erhalten hatte, wie ihre Prophezeiungen eingetroffen waren und wie viel Lebensweisheit sie doch enthielt, kam mir dann allerdings sehr bekannt vor – ja, ich hatte schon mal ein Buch über dieses Thema gelesen!

Ich lief zu meinem kleinen Bücherregal und zog ein hellgrünes Büchlein von derselben Größe hervor, ebenfalls mit goldenen Lettern auf dem Einband: »*Ist die Bibel wirklich das Wort Gottes?*« Als ich noch ein kleines Mädchen war, hatte ich dieses Buch bei meiner Oma unter dem Sofa gefunden, und ich hatte mich damals noch sehr gewundert, dass sie überhaupt nicht daran zu hängen schien und ich es sofort behalten durfte. Das Papier war von erbärmlicher Qualität gewesen und die wenigen Schwarz-Weiß-Illustrationen hatte ich mit Hingabe angemalt. Das war wohl damals noch nicht so toll gewesen wie heute mit gutem weißen Papier und Vierfarbdruck.

Es war noch gar nicht so lange her, dass ich dieses alte Buch gelesen hatte. Ich konnte mich noch gut daran erinnern, wie ich danach dachte: Mann, die Bibel muss ein wirklich interessantes Buch sein! Aber ich konnte im ganzen Haus keine finden.

Ich staunte. Damals war also durch Zufall der Same der Wahrheit in mich gelegt worden, in der Tat, dieses Büchlein war der eigentliche Grund gewesen, warum ich mir meine Lutherbibel gekauft hatte und so für die Wahrheit offen war. Jehova, hattest du das damals schon so eingefädelt?

Freilich wusste ich damals noch nicht, wer sich hinter der Bezeichnung Wachtturm Bibel- und Traktatgesellschaft verbarg. Erstaunlich fand ich aber auch die Tatsache, dass diese Gesellschaft nach zwanzig Jahren ein neues Buch mit fast identischem Inhalt herausgab. Wahrscheinlich weil sie die Bücher jetzt so viel schöner herstellen konnten, dachte ich mir.

Das andere Buch, »*Fragen junger Leute – Praktische Antworten*«, war da für mich schon viel interessanter. Das Inhaltsverzeichnis war sehr vielversprechend: Warum habe ich Ärger mit Eltern und Geschwistern? Warum finde ich mich hässlich? Warum bin ich traurig oder schüchtern? Was soll ich nach der Schule machen? Wie steht es mit Sex? Wie kann ich einen Ehemann finden? Wie soll ich mit Alkohol, Drogen und Medien umgehen? Eigentlich gab es kein Thema für Jugendliche, das nicht angesprochen wurde. Tja, andere kauften sich »Bravo«, und ich las halt den Rat der Bibel.

Ich las also zuerst das letzte Kapitel, wie ich das so machte mit neuen Büchern, aber bald schon begann mein Gewissen zu klopfen. In der Bibel lesen, beten und die Versammlungen besuchen, das tat ich ja bereits, aber etwas Entscheidendes fehlte mir noch, etwas, wovon meine Zukunft abhing: Ich musste beginnen, meinen Glauben »öffentlich bekannt« zu machen. Das Buch schlug vor, zunächst einmal mit Klassenkameraden, Nachbarn oder Verwandten zu reden ...

O Gott, ich sollte mit den anderen aus der Schule über Zeugen Jehovas reden?

Ich musste doch auch so schon oft genug alleine auf dem Schulhof herumgehen. Die machten sich auch alle so schon genug lustig über mich. Ich hatte mir zwar vorgenommen, spätestens nach der zwölften Klasse abzugehen, um endlich Zeit für den Predigtdienst zu finden, aber bis dahin war es immer noch ein ganzes Jahr. Ich war doch nicht verrückt und provozierte ein Jahr Spott, indem ich bei meinen Mitschülern predigen ging!

Wie machte Manuel das eigentlich? Predigte er in der Schule? Ich hatte ihn jedenfalls nie dabei gesehen. Aber er ging ja bestimmt auch »von Haus zu Haus«, da war er nicht darauf angewiesen. Nein, in der Schule predigen! Wenn mich einer auf meinen Glauben ansprach, wollte ich ihm gern Rede und Antwort stehen, aber von selber ...

Doch das Buch erklärte, ich müsse mich entscheiden: War mir die Anerkennung der anderen mehr wert als die meines »himmlischen Freundes« Jehova? Wollte ich zulassen, dass ich wegen Furcht oder Verlegenheit vielleicht doch nicht gerettet würde?

Mein Puls beschleunigte sich. Jehova würde mich also nicht anerkennen, wenn ich nicht mit meinen Mitschülern spräche? Nein, so grausam konnte er nicht sein! Es konnte doch nicht sein, dass ich mich wie ein Märtyrer opfern musste, um gerettet zu werden. Jehova würde mich doch bestimmt verstehen. Oder nicht?

» Wäret ihr von der Welt, so hätte die Welt das Ihre lieb. Weil ihr aber nicht von der Welt seid, ... darum hasst euch die Welt«, las ich in Johannes 15,19.

Eigentlich hassten die anderen mich auch so schon. Würde es da wirklich einen Unterschied machen, wenn sie mich jetzt halt noch ein bisschen mehr hassen würden?

So hatte ich mir meine Lektüre eigentlich nicht vorgestellt. Mein schlechtes Gewissen klopfte und klopfte und wollte nicht aufhören. Ich war immer noch nicht getauft, ich ging immer noch nicht predigen, ich konnte also noch lange nicht auf Gottes volle Anerkennung hoffen. Aber es gab noch so viele Hindernisse zu bewältigen! Sie lagen vor mir wie ein Fünftausender, den ich besteigen sollte, und ich konnte den Gipfel immer noch nicht sehen.

Ich hatte nicht übel Lust, den ganzen Kram hinzuwerfen und nie wieder eines dieser Bücher in die Hand zu nehmen! Warum machten die nur so viel Druck? Druck brachte nur Trotz hervor. Sie sollten mich nicht so bedrängen ... Aber ich hatte auch Angst, Gott untreu zu werden, solche Angst ... Ich konnte es mir doch gar nicht leisten, so zu denken, ich wollte doch Harmagedon überleben!

Irgendwie musste es doch gehen! Was würden wohl meine Verwandten dazu sagen, wenn ich getaufte Zeugin Jehovas würde? Hoffentlich, hoffentlich verhindern sie es nicht, bitte Jehova!

Donnerstag war gekommen und ich war schon richtig aufgeregt. Bald würde Ruth ankommen und meine erste Bibelstudiumstunde mit mir durchführen. Es war schon so lange her, dass ich mal Besuch in meinem Zimmer gehabt hatte.

Ich schämte mich ein wenig für mein Zimmer. Ich konnte aufräumen und saubermachen, so viel ich wollte, es sah irgendwie immer aus wie eine Rumpelkammer. Voll gestellt mit allen möglichen Möbeln, die wir nicht wegwerfen wollten, konnte man sich kaum darin rühren. Die blassgelbe groß gemusterte Tapete und der alte graue Teppich auf den knarrenden Dielenbrettern machten das Ganze nicht hübscher. Zum Glück sah man nicht den großflächigen Schimmelbefall hinter meinem Bett. Ich überlegte, wo ich Ruth sonst noch empfangen könnte, aber mein

Zimmer war der einzige Ort, der mir Schutz vor Mamas neugierigen Ohren bot, und ich konnte mir gut vorstellen, dass sie das Studium auf der Stelle verbieten würde, sobald sie diesen »Quatsch« hörte.

Das Bellen des Hundes kündigte an, dass ich keine Gnadenfrist mehr hatte. Tatsächlich, Ruth stand vor der Tür, mit glühenden Wangen und Schultasche über der Schulter und grinste mich an.

»Das ist also dein Zimmer«, sagte sie nur und schaute sich kurz um, nachdem ich sie schnell durch die Küche und an Mama vorbeigeschleust hatte. »Wo sollen wir sitzen?«

»Ich dachte, hier auf dem Sofa wäre es ganz gut. Nimm doch Platz!«

Ruth packte eine schon arg abgegriffene Bibel aus und ihr Exemplar des Paradiesbuches. Schnell holte ich mein Buch und meine Lutherbibel und setzte mich neben sie.

»Zu Anfang sollten wir zusammen noch ein Gebet sprechen«, meinte Ruth, faltete ihre Hände, senkte den Kopf und schloss ihre Augen. Ich tat es ihr gleich.

»Herr Jehova, gütiger Vater«, begann sie mit leiser Stimme, »wir danken dir dafür, dass wir heute hier zusammenkommen durften, um die Wahrheit aus deinem Wort zu erfahren. In deinem Wort hast du uns verheißen: ›Wo zwei oder drei zusammenkommen in meinem Namen, da will ich mitten unter ihnen sein.‹ Und du hast gesagt: ›Ihr werdet die Wahrheit erkennen, und die Wahrheit wird euch frei machen.‹ Öffne darum bitte jetzt Martinas Herz, damit die Wahrheit zu ihr durchdringen kann, damit sie erkennen möge, dass es dein Vorsatz ist, dass die gesamte Menschheit einmal in Frieden im Paradies hier auf der Erde leben kann, was du durch das Loskaufopfer deines Sohnes Jesus Christus möglich gemacht hast. Segne darum bitte unser Zusammenkommen, und das möchten wir bitten durch deinen lieben Sohn Jesus Christus. Amen.«

»Amen«, murmelte auch ich. Mein Gott, die hatten das Beten ja richtig gelernt!

Ruth hatte die erste Seite aufgeschlagen. Mir fiel auf, dass in ihrem Buch genau wie bei ihren Wachttürmen immer die Antworten auf die Fragen zu den Absätzen unterstrichen und sämtliche nicht zitierten Bibelstellen an den Rand gekritzelt waren.

Immer abwechselnd lasen wir die einzelnen Absätze laut vor. Nach jedem Absatz stellte Ruth die Frage, die in den Fußnoten hierzu angegeben wurde und deren Antwort ich dem jeweiligen Absatz entnehmen konnte. Eine geradezu kinderleichte Sache für jeden, der des Lesens mächtig war.

So lasen wir weiter und machten uns Gedanken darüber, dass die Welt so, wie sie heute war, bestimmt nicht so von Gott vorgesehen war. Sehr interessant fand ich auch die Überlegung, dass wissenschaftlich gesehen nicht klar war, warum die Körperzellen plötzlich aufhörten, sich selber zu erneuern und der Mensch somit alterte. War das nicht ein Beweis dafür, dass Menschen ursprünglich ewig leben sollten und dass Gott somit ohne Probleme dafür sorgen könnte, dass dieser Alterungsprozess abgestellt würde?

Wir betrachteten die beeindruckenden Bilder: Auf der einen Seite Bilder wie aus den abendlichen Nachrichten von Kriegen, Krankheiten und anderen Schrecknissen, auf der anderen Seite Bilder von strahlenden Menschen in paradiesischen Landschaften. Die Menschen würden »*wieder jung*«, »*die Augen der Blinden aufgetan und die Ohren der Tauben geöffnet*« werden und »*dann werden die Lahmen springen wie ein Hirsch, und die Zunge der Stummen wird frohlocken*«, wie es in Hiob 33,25 und Jesaja 35,5.6 verheißen wurde. Es war wirklich sehr eindrucksvoll, in meinem Zimmer diese Worte hallen zu hören, die genau diese paradiesischen Zustände voraussagten.

Auch die nächste Doppelseite sah sehr paradiesisch aus: Wälder, Berge, Seen, Rasen ohne Ende, ein vereinzeltes Haus, junge, schöne, gesunde Menschen aller Hautfarben, ein Junge, der einen männlichen Löwen umarmte (wie es in Jesaja 11,6-9 stand).

»Aber wird denn überhaupt genug Platz sein auf der Erde für all die Menschen, wenn die Toten dann auch noch auferstehen?«, fragte ich.

»Doch, doch. In einem Vortrag wurde mal errechnet, dass selbst wenn alle Menschen, die jemals lebten, wieder auferstehen, für jeden noch genug Platz sein würde für ein Häuschen mit kleinem Garten. Denk doch mal an die vielen Gebiete, die heute ungenutzt sind, Wüsten, Militärgrundstücke und so ... Die würden dann ja alle auch nutzbar gemacht werden können.«

Das konnte ich schlecht prüfen. Ich wusste nur, dass es dann jedenfalls nicht *genauso* sein würde wie auf den Bildern hier, denn da sah ich nur *ein einziges* Haus ...

»Und die Tiere, was ist mit den Tieren? Werden die auch ewig leben?«

»Nein, für die Tiere hat Jehova kein ewiges Leben vorgesehen. Sie sind ja keine Menschen. Sie werden sterben müssen wie immer.«

Das trübte das vollkommene Glück dann ja doch etwas. Wenn um einen herum immer wieder die schönen Tiere wegstarben ...

Wieder lasen wir, dass wir jetzt in den »letzten Tagen« lebten und das Ende schon sehr bald kommen müsse. Es stand doch alles in der Bibel! Wenn das mit dem Paradies vielleicht auch nicht genauso ablaufen würde, wie sich die Zeugen Jehovas das vorstellten, so stand jedenfalls zumindest fest, dass Gott so ein Paradies vorhatte. Und ich wollte ganz gewiss nicht am Ende der Welt umkommen, ganz gewiss nicht.

Das zweite Kapitel des Paradiesbuches stellte heraus, dass Satan der Herrscher dieser Welt war. Satan, eine wirkliche Person, wie auch Gott eine wirkliche Person war, war ein sehr mächtiger und böser Engel, der Adam und Eva damals im Paradies dazu verführt hatte, Gott ungehorsam zu sein. Das war die Wurzel allen Übels. Die Menschen konnten nicht ohne Gott für sich selbst sorgen, und Satan tat mit seinen Dämonen ein Übriges, um so viel Böses auf der Welt sein zu lassen.

»Ja, Satan ist mit seinen Dämonen wirklich aus dem Himmel hinabgeschleudert worden und wütet nun hier auf der Erde«, erklärte Ruth.

»Genau, deswegen ja auch der Spiritismus und all das!«, stieß ich hervor und blätterte zu einem anderen Kapitel vor. Dort war eine alte Frau abgebildet, die einen Geist beschwor. Das war aber in Wirklichkeit ein Dämon.

»Richtig. Vor den Dämonen müssen wir uns wirklich in Acht nehmen! Sie greifen manchmal sogar Menschen an, besonders, wenn sie Zeugen Jehovas sind.« Ruth biss sich auf die Lippe und erzählte dann: »Eine Schwester zum Beispiel hatte immer eine alte Frau betreut, und die hatte mit dämonischen Mächten Verbindung gehabt. Als die nun gestorben war, hat die Schwester die Bettwäsche von der aufgehoben, weil die ihr zu schade zum Wegwerfen war. Daraufhin hatte sie plötzlich Erscheinungen von Geistern, die immer aus dem Schrank kamen und sie bedrohten. Sie hat dann die Bettwäsche verbrannt, und die Erscheinungen hörten tatsächlich sofort auf!« Ruth war ganz aufgeregt. »Ein Bruder bei uns kommt aus Afrika, und da sind die ja immer extrem von dämonischen Kulten umgeben. Der wurde sogar von Geistern aus dem Bett geworfen! Aber das hörte auf, als er sich taufen gelassen hatte.«

Offensichtlich glaubte Ruth das voll und ganz, was sie mir da erzählte. Das beeindruckte mich sehr stark; hatte sie denn gar keine Angst, dass ich sie für einen ausgemachten Spinner halten würde? Wenn das so war, dann würde sie mich auch nicht für verrückt halten, wenn ich ihr von dem Dröhnen erzählte ...

Ruth nickte nur verständnisvoll bei meiner Schilderung dieser nächtlichen Attacken. Sie schienen schon so lange zurückzuliegen.

»Und wie geht es dir jetzt?«, fragte sie todernst.

»Es ist jetzt schon lange nichts mehr gekommen. Aber beim letzten Mal hatte ich auch sehr ernst zu Jehova gebetet.«

»Ja, er hat dir geholfen. Siehst du, er segnet deine Bemühungen, ihn kennen zu lernen.« Sie schaute auf ihre Uhr und erschrak. »Ich muss wieder los, wir sollten jetzt wirklich Schluss machen. Lass uns noch schnell ein Gebet zum Abschluss sprechen.«

Ruth dankte Jehova im Gebet für die neuen Erkenntnisse und bat noch mal um Hilfe für mich. Es war ein seltsames Gefühl, den eigenen Namen in einem Gebet zu hören. Als sie gepackt hatte und aufgestanden war, drehte sie sich noch einmal zu mir um.

»Nächsten Donnerstag geht es also weiter. Leider habe ich für diesen Tag schon einer Schwester versprochen, mit ihr predigen zu gehen. Ich kann sie doch mitbringen, oder?«

»Sicher, warum nicht?« Sie sollte nicht wegen mir eine Verabredung absagen müssen.

»Sie ist schon älter, so um die fünfzig. Aber sie ist total nett, du wirst sehen! Bei uns machen die Jüngeren oft was mit den Älteren zusammen. Bei uns gibt es keinen Generationskonflikt«, sagte sie sehr zufrieden und sprach dabei das Wort so aus, als sei es etwas Unanständiges.

Mir sollte es recht sein. Ich für meinen Teil war in sehr euphorischer Stimmung. Noch nie war die Vision vom Paradies in mir so gewiss gewesen wie heute. Ich würde sie mir von niemandem nehmen lassen! Mich sollte Satan nicht verführen können. Ich würde Jehova Freude bereiten, und er würde mich reich belohnen!

KAPITEL 6

In den Ferien verging die Zeit immer wie im Fluge. Ich hatte viel draußen zu tun mit Unkraut jäten, Hund ausführen und so weiter, aber ich ging auch viel spazieren, schaute viel fern und studierte weiter fleißig mein Offenbarungsbuch.

Der nächste Donnerstag war schon wieder angebrochen, und mir war, als wäre mein letztes Bibelstudium erst gestern gewesen. Ruth hatte diesmal wie versprochen eine dünne ältere Frau mitgebracht.

»Das ist Schwester Hiltrud Ortmann«, stellte Ruth sie lächelnd vor.

»Du bist also die Martina?«, fragte sie mich. Ihre Augen funkelten freundlich zwischen den zahlreichen Lachfältchen im von dünnen weißen Haaren umrahmten Gesicht. Sie hatte dieselbe Lockenfrisur wie Ruth. Die besuchten wohl alle denselben Friseur.

Ruth zeigte »Tante Hillu« mein Zimmer, wo sie zielstrebig auf dem Sofa Platz nahm. Auch sie zeigte sich nicht im Geringsten verwundert über mein Zimmer. Dafür war ich sehr dankbar.

Schwester Ortmann durfte diesmal das Eingangsgebet sprechen. Danach kamen wir sehr schnell zur Sache. Ich hatte die nächsten Kapitel schon vorher zum wiederholten Male gelesen und diesmal auch die Antworten in den Absätzen unterstrichen. Ruth bemerkte es mit Genugtuung.

Wir waren alle sehr lustig miteinander, obwohl es eigentlich um sehr ernste Themen ging. Wieder lasen wir über Satan und wie er die Menschen irreführte. Und dass es nur *eine* »richtige« Religion geben konnte.

»Geht hinein durch die enge Pforte. Denn die Pforte ist weit, und der Weg ist breit, der zur Verdammnis führt, und viele sind's, die auf ihm hineingehen. Wie eng ist die Pforte und wie schmal ist der Weg, der zum Leben führt, und wenige sind's, die ihn finden!« (Matthäus 7,13.14) Es waren die Zeugen Jehovas, die diesen schmalen Weg gefunden hatten. Der Rest der Menschheit wählte den breiten Weg, weil der ja auch viel bequemer war. Doch an seinem Ende stand die Vernichtung. Wie ein Autofahrer, dem man anhand der Straßenkarte zeigte, dass in Wahrheit ein anderer Weg zum Ziel führte, musste man bereit sein umzukehren. Unsere Straßenkarte war die Bibel.

Auch die Kirchen gingen den breiten Weg zur Vernichtung, selbst wenn sie vorgaben, Jesus zu dienen. *»Es werden nicht alle, die zu mir sagen: Herr, Herr!, in das Himmelreich kommen, sondern die den Willen tun meines Vaters im Himmel«*, las ich in meiner Bibel in Matthäus 7,21. Zeugen Jehovas taten diesen Willen. Ihnen stand gemäß der Neue-Welt-Übersetzung das »Königreich der Himmel« zu, eine himmlische Regierung über eine paradiesische Erde.

Am Ende unseres schmalen Weges erwartete uns buchstäblich ewiges Leben.

Als ich Ruth und Schwester Ortmann wieder hinausbegleitet hatte und wir uns noch für den nächsten Sonntag zur Versammlung verabredet hatten, fragte mich Mama in der Küche: »Was macht ihr da eigentlich? Ihr habt ja so laut gelacht, dass ich es hier beim Herd hören konnte!«

Ich zuckte aber nur grinsend mit den Achseln. Denn ich konnte mir nicht vorstellen, dass Mama dabei auch gelacht hätte.

In der Versammlung wurde ich so herzlich aufgenommen wie immer.

Nach dem Wachtturm-Studium drehte sich noch alles in meinem Kopf. Eine Geschichte aus der Zeit Abrahams war auf die Zeugen Jehovas von heute übertragen worden, mit einer Argumentation, die ich teilweise haarsträubend fand. Ich stellte mich mit Ruth in den Gang neben unsere Stuhlreihe und versuchte wieder etwas Gefühl in die Beine zu bekommen.

»Eigenwillige Auslegung, findest du nicht? So habe ich das noch nirgendwo gehört.«

»Nicht die Zeugen Jehovas legen die Bibel aus, die Bibel legt sich selber aus. Aber nur die Zeugen Jehovas lassen sie einfach so für sich sprechen. Deswegen haben wir auch die Wahrheit. Woanders kannst du so etwas daher gar nicht hören. Im Gegenteil, wenn du versuchen willst, aus anderen Büchern etwas über uns herauszufinden, wirst du nur Lügen finden!«

»Meinst du?«

»Was glaubst denn du? Die gehen manchmal ganz gemeine Wege, um sich über uns Informationen zu beschaffen.« Ruth beugte sich verschwörerisch zu mir herüber. »Einmal hat sogar ein Reporter vorgegeben, sich für die Wahrheit zu interessieren, hat mit einem Bruder die Bibel studiert und sich sogar taufen lassen. Hinterher hat er dann darüber ein Buch geschrieben und hat alles total verdreht, ja, Dinge regelrecht erfunden hat der. Damals war ein Artikel von ihm im ›Spiegel‹ erschienen, und da hatten wir dann eine Menge Leute, die auf einmal alle ihr Bibelstudium abbrechen wollten.«

»Ist ja unglaublich. Nicht zu fassen.« Ich war ganz sprachlos. Wenn ich mir vorstellte, ich würde in den Predigtdienst gehen, nur damit man mir abkaufte, dass ich an Jehova glaubte und mich taufen lassen wollte, und in Wahrheit hielt ich das alles für Quatsch ...

»Man muss sich fragen, wie der das mit seinem Gewissen vereinbaren kann. Wahrscheinlich hat der gar keins.« Aus Ruths Gesicht sprach der reine Abscheu. »Ich jedenfalls lese solche Sachen gar nicht erst. Das ist ja, wie wenn ich mit einem Abtrünnigen zusammen wäre! Ich will mich doch an denen nicht schmutzig machen!«

Von hinten tippte mir jemand auf die Schulter. Bruder Dieter Gollersch und seine pummelige Frau standen hinter mir und grinsten mich an.

»Du liest doch viel, habe ich gehört«, meinte Schwester Gollersch geheimnisvoll.

Bruder Gollersch zauberte ein dickes schwarzes Buch hinter seinem Rücken hervor und drückte es mir in die Hand. »Das hier wollen wir dir schenken.«

Es war eine Bibel, die Neue-Welt-Übersetzung!

»Oh, danke ...«, stammelte ich.

»Ist schon in Ordnung. Benutze sie schön fleißig. Und unterstreiche, was dir wichtig erscheint, dafür ist sie da«, sagten beide und waren auch schon wieder weitergegangen.

Da stand ich nun mit einer schönen neuen Bibel in der Hand und war völlig perplex.

Nicht, dass ich mit meiner Lutherbibel nicht zufrieden gewesen wäre. Aber die Neue-Welt-Übersetzung schien doch viel genauer übersetzt zu sein, jedenfalls würde es mit der etwas leichter sein, die Veröffentlichungen der Gesellschaft zu verstehen. Außerdem war bei ihr der Name »Jehova« sowohl im Alten als auch im Neuen Testament wieder eingesetzt worden und ich würde nun nicht mehr ständig »spricht der HERR« lesen müssen, wenn da doch eigentlich »Jehova« stehen musste.

Ruth war in der Zwischenzeit zum Literaturtresen gegangen, um die neuen Zeitschriften abzuholen. »Komm schnell her! Dein Abo ist durch!«, rief sie mir zu, als ich bei ihr angelangt war. Sie wedelte mit zwei Zeitschriften herum, die sie mir dann in die Hand drückte. Oben links in der Ecke war jeweils ein Aufkleber mit meinem Namen und meiner Adresse.

»Früher konnte man sich die Zeitschriften auch nach Hause schicken lassen. Mittlerweile aber werden sie nur noch in die Versammlungen geliefert, und wir Verkündiger müssen sie dann austeilen.« Ruth sah etwas müde aus. »Ich kann sie dir dann ja mitbringen, wenn du mal nicht in der Versammlung bist. Hast du da eine Bibel?« Erst jetzt sah sie das Buch in meiner Hand.

»Ja, Bruder und Schwester Gollersch haben mir eben eine geschenkt.«

»Boa, das ist aber nett von denen! Da hast du ja heute richtig viel, was du mit nach Hause nehmen kannst«, sagte Ruth, und irgendwie sah sie lustig aus, wie sie da mit ihrem riesigen Zeitschriftenstapel im Arm dastand.

Ja, ich hatte wirklich eine Menge Stoff bekommen. Jehova hatte mich reich beschenkt. Jetzt wollte ich erst einmal nur wieder nach Hause und mich in die neuen Zeitschriften vertiefen. Wer wusste schon, was ich diesmal wieder alles daraus würde lernen können?

Beim nächsten Bibelstudium brachte Ruth ihre Mutter mit.

Eva war eine Frau, die man einfach gerne haben musste. Sie war so freundlich zu jedermann, ja, irgendwie hatte sie fast schon etwas Heiliges an sich. Sie sprach diesmal das Gebet, weil sie ja die Ältere war, und auch das Studieren des Textes betrieb sie mit noch mehr Ernsthaftigkeit als Ruth, als wir lasen, was für eine wunderbare Geistperson Jehova Gott war. Trotzdem, ihre Augen wirkten müde und abgespannt.

Sie war es auch, die sich bisher am besten mit Mama unterhalten konnte. Ich hatte sogar den Eindruck, nachdem Mama Ruths Mutter kennen gelernt hatte, hatte sie nicht mehr so viel gegen meine Verbindung mit den Zeugen Jehovas. Sie erlaubte mir sogar, von jetzt an jeden zweiten Sonntag zur Versammlung zu gehen, immer dann, wenn ich am Samstag davor schulfrei hatte.

Am Wochenende war mein Neffe Thomas, sechs Jahre, zu Besuch bei uns, »Urlaub auf dem Bauernhof« machen. Er war der Sohn meiner Schwester Helga, die dreizehn Jahre älter war als ich. Wie eine Klette hing er an mir bei allem, was ich vorhatte. Wenigstens brauchte ich diesmal nicht alleine mit dem Hund spazieren gehen.

»Weißt du eigentlich, wer Gott ist?«

»Hä?« Thomas schaute mich verständnislos an. Sollten ihm seine gottlosen Eltern etwa noch nicht einmal von unserem Schöpfer erzählt haben?

»Gott, du weißt doch, der, der hier alles um uns herum erschaffen hat.« Ich erzählte Thomas alles, was wir erst beim letzten Bibelstudium durchgenommen hatten. Es tat so gut, mal mit jemandem darüber zu reden, was die ganze Zeit in meinem Kopf herumspukte, ohne Angst haben zu müssen, als Spinner abgetan zu werden.

»... Und dieses Paradies, was Gott damals erschaffen hatte, das wird er bald wieder wachsen lassen, die ganze Erde wird ein Paradies werden und alle Menschen, die Gott gefallen, dürfen für immer darin leben!« Ich war ganz begeistert. Aus dem eigenen Mund hörten sich diese Dinge noch wahrer an. Man musste doch einfach begeistert sein, wenn man davon hörte!

»Sag, ist das nicht wunderbar?«

Thomas blickte mich an, als wüsste er nicht recht, ob ich ihn vielleicht nur wieder foppen wollte. »Das hört sich an wie ein Märchen für Kinder«, antwortete er schließlich zweifelnd.

Was hatte ich erwartet? Dass er sofort mit mir zusammen die Bibel studieren wollte? Nein, das nicht, aber Interesse, zumindest Neugier, das Verlangen mehr zu erfahren. Vielleicht war er noch zu klein, um das alles zu verstehen, er kam ja jetzt erst in die Schule. Aber anscheinend glaubte er noch nicht einmal an Gott. Das hatte ich in seinem Alter aber schon getan. Meine Oma hatte mir beigebracht, wie man betete.

Doch hier fehlte ja von vornherein schon die Voraussetzung zum Erkennen der Wahrheit. Nein, bei ihm und seinen atheistischen Eltern brauchte ich wohl nicht viel Hoffnung haben, sie für die Wahrheit begeistern zu können. Aber ich hatte es wenigstens versucht. Das allein machte mich schon sehr zufrieden.

Am darauf folgenden Donnerstag brachte Ruth ihren Bruder Manuel mit. Er sprühte nur wieder so vor Energie. Das Gebet sprach diesmal er, obwohl er nicht der Ältere war. Aber dann wurde mir klar: Er war ein Mann und Ruth eine Frau und deswegen hatte er das »Vorrecht« des Gebets.

Mit Manuel zu studieren machte mir viel Spaß. Er war so begeistert von seiner Sache! Er war zutiefst überzeugt von der Wahrheit. Und er konnte über meine Antworten immer so herrlich lachen. In der Tat war er überhaupt der erste männliche Besucher in meinem Zimmer.

Ich studierte jetzt immer mit meiner neuen Bibel, und Manuel war sehr erstaunt, dass ich das Offenbarungsbuch mit meiner Lutherbibel verstanden haben wollte. Aber eigentlich sollte man doch mit jeder Bibel die Wahrheit erkennen können, gleich welche Übersetzung. Hatte er da etwa Zweifel gehabt?

Als Manuel und Ruth sich verabschiedeten und mein Zimmer verließen, tat es mir wirklich Leid. Ich war sehr gern mit Manuel zusammen gewesen. Wenn ich einmal einen Ehemann bekommen sollte, müsste er so sein wie er.

In der Versammlung spähte ich nun immer zu Manuel hinüber. Ich nutzte jede Gelegenheit, sein freundliches Gesicht zu studieren, wenn er voller Eifer mit dem Mikrofonstab zu den sich Meldenden eilte.

Aus dem Wachtturm sah mir ein Bild von Jesus entgegen, aber nicht der leidende und verhärmte Jesus, wie man ihn in den Kirchen immer zu sehen bekam, sondern ein gesunder und fröhlicher Jesus, der auch als Filmstar Erfolg gehabt haben könnte. Hinter ihm war eine Menge kranker, alter, sorgenvoller Menschen. Jesus aber hielt einladend seine Hand dem Betrachter entgegen, gemäß den Worten aus Matthäus 11,28-30: »*Kommt her zu mir, alle, die ihr mühselig und beladen seid; ich will euch erquicken. Nehmt auf euch mein Joch und lernt von mir ... Denn mein Joch ist sanft, und meine Last ist leicht.*«

Die Wahrheit hatte uns frei gemacht von »der bedrückenden Last religiöser Irrlehren« wie Hölle oder Fegefeuer oder dass Krankheiten eine Strafe Gottes wären. Jesus befreite uns durch sein Loskaufopfer von der Schuld wegen begangener Sünden, und er lehrte uns beten, wenn wir Probleme hatten. Die »Königreichshoffnung«, die Vision, als seine Untertanen auf der paradiesischen Erde zu leben, erquickte unsere Seele.

Doch im Gegenzug dazu mussten wir Jesu Joch auf uns nehmen. Dieses Joch bedeutete dieselbe Predigttätigkeit, die auch Jesus ausgeführt hatte. Aber es war eine »leichte« Last; erschien diese Last doch manchmal zu schwer, hatten wir das lediglich der Gegnerschaft Satans zu verdanken.

Ja, mit Jesus zusammenarbeiten, ihn bei diesem wichtigen Werk unterstützen, das wollte ich. Hier um mich herum waren lauter aufrichtige Menschen versammelt, die alle mit Jesus zusammenarbeiteten, und alle zusammen waren wir unter diesem Joch, Gleiche unter Gleichen, Brüder im Glauben.

»Der Artikel hat mir wirklich sehr gut gefallen«, sagte ich zu Eva neben mir. Ruth war bereits in ein Gespräch mit einer anderen Schwester vertieft und hielt ihr Notizbüchlein dabei in der Hand. Offensichtlich notierte sie Verabredungen für den Predigtdienst, denn ihr Büchlein war schon ganz voll geschrieben mit Namen und Uhrzeiten.

»Ja, das fand ich auch. Auch der von letzter Woche hatte mich sehr angesprochen.« Eva blätterte ein paar Seiten zurück und zeigte mir ein Bild von einem Seiltänzer mit Balancestange. »Ich komme mir auch immer vor, als müsse ich ständig das Gleichgewicht halten. Um den Dienst für Jehova wirklich vollständig ausführen zu können, müssen wir darauf achten, dass wir die richtigen Prioritäten setzen. Und wie ein Seiltänzer können wir dabei keinen unnötigen Ballast gebrauchen.«

Nun, wenn das alle anderen hier konnten, konnte ich das auch.

Der Stundenplan war voll wie nie. Zweimal die Woche acht Stunden, zweimal sieben, einmal sechs und jeden zweiten Samstag vier Stunden. Wenigstens fuhr danach gleich ein Bus.

Ruth war sehr erstaunt gewesen, dass ich unbedingt an beiden Sieben-Stunden-Tagen bei ihr zu Hause Bibelstudium machen wollte, aber sie war einverstanden.

Als ich nach der Schule bei ihr ankam, hatte Eva bereits ein leckeres Essen für mich in der Mikrowelle warm gemacht. »Du kannst doch nicht mit leerem Bauch studieren!«, hatte sie dazu gesagt. Ein bisschen war es mir ja unangenehm, dass ich mich jetzt hier so durchfutterte, aber das Essen schmeckte so lecker! Außerdem konnte ich dabei noch etwas mit Manuel zusammen sein, der mit mir zusammen aß.

Eine ältere Schwester wartete bereits bei Ruth darauf, dass wir anfangen konnten. Die Schwester sah sehr merkwürdig aus: Ihr Unterkiefer war entschieden zu klein geraten, so dass ihr Gesicht in der unteren Hälfte irgendwie unvollständig aussah. Der Kopf wirkte dadurch viel zu klein auf dem massigen Körper. Aber Ruth schien es nicht zu stören, also störte es mich auch nicht.

»Das ist Gertrud Stanewsky, die Frau von Paul. Du weißt doch, Paul der Literaturdiener. Sie wird heute beim Studium mitmachen«, stellte Ruth sie vor.

Anscheinend würde das Bibelstudium jetzt immer mit zwei Zeugen Jehovas stattfinden. Warum hatte mir Ruth das nicht gleich gesagt? Dachte sie, ich würde davon abgeschreckt werden?

»Hallo«, murmelte ich mit vollem Mund.

»Hallo. Nenn mich einfach Gertrud. Ich habe dir übrigens ein paar Bücher mitgebracht, die ich noch übrig hatte. Ich habe gehört, du liest viel, vielleicht kannst du sie gut gebrauchen.« Gertrud redete sehr undeutlich, das lag bestimmt an ihrem Unterkiefer, außerdem hatte sie einen starken Akzent; schien aus Polen zu kommen. Das erklärte auch, warum dieser Paul immer nicht so viel sagen mochte.

Sie gab mir einen Stoffbeutel mit vier kleinen Büchern und noch einigen alten Wachtturm- und Erwachet-Ausgaben. Die Bücher mussten alle schon längere Zeit bei der Schwester gelegen haben, denn sie waren alle noch nicht mit diesem schönen Vierfarbdruck ausgestattet. Auch die alten Zeitschriften wirkten erbärmlich im Gegensatz zu den paar neueren Ausgaben, die auch dabei waren. Na, wie gut, dass die Druckerei den Vierfarbdruck eingeführt hatte, mit den alten Dingern hier hätten die mich wohl nicht beeindruckt. Ein kurzer Blick auf die Inhaltsverzeichnisse zeigte, dass sie wohl keine allzu neuen Erkenntnisse enthüllen würden. Trotzdem war ich sehr dankbar für dieses Geschenk. Irgendwann würde ich wohl noch ein wenig Zeit finden, auch diese Bücher zu studieren.

Für heute jedenfalls lernte ich, dass Jehova die vielen einzelnen Bücher, die zusammen die Bibel ausmachten, durch diese Menschen damals hatte schreiben lassen, so wie ein Geschäftsmann einen Brief von einer Sekretärin schreiben ließ. Jedes Wort in der Bibel war daher so zu betrachten, als stamme es von Jehova selbst.

Während der nächsten Bibelstudien lasen wir alles über Jesus, der vorher als Engel im Himmel gelebt hatte und dann als Mensch geboren wurde, um einen Opfertod zu sterben. Dieser Tod war nötig, um ein »Lösegeld« zu bezahlen. Denn als Adam sündigte und bei der Sache mit dem Apfel Gott ungehorsam war, verdiente er als Strafe den Tod, der ja auch nach fast tausend Jahren Lebenszeit tatsächlich eintrat. Seitdem starben alle Menschen, weil sie den Tod geerbt hatten. Damit die Menschen also einmal ewig leben konnten und nicht mehr sterben mussten, musste jemand anderes, der keinen Tod verdient hatte, sondern ein vollkommenes Leben hatte, nämlich Jesus, sterben (Matthäus 20,28: »... und gebe sein Leben zu einer Erlösung für viele«).

Ich wunderte mich, warum Gott so pedantisch sein sollte, dass er darauf bestehen musste, dass ein Lösegeld gezahlt wurde, auch wenn er das dann praktisch selber bezahlen musste. Konnte er die Sünde denn nicht einfach so vergeben? Seltsam war auch, dass seit fast zweitausend Jahren die Menschen weiterhin sterben mussten, weil das Lösegeld noch nicht angewendet wurde. Aber es stand ja tatsächlich so in der Bibel, hier las ich es schwarz auf weiß.

Durch Jesus konnten wir nun vor Gott rein dastehen, auch wenn wir Sünden begangen hatten. Und durch Jesus hatten wir »die Aussicht auf ewiges Leben in Vollkommenheit«. Dafür sollte man doch dankbar sein. Wollte ich meine Dankbarkeit dadurch zeigen, dass ich mein Leben dazu gebrauchte, Gott und seinem Sohn Jesus Christus zu dienen?

Ja, das wollte ich. Ich musste unbedingt irgendwie in den Predigtdienst kommen! Aber wie? Ich hatte bei diesem vollen Stundenplan doch gar keine Zeit mehr dazu.

Wenn ich nur noch dieses zwölfte Jahr in die Schule ginge und mit dem Fachabitur aufhörte, dann ginge es vielleicht. Ich könnte eine Halbtagsstelle annehmen und den Rest der Zeit predigen gehen. Wie das gehen sollte, hatte ich zwar immer noch keinen blassen Schimmer, aber diese blöde Schule zu verlassen wäre zumindest mal ein Schritt in die richtige Richtung.

Meine Eltern gaben keinen großartigen Kommentar, als ich ihnen gegenüber erwähnte, dass ich die Schule im nächsten Jahr beenden wollte. Manchmal hatte ich den Eindruck, sie nahmen das überhaupt nicht ernst. Nun, die würden sich noch wundern.

Aber auch meine Schwester und meine Mitschüler wollten nicht begreifen, warum ich das vorhatte. Ich erzählte ja auch allen nur, dass ich einfach genug von der Schule hatte. Was sollte ich ihnen denn sagen? »Ich will halt auch an wildfremden Türen den Leuten auf die Nerven gehen.« Die würden doch nie und nimmer verstehen, warum es nun mal gerade das war, was Gott von mir verlangte. Nein, ich traute mich immer noch nicht, irgendjemanden davon zu erzählen, dass ich Zeugin Jehovas werden wollte.

Meiner besten Freundin Sünje erzählte ich, dass ich nach der Schule immer zu einer Freundin ginge. Sollte ich etwa sagen, dass ich zum Bibelstudium ging? »Wo hast du dir die denn angelacht? Etwa in der Stadt?«, wollte sie wissen. Dabei wusste sie genau, dass ich noch nie mit anderen Leuten in der Stadt Kontakt aufgenommen hatte. Aber es war einfach sehr bequem, nur mit dem Kopf zu nicken und es dabei zu belassen.

Einmal war ich nach der Schule noch ein bisschen in die Stadtbücherei gegangen. Früher, so mit vierzehn, fünfzehn Jahren, hatte ich mich hier viel aufgehalten. Ich hatte einen großen Teil der Science-Fiction- und Fantasy-Abteilung durchgelesen. Diesmal aber sprach mich dieser Bereich irgendwie gar nicht mehr an. Das, was ich mittlerweile bei den Zeugen Jehovas kennen gelernt hatte, war irgendwie Science-Fiction und Fantasy zugleich, nur, dass es diesmal auch noch Realität war!

Ruth hatte mich gewarnt, Bücher über Zeugen Jehovas zu lesen. Die Neugier aber brannte in mir, und ich schaute, was ich zu diesem Thema finden konnte.

Viel gab es da nicht. Jedenfalls nicht das Buch, von dem Ruth erzählt hatte. In den einzelnen Lexika über Sekten und Religionen stand nur, dass die Zeugen Jehovas ursprünglich »Ernste Bibelforscher« hießen, dass sie eine Sekte wären, die in den USA irgendwann im neunzehnten Jahrhundert erschienen war, und dass ihr Gründer Charles Taze Russell hieß. Alles andere stimmte eigentlich. Nichts sagend zwar, aber doch auch keine Lügen.

Ich nahm das Buch von einer Ehemaligen in die Hand, einer »Abtrünnigen«. Beschmutzte ich mich jetzt wirklich, wenn ich darin blätterte? Schaute Jehova jetzt vielleicht ganz angewidert auf mich herab?

Hier stand, dass es im Eingangsbereich jedes Königreichssaales ein Pinnbrett gäbe, an dem Tabellen aufgehängt wären, die anzeigten, wie viel Predigtdienst jeder verrichten müsse, und so jeder sehen könnte, wie er vor Gott dastünde. Ich stutzte: So ein Pinnbrett hatte ich tatsächlich gesehen, aber keine besagten Tabellen. Ruth hatte also wohl Recht gehabt, hier schienen tatsächlich

Lügen verbreitet zu werden! So eine Tabelle erschien mir jedenfalls ungeheuerlich, wo doch immer betont wurde, dass jeder Predigtdienst freiwillig wäre.

Ich stellte das Buch schnell zurück ins Regal, als wäre es etwas, an dem ich mich verbrennen könnte. Nie wieder würde ich solche Bücher auch nur anfassen. Satan wirkte durch diese Bücher, und nie und nimmer wollte ich Satan eine Chance geben, die Wahrheit in mir ins Wanken zu bringen. Ich würde mich nicht von Lügen strotzender Abtrünnigenliteratur oder irgendwelchen popeligen Zweifeln niederwerfen lassen. Und es würde nicht umsonst sein!

»Hey, Paip, sag mal, wen findest du denn im Moment gut hier von den Jungs?«

Sünjes Lieblingsbeschäftigung während der Pausen war es, über Jungen zu labern, das hatte sich in all den Jahren kaum geändert, obwohl sie doch eigentlich aus der Pubertät schon raus sein müsste. Der einzige Unterschied war, dass sie jetzt auch viel mit Jungen ausging, und sie wechselte ihre Typen fast wie das tägliche Hemd. Den Spitznamen »Paip« benutzte übrigens nur sie, das war ihr besonderes Vorrecht.

»Ist doch egal«, murmelte ich. Wenn ich ihr tatsächlich sagen würde, wen ich von den Jungen hier gut fand, würde sie womöglich gleich auf ihn zugehen, ihm auf die Schulter schlagen und brüllen: »Hey, Paip hier ist in dich verknallt!«. Drüben stand Manuel inmitten seiner Freunde. Obwohl er Zeuge Jehovas war, schien er in der Schule recht beliebt zu sein. Jedenfalls war er kein Außenseiter wie ich.

»Komm, rück schon raus mit der Sprache, in wen bist du im Moment verknallt? Du hast doch garantiert jemanden auf dem Kieker.«

Es war so verlockend, mit Sünje darüber zu sprechen. Denn wenn ich ehrlich zu mir war, … ich war verknallt.

»Siehst du den da drüben? Den da mit den lockigen dunklen Haaren und dem langen Mantel?« Ich nickte mit dem Kopf in Manuels Richtung.

»Den langen dünnen da? Der mit diesen süßen dunklen Augen?«

»Genau, den. Das ist Manuel. Der ist total nett.«

Sünje sah mich an, als hätte sie plötzlich eine Erscheinung neben sich.

»Du kennst den mit Namen?«

»Hm, hm«, grummelte ich. Warum hatte ich ihr das bloß verraten? Wenn sie nun zu Manuel rüberging und ihn damit aufzog, und er erfuhr, dass ich so über ihn geredet hatte, das wäre megapeinlich für mich. Oh Gott, lass Sünje dieses eine Mal sich beherrschen, bitte, nur dieses eine Mal!

»Woher kennst du den? Auch aus der Stadt?«

»Hm, hm, er ist der Bruder von dieser Ruth, bei der ich immer nachmittags bin.«

»Ach so. Ey, Paip, das wird wohl was zwischen euch beiden. Der ist doch genau dein Typ.«

Die Schulglocke erlöste mich vorerst aus diesen Qualen. Um Himmels willen, wenn Sünje sich bloß auch weiter zusammenreißen würde! Warum hatte ich nur nicht meinen Mund halten können, warum?

In der Versammlung blickte ich immer wieder in Manuels Richtung. Auch er blickte scheu zu mir herüber, aber er unterhielt sich kaum mit mir. Ob er mich auch mochte? Ob er sich auch nicht traute, mich darauf anzusprechen? Wenn ich ihn doch bloß als Freund haben könnte! Ich hatte die Bitte um einen Freund und Ehemann, der zu mir passte, schon lange in meine allabendlichen Gebete eingeschlossen, aber bisher hatte mir Jehova meinen Wunsch noch nicht erfüllt. Ich konzentrierte mich wieder auf meinen Wachtturm.

Der Studienartikel handelte von der aufregenden Zeit nach Harmagedon. Jemand aus der Menge der Meldenden durfte den Text aus Hesekiel 39,8-16 vorlesen. Er beschrieb, wie nach dem universellen Krieg von »Gog und Magog« das ganze Volk Israel die Erde aufräumen musste. Sie würden sieben Monate lang die Toten suchen und begraben, und vom vielen Kriegsgerät, das sie aufsammelten, würden sie sieben Jahre lang ihre Feuer machen können.

Dieser Text beschrieb demnach auch unsere Zukunft. Das Volk Israel, das waren heute wir Zeugen Jehovas. Nach der katastrophalen Schlacht, die zu erwarten war, würde es die Aufgabe der »großen Volksmenge« sein, die Erde aufzuräumen und nach und nach zu einem Paradies zu machen. Die Ältesten und Aufseher in den Versammlungen würden von Jesus zu Fürsten auf der Erde ernannt werden, um all die Aufgaben zu organisieren, die nach Harmagedon anstünden. Alle Überlebenden hätten dann die Freude, die Toten, die Gott dann auferwecken würde, willkommen zu heißen. Denn die Verstorbenen kamen ja nicht in den Himmel, sondern existierten nur noch als Erinnerung in Gottes Gedächtnis, aus dem heraus er sie bei der Auferstehung quasi noch einmal erschaffen würde.

Ja, alle, wie wir hier saßen, würden zu den Auserwählten gehören, die diese aufregende Zeit würden erleben dürfen. Wir waren wirklich ein besonderes Volk. Und wieder einmal war ich überglücklich, dass ich dazugehören durfte.

Mittlerweile kam ich mit der Lektüre des Buches für die Jugendlichen gut weiter. Das Kapitel über das Verhältnis von Jungen und Mädchen zueinander machte mir einiges klar.

Sex war bekanntermaßen von Jehova nur in der Ehe akzeptiert, alles andere war »Hurerei«. Wenn man mit jemandem gehen wollte, musste man daher erst einmal reif genug für die Ehe sein. Platonische Freundschaften funktionierten nicht, die führten letzten Endes doch nur zu »unsittlichen Handlungen«.

Wollte ich wirklich jetzt schon Manuel heiraten? Wir waren doch noch viel zu jung!

Das Buch riet, in der Jugend zunächst seine geistigen Ziele zu erreichen, bevor man ans Heiraten dachte. Schließlich konnte so eine Ehe auch eine Menge Kummer mit sich bringen. Wer würde den schon wollen.

Das war es wahrscheinlich auch, was Manuel dachte. Er würde sich also sowieso gar nicht mit mir verabreden wollen. Er war erst sechzehn, ich siebzehn. Wahrscheinlich wollte er sowieso erst einmal seine ganze Zeit in den Dienst für Jehova stellen. Das wäre es, was ich eigentlich auch tun sollte. Dieses ganze Verliebtsein, das brachte doch nichts.

Jehova hatte meine Gebete erhört, nur leider anders, als ich gehofft hatte. Er hatte mir Manuel nicht als Freund gegeben. Aber er hatte mir zu der Einsicht verholfen, dass eine Verbindung zwischen uns noch viel zu verfrüht gewesen wäre.

Was für ein liebevoller Gott er doch war! Sogar ein dummes, verliebtes Mädchen ließ er nicht mit seinem Kummer allein. Er hatte mir so viel Kraft gegeben, dass ich relativ schnell über meinen Liebeskummer hinwegkam. Ich würde also erst einmal in Ruhe geistig wachsen, bis Jehova mir einen passenden Ehepartner schenken würde.

Manuel kam mittlerweile dienstagnachmittags nicht mehr nach Hause, weil er bei einem Basketballtraining mitmachte, das nach der Schule stattfand. Eva rechtfertigte das mit »er braucht halt mal ein bisschen Bewegung. Und er ist ja ein anständiger Junge«, denn eigentlich war es ja »schlechte Gesellschaft«, in der er sich da befand.

Mittwochs duschte er jetzt immer außergewöhnlich lang, so dass er erst zum Essen kam, wenn ich mit Ruth im Wohnzimmer beim Studium saß. Ich vermisste die Zeit mit ihm zusammen. Ging er mir etwa aus dem Weg?

Die Antwort darauf schien mir der neue Wachtturm zu geben.

2 Korinther 6,14.15 wurde hier erläutert: »*Zieht nicht am fremden Joch mit den Ungläubigen ... Oder was für ein Teil hat der Gläubige mit dem Ungläubigen?*«

»*... eure Töchter sollt ihr nicht geben ihren Söhnen, und ihre Töchter sollt ihr nicht nehmen für eure Söhne. Denn sie werden eure Söhne mir abtrünnig machen, dass sie andern Göttern dienen ...*«, sagte dazu 5 Mose 7,3.4.

Weltmenschen hätten kein biblisch geschultes, christliches

Gewissen. Sie hätten nicht jahrelang die Bibel studiert. Es würde in einer solchen Ehe nur Probleme geben.

Das klang alles sehr logisch.

So richtig schlucken musste ich dann bei der Antwort auf die Frage, wie es war, wenn man jemanden liebte, der zwar die Bibel studierte, aber noch nicht getauft war. Der Wachtturm riet, sich erst dann zu verabreden, wenn der andere schließlich getauft war und »Früchte des Geistes Gottes« hervorbrachte, also im Predigtdienst aktiv war. So war das also!

Selbst wenn Manuel mich gemocht hätte und er an seinem achtzehnten Geburtstag heiraten wollte, er hätte mich gar nicht genommen! Ich gehörte noch gar nicht dazu! Ich war ja noch immer eine »Ungläubige«! *Ich* war »schlechte Gesellschaft«!

Ich spürte einen ungeheuren Druck auf mir lasten. Auf der einen Seite die Welt, meine Eltern und Verwandten, die sich freuen würden, wenn ich mein Bibelstudium lieber heute als morgen aufgäbe. Auf der anderen Seite meine neuen Freunde in der Versammlung, die doch nicht wirklich meine Freunde sein konnten, solange ich noch nicht getauft war. Und beide nahmen mich in die Zange.

Ich konnte mich doch gar nicht taufen lassen, selbst wenn ich es wollte. Ich musste doch erst einmal aus der Kirche austreten. Dafür musste ich aber erst achtzehn sein, damit meine Eltern mir das erlaubten. Bis dahin waren es aber noch knapp zwei Monate!

Und wie das mit dem Predigtdienst werden sollte, wusste ich auch immer noch nicht. Solange ich zur Schule ging, hatte ich doch dazu gar keine Gelegenheit!

Was ich brauchte, war Hilfe, jemanden, der mich unterstützte, der mich auch mal in den Arm nahm. Aber da war niemand, niemand! Ich war ganz allein auf dieser Welt.

Der Einzige, der mir helfen konnte, war Jehova. Nur auf ihn konnte ich mich stützen. Er sah meine Not, meine Verzweiflung und all meine Tränen.

Meine ganze Kraft musste ich darauf verwenden, nicht erdrückt zu werden und von der Wahrheit abzukommen. Ich wollte doch Harmagedon überleben! Wo wäre ich wohl abgeblieben, wenn Jehova mich nicht schützen würde?

Am nächsten Sonntag fragte ich Ruth im Auto: »Stimmt es, dass ihr keine Freunde haben dürft, die nicht Zeugen Jehovas sind?«

Ruth schien nicht im Geringsten unangenehm berührt von dieser Frage.

»Das fragen mich meine Arbeitskollegen auch immer. Sie sagen: ›Hey, Ruth, warum machst du eigentlich nicht bei unseren Ausflügen mit? Warum sind deine Freunde alle Zeugen Jehovas?‹ und so.« Sie schaute mich an, und ihr Lächeln schien so sympathisch. »Aber es ist doch nur natürlich, dass man mit denen zusammen sein möchte, mit denen man am meisten gemeinsam hat und mit denen man sich am besten versteht. Das ist der Grund, warum meine Freunde auch alle Zeugen Jehovas sind. Sie lieben Jehova, genauso wie ich, und das verbindet uns.«

»Heißt das, wenn du wolltest, könntest du sehr wohl auch Freunde unter deinen Arbeitskollegen haben?«

»Natürlich! Aber ich habe ja gar kein Interesse daran.«

»Wenn ich also Zeugin Jehovas werde, brauche ich die Freundschaften in der Schule nicht abzubrechen?«

»Nein, natürlich nicht. Aber wenn du Zeugin Jehovas bist, wirst du automatisch weniger mit denen zu tun haben. Die wollen dich dann auch selber gar nicht mehr unter sich. Jesus sagte über seine Jünger: ›Ihr seid kein Teil der Welt‹. Wir sind einfach anders als die. Aber in Jehovas Organisation findest du sooo viele neue Freunde!«

Ja, Freunde konnte ich im Moment besonders gut gebrauchen.

»Natürlich gibt es da noch den Grundsatz der schlechten Gesellschaft, von dem du sicher schon gehört hast. Aber wie gesagt: Wenn du Zeugin Jehovas bist, gibt es so viel, was du mit anderen Zeugen unternehmen kannst, die ganzen Versammlungen, der Dienst und all das, so dass du sowieso viel weniger mit deinen alten Freunden zusammen sein wirst. Wenn sich also dein Kontakt zu denen hauptsächlich auf die Schule beschränkt, ist das vollkommen in Ordnung!«

Nun, nach der Schule war ich ja sowieso immer allein zu Haus. Ich würde also nichts verlieren. Ich konnte nur gewinnen.

KAPITEL 7

In einer Freistunde, in der ich zusammen mit Sünje auf die nächste Unterrichtsstunde wartete, ging ich ein bisschen an der frischen Luft mit ihr spazieren. Ein kleiner Laden war nicht weit von der Schule entfernt, und wir nutzten oft die Zeit, dort ein Brötchen zu kaufen. Die Luft war kalt, aber sehr klar.

»Paip, machst du dir eigentlich auch oft Gedanken über Leben nach dem Tod und das alles?«

»Nö. Du?«

»Du weißt doch, mein Bruder ist gestorben, als er sechzehn war, und mein Vater kurz danach. Ich war damals zwar noch klein, aber ich habe trotzdem irgendwie total darunter gelitten. Es wäre doch total schön, wenn man wüsste, dass sie jetzt irgendwo im Himmel sind oder so.«

Solche sentimentalen Momente hatte Sünje selten. Sie tat mir Leid. Wenn ich ihr doch nur von der Auferstehungshoffnung der Bibel erzählen könnte! Sie könnte sie trösten.

»Ich hab jetzt ein Buch gelesen von diesem Herrn Moody. Hast du schon mal davon gehört? Er hat Leute untersucht, die bei Operationen und so fast gestorben wären, und was die in der Zeit erlebt haben. Total interessant. Glaubst du an ein Leben nach dem Tod?«

Früher hätte ich vielleicht mit »ja« geantwortet. Aber die Zeiten hatten sich geändert. Ich kannte jetzt die wahren Antworten auf diese Art von Fragen.

»Nein, daran glaube ich nicht. Weißt du, in der Bibel habe ich gelesen, dass nach dem Tod alles vorbei ist. Der Mensch existiert dann ganz einfach nicht mehr. Aber Gott erinnert sich noch an jeden, der mal gelebt hat, und er wird diese Menschen auferstehen lassen. Sie werden noch einmal die Chance bekommen ihm zu dienen, hier auf der Erde.«

Was für eine großartige Hoffnung! Nicht irgendein frommer Wunsch, ein Nicht-wahrhaben-wollen des endgültigen Todes, sondern eine Gewissheit. Ob meine Augen jetzt genauso leuchtteten wie Ruths?

Sünje sah mich allerdings an, als wäre ich nicht ganz bei Trost.

»Wo hast du denn *den* Unsinn her?«

»Es steht in der Bibel. In den Büchern der Zeugen Jehovas habe ich ...«

»ZEUGEN JEHOVAS?«, kreischte sie. »Paip, sag, dass du Witze machst! Das kannst du doch nicht machen! Zeugen Jehovas sind der letzte Scheiß, ein totales Mischmasch aus allen Religionen. Die glauben doch total den Mist, dass irgend so ein Mohammed auf einem Pferd in den Himmel reiten soll.« Sie machte ein Gesicht, als wäre ihr mit einem Mal speiübel. »Lasst ihr die etwa in euer Haus rein? Hast du dich von denen voll labern lassen? Wir schmeißen die immer raus!«

»Du hast doch gar keine Ahnung von denen! Das sind alles ganz ordentliche Leute.«

Mittlerweile waren wir wieder beim Schuleingang angelangt, und es hatte offensichtlich schon zur Stunde geläutet.

»Mensch Paip, mach das bloß nicht!«, rief mir Sünje noch nach, als ich in einen anderen Gang eilte. Diesmal war ich wirklich froh, dass wir die restlichen Stunden nicht mehr zusammen hatten.

Zum Glück hatte ich am Nachmittag jemanden, mit dem ich darüber reden konnte.

»Das kannst du dir gar nicht vorstellen, wie das war, Ruth. Für die ist eine Welt zusammengebrochen!«

»Ja, ja, wie ich immer sage: Alles kannst du werden, sogar Krimineller, aber sobald du Zeuge Jehovas wirst, ist bei denen der Ofen aus!«

Ruth leistete mir wie üblich Gesellschaft beim Mittagessen. Es gab Labskaus, das hatte ich noch nie vorher gegessen. Ruth hatte zwar gesagt, es sähe nicht nur aus wie Kotze, es schmecke auch so, aber ich fand es gar nicht so schlecht. Seit ich beobachtet hatte, dass Ruth vor jedem Essen betete, hatte ich mir auch angewöhnt, jedes Mal Gott still für das Essen zu danken, und schließlich hatte ich mich für das Labskaus auch bedankt.

»Weißt du«, sagte ich zu ihr, »mir war vorher gar nicht so bewusst gewesen, dass es auch noch Menschen gibt, die Feinde Jehovas sind. In meiner Familie sind sie zwar auch nicht für die Wahrheit, aber sie lassen es doch immerhin gelten, dass ich diese Einstellung habe. Ich hätte nie gedacht, dass meine beste Freundin so feindlich auf meinen Glauben reagieren würde.« Irgendwie tat es weh, das auszusprechen. Was, wenn sie mich jetzt in der Schule jeden Tag damit quälte? Wenn sie die anderen Schüler gegen mich aufhetzte? Ich hatte solch tiefen Hass in ihr gesehen.

»Dadurch wissen wir aber, dass wir die Wahrheit haben«, wandte Ruth ein. »Jesus hat gesagt: ›*Wenn ihr ein Teil der Welt wäret, so wäre der Welt das Ihrige lieb. Weil ihr nun kein Teil der Welt seid, hasst euch die Welt.*‹ Im Gegenteil: Wir müssten uns Gedanken machen, wenn sie sich *nicht* an uns stören würden. Denn dann würden wir uns in nichts von den Kirchen der Christenheit unterscheiden.«

Das war es also, was mich erwartete? Angefeindet zu werden, bis Harmagedon uns endlich von dieser Welt erlöste?

»Hey, mach dir nichts draus.« Ruth legte ihre Hand auf meine Schulter. »Selbst wenn du ihre Freundschaft verlierst, du hast doch jetzt eine Fülle neuer Freunde gefunden, die alle dasselbe glauben wie du.«

Im Bibelstudium behandelten wir diesmal das Thema »böse Geister«.

»Ich habe mich selber mal eine Weile mit Kartenlegen und Horoskopen beschäftigt«, erzählte ich Ruth.

»Tatsächlich? Und?«

»Na ja, ich hatte mir Bücher aus der Bücherei darüber ausgeliehen und alles auf meiner Schreibmaschine abgetippt und so. Aber alles totaler Quatsch, wenn du mich fragst. Funktioniert hat es jedenfalls nie so richtig mit der Wahrsagerei.«

Ich las vor, wie die Christen in Ephesus damals gemäß Apostelgeschichte 19,19 ihre Bücher über Zauberei verbrannten, obwohl sie sehr wertvoll waren. Über dem Absatz war ein Bild, wo einige Leute in langen Gewändern einen Berg Bücher und Buchrollen in ein großes Feuer warfen. Dies sollten wir uns zum Beispiel nehmen.

Ruth nickte weise. »Genau, denn hinter diesen Dingen stecken die Dämonen, und wir hatten ja ganz am Anfang schon mal ein Gespräch darüber, was die so alles anstellen können. Es gibt auch Gegenstände, hinter denen man die Dämonen vielleicht gar nicht vermuten würde, Kreuze zum Beispiel. Als Gertrud und Paul Zeugen Jehovas wurden, haben sie ein großes handgeschnitztes Holzkreuz verbrannt. Das war bestimmt wertvoll gewesen.«

»Toll. Das haben sie gemacht?«

»Oh ja. Oder hinter manchen Musikstücken verbergen sich Dämonen. Michael Jackson ist zum Beispiel einer davon. Deswegen hat er in der Welt ja auch so viel Erfolg. Sogar ›Queen‹ ist dämonisch. Als der Erwachet davon berichtete, haben damals viele in der Versammlung noch Platten von denen gehabt, die mussten alle kaputtgemacht werden. Ich höre deswegen sowieso hauptsächlich die Königreichsmelodien.«

Zu Hause suchte ich meine gesamten Aufzeichnungen über Kartenlegen zusammen, alles, was ich in zahllosen Stunden abgeschrieben hatte, und steckte sie alle heimlich in den Ofen im Wohnzimmer. Zum Glück heizten wir bei uns fast nur mit Holz, sonst hätte ich wohl schwer unbemerkt die Sachen verbrennen können. Das Buch über mein Geburtshoroskop, das ich zu Weihnachten geschenkt bekommen hatte, zerriss ich und stopfte es ebenfalls ins Feuer. Ich konnte nur hoffen, dass später keine Rückstände in der Asche zu finden waren, sonst würde mir meine Mutter wohl Feuer unter dem Hintern machen.

Der Katechismus, den ich im Konfirmandenunterricht bekommen hatte, wanderte ebenfalls in die Flammen. Daneben standen im Bücherregal mein kirchliches Gesangbuch und ein Buch mit Fotos aus der Konfirmationszeit. Meine Eltern hatten damals so viel Geld für mich ausgegeben, um mir das zu schenken. Würde ich diese Bücher verbrennen, es wäre wie wenn ich ein Stück der Liebe meiner Eltern für mich wegwerfen würde.

»... das war bestimmt wertvoll gewesen ...«

Nein, das brachte ich nicht über mich. Ich versteckte sie auf dem Dachboden in einer Kiste mit den alten vergammelten Büchern meiner verstorbenen Großtante. Hier wären sie doch auch so gut wie weggeworfen, aus meinem Leben verbannt.

Das kleine Messingkreuz, das jedem Konfirmanden in der Kirche um den Hals gehängt worden war, ließ sich wohl kaum ohne Rückstände im Ofen vernichten. So schmiss ich es eben unversehrt in den Aschenkübel und deckte es gut zu, damit es niemand sehen konnte. Das gleiche Schicksal erlitt ein kleines Silberkettchen mit Henkelkreuz von meiner Tante. Auf einer Klassenfahrt hatten wir damit mal Pendelversuche gemacht.

Jetzt hatte ich also Klarschiff gemacht in meinem Leben. Die Dinge, die mich verunreinigten, waren aus meinem Zimmer verschwunden, so dass ich wieder etwas annehmbarer vor Gott dastehen konnte. In meinem Regal befanden sich jetzt hauptsächlich Comics und die Bücher der Gesellschaft, die schon ganz ansehnlich fast eine halbe Reihe füllten. So sollte es sein.

Von Hoffmanns hatte ich einen Erwachet über das Thema Rauchen ausgeliehen. Das war ein Thema für mich! Endlich einmal alle schädlichen Auswirkungen dieser verdammten Glimmstängel in einer einzigen Zeitschrift!

Wenn ich den Text richtig interpretierte, schien Papa ein Lungenemphysem zu haben – einige Jahre hintereinander im Winter sehr schwere Erkältungen, chronische Bronchitis, Kurzatmigkeit, möglicherweise Herz-Kreislauf-Störungen – das klang sehr verdächtig. Wenn das stimmte, würde er nicht mehr lange zu leben haben.

Ich hatte Papa die Zeitschrift zu lesen gegeben (vielleicht würde er ja sogar die Wahrheit darin erkennen?) und er hatte sie auf den Zeitschriftenstapel gelegt, aber da blieb sie dann leider unberührt liegen. Da konnte ich ihm dann auch nicht mehr helfen.

Als meine Schwester Helga wie üblich sonntags mit ihrer Familie zum Kaffee zu uns kam, zeigte ich ihr die Zeitschrift (vielleicht würde es bei ihr Frucht bringen?), und sie blätterte sie tatsächlich auch durch.

»Und? Wie findest du das?«, fragte ich sie.

»Tja. Das ist ja alles ganz gut und schön. Die Ratschläge hier für das Aufgeben sind vielleicht auch tatsächlich machbar. Aber weißt du, mir fehlt da irgendwie die Motivation. Eigentlich will ich doch gar nicht mit dem Rauchen aufhören.«

»Aber schau dir doch mal Papa an! Willst du auch so enden?«

»Wieso? Ich hab keinen Husten.«

Also konnte ich auch ihr nicht mehr helfen. Und von den Zeugen Jehovas wollte sie auch nichts wissen. Ihr fehlte die Motivation ... Ha, wie sollte sie die auch haben, wenn sie nicht Jehova gefallen wollte?

Trotzdem, ich hatte Gelegenheit gehabt, für Jehova Zeugnis abzulegen, und ich hatte versucht, meinen Mitmenschen ein bisschen zu helfen. Ich hatte getan, was Jehova von mir wollte. So sollte es sein.

»Mensch, Paip, du kannst doch nicht im Ernst Zeuge Jehova werden wollen!« Sünje hatte mich in der Pause mal zur Brust genommen.

»Zeuge Jehovas, es heißt Jehovas, Genitiv!«

»Paip, das ist eine *Sekte*! Hast du im Religionsunterricht damals geschlafen? Eine Oma von mir hat denen ihr gesamtes Erbe hinterhergeschmissen. Die nehmen dich da total aus, die sagen das dir jetzt bloß noch nicht!«

»Du weißt doch überhaupt nichts über die Zeugen Jehovas! Das sind alles so freundliche Leute, einfach Leute, die es halt mit ihrer Religion zur Abwechslung mal ernst nehmen, nicht immer so ein Wischiwaschi wie in der Kirche. Und sie halten sich wirklich an die Bibel. Das kannst du doch nicht auf eine Stufe mit Baghwan und dem ganzen Kram stellen.«

Sünje schaute immer noch sehr verzweifelt aus der Wäsche. Sie schien mir wirklich helfen zu wollen, als wollte sie mich vor etwas ganz Gefährlichem schützen. Aber das lag doch nur daran, dass sie so einen Berg Vorurteile mitgekriegt hatte. Irgend so ein Mohammed, ha! Wenn sie nur genauer Bescheid wüsste, würde sie anders über die Zeugen Jehovas denken. Es musste doch irgendeine nützliche Broschüre dafür geben, die ich ihr mitbringen konnte.

»Was macht ihr denn sonntags, gibt es da auch so eine Art Kirche?«

»Ja, sozusagen. Zweimal die Woche gibt es ein Treffen hier im Königreichssaal, da hinten, am Ende der Straße, vorbei an den Supermärkten.«

»Und wie ist es mit dem Geld?«

»Welchem Geld denn?«

»Na, was sie dir da abknöpfen.«

»Ach so, nee, da brauchst du gar nichts zu bezahlen, höchstens für Bücher, aber das ist auch nur sehr wenig.«

Das schien sie mir immer noch nicht richtig zu glauben. Aber leider läutete es zur Stunde. Ich hätte ihr so gerne noch mehr erzählt.

Vor der Biologiestunde kam dann Sünjes Clique auf mich zu. Das war ja klar gewesen, wenn Sünje erst einmal Bescheid wusste, war das genauso viel wert wie ein Aushang am Schwarzen Brett.

»Sag mal, stimmt das, du willst Zeuge Jehovas werden?«

»Das ist doch nicht dein Ernst!«

»Den Stuss kannst du doch nicht allen Ernstes glauben.«

»Mensch, das ist eine Sekte!«

»Willst du etwa auf Geburtstag und Weihnachten verzichten?«

»Willst du dir etwa auch in der Fußgängerzone die Füße abfrieren?«

»Die glauben doch noch an Adam und Eva!«

»Das ist doch nicht dein Ernst!«

»Und so was hat Biologie-Leistungskurs!«

»Das kannst du doch nicht machen!«

»Was versprichst du dir denn davon?«

»An deiner Stelle wäre ich da sehr vorsichtig.«

»Du tust mir so *Leid*, Martina.«

Noch im Biologieraum war mir ganz schwindlig. Was für ein Angriff Satans!

Und was für ein Glück, dass ich wusste, mit welchen Tricks Satan versuchte, Anbeter Jehovas vom wahren Weg abzubringen. Aber ich hatte ihn durchschaut. Jehova schützte mich.

Hätte ich nicht diese Gewissheit gehabt, hätten diese fünf Minuten da draußen mich vielleicht doch von der Wahrheit abgebracht. Mann, es war wirklich nicht leicht, auf diese Weise gegen den Strom zu schwimmen! Der Wachtturm hatte schon Recht, man musste sich eng an Jehovas Organisation halten, dann konnte man standhalten.

Ich tat ihnen Leid. Ha! Die taten *mir* Leid! Ich würde ewig im Paradies auf der Erde leben können, die aber würden vernichtet werden. Was hatten die denn schon für eine Zukunftsperspektive?

Ja, sie würden schon sehen, dass wir Recht hatten, wenn der Tag erst einmal da sein würde. Wie die Menschen zu Noahs Zeit »*beachteten sie es nicht, bis die Sintflut kam und raffte sie alle dahin*«.

Und wenn ich nun auch dahingerafft würde? Hilf mir, Jehova!

Sonntag war »Tagessonderkongress«.

Ruth hatte mich wieder sehr früh abgeholt, um mit mir nach Trappenkamp zu fahren, wo ein riesiger Königreichssaal für den

Kongress hergerichtet war. Angeblich war es einmal eine Fabrikhalle gewesen, von außen sah sie auch fast noch so aus. Drinnen waren aber schon einige hundert Brüder und Schwestern versammelt, um einem sechsstündigen Kongressprogramm zu lauschen. Wenn ich Ruth richtig verstanden hatte, kam hier ein »Kreis« zusammen, wohingegen im Sommer der »Bezirk« zusammengekommen war. Logischerweise organisierte daher auch ein »Kreisaufseher« das Programm.

In der Nacht war es diesmal nicht so kalt gewesen wie sonst, so dass ausnahmsweise kein Glatteis war. An allen Ecken und Enden standen Gruppen von Zeugen Jehovas zusammen, die das als klaren Segen Jehovas deuteten. Diese Leute hatten einen tiefen Glauben! Ob ich auch jemals so würde glauben können? Ich konnte immer noch nicht die Existenz des puren Zufalls ausschließen.

Ich saß mit Ruth zusammen in einer Reihe mit ihrer gesamten Familie. »Es ist wirklich toll, dass du kommen durftest!«, meinte Ruth zu mir. »Weißt du, mit den Kongressen ist das wie mit den Tankstellen. Auf einem Kongress tankt man sich voll mit Kraft, und der Sprit reicht nur genau bis zum nächsten Kongress. Darum ist es auch so wichtig, dass wir keinen Kongress verpassen!«

Es folgten Ansprachen mit zahlreichen »Demonstrationen«, in denen einige Brüder und Schwestern zeigen sollten, wie sie mit den Problemen draußen in der Welt fertig wurden und es schafften festzustehen. Manche boten Rollenspiele dar, andere führten Interviews darüber, wie sie getauft wurden oder mit welchen Problemen sie beim Predigtdienst zu kämpfen hatten.

Am Ende des Vormittagsprogramms gab es eine Ansprache über Hingabe und Taufe. Sechs Leute saßen in der ersten Reihe, um sich auf diesem Kongress taufen zu lassen. Sie mussten aufstehen und zwei Fragen mit »Ja« beantworten, dann wurden sie in einen Nebenraum geführt.

Sobald die Mittagspause begonnen hatte, bildete sich eine Menschentraube vor dem vergitterten Fenster zum Nebenraum. Ruth nahm mich bei der Hand und führte mich mitten hinein in diese Traube. Klar, ich sollte sehen, wie diese Leute getauft wurden, damit ich mich selber auch taufen lassen wollte. Ach, wenn das doch nur so einfach wäre!

Hinter dem Fenster befand sich ein kleines Becken, in dem ein älterer Bruder mit weißem T-Shirt stand und auf die Täuflinge wartete. Da kam auch schon eine Frau in Badeanzug und stieg die Treppe ins Wasser hinab. Der Bruder legte seinen Arm um ihren Rücken, und sie ließ sich, die Nase zuhaltend, von ihm untertauchen. Oben wurde sie von einem flauschigen Badehandtuch erwartet, als auch schon der Nächste an die Reihe kam.

Die Atmosphäre hatte trotzdem etwas Feierliches und Freudiges an sich. Ob es mir beim nächsten Kongress im April vergönnt sein würde, an ihrer Stelle zu sein?

Danach zeigte Ruth mir die Außenanlagen hinter der Halle. Ein wahrhaft paradiesischer Garten musste hier im Sommer sein. Die Kälte trieb uns allerdings bald wieder in die warme Halle.

Auf dem Weg zur Cafeteria, um wie üblich ein Lunchpaket zu holen, traf Ruth einen Bruder, den sie gleich freudig begrüßte. »Hallo, wie geht's, wie steht's? Immer noch Hippi?«

»Hallo Ruth! Klar, wie immer. Und du, auch immer noch Hippi?«

»Ja, immer noch.« Ruth sah mit einem Mal ein wenig niedergeschlagen aus.

»Hey, Kopf hoch, Jehova wird dir helfen, Pionier zu werden, das wird schon!«

»Ja, klar. Mach's gut.«

Hippi? Ruth hatte doch gar keine langen Haare. »Was meintet ihr mit Hippi?«, fragte ich sie.

»Ach das. Das bedeutet Hilfspionier. Als Hilfspionier ist man monatlich mindestens sechzig Stunden im Dienst tätig. Als Pionier dagegen verpflichtet man sich, hundert Stunden für Jehova zu dienen, aber dafür braucht man wenigstens eine Halbtagsstelle. Ach, Halbtagsstellen sind im Moment so schwer zu bekommen«, seufzte Ruth.

Mama hatte mir nun schon siebenmal hintereinander erlaubt zur Versammlung zu gehen. »Musst du wissen«, hatte sie nur gesagt.

»Mir wäre es ja peinlich, sie andauernd zu belästigen.« Allerdings sah sie aus, als ob es ihr auch so schon peinlich genug war.

»Dazu ist mein Auto doch da!«, hatte Ruth dazu nur lachend gesagt.

Diesmal aber schien Mama wieder andere Saiten aufziehen zu wollen.

»Nein, diesen Sonntag darfst du nicht zur Versammlung«, meinte sie mit tiefer Stirnfalte, während sie zum fünften Mal den Tisch abwischte.

»Was? Aber wieso?«

»Du solltest wirklich mal Pause machen. Sonst wird das zu fanatisch.«

Fanatisch? Ja, was wäre ich denn dann, wenn ich erst einmal alle Versammlungen besuchte?

»Ich hoffe ja sowieso, dass das mit deiner momentanen Religiosität bald mal wieder aufhört.«

Da hatte ich mich wohl verhört. Sie konnte doch nicht allen Ernstes glauben, dass das nur so eine vorübergehende Laune wäre.

»Ich glaube, in Zukunft wird das statt weniger eher noch mehr werden«, sagte ich vorsichtig.

»Das wirst du doch wohl hoffentlich nicht machen.« Ihr Ton hatte etwas Drohendes angenommen. »Sonst würde ich es wohl sehr bereuen, dass ich dir damals dieses Buch geschenkt habe.«

Ich war gekränkt. Wie konnte sie nur meinen Glauben so verachten, wenn sie doch auf der anderen Seite gar nicht willens war, sich das auch nur ein Mal selber anzusehen?

»Was hast du denn gegen die Zeugen Jehovas?«

»Es passt mir nicht, dass ihr immer auf der Straße stehen und in die Häuser predigen gehen müsst.«

»Aber das ist das, was Gott von uns fordert. Wenn man nach der Bibel leben will, muss man Predigtdienst machen.«

»Warum sollte die Religion so wichtig sein?«

»Ja, willst du das denn nicht verstehen? Dieses Predigtwerk ist ein Zeichen für die letzten Tage dieses Systems der Dinge.

Siehst du nicht, wie schlecht die Welt dort draußen ist?«

»Nö, sehe ich nicht.«

»Klar, bei dir hier ist immer heile Welt. Du kriegst nichts mit von der Schlechtigkeit der Menschen, der Angst vor einem Krieg, der zunehmenden Umweltzerstörung und all das, aber schau doch nur einmal in die Zeitung!«

»So schlimm ist das doch alles gar nicht.«

Mir waren die Hände gebunden. Sie wollte mich einfach nicht verstehen, sie wollte mir nicht glauben.

»Es bleibt dabei, diesen Sonntag gehst du nicht.« Und diesmal hatte ihre Stimme etwas bedrückend Endgültiges.

Da war er wieder: Satan stellte sich mir erneut in der Gestalt meiner Eltern entgegen. Wie würde das wohl erst werden, wenn ich aus der Kirche austrat, mich taufen ließ und predigen lernte? Dann würde der Widerstand doch erst richtig anfangen!

Weinend ließ ich mich auf mein Bett fallen. Wie sollte ich das nur alles aushalten? Ich musste unbedingt enger mit der Organisation verbunden werden. Sie würde mir Kraft geben können.

Bitte, Jehova, gib mir Kraft, in dieser bösen Zeit auszuharren, und lass die Wahrheit fest in meinem Herzen verankert sein!

Beim Bibelstudium sprachen wir durch, wie man darauf kam, dass ausgerechnet 1914 die Zeit des Endes begonnen haben sollte. Man konnte das aus den »sieben Zeiten« errechnen, die in Daniel 4 beschrieben waren. Da in Offenbarung 12,6.14 dreieinhalb Zeiten mit 1260 Tagen gleichgesetzt wurden, mussten sieben Zeiten demnach 2520 Jahre sein.

Die *Zeiten der Heiden*« (Lukas 21,24) hatten 607 v. u. Z. begonnen (Zeugen Jehovas rechneten nur mit »vor unserer Zeit«), als das Königreich Juda endgültig vernichtet worden war. Rechnete man von diesem Jahr an 2520 Jahre weiter, so kam man folgerichtig zum Jahre 1914 u. Z. In diesem Jahr kam Christus zurück, um im Königreich seines Vaters zu herrschen, allerdings unsichtbar im Himmel. Nur Gottes wahres Volk auf der Erde erkannte, was geschehen war.

Diese Berechnung erschien mir auch jetzt, mehr als ein halbes Jahr, nachdem ich im Offenbarungsbuch zum ersten Mal davon gelesen hatte, immer noch sehr abenteuerlich. Aber Ruth erklärte es voller Inbrunst. Und auch ihre Mutter, die oft beim Studium mitmachte, glaubte an diese Dinge wie an die Nachrichten. Diese Leute hatten bestimmt in Geschichte mehr Ahnung als ich. Und dass 1914 das Ende angefangen hatte und nur *eine* Generation dies alles erleben sollte, bedeutete: Harmagedon würde bald kommen. Sehr bald sogar.

»Wie kann man bei dem Jahr 607 v. u. Z. eigentlich so sicher sein? Ich habe noch nie von diesem Datum gehört«, fragte ich Ruth.

»Man kann das alles aus der Bibel ausrechnen. Du weißt doch, in den hebräischen Schriften sind eine Unmenge von Jahreszahlen angegeben. Ach, weißt du was? Ich leihe dir einfach mal ein Buch dazu aus.«

Ruth stand vom Sofa auf und ging zum großen Wohnzimmerschrank. Sie öffnete die Türen oben, und ich staunte: Das ganze Fach war voll gestopft mit Wachttürmen.

»Nein, da ist es nicht. Warte mal ...« Sie öffnete unten. Noch mehr Bücher in allen Farben des Regenbogens standen hübsch ordentlich in der Reihe. Sie zog aus einer Reihe von blauen Büchern eines heraus und gab es mir. Es war offensichtlich ein Nachschlagewerk. »Nimm es mit nach Hause und schlag einfach mal unter dem Stichwort ›Chronologie‹ nach. Da findest du alles, was du brauchst.«

Mein Blick blieb am prall gefüllten Schrank hängen. So viele Bücher! Aber klar, wenn die ganze Familie von Kindesbeinen an in der Wahrheit war, mussten sie ja auch jedes Jahr Bücher gekauft haben und die ganzen Zeitschriften und so. Da kam bestimmt eine Unmenge zusammen. Sozusagen jedes Mal noch mal eine kleine Königreichssaal-Bibliothek im Wohnzimmerschrank.
Aber jedes Familienmitglied hatte doch seine eigenen Exemplare der Bücher und Zeitschriften. Das machte bei vier Leuten ja vier kleine Bibliotheken ... Und alles mehrmals gelesen ...

Zu Hause allerdings verschlang ich dann die Aufstellung aus diesem Lexikon. Nach der Bibel konnte man also genau ausrechnen, dass Adam 4026 v. u. Z. erschaffen worden war. Interessant! Die Sintflut begann 2370 v. u. Z. Warum las man das nirgendwo sonst? Und Juda war 607 v. u. Z. vernichtet. Klar. Das Menschengeschlecht wäre demnach jetzt 6014 Jahre alt.

Aber konnte man die Bibel so wörtlich nehmen? War sie denn dafür da? Sie war Gottes Wort. Sie war die Wahrheit. Wenn diese Zeitangaben in ihr drinstanden und doch nicht stimmten, dann würde die Bibel ja lügen. Gott würde lügen. Das konnte nicht sein!

Letzten Endes war es ja auch nicht wichtig mit all den Zahlen und das. Wichtig war doch nur, dass man sehen konnte, dass wir jetzt in der Zeit des Endes lebten. Egal ob 1914 stimmte oder irgendein anderes Jahr – Jesus herrschte jetzt und ich war sein Untertan. Ich war Teil seines Volkes. Zweifel hatte ich doch gar nicht nötig.

In der Versammlung tätigte ich erst einmal einen Großeinkauf. Ein Buch mit biblischen Ratschlägen für das Familienleben kaufte ich für Helga. Ich hatte ihr schon ewig nichts mehr geschenkt. Ich kaufte mir auch mein eigenes Exemplar des Nachschlagewerkes, das Ruth mir geliehen hatte. Das Werk bestand aus acht Bänden, also kaufte ich erst einmal nur den Band mit der Chronologie für vier Mark. Außerdem leistete ich mir jetzt endlich meine acht Kassetten mit Königreichsmelodien. Ich erfuhr, dass ich sogar wählen konnte zwischen einem Satz mit Klaviermusik und einem Satz in Orchestermanier. Auf den Kongressen spielten sie immer die Orchesterversion, also entschied ich mich für Orchester. Oh, es gab so viel da hinter dem Literaturtresen, wäre mein Etat nicht so schmal gewesen, hätte ich wohl noch mehr ausgegeben.

Innerhalb einer Woche standen dann Weihnachten, mein achtzehnter Geburtstag und Silvester an. Meinen Eltern und Helga hatte ich verkündet, dass ich diese Feste diesmal nicht feiern würde, weil sie meinem Glauben widersprächen. Es waren ja Feste heidnischen Ursprungs, und man würde in Wirklichkeit Satan damit anbeten. Erstaunlicherweise gab es keine großartigen Diskussionen deswegen, fast so, als hätten sie das schon kommen sehen.

Mama und Papa schienen froh darüber, auf diese Weise eine Menge Geld sparen zu können. Beziehungsweise nicht noch mehr Schulden machen zu müssen.

Das Weihnachtsfest verbrachten wir so friedlich wie noch nie vor dem Fernseher. Kein Stress mit Baum schmücken und so, kein noch stärkerer Anflug von Putzwut bei Mama.

Am Morgen meines achtzehnten Geburtstags sagte Papa zu mir: »Herzlichen Glückwunsch.«

»Nein, danke«, erwiderte ich.

»Nein, danke ...«, murmelte er nur kopfschüttelnd vor sich hin und kümmerte sich wieder um sein Frühstück. Er sah traurig aus, doch mein Herz war aus Stein. Schließlich hieß es hier, Satan *keine* Angriffsfläche zu bieten.

Am Silvestermorgen, einem Sonntag, fand eine ganz normale Versammlung statt. Wir hörten, dass Christen, die mit Ungläubigen zusammenleben mussten, viel bewirken konnten, indem sie ihnen nicht ständig predigten, sondern einfach mal eine Zeitschrift offen liegen ließen oder so ähnlich. Das konnte auch nach vielen Jahren noch Ergebnisse bringen, sprich neue Verkündiger. Ich wusste, was ich zu tun hatte. Ja, in diesem Jahr hatte ich so viel von Jehova gelernt.

Teil 2

»Bemühe dich darum, dich vor Gott zu erweisen
als einen rechtschaffenen und untadeligen Arbeiter,
der das Wort der Wahrheit recht austeilt.«

(2 Timotheus 2,15)

KAPITEL 8

Ruth holte mich wieder pünktlich zur Versammlung ab.

»So, das hätte ich jetzt hinter mir. Silvester habe ich schließlich auch noch überlebt.« Ich erzählte Ruth immer genau, was bei uns zu Hause so alles passiert war.

»Deine Eltern haben sich ja wirklich prima verhalten. Andere machen da viel mehr Schwierigkeiten, wenn ihre Angehörigen plötzlich keinen Geburtstag mehr feiern wollen. Jehova segnet deine Bemühungen wirklich!«

Ja, so musste es wohl sein. Er hatte meine Eltern von weiterer Kritik abgehalten. Er half mir, treu zu ihm zu stehen.

»Früher wusste ich ja nicht, dass Weihnachten und Geburtstage heidnische Feste sind. Ich hoffe, Jehova ist mir nicht böse, dass ich das bisher immer gefeiert habe.«

»Ach, wo denkst du hin! Du hattest doch keine Ahnung, was du da getan hast. Vor ein paar Jahren haben wir zu Hause auch immer an Silvester mit einem Glas Sekt angestoßen, bis der Wachtturm dann erklärte, dass auch das heidnische Wurzeln hat. Wir wussten das doch nicht. Das Licht der Erkenntnis wird halt allmählich immer heller. Aber wir stehen wenigstens zu unseren Fehlern und ändern uns, wenn wir sie erkannt haben – nicht wie die Kirchen der Christenheit, die hartnäckig an ihren Fehlern festhalten, obwohl sie es eigentlich besser wissen!«

Ruth und ihre Eltern, die in der Silvesternacht ihre Gläser erklingen ließen – dieses Bild kam mir irgendwie ganz unwirklich vor. Bisher hatte ich den Wachtturm so verstanden, als ob Zeugen Jehovas alle diese Feste schon immer nicht feierten, weil sie doch die wahren Nachfolger Christi waren. Aber natürlich, ich war mal wieder zu naiv gewesen: War doch klar, dass sie beim ständigen Forschen in der Bibel auf immer neue Erkenntnisse stoßen mussten. Wenigstens bemühten sie sich darum, alles richtig zu machen, auch wenn einige Dinge vielleicht gar nicht richtig waren. Jehova würde es anerkennen, genauso wie er meine Bemühungen anerkannte.

»Immerhin bin ich jetzt endlich achtzehn! Jetzt kann ich endlich aus der Kirche austreten!«

»Tatsächlich?« Ruths Gesicht überzog ein Strahlen.

»Ja, Mama hat gesagt, wenn ich achtzehn bin, kann ich machen, was ich will. Sonst wäre ich doch schon längst ausgetreten.«

»Das ist ja wunderbar!« Ruths Lachen erwärmte mein Herz. Plötzlich wurde sie aber wieder ernst. »Du weißt, was du da tun musst?«

»Äh, nicht so richtig. Ich dachte mir, ich schreibe einfach einen Brief an meinen Pastor. Der wird mir dann schon erklären müssen, was zu tun ist. Stell dir vor, er hat mir sogar eine Glückwunschkarte zu meinem Geburtstag geschickt und erinnert mich an meinen Konfirmationsspruch aus Psalm 143,10: ›*Lehre mich tun nach deinem Wohlgefallen, denn du bist mein Gott.*‹ Dass sich das auf diese Weise erfüllt, hat er sich bestimmt nicht träumen lassen.« Die Karte war zu Hause natürlich schon längst im Ofen vernichtet worden.

»Bestimmt nicht! Aber du musst auf jeden Fall stark sein. Bete am besten viel zu Jehova, er wird dir Kraft geben. Ich weiß leider auch nicht genau, was du tun musst um auszutreten, aber ich habe gehört, dass man da neuerdings auch noch für bezahlen muss.«

»Hoffentlich macht der Pastor keine Schwierigkeiten. Ach, wenn ich das doch nur schon hinter mir hätte!«

Der Wachtturm ermahnte uns diesmal, wie wichtig eine »genaue Erkenntnis« war. Ohne ständige Erkenntnis konnte es sonst vielleicht geschehen, dass wir anfingen, im Glauben nachzulassen. Die Geschichte eines namenlosen Jugendlichen sollte als abschreckendes Beispiel dienen. Der war nämlich lieber abends zum Fußball gegangen statt zur Versammlung. Die logische Folge war, dass er schließlich die Wahrheit aufgab und aus der Gemeinschaft rausflog, ihm wurde »die Gemeinschaft entzogen«. Wie schlecht ging es ihm dann in der Welt draußen! Natürlich nahm er auch noch Drogen. Doch zum Glück fand er schließlich wieder zur Wahrheit zurück. Hier war er wieder geborgen, hier ging es ihm wieder gut.

Ja, wenn wir nicht *ständig* Erkenntnis aufnähmen, könnten wir vielleicht sogar anfangen, nicht mehr so regelmäßig wie bisher in die Versammlungen zu kommen oder nicht mehr in den Predigtdienst zu gehen. Vielleicht sogar anfangen zu rauchen! Der Weg, wohin das führte, war vorgezeichnet. Er führte direkt in unser Verderben.

Ich hatte diesen Wachtturm natürlich schon zu Hause gelesen und die Antworten auf die Fragen alle unterstrichen, aber diese Dinge hier durch die Lautsprecher hallen zu hören, ließ sie noch viel eindrucksvoller erscheinen. Mir sollte es nicht so ergehen. Ich würde mir diese Worte zu Herzen nehmen. Wir mussten ständig die Bibel studieren, hier in der Versammlung, wenn wir eine Chance haben wollten, stark zu bleiben.

Das war also auch der Grund, warum immer neue Bücher herausgegeben wurden, auch wenn sinngemäß dasselbe drinstand, immer neue Zeitschriften und immer neue Vorträge. Dies war die »geistige Speise«, die Jehova uns gab, damit wir Kraft hatten, ihm treu sein zu können. Wie gut, dass ich schon täglich im Wachtturm oder den Büchern las. Ich war auf dem richtigen Weg.

Ich brauchte mich mit nichts aus der »Welt« zu beschäftigen. Wenn die Schule endlich vorbei wäre, bräuchte ich nur noch Geistliches in meinen Sinn hineinlassen. Dann konnte mir nichts mehr passieren.

Nur wenige Tage, nachdem ich dem Pastor einen Brief geschrieben hatte, erhielt ich schon seine Antwort: Zurzeit hätte er leider Urlaub, aber sobald es sich einrichten ließe, wollte er mit mir über meine Pläne reden. Ich sollte doch noch warten, bis er anriefe und einen Gesprächstermin vereinbarte.

Dass ihm sein Urlaub wichtiger zu sein schien als ein verirrtes Schäfchen zu retten (und als solches musste ich ihm doch erscheinen), bestätigte wieder einmal die Meinung, die ich mittlerweile über die Kirche angenommen hatte: Alles verlogene Heuchler, Diener des Satans, das waren sie!

Mittlerweile hatte ich erfahren, dass so ein Kirchenaustritt ganz unkompliziert über das Gemeindeamt abgewickelt wurde. Ich konnte das also praktischerweise zusammen mit dem Abholen meines ersten Personalausweises erledigen. Wegen des schlechten Wetters engagierte ich Papa, mich mit dem Auto zum Amt in den vier Kilometer entfernten Ort zu fahren.

»Bist du sicher, dass du das tun musst?«, fragte Papa beim Aussteigen.

»Was tun?« Ich wusste genau, worauf er hinauswollte, aber ich versuchte genauso einem Gespräch aus dem Wege zu gehen wie er.

»Na, du weißt schon, mit Kirche und so. Ich meine, was soll das denn? Das ist doch völliger Blödsinn.«

»So? Es ist Blödsinn, die Religion zu wechseln, wenn man erkannt hat, dass es falsch ist, was man bisher geglaubt hat? Ich finde es nur konsequent.«

»So ein Quatsch, Religion wechseln ... Ich will ja nur, dass du weißt, dass ich dagegen bin.«

Was verstand er denn schon davon? Glaubte er etwa an die Prophezeiungen der Bibel, dass Babylon die Große bald vernichtet werden würde mitsamt allen, die mit ihr etwas zu tun hatten? Ich wollte nicht vernichtet werden!

Ich war so schon so aufgeregt, und jetzt kam er noch mit »ich bin dagegen«, wenn ich schon vor dem Amt stand. Wenn doch nur jemand da gewesen wäre, um mir Mut zu machen! Ich musste mich auf Jehova stützen. Er würde mich durchhalten lassen. Er würde meine Gebete erhören und mir Kraft geben, mich von der Hure Babylon freizumachen. Auf in den Kampf!

Vor dem Standesamt wartete ich mit zittrigen Knien, bis ich an der Reihe war. Vor Klausuren und Prüfungen war ich niemals aufgeregt gewesen, aber jetzt spürte ich, was Aufregung wirklich bedeutete. Jehova gab mir Kraft, sonst wäre ich wohl einfach wieder zum Auto gegangen. Mit seiner Hilfe würde ich es schaffen.

Der Standesbeamte war sehr freundlich. Er behandelte die Angelegenheit so, als sei das für ihn reine Routine. Traten denn wirklich ständig Leute aus der Kirche aus?

Draußen wartete Papa mit säuerlicher Miene beim Auto, aber er verlor kein Wort mehr über diese Angelegenheit. Doch das trübte mich nicht in meinem Hochgefühl. Ich war jetzt frei! Endlich konnte ich vor Jehova reiner dastehen. Wenn jetzt Harmagedon käme, würde ich schon einmal nicht mehr wegen meiner Zugehörigkeit zur Kirche vernichtet. Aber so, wie Jehova mir geholfen hatte, nicht mehr evangelisch zu sein, würde er mir auch helfen, eine echte Zeugin Jehovas zu werden. Ohne ihn konnte ich es nicht schaffen, er würde mir helfen, ganz bestimmt. Er würde mich nicht untergehen lassen.

»Kann ich mal ein vertrauliches Gespräch mit dir führen?«

Hans-Peter, mein Schwager, hatte sich noch nie mit mir unterhalten wollen. Wenn er so ernst redete, verhieß das nichts Gutes. Wahrscheinlich war er von meiner Familie vorgeschickt worden nach dem Motto: »Rede du doch mal mit ihr. Vielleicht kannst du sie ja wieder zur Vernunft bringen.« Ich jedenfalls wappnete mich mit dem »*eisernen Brustpanzer des Glaubens*« gegen diesen neuerlichen Angriff Satans. Er würde nichts erreichen!

In meinem Zimmer räumte ich rasch einen weiteren Sessel frei, so dass wir einander gegenübersitzen konnten. Da musste ich jetzt wohl durch.

»Es geht um deinen neuen Glauben.«

Wer hätte das gedacht?

»Helga und ich, weißt du, wir machen uns Sorgen um dich. Ich weiß ja nicht viel über die Zeugen Jehovas, aber ich habe mich in letzter Zeit mal schlau gemacht bei meinen Arbeitskollegen und so.«

»Aha.«

»Was ich da gehört habe, hat mich ziemlich beunruhigt.«

»Soso.«

»Ja. Mir ist gesagt worden, wer erst einmal in dieser Religionsgemeinschaft gefangen wäre, käme nicht mehr davon los. Und wenn man sie dann tatsächlich doch einmal verlassen will, würde es einem psychisch ziemlich schlecht gehen.«

»Aha.«

Das konnte ich mir schon vorstellen. Wenn man abtrünnig würde, quälte einen ja nicht nur das schlechte Gewissen, es fehlte einem bestimmt auch die liebevolle Gemeinschaft der Brüder. Schließlich war es wie eine große Familie, die man im Stich ließ.

»Ich will dir eben nur versichern, wenn du mal Probleme hast, kannst du jederzeit zu uns kommen.«

»Hm.«

»Einige, die die Zeugen Jehovas verlassen haben, hätten erzählt, dass sie danach durch Telefonanrufe geistig tyrannisiert wurden; sie wurden quasi einer Gehirnwäsche unterzogen. Klar«, setzte er angesichts meiner zweifelnden Miene schnell hinzu, »die Zeugen Jehovas behaupten natürlich, dass diese Ehemaligen lügen, und dich lassen sie das natürlich nicht merken. Aber es scheint sehr gefährlich, dieser Organisation beizutreten.«

Ich antwortete nichts darauf. Aber welcher Seite wollte ich nun vertrauen? Wer war nun nicht ehrlich: die Zeugen Jehovas oder Abtrünnige? Für einen Zeugen Jehovas war es gemäß der Bibel eine schwere Sünde zu lügen, aber für einen Abtrünnigen ... Wem fühlte der sich denn verpflichtet?

Ich hatte doch gelernt, dass die Abtrünnigen und die Kirchen ein Werkzeug Satans waren, uns von der Wahrheit abzubringen. Der Wachtturm warnte doch ständig davor, einem Abtrünnigen auch nur zuzuhören. Ich konnte doch eigentlich nur den Zeugen Jehovas vertrauen.

»Aber ich sehe natürlich, wie du dich verändert hast«, fuhr Hans-Peter fort. »Seit du bei den Zeugen Jehovas bist, bist du ein ganz anderer Mensch geworden: viel umgänglicher, weniger leicht reizbar, ruhig und liebevoll im Umgang mit unseren beiden Kindern ... einfach deutlich ausgeglichener.«

»Hm, hm.« Das musste es sein, was die Bibel in Galater 5,22.23 die »*Frucht des Geistes*« nannte. Wie schön, dass auch ein Außenstehender jetzt sehen konnte, wie der Geist Gottes in mir wirkte.

»Du kannst gerne Zeuge Jehovas werden, wenn dich das wirklich glücklich macht«, fasste er zusammen. »Ich will ja nur, dass du vorsichtig bist.«

»Schon gut, da mach dir mal keine Sorgen. Ich weiß schon, was ich tue.«

Das Gespräch war ja viel positiver verlaufen, als ich befürchtet hatte. Ich hatte fest damit gerechnet, dass Hans-Peter mich mit allen Mitteln davon überzeugen wollte, dass ich einen Fehler machte. Und nun dies! Warum war ich nur so abweisend eingestellt gewesen? Wäre ich nur ein bisschen aufgeschlossener gewesen, ich hätte ihm viel besser Zeugnis geben können. Jetzt, hinterher, fielen mir so viele Bücher ein, die ich ihm hätte zeigen können. Vielleicht hätte ich ihn sogar überzeugen können? Zu spät. Aber aus diesen Erfahrungen sollte ich schließlich auch lernen. Ich musste wohl noch sehr viel lernen.

Tja, und stimmte es nun, was er erzählt hatte? War es wirklich eine kluge Entscheidung, Zeugin Jehovas werden zu wollen?

Aber was für eine Frage! Natürlich übertrafen die positiven Aspekte deutlich eventuell Negatives. Endlich hatte ich wahre Freunde gefunden. Ich führte nun ein viel glücklicheres und sinnvolleres Leben. Und ich hatte ein deutlich besseres Verhältnis zu Gott bekommen, so wie es in den Büchern auch immer versprochen worden war. Ja, ich war felsenfest entschlossen, das nicht wieder zu verlieren. Mit Jehovas Hilfe würde ich mich durch nichts von der Wahrheit abbringen lassen!

In der Schule hatte das Arbeitsamt einen großen Informationsstand eingerichtet, bei dem man sich Dokumentationsfilme über verschiedene Berufe ansehen konnte. Aber was sollte ich mir da bloß anschauen? In keinem Film wurden Angaben darüber gemacht, ob man das auch halbtags machen konnte, ob man dafür Blockunterricht hatte (Vorsicht: schlechte Gesellschaft!), oder ob man abends noch genug Zeit hatte für Versammlung und Predigtdienst. Das meiste waren sowieso nur Berufe, für die man studieren musste, und die fielen ja von vornherein aus. Denn auch die Universitäten übten mit ihrem allgegenwärtigen »Geist der Unabhängigkeit«, d. h. eigenem kritischen Denken einen viel zu schlechten Einfluss auf einen wahren Christen aus; selbst entscheiden zu wollen, was richtig und falsch war, ging schon damals bei Adam und Eva schief.

Aber musste ich mir denn Sorgen machen? Jehova würde mich recht leiten. Er würde auch dafür sorgen, dass ich einen Beruf bekam, der mir half, ihm bestmöglich zu dienen. Und was sollte ich mir große Sorgen machen über die Art meines Jobs? Ich würde ihn ja sowieso nicht lange machen müssen. Im Paradies würde ich ganz andere Dinge zu tun haben.

Und das Thema Beruf war ja sowieso noch lange nicht akut, denn Papa hatte verkündet, dass ich doch noch das dreizehnte Schuljahr vollenden und Abitur machen musste, wenn ich nicht ernsten Ärger mit ihm bekommen wollte. Wer wusste schon, ob bis dahin nicht längst Harmagedon gekommen war.

Was würde dann eigentlich mit meinen Eltern geschehen? Würden sie auch vernichtet? Sie glaubten ja nicht an Jehova und Jesus. Darüber hatte ich mir eigentlich noch nie so richtig Gedanken gemacht. Irgendwie wehrte sich mein Gemüt auch jetzt dagegen, diesen Gedanken weiter zu verfolgen.

Stattdessen verbrachte ich meine Zeit mit meiner neuen Ersatzfamilie Ruth und Eva. Das Paradiesbuch hatten wir gerade fertig studiert. So saßen wir drei da, auf den Sofas, und schlugen unsere Bücher zu. Aber die Worte hingen immer noch in der Luft: Es gab nur eine Arche, die die Sintflut überstand. Es würde nur eine Organisation geben, die die »Große Drangsal«, die bald kommen sollte, überleben würde. Und hier waren drei Menschen versammelt, die die Wahrheit erkannt hatten, die überleben würden. Das war mir nur zu bewusst.

»Was nun?«, wollte ich wissen. Das Buch war durch. Konnte ich jetzt vielleicht getauft werden?

»Als Nächstes werden wir das Anbetungsbuch studieren. Sonntag kannst du dir eins in der Versammlung besorgen. Und dann sehen wir weiter«, antwortete Ruth.

Klar. Ich konnte ja noch gar nicht getauft werden. Ich tat ja immer noch nicht den Willen Gottes. Ich ging ja immer noch nicht predigen.

Im März studierten wir in der Versammlung den Artikel über den »Menschen der Gesetzlosigkeit«. Es war derselbe Stoff, der letztes Jahr auf dem Bezirkskongress dargeboten worden war, von diesem hetzenden Redner, der wie Hitler geklungen hatte. Fast hatte ich dieses unangenehme Gefühl vergessen, das ich damals dabei gehabt hatte. Durch das Mikrophon hier im Königreichssaal klang es nicht mehr ganz so unwirklich, und außerdem stand es doch so in der Bibel. Vielleicht war es auch nur eine »menschliche Schwäche« des Redners gewesen, dass er dieses Thema damals so übertrieben reißerisch vorgetragen hatte. Und wir sollten ja die Schwächen unserer Brüder »mit Liebe zudecken«.

»Abschließend muss ich noch eine Bekanntmachung machen.« Klaus Hoffmann, der wie immer das Studium geleitet und die Fragen vorgelesen hatte, stand noch mit ernster Miene auf dem Podium. »Bruder Helmut Gollersch ist von jetzt ab kein Ältester mehr.«

Der ganze Saal hielt die Luft an. Alle blickten auf den Mann neben Dieter, der offensichtlich auch sein leiblicher Bruder war. Familie Gollersch aber richtete den Blick nur starr auf das Podium.

»Ich verstehe gar nicht, warum er sich dann überhaupt erst hat zum Ältesten ernennen lassen«, raunte Eva Ruth zu, und ich hörte deutlich die Verachtung in ihrer Stimme. Bruder Gollersch war also erst seit kurzem Ältester gewesen und nun anscheinend degradiert worden. Ich hätte zu gerne gewusst warum, aber etwas lag in der Luft, das mir deutlich sagte, dass Fragen hier unerwünscht waren.

Danach ging jeder wieder zur Tagesordnung über. Ruth und ich arbeiteten uns zum Literaturtresen durch, wo ich meine neue

»Bibelstudienhilfe« erwarb: ein kleines blaues Büchlein mit dem Titel »*In der Anbetung des allein wahren Gottes vereint*«.

»Übrigens, meine Mutter hat mir endlich die Erlaubnis gegeben, dass ich jeden Sonntag zur Versammlung darf.«

»Das ist ja wunderbar!«, jubelte Ruth.

»Ja«, schmunzelte ich, »de facto bin ich dieses Jahr aber ja schon die ganze Zeit regelmäßig gekommen. Wenigstens brauche ich sie jetzt nicht mehr jede Woche um Erlaubnis zu fragen. Aber geht denn das wirklich, dass du mich immer fährst?«

»Darüber mach dir man keine Gedanken, das geht schon in Ordnung.«

Zu Hause machte ich mich erst einmal wieder über mein neues Buch her. Ich studierte schon einmal die ersten drei Kapitel für mein Heimbibelstudium vor, unterstrich die Antworten auf die Studienfragen mit Kugelschreiber und schrieb in meiner winzigsten Schrift sämtliche angegebene Bibelstellen an den Rand. So hatte ich es bei Ruth auch gesehen.

Dieses Buch zeigte noch mehr als alle meine anderen Bücher, dass ich noch weit davon entfernt war, den Ansprüchen Jehovas zu genügen. Noch viel mehr Bibelstellen waren angegeben, die klar zeigten, wie ich mich eigentlich verhalten sollte. Immer wieder wurde ich aufgefordert, mir die Schilderungen über besonders treue Christen in der Bibel zu Herzen zu nehmen und Schilderungen über Menschen, die Gott für ihr Fehlverhalten strafte, eine Warnung sein zu lassen.

Ach, ich wusste doch nur zu gut, dass ich predigen gehen musste, dass das mein tiefster Herzenswunsch sein sollte, wenn ich wirklich Wertschätzung dafür hatte, was Jehova alles für mich getan hatte. War ich nicht dankbar dafür, dass Jehova mir die Wahrheit gezeigt hatte, und dass er durch Jesus dafür gesorgt hatte, dass ich ewig als seine Dienerin leben konnte? Sicher. Dann war ich ihm für dieses Geschenk auch sicher etwas schuldig.

Aber wie sollte ich das denn nur machen? Abgesehen davon, dass ich dafür kaum Zeit hatte – wie sollte ich denn zum Predigtdienst kommen? Per Bus musste ich Stunden an Wartezei-

ten einplanen, per Fahrrad verlor ich so schon eine Dreiviertelstunde für einen Weg, ein Auto hatte ich nicht. Andere junge
Zeugen wurden von ihren Eltern zum Predigtdienst mitgenommen, und ich? Ich hatte außer Jehova keinerlei Unterstützung.

Wenn ich eine kleine Wohnung in der Stadt haben könnte, ja,
das wäre toll, dann wäre ich praktisch gleich da. Und keine Eltern
würden dumm gucken, wenn ich in den Dienst ginge.

Aber das konnte ich mir als Schülerin doch gar nicht leisten!
Es war alles so ausweglos.

Außerdem musste ich doch eigentlich alle Versammlungen in
der Woche besuchen. Ja, sonntags durfte ich jetzt endlich, aber
was war mit dienstags und donnerstags? So viel würde Ruth mich
bestimmt nicht fahren, das konnte ich ihr nun wirklich nicht
zumuten.

Warum musste ich auch nur hier draußen in der Einöde wohnen? Jahrelang war sie mir ein Schutz gewesen, schützte mich
davor, von der Welt befleckt zu werden, doch jetzt hinderte sie
mich daran, eine treue Zeugin zu werden. Ironie des Schicksals.

Doch hinter diesem Gefühl der Verzweiflung steckte vor allem
eines: Angst. Angst, nicht mehr rechtzeitig getauft werden zu
können. Angst, vernichtet zu werden.

Wie jede Nacht flehte ich zu Jehova, dass er mich führen solle,
dass er mir einen Weg zeige, den Dienst zu lernen, dass er nicht
zulassen möge, dass ich verloren würde.

Wie sorglos schienen doch alle diese getauften Zeugen in der
Versammlung! Sie hatten Jehovas Befehl befolgt, sie taten seinen
Willen und konnten ein gutes Gewissen haben. Ach, ich wollte
so gerne so leben wie sie, ich wollte so gerne ein Leben für Jehova führen!

Das »Gedächtnismahl« rückte näher.

Die Wachtturmstudien sonntags behandelten jetzt nur noch
dieses eine Thema: das Gedächtnismahl. Damals hatte Jesus am
Passahfest der Juden das Abendmahl als das einzige Fest eingeführt, das wahre Christen feiern sollten. Einmal im Jahr feierten

darum Jehovas Zeugen dieses Fest an dem Tag, auf den nach dem jüdischen Kalender der 14. Nisan fiel.

Diesmal würde die Feier an einem Dienstagabend stattfinden, und es wurden besonders viele Interessierte erwartet, so dass alle ganz aufgeregt waren. Schon lange hatte ich mir von Mama die Erlaubnis geholt, auch zur Feier kommen zu dürfen.

Bruder Gollersch war mittlerweile die Gemeinschaft entzogen worden.

»Denk daran, Martina, du darfst ihn jetzt nicht mehr begrüßen, wenn du morgens in die Versammlung kommst«, hatte Ruth mir eingeschärft. Herr Gollersch kam nämlich trotzdem immer noch in die Versammlung, wo er sich still in die hinterste Ecke setzte.

Die Praxis des Gemeinschaftsentzugs leuchtete mir unmittelbar ein, denn dadurch, dass ihn alle Brüder ignorierten, konnte dieser Mensch vielleicht dazu gebracht werden, zu bereuen, sich zu ändern und wieder aufgenommen zu werden. Außerdem war es doch so, wie Ruth sagte: »Wenn wir nicht mehr mit ihm sprechen, ist es auch ein Schutz für uns, sonst könnte er uns womöglich auch noch abtrünnig machen. Und wir sind nicht wie die Kirchen der Christenheit, die sich nicht darum kümmern, welche Sünden ihre Schäfchen treiben, wir sorgen für die Reinheit der Versammlung.« Das war doch etwas, worauf man mit Recht stolz sein konnte.

Allerdings hätte ich zu gerne gewusst, *warum* ihm die Gemeinschaft entzogen worden war. Darüber sprach aber keiner, Fragen waren offenbar wieder nicht angebracht.

»Hast du gesehen, Christian hat Helmut gerade die Hand gegeben!« Maike, ein langes, dünnes Mädchen in meinem Alter, war ganz aufgebracht zu Ruth gelaufen. Auch Ruth schien entsetzt. Christian Gruber, Sohn eines Ältesten, ein dicker junger Mann, schüchtern, aber einer der wenigen Männer, die noch zu haben waren, kam jetzt auch zu uns und begrüßte uns mit unschuldiger Miene.

»Du weißt doch, dass du Bruder Gollersch nicht grüßen darfst«, warf Ruth ihm unverhohlen entgegen.

Christians Gesicht versteinerte sich. »Und ich werde ihn trotzdem grüßen.« Damit ging er davon.

Ruth verlor kein Wort mehr über diese Angelegenheit, aber die Luft schien irgendwie vergiftet.

Das war nicht die liebevolle Versammlung gewesen, die ich sonst immer kennen gelernt hatte. Einige schienen mehr zu wissen als andere, aber Gedankenaustausch darüber wurde tunlichst vermieden. Mir fiel jedenfalls auf, dass auch Christian nun von den Jugendlichen der Clique gemieden wurde. Er hatte sich jetzt ebenfalls irgendwie beschmutzt, und darüber war man sich einig, ohne dass Worte darüber verloren werden mussten.

Außerdem wurde ich das Gefühl nicht los, dass das hier etwas gewesen war, was ich eigentlich nicht hatte mitbekommen sollen.

Dienstag, der 10. April 1990, war schließlich gekommen, und auch von mir hatte die allgemeine Aufregung allmählich Besitz ergriffen. Im Wachtturm hatte gestanden, dass die Gedächtnismahlfeier keinem formellen Ritus folgte. Ich war also gespannt, was sich denn dann dahinter verbarg.

Das Fest sollte nach Sonnenuntergang beginnen. Ich hatte in meinem Schrank eine feine rote Bluse mit Rüschen und Bändchen gefunden, sicher nicht mehr modern, aber zu einem festlichen Anlass wie diesem wohl noch tauglich. Mama war ganz erstaunt gewesen, dass ich so etwas anziehen wollte.

»Und wie heißt das jetzt, wo du hin sollst?«

»Gedächtnismahl, Mama«, wie konnte sie so ein Wort nur vergessen, »das ist so ähnlich wie das Abendmahl in der Kirche, aber nur einmal im Jahr. Und da nimmt auch bei weitem nicht jeder von den Symbolen, weil nämlich ...«

»Schon gut, schon gut, ich will nichts weiter hören!«, fuhr sie mir dazwischen.

Nicht einmal dieses eine Mal wollte sie mir zuhören. Und ich erzählte ihr nun wirklich nicht oft von der Wahrheit. Aber ich musste es doch wenigstens immer mal wieder versuchen. Das war doch das wenigste, was ich für Jehova tun konnte.

Immerhin kam Ruth endlich, um meine Aufregung mit mir zu teilen.

Der Königreichssaal platzte aus allen Nähten. Überall sah ich neue Gesichter, die sich neugierig im ganzen Saal umblickten. Wer richtig dazugehörte und wer nur »interessiert« war, war wieder mal deutlich an den Rüschen zu unterscheiden. So schien es mir jedenfalls.

Auch wenn das Ganze eher wieder den Charakter einer Versammlung hatte als den einer »Feier«, war es doch ein wundervolles Gefühl, hier mit den vielen Brüdern und Schwestern vereint sein zu können und das »Vorrecht« zu haben, an dieser Feier teilzunehmen. Gemeinsam hörten wir einen Vortrag darüber, für welch ein wundervolles Opfer Jehova gesorgt hatte, indem er seinen einzigen Sohn gab, nur damit wir leben konnten. Wir erhoben uns alle zum Gebet und senkten andächtig die Köpfe, danach setzten wir uns wieder, um zu sehen, wie auf dem Tisch am rechten Rand des Podiums die Teller mit dem ungesäuerten Brot und die Becher mit Rotwein enthüllt wurden. Dann bekam jede der vordersten Reihen je einen Teller und einen Becher, die dann immer zum Nächsten gereicht wurden.

Nur die Zeugen, die zu den 144000 gehörten, die mit Jesus für 1000 Jahre im Himmel regieren würden, durften von diesen Symbolen essen und trinken, alle anderen hatten Teller und Becher unverrichteter Dinge weiterzureichen. Laut Wachtturm sollte es weltweit nur noch ca. 8700 dieser »geistgezeugten Kinder Gottes« geben, und soweit ich es sehen konnte, saß zumindest in den Reihen vor mir keiner davon. Auch ich konnte wohl schwerlich dazugehören, ich war ja noch nicht einmal getauft. Also reichte auch ich Teller und Becher nur ehrfürchtig weiter, genau wie alle anderen.

Es dauerte eine Ewigkeit, so schien es mir, bis endlich jeder im Saal die Gelegenheit gehabt hatte, »seiner himmlischen Hoffnung Ausdruck zu verleihen«, so er sie denn hatte. Irgendwie war mir auch nicht klar, was sich die Organisation eigentlich unter einem Ritus vorstellte, wenn das hier keiner sein sollte.

War das nun wirklich schöner oder feierlicher als die Abendmahlsfeier in der Kirche? Vor mir selbst musste ich eingestehen: Eigentlich nicht. Beim Abendmahl hatte man wenigstens immer ein bisschen zu trinken gehabt.

Aber nein, natürlich gab es einen großen Unterschied zur Kirche: Wir gehörten alle zur großen Volksmenge. Hier kannte man die Brüder und Schwestern und war Teil einer liebevollen Gemeinschaft!

Aber war ich wirklich Teil davon? Ich war nicht getauft. Ich ging nicht predigen. »*Glaube ohne Werke ist tot*«, hieß es in Jakobus 2,26. Was hatte ich denn schon für Werke vorzuzeigen?

»Na, wie fandest du das Gedächtnismahl?«, wandte sich Ruth an mich. Ihre Wangen glühten immer noch in frischem Rot.

»Hm hm, ganz gut.« Das war sie nun also gewesen, die große Feier einmal im Jahr. Ein Kongress war eigentlich schöner.

»Schau nur, die vielen Interessierten! Die meisten davon studieren auch die Bibel, so wie du. Manche schon seit einigen Jahren.«

»Tatsächlich? Ich habe aber so viele davon noch nie hier gesehen.«

»Sie gehen noch nicht so regelmäßig zu den Versammlungen.«

»Wo sie doch schon so lange studieren? Und ich denke immer, ich tue noch viel zu wenig für Jehova.«

»Aber wieso denn?«, schaltete sich Eva lächelnd dazwischen. »Du studierst viel, du kommst jeden Sonntag – das ist doch toll!«

»Aber eigentlich müsste ich predigen gehen! Manchmal habe ich Angst, dass ich nicht mehr gerettet werde. Ich habe doch noch gar keine Werke vorzuweisen.« Die Tränen traten mir in die Augen, obwohl ich es doch so sehr zu unterdrücken versuchte. Die Emotionen gingen wohl einfach mit mir durch.

»Ach komm, Kopf hoch!« Eva legte tröstend ihren Arm um mich. »Du darfst nicht so hart zu dir sein. Du studierst fleißig, du betest eifrig um Leitung und du bemühst dich zu lernen. Außerdem bist du aus der Kirche ausgetreten und du gibst innerhalb Familie und Freundschaftskreis Zeugnis. Das sind auch Werke! Du machst so unheimlich schnell Fortschritte! Und dabei hast du erst seit August dein wöchentliches Bibelstudium! Jehova hilft dir, siehst du? Jetzt musst du erst einmal sehen, dass du donnerstags kommen kannst und dich in die ›theokratische Predigtdienstschule‹ eintragen lassen. Jehova wird schon dafür sorgen, dass du ein eifriger getaufter Zeuge sein kannst.«

»Genau. ›Wirf deine Bürde auf Jehova‹, heißt es in der Bibel«, fügte Ruth hinzu. »Dadurch lernen wir, uns nicht zu sehr auf uns selbst zu verlassen, sondern rückhaltlos auf Jehova zu vertrauen. Schau mich an: Als ich keine Halbtagsstelle bekommen konnte, habe ich einfach meine Stelle gekündigt und den Pionierdienst aufgenommen. Und dann wollten sie mich doch für halbtags haben, weil sie es sich gar nicht leisten können, einen so zuverlässigen Mitarbeiter wie mich zu verlieren. Jehova hilft uns, wenn wir uns nur treu bemühen, seinen Willen zu tun.«

Ja, wahrscheinlich hatte Eva Recht. Ich war viel zu hart zu mir. Wenn Jehova es wollte, würde ich noch rechtzeitig eine Zeugin werden.

KAPITEL 9

Da Osterferien waren (Ostern diesmal ohne Ostereier, da heidnisch), fuhr ich mit dem Bus zu Ruth nach Hause. Diesmal studierte Schwester Meier mit uns. Sie war die Frau des Kreisaufsehers, der diese Woche in der Versammlung gastierte und wohl auch besondere Vorträge hielt. Sie nannten es »Dienstwoche«.

Schwester Meier beäugte mich sehr genau, das spürte ich. Wahrscheinlich sollte sie sehen, wie weit ich mit dem Studium Fortschritte machte, oder wie Ruth mit ihrem ersten Bibelstudium zurechtkam, ich wusste es nicht. An ihren Gebeten hörte ich, dass ihr Leben noch tiefer auf Jehova ausgerichtet war als

Ruths. Sie hatte die üblichen Formulierungen noch viel flüssiger drauf.

Das Kapitel, das wir diesmal studierten, machte noch einmal ganz klar, dass wir zwar frei waren zu entscheiden, aber dass wir zwischen *richtigen* und *falschen* Entscheidungen unterscheiden mussten, und dass man immer besser damit fuhr, Jehovas Rat aus der Bibel zu gehorchen. Was dabei herauskam, wenn man glaubte, alleine besser entscheiden zu können, sah man ja bei Adam und Eva. Die Wahrheit hatte uns frei gemacht insofern, als wir nicht mehr der Sünde versklavt waren. Trotzdem mussten wir aber einen ständigen Kampf gegen die »angeborene Neigung zu sündigem Handeln« führen.

Ganz schlimme Folgen könnte es haben, wenn wir zu sehr nach der Freiheit der *Welt* schielten. Wenn wir zu sehr mit *Weltmenschen* Umgang pflegten und ihre Lebensweise auf uns abfärbte. Wir mochten dann vielleicht denken, wir wären frei, aber in Wahrheit wären wir nur wieder Sklaven der Sünde geworden. Probleme über Probleme wären unser Lohn.

»Deswegen sollten wir auch keine weltlichen Zeitschriften oder Bücher lesen. Die Zeitung lesen wir, klar, allein schon, damit wir wissen, auf welchem Stand die Weltgeschehnisse zurzeit sind und mit den Leuten an den Türen darüber reden zu können, aber ansonsten reichen die Bücher der Gesellschaft und die Zeitschriften völlig aus«, meinte Schwester Meier.

»Genau. Manche Leute fragen uns auch, warum Zeugen Jehovas nicht an den Universitäten studieren«, sagte Ruth. »Aber wir studieren ja! Wir studieren die Bibel«, lachte sie.

»In der Schule habe ich aber schon noch Umgang mit meinen früheren Freunden«, wandte ich ein.

»Das ist schon in Ordnung. Wir leben ja nun einmal in der Welt. Solange sich der Kontakt nur auf die Schule beschränkt, ist das völlig okay.«

»Oder nehmen wir einmal die Musik«, fügte Ruth hinzu. »Wenn man sich mal die Texte anhört, kann einem doch ganz übel werden. Auch der Rhythmus ist oft ganz schön eindeutig sexuell gemeint. Deswegen höre ich fast nur Königreichsmelodien. Besonders kurz bevor ich in den Dienst gehe – dann ist man doch gleich so richtig darauf eingestimmt.«

»Richtig. Das alles hilft uns, geistig gesinnt zu bleiben.« Ja, Schwester Meier war eine sehr erfahrene Schwester.

In der Versammlung wurde ein vertonter Diavortrag gehalten über die internationalen Kongresse in Polen im letzten Jahr, wo »das Werk« ja lange verboten gewesen war. Aus unserer Versammlung hatten nur Stanewskys hingedurft, wahrscheinlich, weil sie gebürtige Polen waren. Sie waren deswegen von uns allen beneidet worden. Auch in der DDR war das Werk jetzt erlaubt, seit die Mauer gefallen war – ein klares Zeichen dafür, dass hier jetzt noch die letzten treuen Schafe eingesammelt wurden, bevor bald das Ende kam. Jehova sorgte für diese Dinge.

Als die typische Kongressmusik durch den Saal tönte, war es, als säße man selbst noch auf dem Kongress. Zwar hatte ich schon im Wachtturm und im Jahrbuch genug über diese Kongresse gelesen, aber keine dieser Zusammenfassungen konnte auf eine solche Weise den Geist greifbar machen, der auf diesen Kongressen herrschte, wie dieser Diavortrag. Ständig war begeisterter Beifall zu hören, der auf dem Kongress ertönt war. Die Menschenmassen saßen trotz der verschiedenen Nationalitäten einträchtig beisammen, wie eine einzige große Menschheitsfamilie. So würde es auch in der Neuen Welt sein.

Zum Schluss des Kongresses winkten sich die Massen auf den gegenüberliegenden Seiten des Stadions gegenseitig zu. Dann ertönte die Aufnahme, wie alle gemeinsam eins meiner Lieblingslieder sangen. Dazu leuchtete das Dia, auf dem Hunderte standen und sangen, ihre Liederbücher in den Händen haltend.

Dies war wirklich ein sehr ergreifender Moment. Meine Augen füllten sich mit Tränen, und ich konnte sie nicht zurückhalten.

In den Reihen vor mir zog einer nach dem anderen sein Taschentuch heraus und wischte sich die Augen ab. Hinter mir schnäuzten sich einige in ihre Taschentücher. Ruth schniefte die ganze Zeit.

Zu diesem »wundervollen Vortrag« waren viele Interessierte eingeladen worden. Über 180 Menschen waren versammelt.

Nur meine Eltern hatten wir wieder mal nicht überreden können, sich das auch einmal anzusehen. Wenn sie doch nur auch noch gerettet werden könnten!

Wenigstens hatte ich ihnen jetzt endlich die Erlaubnis abringen können, auch donnerstags zur Versammlung zu gehen. Allerdings schien es mir, sie hatten einfach nur endlich vor mir kapituliert. Ich konnte bei einer Glaubensschwester mitfahren, die sich am Donnerstag schon sehr zeitig aufmachte.

Im Saal war noch nicht viel los. Ich nutzte die Zeit, um mich noch einmal genauer umzusehen.

Im Nebenraum mit der Bibliothek waren das Pult und der Tisch mit den zwei Stühlen verwaist. In den Bücherregalen standen Unmengen von gebundenen Wachtturm- und Erwachet-Jahrgängen. Ich fragte mich, wer wohl in die Verlegenheit kommen würde, in diese alten Ausgaben hineinzusehen. Alles, was man wissen musste, stand doch auch in den neuen Büchern. Was mich interessiert hätte, wären ganz alte Ausgaben gewesen, oder die Bücher der Gründer, Charles T. Russell und J. Rutherford, die in meinen Büchern zu Hause erwähnt wurden. Aber so etwas gab es hier leider nicht.

An der Pinnwand im großen Saal hingen alle möglichen Zettel mit Bekanntmachungen, Kassenberichten und so. Auf einem war auch der deutsche Predigtdienstbericht vom letzten Monat zu lesen. War es das, was in dem einen Aussteigerbuch mit »Liste« gemeint gewesen war? Ich verscheuchte diesen Gedanken schnell wieder. Das hier war doch nur eine harmlose Statistik. Wie viel jeder in den Dienst ging, war doch abhängig davon, wie viel derjenige leisten konnte, und Gewissensfrage.

Am Rand war ein Spendenkasten angebracht. »*Spenden für das Königreichswerk*« stand darauf. Ich hatte noch nie etwas eingeworfen. Dabei hatte ich doch schon so viel von den Zeugen

Jehovas bekommen. Wenn ich einmal Geld haben würde, würde ich auch meinen Anteil zu dem Werk leisten.

Allmählich füllte sich der Saal. Ungefähr die Hälfte der Leute kannten mich schon und begrüßten mich freundlich, aber es gab doch auch immer noch viele unbekannte Gesichter.

»Hey, Martina, heute auch mal donnerstags?« Ruths Cousine Susanne grüßte mich mit begeistertem Händeschütteln. Sie trug wie immer einen hautengen Rock und hatte die Haare ziemlich aufgedonnert.

»Hallo. Ja, heute zum ersten Mal donnerstags. Weißt du, wann Ruth kommt?«

»Die wird wohl erst kurz vor Schluss kommen. Donnerstags arbeitet sie immer nachmittags. Aber komm doch einfach mit mir. Wir besetzen schon mal Plätze in den vorderen Reihen, was meinst du?«

Langsam trudelte auch Ruths ganze weit verzweigte Familie ein und kümmerte sich um mich. Als sich schon alle gesetzt hatten, hastete schnell noch Ruth in den Saal und setzte sich abgekämpft auf den freien Platz neben mir.

»Hallo. Puh, das war knapp heute. Na, bist du gut hergekommen?«

»Alles klar. Ganz schön im Stress, was?«

»Das kannst du wohl sagen! Im Moment weiß ich gar nicht, wo mir der Kopf steht. Aber es ist richtig, wenn wir so beschäftigt sind. Mama sagt immer, dann kommt man nicht auf dumme Gedanken.« Sie musste lachen. Immerhin, lachen konnte sie noch.

Das Programm unterschied sich doch sehr von dem, was ich sonntags gewöhnt war. Alles war irgendwie hektischer und verkrampfter. Eine kleine Anzahl Verkündiger verschwand im Nebenraum, dort führten sie also dasselbe Programm im kleineren Rahmen durch. Zwei Männer hielten kurze Ansprachen am Pult, vier Frauen spielten zu zweit am Tisch rechts eine Situation aus dem Predigtdienst nach. So wurden die Verkündiger also in der Theokratischen Predigtdienstschule geschult. Man merkte aber, dass die nicht so reden konnten wie die Redner sonntags.

Warum durften die Frauen nicht wie die Männer Ansprachen halten? Da fiel es mir auch schon ein: In der Bibel stand ja: » *Wie in allen Gemeinden der Heiligen sollen die Frauen schweigen in der Gemeindeversammlung; denn es ist ihnen nicht gestattet zu reden, sondern sie sollen sich unterordnen, wie auch das Gesetz sagt ... Es steht der Frau schlecht an, in der Gemeinde zu reden.* « (1 Korinther 14,34. 35)

Jetzt »redeten« sie ja nicht in der Art, dass sie den Gläubigen einen Vortrag hielten, sie spielten lediglich etwas nach und unterhielten sich dabei nur unter sich, die Gläubigen hörten nur zu. Aber war das nicht lediglich eine elegante Umgehung dieses Verbots? Das mochte schon sein, wie aber sollten die Frauen sonst geschult werden können? Das Gebot des Predigens galt ja für alle, auch für die Frauen.

Ich konnte mir gut vorstellen, dass es eine Menge Frauen gab, die allein schon wegen dieser altmodisch anmutenden Diskriminierung keine Zeugen Jehovas werden wollten. Man konnte aber doch nicht beiseite schieben, was in der Bibel stand; und in der Bibel wurden die Männer bevorzugt, das war nun einmal so.

Ich für meinen Teil war froh, dass ich dadurch nie in die Verlegenheit kommen würde, vor der ganzen Versammlung stundenlang Vorträge halten zu müssen. Auf das Amt eines Ältesten konnte ich gut verzichten.

Die Predigtdienstschule wurde mit Gebet und Lied beendet. Danach fand die »Dienstzusammenkunft« statt, eine Ansammlung diverser kurzer Vorträge, manche mit Fragen und Antworten aus dem Publikum, die sich alle nach einem kleinen Mitteilungsblatt richteten. Ruth ließ mich in ihr Exemplar mit hineinsehen. Es hieß: » *Unser Königreichsdienst* «.

Mein Kopf fing an zu brummen. Die Summe aller Vorträge hieß: predigen, predigen, predigen, warum, worüber, wie, mit wem und wann. War das denn nötig, dass man eine ganze Stunde in der Woche in den Dienst getrieben werden musste? Hatte ich nicht auch so schon genug schlechtes Gewissen, ohne dass man mich darauf hinwies, was ich alles noch nicht richtig machte?

Sollte mir etwa jetzt jeden Donnerstag so der Dienst in den Kopf gehämmert werden? War das denn das Wichtigste? Sogar die Lieder, die wir sangen, hatten das Thema »Auf in den Kampf« ...

»Na, wie hat es dir gefallen?« Ruth hatte sich während der Vorträge offenbar wieder einigermaßen entspannen können. Mein Körper dagegen zitterte vor Unruhe.

»Na ja, nicht so gut. Das war alles so kurz und so wirr ...«

»Ja, ja, ich verstehe schon, das ist wieder sehr ungewohnt für dich. Vielleicht würde es auch helfen, wenn du dich nächstes Mal besser auf den Stoff vorbereiten kannst. Am besten kopiere ich dir den ›Königreichsdienst‹ für nächstes Mal. Die Unterrichtsbücher müsstest du dir allerdings hier besorgen.«

Ich kaufte also am Literaturtresen die benötigten Bücher. Ein kleines Buch trug den Titel »*Unterredungen anhand der Schriften*«. »Das Buch ist auf dünnem Bibelpapier gedruckt, damit man es immer mit in den Dienst nehmen kann. Du wirst sehen, das hier ist das beste Werkzeug, das uns der treue und verständige Sklave mit auf den Weg gegeben hat«, erklärte Ruth mir. Ich konnte es kaum erwarten, damit nach Hause zu kommen.

Von dem neuen Buch war ich ganz begeistert. Hier stand drin, welche Antworten ich den Leuten geben musste, wenn sie unangenehme Fragen stellten (wie z. B. »Sind Jehovas Zeugen eine Sekte?«) und welche Bibelstellen dann aufgeschlagen werden konnten. Es waren Dutzende von Einleitungen vorgeschlagen, mit denen man an den Türen Erfolg haben könnte, und es war aufgelistet, wie man Einwänden wie »ich habe keine Zeit« oder »ich habe kein Interesse« gleich den Wind aus den Segeln nehmen konnte. Ich brauchte mir also über so etwas gar keine Gedanken zu machen! Die leitende Körperschaft hatte schon alles für uns vorbereitet. So sorgte Jehova dafür, dass aus uns wirkungsvolle Verkündiger wurden!

Die Frühlingstage in diesem April waren wunderschön. Wie lange hatte ich doch auf diesen Frühling gewartet! Meine deprimierte Stimmung verschwand allmählich wieder, und ich hatte auch wieder mehr Mut, dass ich Jehovas Anforderungen erfüllen würde. Die Versammlungen am Donnerstag bereiteten mich doch schließlich auf die effektivste Art auf die vor mir liegenden Aufgaben vor.

Bei schönstem Sonnenschein saßen Ruth, Eva und ich zusammen im Garten beim Bibelstudium. So machte das Studium doch gleich doppelt so viel Spaß!

So fröhlich auch die Vögel um uns herum zwitscherten, so eindringlich warnte doch aber das Anbetungsbuch uns davor, dass Satan niemals aufhören würde, uns mit allen Mitteln doch noch Gott untreu werden zu lassen. Wir hatten den Schutz einer vollständigen Waffenrüstung, wie sie Epheser 6,13-18 beschrieb, und dieser Schutz bestand aus beständigem Studium und Predigtdienst. Unser Schwert war die Bibel, und so waren wir Soldaten für Christus inmitten eines großen Heeres, mitten drin in einem »geistigen Kriegszug«.

»Ist es nicht wunderbar, wie Jehova uns ausrüstet, um für ihn zu kämpfen?«, fragte Ruth.

»Ja, wirklich wunderbar«, antwortete ich. Wenn ich doch nur gleich losgehen könnte in den Dienst! Ich war vollständig ausgerüstet für den Kampf, wer konnte mich jetzt noch aufhalten? Ich war scharf gemacht wie ein Boxer in der Ecke vom Ring. Scharf wie ein Kampfhund, der nur darauf wartete, losgelassen zu werden.

Der nächste Angriff, den es abzuwehren galt, kam prompt am nächsten Tag in der Schule. Eine Mitschülerin kam auf mich zu und drückte mir mehrere bunte Zettelchen in die Hand. »Jesus liebt dich« stand fett gedruckt auf der obersten Zeile. Weiter las ich gar nicht erst. Ich wollte gar nicht erst wissen, womit mich Satan diesmal wieder verführen wollte.

Demonstrativ ging ich zum nächsten Papierkorb und warf die Zettel mit lautem Klatschen hinein. Ich wollte, dass es alle sehen konnten, damit sie merkten, wie stark mein Glaube war. Früher hätten sie mir vielleicht noch damit Zweifel einsäen können. Jetzt aber war ich stark. Mein großer Schild des Glaubens ließ alle Angriffe Satans einfach an mir abprallen.

Trotzdem dachte ich in der nächsten Stunde noch über diese Zettel nach.

Warum hatte dieses Mädchen mir diese Zettel gegeben? Meinte sie, dass jede andere Vereinigung besser wäre, wenn ich nur nicht den Zeugen Jehovas beitrat? Sollte es etwa besser sein, in irgendwelchen Gruppen von lauter jungen Leuten über »Jesus liebt dich« zu diskutieren und zu meditieren, ohne irgendeine biblische Grundlage und ohne jedes Verständnis?

Sie hatte es bestimmt nicht böse gemeint. Sie wusste wahrscheinlich einfach nicht, dass unser Glaube auf einem intensiven Bibelstudium beruhte. Und gerade durch diese Unwissenheit konnte Satan sie als sein Werkzeug missbrauchen.

Nächstes Mal musste ich darauf achten, den Angriff nicht einfach nur abzuwehren. Ich musste besser *Zeugnis* geben. Dadurch konnte Satan gleichzeitig weniger Macht über diese arme Seelen ausüben. Ihre Rettung lag in meiner Verantwortung.

Ende April war wieder Kongresszeit. Diesmal gab es einen zweitägigen Kreiskongress, dessen Taufzeremonie wieder einmal ohne mich stattfinden musste.

»Ihr wisst alle, was die Bibel über schlechte Gesellschaft sagt«, schärfte einer der Redner uns ein. »Wir müssen mehr denn je auf unseren Umgang achten. Viele vergessen aber, was schlechter Umgang eigentlich ist. ›Schlechter Umgang ist Umgang mit Ungläubigen‹, magst du sagen. Und da hast du wirklich Recht. Wie verhält es sich aber mit dem Umgang mit den Interessierten? Sie sind ungetauft, und im gewissen Sinne sind sie immer noch ungläubig. Lasst euch nicht irreführen! Die Schlingen Satans sind fast unsichtbar und manchmal bemerken wir sie zu spät. Wacht also, dass euer Umgang mit Ungetauften nicht zu eng wird!«

Ich saß auf meinem Stuhl wie ein begossener Pudel. Hatte ich das richtig gehört? Ich war schlechter Umgang für meine neuen Freunde? Alle, wie sie hier um mich saßen, wurden vor mir gewarnt?

Und was war mit mir? Ich war jetzt mutterseelenallein! Ausgestoßen von der Welt, gemieden von alten Freunden, mit Misstrauen begutachtet inmitten der Versammlung. Die einen konnten mich nicht mehr lieben, die anderen durften mich noch nicht lieben. Nur Jehova war für mich da.

Aber war er das? Wie konnte ich sicher sein, seine Anerkennung zu haben, wenn ich doch nicht getauft war und nicht predigen ging? Nein, nicht einmal er konnte mich völlig lieben!

Lange brauchte ich, bis ich an diesem Tag wieder Mut fasste. Doch es blieb dabei: Wenn ich die volle Anerkennung Jehovas und meiner Freunde haben wollte, musste ich so schnell wie nur möglich Jehova dienen und getauft werden!

Am Donnerstag brachte Ruth mir den kopierten Königreichsdienst mit. Dieses vierseitige Blättchen in Wachtturm-Größe enthielt den Stoff für einen Monat Dienstzusammenkunft. Für die Predigtdienstschule hatte sie mir das Jahresprogramm kopiert, so dass ich zu Hause die jeweiligen Themenpunkte in den angegebenen Büchern vorstudieren konnte.

Den Königreichsdienst fand ich sehr interessant. In den kleinen Artikeln war genau beschrieben, wie man im Predigtdienst in bestimmten Situationen vorgehen konnte und was man dem Wohnungsinhaber sagen konnte. Sogar das »Gesprächsthema«, das in diesem Monat an den Türen verwendet werden sollte, war für alle vorgegeben, und welche Bücher dabei angeboten werden sollten. Das brauchte man nur zu übernehmen. »Dadurch wird in allen Versammlungen das Gleiche gepredigt. Unsere Einheit ist einmalig«, erklärte Ruth.

Der Artikel, der diesmal in der Versammlung besprochen wurde, betonte, wie wichtig es war, nicht nur zu den fruchtbarsten Zeiten (z. B. abends) von Haus zu Haus zu gehen, sondern auch das »informelle Zeugnisgeben« stärker zu betonen. Darunter verstand man die Vorgehensweise, bei jeder Gelegenheit, sei es auf der Arbeit, im Bus, im Wartezimmer oder sonst wo, kurz über unseren Glauben zu sprechen oder Zeitschriften oder Traktate anzubieten. Den ganzen Tag sozusagen sollten wir im Dienst sein.

Ja, so schwer konnte das doch nicht sein! Die Brüder, die in den Artikeln als Beispiel hingestellt wurden, hatten immer gleich so viel Erfolg, Dutzende Zeitschriften abgegeben, Heimbibelstudien eingerichtet, das würde ich doch auch hinkriegen können! Ja, Jehova ließ uns nicht allein. Er schulte uns durch seine Organisation. Ich war wieder zuversichtlich.

»Hey, Ruth, Samstag gehen wir wieder alle in den Heidepark nach Soltau. Hast du Zeit?« Michael, Ruths Cousin, klopfte ihr von hinten auf die Schulter.

»Ja, prima! Zeit wie üblich?«

»Wie üblich.« Und schon eilte er weiter zum Nächsten.

»Einmal im Jahr fahren wir Jugendlichen hier zusammen in den Heidepark. Das ist immer richtig klasse! Willst du nicht auch mitkommen?«, fragte Ruth mich.

»Ja, darf ich denn?«

»Klar! Oder, Maike?«, fragte sie Maike, die sich zu uns gesellt hatte.

»Ja, komm doch mit! Ich fahre diesmal wieder mit unserem Geländewagen, das ist lustig, du wirst sehen!«

»Ja, ja«, schaltete sich Eva dazwischen, »die jungen Leute heute! Eigentlich ist die Zeit ja für den Dienst da. Aber ein bisschen Entspannung muss wohl auch sein. Solange ihr es nicht übertreibt ...«, sagte sie mit gespielt drohendem Gesicht zu Ruth.

»Wo denkst du hin? Wir sind die reinsten Engel.« Im allgemeinen Gelächter war ich also wieder voll drin in der Gruppe. Getauft hin, getauft her, ich durfte doch dazugehören.

Mit der Clique aus der Versammlung fuhr ich also zum ersten Mal in einen Vergnügungspark. Wir hatten eine wirklich lustige Zeit! Die Haare flogen nur so im Wind in den zahllosen Fahrgeschäften. Ich hätte nie gedacht, dass man es schaffen konnte, so oft Achterbahn zu fahren.

Hatte ich geglaubt, ich wüsste, wie es war, glücklich zu sein? Ich hatte mich getäuscht. Den glücklichsten Tag erlebte ich erst jetzt. Ja, echte Freunde hatte ich gefunden. Und ich war das glücklichste Mädchen auf der Welt.

Sünje hatte mich in der Schule nun schon lange links liegen gelassen. Diesmal hatte sie wohl aber keinen besseren finden können und da fiel ich ihr wieder ein.

»Hast du Lust, in der Freistunde gleich mit zu mir nach Hause zu fahren?«, fragte sie mich.

»Hm. Warum nicht? Ist okay.« Sünje hatte pünktlich zum 18. Geburtstag ein Auto geschenkt bekommen. Die Welt war einfach ungerecht.

Nach der Stunde schlenderten wir also auf den Schulparkplatz, wo ihr Golf Cabrio stand.

»Setz dich. Ich mach das Dach auf. Oben ohne fahren ist cool, da wird man schön braun.«

Den Sitz hatte sie so weit nach hinten gestellt, dass sie gerade noch mit den Händen das Lenkrad erreichen konnte. War wohl auch cool. Obwohl, so ein Cabrio, das hatte was. Wenn sie nur die Musik nicht so laut stellen würde! Ruth hatte Recht, die Bässe gaben einen eindeutig sexuellen Rhythmus vor.

»Stört es dich, wenn ich rauche?«

»Wenn du mich so fragst: Ja.«

Sie zündete sich beim Fahren eine Zigarette an. »Der meiste Qualm zieht ja eh gleich ab. Außerdem sind die ganz leicht. ›Heiße Luft‹ würde dein Vater sagen.«

Nach einer Viertelstunde kamen wir bei ihrem Haus an, in dem sie zusammen mit ihrer Mutter wohnte. Die arbeitete als Lehrerin in der Grundschule nebenan. So wie die Wohnung aussah, ließ ihr die Arbeit nicht viel Zeit zum Putzen. Sünje räumte schnell die Sektgläser unter dem Couchtisch hervor.

»Ich ... äh, bring das hier mal eben weg. Schau dich doch einfach so lange ein bisschen um. Wir haben sogar ein paar Bibeln da unten im Bücherregal.«

Es war schon lange her, dass ich mal bei ihr gewesen war. Das Wohnzimmer hatte sich aber nicht verändert. Neugierig ging ich zum Bücherregal, wo tatsächlich eine Reihe Bibeln jeden Alters standen. Sogar eine englischsprachige war dabei.

Ich nahm die englische aus dem Regal und schlug Psalm 83,18 auf. In den meisten Bibeln stand hier der Name Gottes, in manchen auch erst in Vers 19. Tatsächlich, auch hier war es schwarz auf weiß zu sehen: Gottes Name war Jehova!

»Schau mal, was ich gefunden habe«, rief ich Sünje zu, die gerade aus der Küche kam.

»Hm?«

»Hier.« Ich hielt ihr die Bibel unter die Nase. »Hier steht klar und deutlich, dass Gott Jehova heißt.«

Sünje lächelte mich gequält an: »Na, dann ist das ja was für dich.« Sie schnappte sich eine Zeitschrift und lümmelte sich auf das Sofa.

Ich war enttäuscht. Wieso war das nur was für mich? Wenn sie einen guten Kern hatte, musste diese Wahrheit sie doch anziehen. »*Das Wort Gottes ist lebendig und kräftig ... und ist ein Richter der Gedanken und Sinne des Herzens.*« (Hebräer 4,12)

Beim Bibelstudium machte Ruths Tante Ellen mit. An ihrer feinen Nase, den glühenden Wangen und den dünnen Locken sah man deutlich, dass sie Evas Schwester war. Und sie war genauso nett.

Wir lasen, dass das Königreich, also alles, was mit unserem Dienst zu tun hatte, immer an erster Stelle stehen sollte. »Einige meinen, es wäre wichtig, im Beruf später einmal viel Geld zu verdienen«, erläuterte Ruth dabei. »Dabei soll der Beruf es uns doch nur ermöglichen, das zum Leben Nötigste zu bestreiten. Das ist auch ein Grund, warum wir es gar nicht nötig haben, Zeit mit einem weltlichen Studium zu verschwenden.«

»Trotzdem, wenn man studieren wollte, wäre das doch erlaubt?«, fragte ich.

»Selbstverständlich. Das ist reine Gewissenssache. Trotzdem, das Königreich ist das Wichtigste. Deswegen reicht es eigentlich, wenn wir eine einfache Schulbildung und Ausbildung haben. Eine einfache Schulbildung kann sogar ein Schutz für uns sein, weil auf den höheren Schulen der Geist der Unabhängigkeit so sehr betont wird. Aus diesem Grund haben meine Eltern mich auch auf die Hauptschule geschickt.« Ruth lächelte ganz merkwürdig. »Aber als Manuel auch auf die Hauptschule sollte, hat uns damals sein Lehrer einen Besuch abgestattet. Er sagte, wenn Manuel nicht auf ein Gymnasium soll, wer denn dann? Da hat Mama sich dann doch überreden lassen.«

Jetzt wurde mir auch klar, warum auf meine Schule nur zwei jugendliche Zeugen gingen. Und Manuel war wirklich der Schlaueste aus der ganzen Versammlungsclique. Deswegen mochte ich ihn auch so. Ach ja, wann würde Jehova endlich mein Gebet nach einem Partner erhören? Er würde schon wissen, was das Beste für mich war, auch wenn es hieße, erst noch allein bleiben zu müssen, um das Königreich an die erste Stelle setzen zu können.

Wir lasen weiter. Wie Jesus in seinem Gleichnis vom Sämann in Matthäus 13,18-23 gezeigt hatte, brachte jeder unterschiedlich viel Frucht hervor. Einige könnten mehr Predigtdienst leisten als andere.

»Denn nur du selbst kannst entscheiden, wie viel du persönlich im Königreichsdienst tun kannst«, erklärte Ruth. »Wir sind nur Jehova Gott gegenüber verantwortlich. Solange wir nur so viel getan haben, wie uns wirklich möglich war, wird er zufrieden mit uns sein. Deswegen lassen wir auch niemanden auf unseren Berichtszettel schauen, wenn wir ihn in den Kasten werfen. Nicht einmal meine Mutter weiß, wie viel Stunden ich zum Beispiel gemacht habe.«

Ich hatte schon gesehen, dass Ruth am Ende jedes Monats einen kleinen Zettel in einen dafür vorgesehenen Kasten in der Versammlung einwarf. Das war der »Predigtdienstbericht«. »Warum müssen dann überhaupt diese Berichte abgegeben werden?«

»Das alles dient statistischen Zwecken. Die ganzen Stunden werden in den Versammlungen, im ganzen Land, auf der ganzen Welt zusammengezählt, und später, wenn die Neue Welt dann da ist, wird es bestimmt interessant sein zu sehen, wie großartig dieses Königreichswerk war. Ist es nicht wundervoll, wenn wir dann sagen können: Wir haben einen Anteil daran gehabt?«

»Ja, das wäre es wohl.« Ich sah mich umringt von einer Traube Menschen, die alle frisch auferstanden waren und keine Ahnung hatten, was alles passiert war ... Und ich konnte ihnen davon erzählen, wie es war, in der Zeit des Endes ... Staunende Münder um mich herum ... Ja, das hatte was.

»Als ich neulich kurz bei meiner Freundin zu Hause war, konnte ich ihr sogar Jehovas Namen in einer ihrer Bibeln zeigen«, berichtete ich.

»Wie schön«, lächelte Ruth. »Siehst du, du gibst doch schon prima Zeugnis!« Ich war ganz stolz auf mich. Jehova war bestimmt auch stolz auf mich.

»Es reicht aber nicht allein, wenn wir den Ungläubigen Zeugnis geben«, wandte jetzt Ellen ein. Wir schauten sie beide verdutzt an. »Die Botschaft zu predigen bedeutet auch, dass wir in den Versammlungen unseren Glauben bekennen müssen. Denke nur an Psalm 40,10 oder Römer 10,10. Auch das Beteiligen in der Versammlung ist wichtig.«

Ruth und Ellen meldeten sich jedes Mal, das war mir schon aufgefallen. Es gab aber auch viele, die sich nicht meldeten.

Da war ich gerade so stolz gewesen, und jetzt musste ich sehen, dass ich wieder nicht genug getan hatte. »Melden ...« Ich stieß einen tiefen Seufzer aus. Ich sollte etwas in ein Mikrophon sagen, und über hundert Leute hörten mir zu?

»Was ist?«, fragte Ellen mich herausfordernd. »Traust du dich nicht, dich zu melden? Meinst du, du kannst dich nicht richtig ausdrücken? Du kannst es hier doch auch! Stell dir einfach vor, du säßest in einem großen Bibelstudium.«

Wo sie Recht hatte, hatte sie Recht. Nun, wieder etwas, wo ich an mir arbeiten konnte.

Für Sonntag hatte ich mir also fest vorgenommen: Heute würde ich einen Kommentar geben. Heute würde ich nicht kneifen. Heute würde man mich hier hören können!

Der Wachtturm handelte von der Änderung der Persönlichkeit, wenn man begann, ein Christ zu werden. Die Bibel nannte das in Kolosser 3,9.10 einen neuen Menschen, so vollständig war die Änderung. In der Mitte des Artikels war ein bunter Schmetterling abgebildet.

Klaus, Ruths Vater, der wieder einmal das Studium leitete, las die erste Frage vor.

Mein Herz pochte bis zum Hals. Sollte ich es wirklich wagen? Aber Klaus hatte schon jemand anderen drangenommen. Auch die nächste Frage wurde kurz darauf beantwortet. Es ging weiter.

Gespannt verfolgte ich den nächsten Absatz. Die vorgesehene Antwort war in meinem Heft mit blauem Kugelschreiber markiert. Ich brauchte doch einfach nur ein bisschen umzuformulieren ...

»In welchem Maße wird die Persönlichkeit von Christen geändert?«, hörte ich die nächste Frage durch die Lautsprecher.

Jetzt oder nie!

Mein Arm schoss in die Höhe. Klaus Blick fiel auf mich. Ein kurzer Moment des Erstaunens huschte über sein Gesicht, dann sagte er freundlich in sein Mikrophon: »Fräulein Piepgras?«

Mehrere Köpfe vor mir drehten sich erstaunt nach mir um. Manuel beeilte sich mit dem Mikrophon zu mir zu kommen und hielt mir schließlich das etwa bohnengroße Mikrophon direkt unter den Mund.

Jetzt nur die Stimme schön fest klingen lassen ... Wenn doch nur der Wachtturm in meiner Hand nicht so zittern würde ...

»Es handelt sich um eine vollständige Umwandlung, eine Metamorphose. Wenn aus uns ein Christ geworden ist, dann ist es so, wie wenn sich eine hässliche Raupe in einen wunderschönen Schmetterling verwandelt hat. So wie von der Raupe dann nichts mehr zu sehen ist, so ist auch unsere alte Persönlichkeit verschwunden und wir haben eine neue Persönlichkeit angenommen.«

Manuel zog das Mikrophon zurück. Klaus nickte bedächtig, die eine Augenbraue hochgezogen, wie immer, wenn er etwas sehr richtig fand. Ruth klopfte mir anerkennend auf die Schulter. Noch jemand wollte einen Kommentar geben und betonte, dass zum Beispiel auch aus Dieben oder Trunkenbolden beispielhafte Christen geworden wären.

Den Rest des Studiums verfolgte ich wieder still mit. Die anderen wurden immer mit »Bruder« und »Schwester« aufgerufen. »*Fräulein* Piepgras«. Das klang vielleicht blöd! Nun, das musste sich bald ändern!

Nach dem Studium kamen plötzlich alle möglichen Bekannten und wollten mir die Hände schütteln:

»Toll, dass du einen Kommentar gegeben hast!«

»Könnte ich doch auch nur so tolle Kommentare geben!«

»Mensch, wenn sogar du solche Kommentare geben kannst, dann werde ich mich in Zukunft auch mehr anstrengen. Danke, dass du mir solchen Mut gemacht hast.«

»Du hast wohl gewusst, dass du heute so einen Kommentar geben würdest?«

Die letzte Bemerkung kam von Eva, die lachend auf meinen Pulli zeigte. Ich hatte einen leuchtend blauen Strickpulli an, auf dem leuchtend rote Schmetterlinge eingearbeitet waren. Was für ein Zufall! War ich nicht in diesem Moment auch so ein leuchtender Schmetterling? Durch die Bibel und das Studieren hatte ich ganz anders denken gelernt. Die Bibel hatte aus mir einen neuen Menschen gemacht.

In Zukunft wollte ich bei jedem Studium wenigstens *einen* Kommentar geben.

KAPITEL 10

Sünje lief in der Freistunde diesmal mit mir draußen in der Sonne herum. Sie hatte heute wieder einen nachdenklichen Tag.

»Ich hab wieder etwas über ›Leben nach dem Tod‹ gelesen. Du weißt doch, weil mein Vater und mein Bruder so früh gestorben sind ... Ich wünschte, ich könnte sie noch einmal kennen lernen. Ob ich sie wirklich einmal wiedersehen werde? Ich weiß nicht, ob man diesen Büchern wirklich glauben kann ... Manches klingt so dusselig!« Mit einem Ruck wandte sie ihren Kopf mir zu. »Paip, was meinen eigentlich Jehovas Zeugen dazu?«

Im ersten Moment war ich ganz baff. Wollte sie etwa von mir etwas über meinen Glauben hören? Jetzt hieß es: volle Aufmerksamkeit voraus! Es galt, eine suchende Seele zu retten, das Licht der Wahrheit hochzuhalten.

»Wir glauben das, was die Bibel dazu sagt. In der Bibel steht, dass sich die Toten nicht des Geringsten bewusst sind und dass die Toten nichts mehr tun können. Denn der Mensch hat keine Seele, sondern der Mensch *ist* eine Seele, und die stirbt beim Tod. Ursprünglich sollte der Mensch gar nicht sterben, sondern ewig leben, aber durch Satans Verführungskünste in Eden ist die Sünde und damit der Tod über die Menschen gekommen. Gott hat aber vorausgesagt, dass es eine Auferstehung geben wird. In der Neuen Welt werden wir einmal alle unsere Lieben, die gestorben sind, wieder in den Arm nehmen können. Wunderbar, nicht wahr?«

Sünje schaute mich mit einem Ausdruck an, der zeigte, dass sie da eben wohl nicht ganz mitgekommen war.

»Die Bibel ist wenigstens eine Grundlage, auf der man seine Überzeugungen gründen kann. Sie gibt auch auf vieles andere eine überzeugende Antwort, zum Beispiel warum Gott das Böse zulässt.« So hatte ich es am Donnerstag gelernt, so konnte man auch das Interesse für die Bibel schüren.

»So? Warum lässt denn Gott das Böse zu?« Sie hatte angebissen.

»Das ist eine komplizierte Angelegenheit. Am besten bringe ich dir mal eine Broschüre mit, die das erklärt. Gleich morgen, in Ordnung?«

»Na, da bin ich ja mal gespannt«, meinte Sünje.

Zu Hause durchsuchte ich meine gesamten Unterlagen. Irgendwo hatte ich doch von Ruth mal eine Broschüre zu diesem Thema bekommen. Ah, da war sie ja auch: »*Warum lässt Gott das Böse zu?*« Leider war das noch eine Broschüre vom alten Schlag, ohne Vierfarbdruck, nicht so schön wie die neuen. Aber was sollte es, diese würde es wohl auch tun.

Sünje nahm sie auch tatsächlich an (Hurra!), und in der darauf folgenden Woche fragte ich sie, ob sie sie schon durchgelesen habe.

»Paip, wie kannst du nur *so was* glauben!?«

»Wieso? Hast du irgendwelche Fragen?«

»Na ja, also, hör mal, Apfel, Paradies, *Adam und Eva* ... über die Zeiten sind wir doch nun wirklich hinaus«, antwortete sie mit gequälter Miene.

»Was meinst du?« Ich wusste sehr genau, was sie meinte.

»Na, also, nun mach aber mal einen Punkt, das weiß doch nun wirklich jedes Kind, dass sich der Mensch im Laufe der Evolution aus den Affen entwickelt hat.«

»Ist dafür etwa weniger Glaube notwendig?«

Leider setzte wieder einmal die Pausenglocke unserer Unterhaltung ein Ende. Diesmal allerdings schien eher Sünje darüber erleichtert zu sein.

Silke, die ältere Schwester von Maike, hatte die gesamte Jugendclique zu sich in ihre kleine Wohnung eingeladen: Video gucken.

Auch mich hatte sie gefragt, ob ich kommen wollte. Ruth hatte mich wieder einmal abgeholt. Wie hätte ich auch sonst dahin kommen sollen? Ich war sehr dankbar dafür. Am dankbarsten aber war ich für die Freundschaft, die mir angeboten wurde.

In der Literatur wurden wir immer wieder dazu angehalten, auch bei privaten Treffen »das Königreich in den Vordergrund zu rücken«. Deswegen schauten wir das Video »Die Bibel«.

»Ah, Vetter Moses, wie schön, dass du gekommen bist ...«, schallte es aus dem Fernseher, während wir es uns bei Chips und Cola gemütlich gemacht hatten.

»Ich bin doch gar nicht fett!«, unkte Manuel, und wir anderen krümmten uns vor Lachen.

Ruth hatte ich wieder einmal erzählt, wie es mir mit Sünje ergangen war. Sie fand es toll, dass ich ihr eine Broschüre gegeben hatte. »Wenn sie wirklich das richtige Gemüt hat im Inneren, wird sie darin das Licht der Wahrheit erkennen. Jehova wird dafür sorgen. Du weißt, in dieser Zeit trennt Jesus die Schafe von den Böcken, wir dürfen seine Werkzeuge sein.« Sünje schien mir wohl doch eher ein Bock zu sein. »Und sei nicht traurig, wenn sie jetzt nicht mehr deine Freundin sein will: Du hast doch jetzt so viele neue Freunde!« Das war wahr.

In der Schule kam Sünje doch noch einmal zögernd auf mich zu.

»Hey, Paip! Ich habe noch einmal über das nachgedacht, was du mir gesagt hast.« Ich blickte sie erfreut, aber auch erstaunt an. Sollte sie doch ein Schaf sein?

»Wenn du meinst, dass du das glauben willst«, druckste sie, »dann denke ich, muss ich dich das wohl auch glauben lassen. Aber eines wollte ich dich noch fragen.«

»Ja?«

»Darfst du denn trotzdem noch immer meine Freundin sein?«

Das hatte ich nicht erwartet. Ich dachte, sie wollte nun nichts mehr mit mir zu tun haben, und dabei war in Wirklichkeit sie es, die befürchtete, sitzen gelassen zu werden.

»Aber natürlich!«, rief ich und klopfte ihr auf die Schulter. »Ich bleibe deine Freundin! Das heißt, wenn du mich überhaupt noch willst ...«, fügte ich kleinlaut hinzu.

»Ey, natürlich will ich!« Sünje schien ernstlich erleichtert. »Ich hatte schon gedacht, dass du zu allen den Kontakt abbrichst, weil, du weißt doch, das ist eine Sekte ...«

»Hör mal: Welche Freunde ich habe, kann ich immer noch selbst entscheiden. Ich werde mir doch von keiner Organisation vorschreiben lassen, wie ich mich zu verhalten habe! Aber so sind die Zeugen Jehovas nicht. Meine Freundin, die Ruth, habe ich auch gefragt, ob ich noch deine Freundin sein darf, und sie meinte, dass das in Ordnung sei.« Das stimmte doch auch, jedenfalls so ungefähr. Und wenn ich den Kontakt zu Sünje ganz abbrechen ließ, würde sie doch nur schlecht über Jehova denken und die Wahrheit nie mehr erkennen.

Sie schaute mich immer noch sehr zweifelnd an.

»Hey, ich verspreche dir, wenn ich mal erkennen sollte, dass das wirklich eine Sekte ist, dann bin ich schneller wieder draußen, als du gucken kannst. Aber ich kann mir das einfach nicht vorstellen!«

»Ist schon klar, Paip!« Jetzt konnte sie endlich wieder lachen. »Du machst das schon.«

Oh, Jehova, wie wundervoll, jetzt hatte ich nicht nur viele neue Freunde, sondern auch meine alten blieben mir erhalten. Was für ein Geschenk! Ich wollte weise damit umgehen, um so viele wie nur möglich »durch meinen Wandel« für die Wahrheit zu gewinnen.

Aus dem »Königreichsdienst« erfuhr ich, dass man vor der Taufe den Status eines »ungetauften Verkündigers« erlangen sollte. Die Voraussetzungen dafür erfüllte ich aber noch nicht ganz: ein fortgeschrittenes Bibelstudium, regelmäßiger Besuch der Zusammenkünfte und Kongresse, Kommentare geben, Eintragen lassen in die Theokratische Predigtdienstschule.

Die Ältesten wurden dazu angehalten, sich vorher genau zu vergewissern, ob der angehende Verkündiger wirklich den Wunsch hatte, ein Zeuge Jehovas zu sein, und ob sein Leben schon den »christlichen« Maßstäben, die er erfahren hatte, angepasst war. Denn nicht jeder Dahergelaufene durfte predigen gehen, nein, nur wer genug *Fortschritte gemacht* hatte, dem durfte dieses Vorrecht eingeräumt werden. Wenn derjenige dann noch gezeigt hatte, dass er *jeden* Monat nicht nur ein oder zwei Stunden Dienst leistete, konnte er auch bei der nächsten Gelegenheit getauft werden.

»Na, da weiß ich ja genau, was ich zu tun habe«, meinte ich zu Ruth.

»Hm, hm. Und so toll, wie du Fortschritte machst, dauert es bestimmt nicht mehr lang, bis du Verkündiger werden kannst.«

»Ach, ich hoffe es. Erst einmal muss ich jetzt die Erlaubnis für dienstags bekommen.«

»Du würdest, glaube ich, zum Buchstudium in Friedland bei Stanewskys gehören, jedenfalls gehören Merz auch dazu. Die werden dich bestimmt auch dahin mitnehmen.«

»Ich muss sie mal fragen. Na ja, und das mit dem Kommentare geben habe ich jetzt ja auch geschafft. Ich gebe jeden Sonntag einen Kommentar!«

»Wieso eigentlich immer nur einen?« Ellen hatte sich zu uns gesellt und schaute mich streng an. Meinem Stolz wurde ein jäher Dämpfer versetzt.

»Weißt du denn die Antworten auf die anderen Fragen nicht?«, fragte sie mich herausfordernd.

»Doch, natürlich ...«

»Dann wäre es richtig, wenn du dich jedes Mal, wenn du etwas zu sagen hast, melden würdest. Sicher, du kannst nicht immer drangenommen werden. Aber denk doch mal an die Brüder, die vorne das Studium leiten: Je mehr Hände sie sehen, desto mehr Ermunterung bedeutet das auch für sie. Wir dürfen nicht nur an uns denken.«

Das leuchtete ein. Die anderen waren zwar auch froh, wenn sie sich wenigstens einmal melden konnten. Es gab aber auch welche, die sich dauernd meldeten. Und jeder sollte doch so viel tun, wie es in seinen persönlichen Kräften lag. Ja, man hatte immer etwas, wo man an sich arbeiten konnte.

Anfang Juli musste ich für drei Tage bei einer Bioexkursion mitmachen (»Ökologie der Ostsee«). Mein Leistungskurs und der Leistungskurs von Sünje taten sich zusammen und zelteten im Garten des Ferienhauses meines Biolehrers. Da Sünje und ich kein Zelt hatten, durften wir im einzigen freien Zimmer schlafen. Zusammen mit einem rosigen Wein hatten wir viel Spaß.

Auch mit den anderen Mädchen verstand ich mich diesmal sehr gut. Es war fast, als hätte sich herumgesprochen, dass ich trotz Glaube eigentlich immer noch ganz in Ordnung war. Vielleicht sogar noch mehr in Ordnung als früher.

Am Abend des letzten Tages saß ich mit Sünje allein am Strand vor den plätschernden Wellen und schaute mir den Sonnenuntergang an. Die anderen veranstalteten gerade eine feuchtfröhliche Party im Garten.

Der Himmel leuchtete in allen Rottönen, während das Wasser so schön rauschte und ein laues Lüftchen unsere nackten Beine umstrich. Der Zauber dieses Augenblicks hatte von uns Besitz ergriffen.

»Wie toll, dass sich alles so entwickelt hat«, seufzte Sünje.

Das durfte doch nicht wahr sein! Da durften wir hier ganz klar die Liebe und Schönheit Gottes betrachten und die sprach von »entwickelt«.

»Entwickelt? Was heißt hier entwickelt? Glaubst du etwa, das alles hier ist rein zufällig entstanden?«

Der Zauber war plötzlich gebrochen. Sünje blickte mich gequält an: »Oh, Paip, jetzt fang bloß nicht wieder an mit deinem Jehova-Scheiß!«

Mir stieg die Zornesröte ins Gesicht. »Nur weil so ein paar Wissenschaftler behaupten, sie könnten Gott wegerklären, glaubst du denen, obwohl du doch genau sehen kannst, dass so etwas Wunderschönes nicht durch irgendeinen Rums entstanden sein kann. Hoppla, na so ein Zufall, wie gut, dass da kein Mist bei herausgekommen ist!«

»Und wie soll das dann entstanden sein?«

»Na, Gott hat alles erschaffen. Wie er das gemacht hat, weiß man natürlich nicht. Aber er hat sich etwas dabei gedacht, als er alles so schön gemacht hat.«

»Ja, ja, und dann hat er Adam und Eva gemacht ...«

»So steht es in der Bibel! Na und? Kann doch sein?«

153

»Du spinnst doch völlig! An Adam und Eva hat man vielleicht noch im letzten Jahrhundert geglaubt. Aber heute weiß man nun wirklich, dass der Mensch sich entwickelt hat.«

»Die Evolution ist genauso wenig beweisbar. Wenn du dich ein bisschen mehr damit beschäftigt hättest, würdest du sehen, dass das eine völlig unhaltbare Theorie ist.«

»So? Na, dann pass nächstes Halbjahr in Bio mal lieber auf!« Wütend stand sie auf und stapfte davon. Und ich blieb allein zurück mit meinem Gott und dem Wissen, dass er das alles hier auch für mich gemacht hatte.

Die Dienstzusammenkunft donnerstags wurde immer mit Bekanntmachungen eingeleitet. Oft wurde hier vorgelesen, wie viel Stunden Predigtdienst jeweils im Monat zuvor in ganz Deutschland geleistet worden waren und wie viel das im Durchschnitt pro Verkündiger ergab. Meist waren das zwischen zehn und elf Stunden. Manchmal wurden sogar Zahlen angegeben, wie viel Spenden eingenommen worden waren, wie hoch die Ausgaben waren und wie hoch der noch abzuzahlende Kredit für den Königreichssaal war. »Siehst du, in keiner Kirche bekommst du so genau die finanzielle Situation offen gelegt«, hatte mir Ruth zugeflüstert. Eva war jedes Mal wieder ganz begeistert, wenn sie hörte, wie schnell die Kreditschuld durch die freiwilligen Spenden abgebaut wurde.

»Herr Stefan Dehmer ist jetzt ungetaufter Verkündiger«, tönte es diesmal durch die Lautsprecher. Begeisterter Beifall erhob sich in der Versammlung, denn wir freuten uns aufrichtig, wenn wieder einmal ein Neuer diesen entscheidenden Schritt geschafft hatte.

Nach der Versammlung liefen Ruth und ich erst einmal zu Stefan, um ihm zu gratulieren.

»Das ist ja super«, rief Ruth. »Ich hätte gar nicht gedacht, dass du das so schnell schaffen würdest!« Stefan schaute verlegen zu Boden.

»Ja, wir sind auch ganz glücklich«, piepste seine kleine Frau neben ihm. »Ich habe mich erst auf dem letzten Kongress taufen lassen«, erklärte sie mir, »ach, wir mussten ja erst so viel tun, um unser Leben mit den Maßstäben Jehovas in Einklang zu bringen, aber nachdem wir dann endlich richtig geheiratet haben, stand dem ja nichts mehr im Wege.« Sie hakte ihren Arm in Stefans Arm ein und lächelte zu ihm hinauf, während er liebevoll auf sie hinabblickte. So hätte man sie für den Wachtturm fotografieren sollen, dachte ich.

»Und nachdem du nun immer so tolle Kommentare gibst«, wandte sich Stefan mir zu, »habe ich auch richtig Mut bekommen.« Stefan und ich waren zurzeit die einzigen Meldenden, die in der Versammlung mit »Herr« und »Fräulein« aufgerufen wurden. »So konnte Jehova mir helfen. Jetzt muss ich nur noch sehen, dass ich das mit meiner Wehrdienstverweigerung auf die Reihe kriege. Ich habe jetzt noch ein Gespräch mit den Ältesten darüber vor mir.«

Stefan sah aus, als ob ihm das gar nicht recht wäre. Aber um Zeuge Jehovas sein zu können, musste er nun einmal eindeutig Stellung beziehen. Da reichte es nicht aus, einfach Zivildienst zu machen. Nein, auch den musste man verweigern, dann konnte man einen speziellen Ersatzdienst absolvieren, der extra für Zeugen Jehovas eingerichtet worden war. Leider musste man den drei volle Jahre verrichten, was besonders Manuel furchtbar ungerecht fand. Aber es war immer noch besser, als dafür ins Gefängnis zu gehen, wie es früher üblich war. Eva hatte mir mal ein Foto gezeigt, wie sie Klaus damals aus der Haft abgeholt hatte. Ich wusste, ich hätte die Männer eigentlich für ihre Unbeugsamkeit bewundern sollen, aber eigentlich war ich wieder einmal nur froh, dass ich eine Frau war. Es wurde zwar immer betont, dass die Verweigerung eine reine Gewissensentscheidung war, aber wir alle wussten, dass es für unser Gewissen nur *eine* richtige Entscheidung gab.

Als ich am Literaturtresen vorbeikam, kam mir noch eine Idee. »Ich würde gerne ein kleines Schöpfungsbuch kaufen, Paul.«

»Ein kleines Schöpfungsbuch, bitte sehr. Macht vier Mark.« Paul war auf seine kauzige Art so liebenswert! Gertrud, seine

Frau, brachte mir neuerdings bei, auf Polnisch »Guten Abend« und »Auf Wiedersehen« zu sagen.

»Ich habe gehört, dass das Buchstudium dienstags bei euch stattfindet?«, fragte ich sie.

»Ja, das stimmt. Kannst du da nicht auch mit Schwester Merz mitfahren? Muss sie mal fragen.«

Schwester Merz war zwar nicht begeistert, aber auch nicht dagegen, mich auch am Dienstag mitzunehmen. Aber bestimmt freute sie sich, man sah ihr ihre Gefühle nur immer nicht an.

Zu Hause musste ich erst einmal Mama informieren.

»Dienstag kann ich auch mit der Frau Merz zur Versammlung fahren. Da muss ich nach Friedland. Ich hab doch jetzt Zeit, es sind doch Ferien.«

Mama blickte nicht einmal vom Geschirr auf. »Meinetwegen.«

»Darf ich vielleicht jeden Dienstag ...«

»Das kommt nicht in Frage. Das wird sonst zu viel!«

Hatte sie eine Ahnung, wie viel das wohl noch werden würde.

In meinem Zimmer packte ich das Schöpfungsbuch in einen Umschlag und schrieb Sünjes Adresse darauf. Diese Bücher konnten oft mehr erreichen als das beste Gespräch. Dessen war ich mir nur zu bewusst.

Stanewskys wohnten in einem rustikalen Häuschen mitten auf dem Land. Im Wohnzimmer waren schon etwa sieben weitere Brüder und Schwestern sowie drei Kinder versammelt, die mich mit freudigem Hallo begrüßten. So richtig familiär. Wir studierten einige Absätze aus dem Offenbarungsbuch, so wie es im Königreichsdienst angegeben war, aber eigentlich war das Studieren hier Nebensache. Wichtig war die *Gemeinschaft.*

Donnerstag hatte Manuel einen Gast dabei: einen jungen Zeugen Jehovas aus Amerika! Sie schienen sich über Brieffreundschaft kennen gelernt zu haben. Dieser Junge hatte einen Berg von überflüssiger Energie und sprintete erst einmal im ganzen Königreichssaal herum, um alles genau anzusehen.

»Ja, seit der bei uns wohnt, ist es sehr laut bei uns geworden«, lachte Ruth. »Er hat gesagt, mein Lieblingswort sei wohl ›Genau‹.«

»Da hat er Recht!« Ich musste mitlachen.

»Trotzdem, ich weiß immer noch nicht, ob er wirklich die richtige Gesellschaft für Manuel ist«, grummelte Eva. »Er hat nicht die richtige geistige Gesinnung. Ich meine, da jobbt er monatelang, um einen Flug nach Deutschland bezahlen zu können, anstatt seine Zeit für den Dienst zu verwenden. Also, wenn ich seine Mutter wäre, ich hätte das nicht erlaubt.«

Das hatte ich so noch gar nicht gesehen. Aber sie hatte Recht: So ein Verhalten stimmte nicht mit dem überein, was wir aus den Publikationen doch ständig lernten. Also musste man auch vor diesem Jungen auf der Hut sein, auch wenn er getauft war. Ja, Satan benutzte manchmal sogar die eigenen Brüder, um einen vom Weg der Wahrheit abzubringen. Man musste ständig auf der Hut sein. Man musste immer ganz genau aufpassen, wem man vertrauen konnte.

Endlich kam der lang ersehnte Bezirkskongress dieses Sommers, der volle vier Tage dauern sollte. Diesmal durfte ich sogar ein Abzeichen mit meinem Namen tragen, wie ein richtiger Zeuge Jehovas!

Donnerstagmittag ging es los: erster Kongresstag. Das Wetter war wunderbar, und wir hatten alle die beste Laune. Auf dem Kongressgelände fühlte ich mich fast schon wie zu Hause. Endlich war ich wieder mit meiner großen Familie von Brüdern und Schwestern vereint. Die Stimmung auf dem Kongress war wie immer »einmalig«.

Das Motto hieß diesmal »Reine Sprache«, abgeleitet von Zefania 3,9.

Das Verhalten der Anwesenden war wieder einmal vorbildlich. Jetzt wusste ich aber auch, dass vorher wochenlang in den Versammlungen darauf hingewiesen wurde, dass wir ein »Schauspiel vor den Engeln« abgaben und die Menschen in der Welt draußen ein »vortreffliches Zeugnis« in ihre Zeitungen schreiben sollten. Deswegen mussten wir uns ganz besonders zusammenreißen.

In den Reihen vor und hinter uns saß bereits fast unsere gesamte Versammlung. So fühlte man sich gleich geborgen. Wir packten unsere Liederbücher und Bibeln aus und diesmal hatte auch ich Notizbuch und Stift mitgebracht, was Ruth mit großer Genugtuung registrierte.

Die »Reine Sprache«, so lernten wir, umfasste den »gesamten theokratischen Wortschatz«, und nur die Zeugen Jehovas sprachen diese Sprache. Auf den Kongressen erfuhren wir ein »immer helleres Licht« der Wahrheit. So wurde es genannt, wenn von Zeit zu Zeit Änderungen in der Lehre bekannt gegeben wurden. Die Zeugen Jehovas waren nicht wie die Kirchen der Welt, die auf ihren Irrtümern beharrten. Die Organisation war ein dynamisches System, das Jehova wachsen und weiser werden ließ. Als Pastor Russel damals die Organisation gründete, konnte er ja noch nicht die ganze Wahrheit der Bibel verstehen. Die hatte Jehovas Volk erst jetzt, und wer wusste schon, was Jehova uns noch enthüllen würde, bevor das Ende kam.

Wir mussten also lernen, diese Reine Sprache zu sprechen. Und wie konnte man am besten eine neue Sprache erlernen? Natürlich, indem man zusammen war mit anderen, die auch diese Sprache sprachen, und selber diese Sprache ständig benutzte. Es war also nur logisch, welche Bedeutung der regelmäßige Besuch der Zusammenkünfte und eifriger Predigtdienst für uns hatten. Das wurde uns nun in fast jeder der folgenden Ansprachen glasklar dargelegt, und laut Programm würde auch der restliche Kongress davon bestimmt werden.

Mehrere Ansprachen ermahnten, keine Weltmenschen zu engen Freunden werden zu lassen. Die verschiedenen Zeugen, die daraufhin auf der Bühne interviewt wurden, betonten, dass sie zum Beispiel bei mehrtägigen Klassenfahrten nicht mitmachten, sich nicht mit Nachbarn trafen und so weiter. Auch wenn es vielleicht nette Menschen waren, sollte man sich immer zuerst fragen: Waren sie Freunde Jehovas?

Schließlich wurde in der letzten Ansprache Apostelgeschichte 15,29 betrachtet: »*... dass ihr euch enthaltet vom Götzenopfer und vom Blut und vom Erstickten und von Unzucht.*« Galt dieses Verbot auch für Bluttransfusionen, die man demnach also unter gar keinen Umständen annehmen durfte? Zweifellos. Wie vernünftig war dieser »christliche Standpunkt«? Sehr vernünftig, wenn man bedachte, welche tödlichen gesundheitlichen Gefahren Transfusionen mit sich bringen konnten. Als Höhepunkt wurde eine Broschüre mit dem Titel »*Wie kann Blut dein Leben retten?*« freigegeben, die ab sofort auf dem Kongress erhältlich war.

»Das wurde aber auch mal Zeit!«, rief Eva durch den Applaus zu uns herüber. »Mit der alten Broschüre konnte man ja wirklich bald niemanden mehr beeindrucken.«

»Stimmt das?«, fragte ich später Ruth auf der Fahrt nach Hause. »Ich meine, dass man nicht bei Klassenfahrten und so mitmachen soll?«

»Nun, auch das muss dein eigenes Gewissen entscheiden. Die schlechte Gesellschaft ist nicht zu unterschätzen. Aber man muss auch ausgeglichen handeln. Ich denke, wenn man sich nicht zu eng und zu lange mit den anderen beschäftigt, ist das in Ordnung. Manuel war bei Klassenfahrten jedenfalls immer dabei. Und ich finde, man darf auch nicht unterschätzen, dass dabei auch viel gutes Zeugnis gegeben werden kann.«

»Ja, das finde ich auch. Trotzdem, diesmal gab es aber wirklich ziemlich viele Ermahnungen.«

»Ja, das ist wahr. Jehova nimmt uns in Zucht, weißt du? Er weiß ganz genau, wo bei uns der Schuh drückt, und auf den Kongressen bekommt man dann genau die Hilfe, die man gebraucht hat. Mit dem Wachtturm ist das genauso. Gerade hat man noch über ein Problem nachgegrübelt, da erscheint ein paar Wochen später schon ein Artikel dazu. Jehova weiß, was wir brauchen!«

»Ja, wie gut, dass Jehova uns die Organisation gegeben hat!«, stimmte ich Ruth zu. »Er kümmert sich wirklich liebevoll um uns.«

Zur Taufe am Samstag waren über hundert Menschen unten auf dem Rasen auf extra aufgestellten Stuhlreihen versammelt. Sie waren zu weit weg, um ihre Gesichter sehen zu können, aber ich konnte mir gut vorstellen, dass sie ungeheuer aufgeregt sein mussten, so in der Mitte eines Stadions und um sich herum Zehntausende, die die Neuen mit großem Beifall in ihrer Mitte willkommen hießen.

Der Redner betonte, dass wir hier zusehen konnten, wie Jesus die Schafe von den Böcken trennte, wie es in Matthäus 25,32-33 vorhergesagt worden war. Ich schaute mich um. Hier im Stadion saßen also lauter Schafe; draußen vor den Mauern tummelten sich die Böcke. Widerlich!

Ach, wie wundervoll war es, jetzt wieder zusammen zu singen, alle Schafe vereint. Wir hatten unser Leben Gott gegeben, und wir wollten ihm dienen, wie er es von uns verlangte.

Die Täuflinge mussten in der Mittagspause zur Taufe mit dem Bus in ein Schwimmbad gefahren werden. Da gefiel mir die Sache mit dem kleinen Becken im Kreiskongresssaal doch besser. Na ja, vielleicht auf dem nächsten, da wäre ich dann fällig. So Jehova wollte.

Nach der Mittagspause hörten wir von den Visionen aus Hesekiel 1-3. Wir waren alle wie Hesekiel, der auch seine Probleme hatte und vom Volk angefeindet wurde, das er zu warnen hatte. Deswegen galt auch für uns, was in Hesekiel 3,18.19 stand:

»Wenn ich dem Gottlosen sage: Du musst des Todes sterben! und du warnst ihn nicht und sagst es ihm nicht, um den Gottlosen vor seinem gottlosen Wege zu warnen, damit er am Leben bleibe, – so wird der Gottlose um seiner Sünde willen sterben, aber sein Blut will ich von deiner Hand fordern.

Wenn du aber den Gottlosen warnst und er sich nicht bekehrt von seinem gottlosen Wesen und Wege, so wird er um seiner Sünde willen sterben, aber du hast dein Leben errettet.«

Und so hatten wir also auch nach 1 Timotheus 4,16 eine doppelte Verantwortung: Die eigene Rettung wie auch die Rettung anderer Menschen! Oh, diese Verantwortung lastete nun schwer auf meinen kleinen Schultern! Ich musste ja predigen gehen, sonst konnte ich selber ja nicht gerettet werden!

Doch der Dienst war nicht lediglich ein Mittel zur eigenen Rettung, so betonte der Redner, sondern ein Schatz: Die Liebe zu Jehova, das Bedürfnis, seinen Namen zu verherrlichen, und die Liebe zu den Menschen sollten die wahren Beweggründe sein. Trotzdem, Hesekiel 3,19 steckte mir immer noch tief in den Knochen. Bei all der Angst sollte ich also in meinem Herzen noch Platz für Liebe finden; gleichzeitig sollte ich aber alle Feinde Jehovas hassen – das war ganz schön viel für mich.

Zu Hause ließ ich mich erst einmal erschlagen in meinen Sessel fallen. Trotz der schwer verdaulichen »geistigen Speise« war in mir immer noch ein Gefühl der Glückseligkeit. Wieso war es überhaupt nötig, jedes Mal so viel zum Besuch der Kongresse zu ermahnen?

Plötzlich klingelte das Telefon.

»Paip!«, tönte es in mein Ohr. »Paip, du spinnst!«

»Hallo Sünje. Hast du das Buch bekommen?«

»Du kannst mir doch nicht einfach so ein Buch schenken! Na, was hast du heute gemacht? Den ganzen Tag rumgegammelt?«

»Nein, ich war zum Kongress in Hamburg, im Volksparkstadion.«

»Echt?« Sünje war erst einmal sprachlos. Tja, nach Hamburg fahren – so etwas kannte sie wohl nicht von mir. Ein kleines bisschen war ich ja stolz darauf, ich gab es ja zu.

»Ja, die Zeugen Jehovas haben von Donnerstag bis Sonntag Bezirkskongress. Klasse, sage ich dir!« Sie sollte genau mitkriegen, wie wunderbar es war, Teil von Jehovas Volk zu sein. Ich war schon für das nächste »Du spinnst!« gewappnet.

»Ja, ja«, meinte Sünje aber nachdenklich, »ich habe noch einmal lange darüber nachgedacht, dass du Zeuge Jehova werden willst. Weißt du was? Ich bin zu dem Schluss gekommen, dass dir im Grunde gar nichts Besseres passieren konnte. Ja, ich meine, hättest du nicht damit angefangen, wärst du wohl nie aus deinem Kaff herausgekommen. Und dass du jetzt so viele

Freunde gefunden hast, das ist doch toll! Doch, ich finde es richtig gut.«

Ich traute meinen Ohren kaum. Sollte der Same der Wahrheit in ihr Wurzeln geschlagen haben?

»Du kannst mir ja noch ein paar Fragen beantworten«, fügte sie hinzu.

»Na klar, schieß los!« Da konnte ich doch gleich anwenden, was ich gelernt hatte: Freundlich und respektvoll sein, geduldig den Gesprächspartner anhören (»denn wir wollen eine Unterhaltung führen und keine Predigt halten«) und vor allen Dingen nicht fanatisch wirken. Das informelle Zeugnisgeben war eine biblische Verpflichtung.

»Darf ein Zeuge Jehova in der Fußgängerzone eigentlich niemanden aktiv ansprechen? Die stehen da immer nur so rum ...«

»Doch, natürlich darf man das. Auf dem Kongress wurden wir sogar dazu ermuntert, das zu tun. Aber viele trauen sich das nicht so recht, weißt du.«

»Ja, das kann ich mir vorstellen. Und warum heiraten Zeugen Jehovas eigentlich nur Zeugen Jehovas?«

»Na ja, ist doch klar, dass man den heiratet, mit dem man am meisten gemein hat. Außerdem rät uns die Bibel, nur im Glauben zu heiraten, weil es sonst eine Menge Probleme geben kann von wegen Meinungsverschiedenheiten und so. Aber wenn man unbedingt jemand anderen heiraten möchte, ist das natürlich auch erlaubt.«

»Aber kann man das denn machen, ich meine, nach der Bibel gehen? Die Bibel ist doch voller Widersprüche ...«

»Das scheint nur so. Wenn man aber die Bibel mal ganz genau betrachtet, lösen sich diese scheinbaren Widersprüche ziemlich schnell in Luft auf. Im Gegenteil, die Bibel ist ein Buch, das wir gerade auf unsere heutige Zeit beziehen können. Zum Beispiel gibt es darin viele beeindruckende Prophezeiungen, die mit der Zeit des Endes zu tun haben. Wenn man genau hinschaut, sieht man, dass sich seit 1914 diese Prophezeiungen erfüllen. Daher wissen wir, dass die Letzten Tage bald vorbei sein werden. Danach wird Harmagedon kommen, der Tag, an dem Gott die Menschen, die ihm dienen, rettet, und die, die ihn abweisen, vernichtet.«

Gut eine viertel Stunde konnte ich Sünje Zeugnis geben: Wie eine richtige Zeugin Jehovas! Sünje hörte sich das alles an und schien tatsächlich damit zufrieden zu sein. Ich hoffte sogar, dass sie ein bisschen in ihrem bisherigen Weltbild verunsichert war, denn nur so konnte die Wahrheit in ihr wachsen.

»Schaust du denn auch mal in das Buch rein, das ich dir geschickt habe?«, fragte ich sie zum Schluss.

»Ja, das verspreche ich dir. Also, dann alles Gute und viel Spaß noch morgen beim Kongress!«

Wer hätte das für möglich gehalten? Sünje akzeptierte meinen Glauben! Ich schwebte wie auf Wolken. Wie gut, dass ich ihre Freundin geblieben war, sonst hätte ich ihr doch nie so gut Zeugnis geben können! Und wie die Worte nur so aus mir herausgesprudelt waren ... Ich hatte überhaupt nicht zu überlegen brauchen, was ich sagen musste. Ja, es stimmte, mit Hilfe des Heiligen Geistes war es jedem möglich, ein wirkungsvolles Zeugnis ablegen zu können. Wie Jesus in Matthäus 10,19.20 gesagt hatte: »... *so sorgt nicht, wie oder was ihr reden sollt; denn es soll euch zu der Stunde gegeben werden, was ihr reden sollt. Denn nicht ihr seid es, die da reden, sondern eures Vaters Geist ist es, der durch euch redet.*« Wieder einmal ein Beweis. Im Moment fühlte ich mich mit Jehova so eng verbunden wie schon lange nicht mehr. »Danke, Jehova, und gepriesen seiest du, dass du mir deinen Geist gegeben hast!«

Am Sonntag saßen wir alle wieder pünktlich auf unseren gewohnten Sitzen. Die Schalensitze waren doch immer noch am bequemsten. Am meisten taten mir die Leid, die sich mit ihren kleinen Kindern, Kinderwagen usw. im Halbrund gegenüber der Bühne niederlassen mussten. Schien die Sonne, wurden sie regelrecht gebraten, regnete es, waren sie auch dem schutzlos ausgeliefert. Eigentlich waren sie aber ja auch selber Schuld. Was hatten sie sich in dieser Zeit auch noch Kinder angeschafft!

Die Technik funktionierte Jehova sei Dank wieder, so dass der Vortrag »Sucht Jehova!«, der am Vortag wegen technischer Probleme ausgefallen war, nachgeholt werden konnte. »Freunde der Wahrheit sind eine Herausforderung für uns Getaufte! Ladet sie zu Studien ein, macht Rückbesuche; holt sie zu den Zusammenkünften ab. *Jetzt* muss man sich mit Jehova Gott und seiner Anbetung identifizieren, da sich die geschichtlichen Ereignisse überschlagen. Machen wir uns doch nichts vor: Harmagedon taucht am Horizont auf!«

So schnell konnten wir alle gar nicht mitschreiben, wie wir es gerne wollten. Ja, da hinten kam Harmagedon schnell näher; hatte die Zeitung heute Morgen nicht wieder vor schlechten Nachrichten gestrotzt? Die Erde wurde systematisch kaputtgemacht, es *konnte* ja gar nicht mehr lange dauern, bis Jehova all dem ein Ende setzte.

Als Höhepunkt hielt der Redner ein kleines rotes Buch in die Höhe und unter donnerndem Applaus gab er somit »*Die Suche der Menschheit nach Gott*« frei. Für drei Mark war es ab der Mittagspause zu haben.

In den folgenden Vorträgen über die »geistigen Trunkenbolde« aus Jesaja 28 wurde klargestellt, dass heutzutage die Führer der Christenheit diese Trunkenbolde wären. Wir Zeugen aber stellten den Propheten Jesaja dar; wir waren der Prophet, der diese widerlichen Trunkenbolde bloßstellte.

Die Reden wurden wieder genauso hetzend gehalten, wie es mir schon letztes Jahr aufgefallen war. Dieses Mal störte es mich aber nur noch ein kleines bisschen. Ob man wirklich diesen Bibeltext auf die Kirchen anwenden konnte, wagte ich zu bezweifeln, aber fest stand doch, dass sie die falsche Religion hatten und andere davon abhielten, sich auf die richtige Weise Jehova zuzuwenden. Und nur darauf kam es doch an, oder?

Die Christenheit erhoffte Frieden und Sicherheit von den Menschen, indem sie propagierte, wie Menschen eine Lösung für die Weltprobleme finden könnten. Sie suchten nicht bei Gott Zuflucht und gebrauchten nicht seinen Namen. Doch wir sollten immer an 1 Thessalonicher 5,3 denken: »*Wenn sie sagen werden: Es ist Friede, es hat keine Gefahr –, dann wird sie das Verderben schnell überfallen wie die Wehen eine schwangere Frau, und sie werden nicht entfliehen.*« Erst kürzlich stand wieder in der Zeitung: »Weltfrieden in Aussicht!« Darum: Die Organisation würde fortgesetzt wachen! Nur Jehova wusste genau, wann es so weit war.

Das war mir jetzt ganz klar geworden: Sich Gedanken darüber zu machen, wie man die Welt verbessern könnte, war nicht nur reine Zeitverschwendung, sondern man wurde dadurch auch Jehova untreu, weil man nicht auf ihn vertraute.

In der Mittagspause konnten wir nun endlich die neue Publikation erwerben. »Endlich, auf so ein Buch habe ich schon lange gewartet!«, rief Ruth mir durch den Lärm zu. »Da siehst du, wie gründlich wir unsere Religion prüfen. Das sage ich auch immer zu den Leuten, wenn sie meinen, wir würden nur mit Scheuklappen rumlaufen und uns nur mit unserem Kram beschäftigen: Ich habe meine Religion geprüft und mich entschieden, und ich muss sie nicht immer und immer wieder nachprüfen.«

Ich aber war von meinem Exemplar ein wenig enttäuscht. Dies war doch einfach nur eine bessere Zusammenstellung der Artikel über die anderen großen Religionen aus dem Erwachet. Schade, keine neuen Erkenntnisse.

Doch als wir am Ende des Tages das Schlusslied gesungen hatten, unsere Taschen packten und auf dem Weg waren, das Kongressgelände nun wieder für lange Zeit zu verlassen, waren wir alle sehr wehmütig darüber.

»Da haben wir diesmal wieder eine Menge gelernt, was?«, meinte Eva zu mir auf dem Weg die große Treppe vom Stadion herunter, wo sich die Massen vor uns auf die einzelnen Parkplätze verteilten.

»Oh ja. So viele nützliche Ansprachen! Ach ja, ich muss endlich den Dienst lernen!«

»Ich habe Donnerstag eine Aufgabe in der Theokratischen Predigtdienstschule zu halten. Meine Partnerin, die mir für diesen Abend zugeteilt war, kann leider nicht. Hättest du nicht Lust, meine Partnerin zu sein?«

Huch! Ich sollte vorne auf der Bühne sein und was sagen? Aber das war es doch, was ich nun machen musste. Das war die Hand, die Jehova mir hinhielt.

»Ja, geht denn das?«

»Du müsstest dich natürlich dafür in die Schule eintragen lassen«, meinte Eva schmunzelnd.

»Ja, klar! Das mach ich! Geht in Ordnung!«

Wundervoll! Ja, das musste ich tun. Jehova half mir!

KAPITEL 11

Die Partnerrolle in der Theokratischen Predigtdienstschule zu versehen, ging viel leichter als erwartet. Eva hatte ihre Aufgabe bereits fertig ausgearbeitet und mir eine Kopie davon gegeben, die wir vorher bei ihr zu Hause einmal durchprobten. Im kleinen Nebenraum des Königreichssaales brauchte ich daher nur meinen Text abzulesen.

Ich verstand gar nicht, warum ich mich so lange geziert hatte, hier mitzumachen. Eigentlich steckte ja wirklich nichts dahinter bei diesen Aufgaben. Als Quelle waren immer ein paar Seiten aus einem Buch der Gesellschaft angegeben, deren Inhalt man lediglich etwas umformuliert in ein Gespräch hineinkonstruieren musste, das dann aufgeführt wurde. Endlose Tipps gab das Lehrbuch »*Leitfaden für die Theokratische Predigtdienstschule*«, das ich mir bei Paul besorgte. Es enthielt einzelne Lektionen, auf die sich die Beurteilung (»Rat«) bezog, die nach der Aufgabe ein Ältester vom Podium herab verkündete. Ja, so ausgerüstet würde ich das wohl auch hinbekommen können.

Am Wochenende besuchten meine Eltern und ich Hans-Heinrich und Julia in ihrer kleinen Wohnung in Kiel. Julia war uns immer noch sehr fremd, und so wirkte der Besuch auf mich jedenfalls sehr gezwungen.

Plötzlich kam Hans-Heinrich mit einem Päckchen für mich an, das er mir lächelnd in die Hand drückte: »Hier, nachträglich, zu deinem achtzehnten!«

»Ihr solltet mir doch nichts schenken!«

»Ach, komm, nun mach schon auf!«

Zögernd riss ich das Papier auf: ein dickes rotes Buch. Na ja, Bücher waren eigentlich nie verkehrt. Und schließlich hatte ich heute ja nicht Geburtstag, da konnte ich das Geschenk doch wohl annehmen. Es kam immerhin von meinem Bruder. Und ich hatte ihn doch lieb.

Als ich das Buch gänzlich ausgepackt hatte, stockte mir der Atem: »*Evangelischer Erwachsenen-Katechismus*«!

»Dieses Buch hat mir mal sehr geholfen, als es mir so richtig schlecht ging. Ich hoffe, es ist auch für dich eine Stütze«, erklärte mir Julia.

Ich saß auf dem Sofa und brachte keinen Laut heraus. Ja, sollte ich mich dafür etwa auch noch bedanken? Wie konnten sie nur so unsensibel sein? Sie wussten doch genau, dass ich eine ganz andere Religion hatte. Und ich hatte gedacht, sie wollten mir eine Freude machen. In Wahrheit mussten sie nur wieder als Werkzeug Satans herhalten. Es hätte mich nicht gewundert, wenn dieses Buch in meinen Händen auf einmal in Flammen aufgegangen und nur noch ein kleines Schwefelhäufchen zurückgeblieben wäre. Diese Menschen hier waren ohne Zweifel schlechte Gesellschaft für mich.

Zu Hause riss mich mein Gewissen fast auseinander. Ich wusste, dieses Buch musste eigentlich Stückchen für Stückchen verbrannt werden. Die Dämonen, Satans Engel, steckten dahinter. Andererseits hatte mein Bruder so gar nicht dämonisch ausgesehen, als er mir das Buch gab. Was, wenn er nur nicht darüber nachgedacht hatte, wie weh er mir damit tun würde? Wenn es doch ein Zeichen seiner Liebe war?

Nein, ich brachte es einfach nicht fertig! Also vergrub ich das Buch unter den ältesten und modrigsten Büchern auf dem Dachboden, die ich nur finden konnte. Aber mein Gewissen klopfte, und jedes Mal, wenn ich nun den Dachboden betrat, nahm ich mich in Acht, der Kiste mit den Büchern nicht zu nahe zu kommen und möglichst schnell wieder die Tür hinter mir zu schließen. Was hatte Ruth damals erzählt? Dämonen kamen aus dem Schrank, in dem die anrüchige Bettwäsche aufbewahrt wurde? Zum Glück kamen zu mir keine Geister.

Die Sommerferien gingen schneller vorüber, als mir lieb war. Immer noch ging ich nicht predigen, und so verstrich die kostbare Zeit ungenutzt. Aber ich genoss auch die schöne Zeit im Garten mit Wachtturm und Bibel auf dem Schoß, wenn gerade mal nichts zu arbeiten war.

In der letzten Ferienwoche kam in der Versammlung am Sonntag eine junge Frau auf mich zu, blond und schlaksig, aber ungefähr in meinem Alter.

»Hallo! Ich bin Pia. Ich mache diese Woche bei Schwester Paschke Ferien. Und wie heißt du?«

»Äh, ... Martina.«

»Schön dich kennen zu lernen, Martina. Magst du mir nicht ein bisschen euren Saal zeigen?«

»Ja, gern. Komm mit.« Jetzt konnte ich mich mal fühlen, wie sich Ruth damals gefühlt haben musste, als sie mir den Saal zeigte. Pia zeigte sich an allem sehr interessiert. Ich erfuhr, dass sie schon getauft war (»allerdings erst seit dem Tagessonderkongress letztes Jahr«) und bei sich zu Hause in Dortmund als Hilfspionier arbeitete. Als sie hörte, dass ich noch nicht getauft war, wandte sie sich trotzdem nicht von mir ab, im Gegenteil, sie blieb an mir kleben wie eine Klette und wollte mich unbedingt bei mir zu Hause besuchen. Warum auch nicht?

Zu Hause saßen Pia und ich gemütlich auf dem Rasen.

»Und du gehst also schon regelmäßig zu den Versammlungen?«

»Na ja, fast ... Donnerstags und sonntags ja, aber dienstags darf ich noch nicht.«

»Ach, das kenne ich. Bei mir zu Hause bin ich auch die Einzige, die in der Wahrheit ist. Aber mein Bruder studiert die Bibel, und meine Eltern haben gerade damit angefangen. Weißt du was, ich werde mal mit deinen Eltern reden.«

Pia ging ohne Scheu auf Mama zu und versuchte sie zu überreden, dass ich auch diesen Dienstag zur Versammlung durfte. Mama war ganz begeistert von diesem netten Mädchen, wo ich doch sonst fast nie jemanden mit nach Hause brachte, und daher stimmte sie zu.

Abends war Papa nicht so begeistert davon. »Wieso ist denn das nötig?«, fragte er gequält.

»Die Bibel fordert uns auf, unser Zusammenkommen nicht aufzugeben. Wenn man nach der Bibel leben will, muss man daher die Versammlungen besuchen.«

»Ach, nach der Bibel leben – das geht doch gar nicht!«

»Aber sie tun es doch!«, wandte Mama ein, und ich konnte meine Überraschung nur schwer verbergen. Sollte der Same der Wahrheit in ihr Fuß gefasst haben, dass sie jetzt neuerdings die Zeugen Jehovas in Schutz nahm?

Als Papa sich müde und zerschlagen vor den Fernseher zurückgezogen hatte, fragte ich daher Mama: »Darf ich nicht auch jeden Dienstag in die Versammlung? Bitte, ich möchte so gerne.«

»Na gut, dann geh halt«, murmelte sie.

Nach einer Weile meinte sie: »Wie kommt ihr eigentlich auf die Idee, dass die Welt bald untergeht?«

Mama zeigte Interesse? Ich konnte es kaum fassen. »Nun, Jesus hat damals seinen Jüngern ein kombiniertes Zeichen genannt, an dem man erkennen kann, wann es so weit sein sollte: Es sollte Kriege und Hungersnöte geben, Erdbeben und Seuchen überall auf der Welt. Seit dem 1. Weltkrieg 1914 erfüllt sich dieses Zeichen. Und Jesus sagte, die Generation, die dieses Zeichen sieht, würde auch das Ende sehen.«

»Ach«, schüttelte Mama unwillig den Kopf, »das ist doch alles jetzt nicht schlimmer als vorher.«

»Das meinst du. Aber ich zeige dir mal ein paar Statistiken, die dich nachdenklich machen werden.« Ich ging in mein Zimmer und holte rasch mein »Unterredungsbuch«. Als ich mich wieder auf dem Küchenstuhl niedergelassen hatte, schlug ich das Thema »Letzte Tage« auf. Hier waren Zahlen zusammengestellt, die zeigen sollten, dass es in den letzten rund siebzig Jahren mehr Kriegs-, Hunger- und Erdbebenopfer gegeben hatte als jemals zuvor. »Und immer noch sterben jedes Jahr viele an Krebs, Herzkrankheiten, Geschlechtskrankheiten, multiple Sklerose, Malaria, Flussblindheit und Chagas-Krankheit.«

In der Küche legte sich eine bleischwere Stille über uns. Diese Statistiken hatten schon mich überzeugt, und auch Mama schien nichts einzufallen, was sie dagegenzusetzen hätte. Da musste man doch einfach sehen, dass da draußen in der Welt etwas Besonderes vor sich ging!

»Jetzt entscheidet sich, wer das Ende überleben darf und wer nicht«, ließ ich in die Stille hineintönen. »Jetzt muss sich jeder Einzelne entscheiden, ob er für Gottes System sein will oder für die alte Welt.«

»Selbst wenn ihr Recht haben solltet«, murmelte Mama schließlich, »ich bin zu alt für so etwas. Ich will mich einfach nicht weiter damit beschäftigen.« Doch ihrem Gesichtsausdruck war deutlich anzusehen, dass etwas in ihr in Bewegung gekommen war. Ja, wenn Gott wollte, konnte jetzt der Keim der Wahrheit in ihr wachsen.

»Verstehst du vielleicht jetzt, warum es so wichtig für mich ist, Zeuge Jehovas zu werden? Auch der Predigtdienst ist für mich wichtig. Bitte, Mama, darf ich in den Dienst gehen?«

»Wenn du meinst, dass du das tun musst ...«, murmelte sie nur tonlos.

In meinem Zimmer fühlte ich mich stolz und überglücklich. Jehova hatte mir nicht nur Gelegenheit gegeben, das Licht der Wahrheit vor Mama hochzuhalten, sondern endlich hatte ich auch die Erlaubnis für den Dienst! Jetzt konnte es weitergehen.

Ich besuchte auch Pia bei Roswitha Paschke zu Hause, die ich mit ihren beiden jungen Söhnen dadurch auch besser kennen lernte. Roswitha war eine aufrichtige und liebe Person, und ihre Söhne waren höflich und freundlich. Ich bewunderte sie, wie sie es schaffte, ihre Kinder so ohne Mann in Gottergebenheit aufzuziehen. Das musste die Macht des Wortes Gottes sein.

Pia saß im Garten und studierte fleißig ihren Wachtturm. Sie unterstrich sogar noch mehr als Ruth, ja, eigentlich hätte sie auch alle Seiten einmal mit dem Textmarker überkolorieren können.

»Hallo Martina. Ach, ich muss unbedingt noch den Wachtturm für Sonntag hier zu Ende studieren! Hast du deinen schon fertig vorbereitet?«, fragte sie.

»Ja, ja. Ich studiere den Wachtturm immer gleich, wenn ich ihn bekomme. Dadurch liege ich immer gut im Zeitplan.«

»Hm, eigentlich solltest du den Wachtturm aber erst nur lesen, wenn du ihn bekommst und dann erst zur Versammlung studieren.«

»Aber dann lese ich denselben Artikel ja insgesamt dreimal!«

»Richtig. Darum geht es ja auch.« Na ja, wenn Pia dazu Lust hatte ... Ich wollte lieber bei meiner bewährten Methode bleiben.

»Ach, ich muss noch so viel nachholen, solange ich hier noch Zeit dazu habe!«, seufzte sie. »Wenn ich erst einmal wieder zu Hause bin und eingespannt in Job und Dienst, wird alles wieder viel stressiger. Trotzdem, sag selbst: Gibt es etwas Schöneres, als sich für Jehova zu verausgaben?«

»Hm, hm. Bei mir geht nächste Woche auch wieder die Schule los. Ich bin mal gespannt, wie mein Stundenplan dann aussieht. Das letzte Jahr war echt stressig. Da war ich oft erst nachmittags um fünf zu Hause.«

»Echt? Blöd.« Eines von Pias Lieblingswörtern schien »blöd« zu sein – das war wohl gerade noch rein genug für die »Reine Sprache«.

»Ach, halb so schlimm. Erst einmal haben wir dann sowieso Projektwoche. Ich muss mit meinem Bio-Leistungskurs ein kursgebundenes Projekt machen, ist alles schon abgesprochen: ›Radfahren im Raum Schwansen‹. Och, wird bestimmt lustig. Unser Bio-Lehrer hat ein Ferienhaus an der Ostsee, wo wir dann zelten.«

Pia schaute mit großen Augen von ihrem Wachtturm auf.

»Aber da bist du dann ja eine ganze Woche mit den Leuten aus deiner Schule zusammen!«

»Ja. Und?«

»Du weißt schon, was in 1 Korinther 15,33 steht? Unterschätze nicht die Gefahren schlechter Gesellschaft! Also, ich würde da auf keinen Fall mitmachen.«

Merkwürdig. Ruth hatte nichts gegen dieses Projekt eingewandt, als ich ihr davon erzählt hatte. Und Manuel hatte doch auch immer fleißig bei seinem Basketball nach der Schule mitgemacht und hatte da seine festen Freunde, mit denen er in der Pause immer herumstand. Offensichtlich gab es einige Zeugen, die die Regeln der Bibel strenger auslegten als andere. Das fiel wohl wieder unter »Gewissensentscheidung«. Nun, mein Gewissen sah jedenfalls keine Probleme bei dieser einen kleinen Woche.

»Hey, mach dir man keine Sorgen. Ich stehe loyal zu Jehova. Ich weiß, was ich tun darf und was nicht.«

»Trotzdem, ich wäre da sehr vorsichtig.« Jetzt hörte sich Pia ja schon an wie die Mädchen in der Schule, die damals auf mich eingeredet hatten.

Alle wollten sie nur mein Bestes.

»Ich habe endlich die Erlaubnis, in den Dienst zu gehen«, war das Erste, was ich Ruth bei unserem nächsten Treffen sagte.

»Tatsächlich? Das ist wunderbar! Ich werde gleich mit meinem Vater sprechen. Denn damit du in den Dienst gehen darfst, müssen erst zwei Älteste mit dir eine Besprechung führen, um zu prüfen, ob du auch wirklich dazu geeignet bist. Keine Angst«, fügte sie schnell hinzu, »die gucken nur, ob du auch wirklich so lebst, wie die Bibel es verlangt oder ob du noch rauchst oder so etwas. Da brauchst du dir ja nun wirklich keine Sorgen zu machen.«

»Nein, das brauche ich wirklich nicht«, bestätigte ich lachend. »Das war wirklich witzig, wie ich die Erlaubnis bekommen habe. Ich habe Mama nämlich die Statistiken aus dem Unterredungsbuch über die Letzten Tage vorgelesen, und danach war sie mit dem Dienst einverstanden.«

»Das hast du wirklich getan? Das ist wirklich gut. Wenn sie ein reines Herz hat, wird sie darauf hören. Übrigens: So etwas nennt man informelles Zeugnisgeben. Da hast du bestimmt schon von gehört. Wenn du deinen Dienst berichtest, brauchst du nicht nur die Stunden zusammenzählen, die du von Haus zu Haus gegangen bist, sondern du kannst dir zu Hause auch aufschreiben, wie viel informelles Zeugnis du gegeben hast, und das dazu addieren. Du schaust einfach jedes Mal, wenn du deiner Mutter etwas über deinen Glauben oder die Gesellschaft erzählst, auf die Uhr und notierst das danach.«

»Ja, geht denn das wirklich?«

»Natürlich. Was meinst du, was da für eine Menge Zeit zusammenkommt! Das ist nicht zu unterschätzen.«

Von jetzt ab würde ich also alles aufschreiben, was ich je zu jemandem über die Wahrheit sagte, und wenn es nur zwei Minuten wären. Ich fing gleich damit an, indem ich mir das Gespräch mit Mama rückwirkend notierte. Schade nur, dass ich es im August geführt hatte, wo ich doch erst für September meinen ersten Bericht würde abgeben dürfen. Aber ein Zeuge Jehovas log nicht, denn Lügen waren für Jehova etwas Verabscheuungswürdiges.

Am Wochenende konnte ich mit der Clique aus der Versammlung zum Bowlen gehen. Diesmal hatte Michael das Ganze organisiert. Trotzdem war ich schon wie selbstverständlich dazu eingeladen worden, fast schon, als ob ich getauft wäre. Wir hatten wieder einmal einen Riesenspaß.

Als ich in der Schule meinen Stundenplan aus den zahlreichen Tabellen zusammengesucht hatte, konnte ich mir ein Lachen nicht verkneifen: Da ich alle Fächer, die nicht mehr Pflicht waren, abgewählt hatte, hatte ich nur noch zwanzig Wochenstunden! Mir war zwar klar, dass uns so viel Zeit gelassen wurde, um uns auf das Abitur vorbereiten zu können, aber das Abi war mir schnurz. Ich hatte nicht vor, etwas von meiner wertvollen Zeit für das Abi zu verschwenden. Der Dienst war viel wichtiger. Auch wenn ich gar nichts wiederholte, würde ich nicht durchfallen, das wusste ich genau.

Ruths Vater, Bruder Hoffmann, seines Zeichens vorsitzführender Ältester, und sein Schwager und Ruths Onkel, Bruder Kleinschmidt, Ellens Mann, ebenfalls Ältester, setzten sich also an einem Tag, an dem ich normalerweise Bibelstudium bei Ruth gehabt hätte, mit mir auf dem Sofa zusammen, das mir jetzt so vertraut war, und stellten Fragen, um zu hören, ob ich noch schlechte Gewohnheiten hätte oder an den Türen vielleicht unsinnige Sachen erzählen würde, kurz, ob ich für den Dienst geeignet wäre. Ich war es.

Ich schrieb daraufhin alles auf, was ich jeweils zu Mama, Papa, Sünje oder sonst wem sagte und kam so im August dadurch allein auf 1 Stunde, 35 Minuten Predigtdienst, die ich leider noch nicht berichten durfte.

Aber am heutigen Dienstag, den 4. September 1990, sollte es endlich so weit sein: Ruth hatte gemeint, dass wir erst noch ein bisschen die Bibel studieren und dann zusammen in den Dienst gehen könnten. Schon in der Schule war ich ganz aufgeregt. Um mich ein bisschen einzustimmen, las ich in einer Freistunde (davon hatte ich jetzt einige in der Woche) in meinem Wachtturm.

»Na, steckst du deine Nase wieder mal in den Wachtturm?« Sünje hatte sich neben mich gesetzt.

»Warum nicht? Das ist eine wirklich tolle Zeitschrift. Solltest du auch lesen. Willst du einen?«

»Gott bewahre«, stöhnte sie, »lass bloß stecken!«

Das war ja fast wie Straßendienst gewesen: Ich hatte ihr den Wachtturm angeboten. Hurra! Ich hatte mich nicht geschämt. Na ja, fast nicht.

»Sag mal«, meinte sie dann, »stehst du jetzt eigentlich auch immer in der Fußgängerzone oder klingelst bei den Leuten?«

»Ich fange gerade damit an.«

»Warum machst du denn solch einen Scheiß?« Sünjes Mundwinkel sahen sehr angewidert aus.

»Weil es in der Bibel steht. Jesus hat uns den Auftrag gegeben, die gute Botschaft vom Königreich allen Menschen zu verkündigen.«

»Na ja, wenn du das glaubst …« Immer noch angewidert stand sie auf und verzog sich. Ja, ja, mit so einer wie mir wollte sie mal wieder nichts zu tun haben. Wenigstens konnte ich mir wieder fünf Minuten Dienst notieren.

Ruth schlug vor, dass ich fürs Erste erst noch mal zuschauen sollte, und ich war ihr sehr dankbar dafür. Also gingen wir nach einem gemeinsamen Gebet, das Ruth sprach, zusammen ein paar Straßen weiter, wo mehrere Wohnblöcke standen. Das Wetter war mies, aber wir hatten unsere Regenschirme gezückt und gingen tapfer weiter. »Wir sind keine Sonnenscheinprediger«, betonte Ruth lachend. »Die Leute sind immer wieder erstaunt, wenn sie mich bei Regenwetter predigen sehen. Allerdings bevorzuge ich dann die Wohnblöcke, da ist man wenigstens die meiste Zeit drinnen. Bei schönem Wetter fahre ich aber gerne in die Dörfer und gehe da von Haus zu Haus. Ich habe ziemlich viel Gebiet, weißt du, weil ich ja als Pionier auch viele Stunden predige.«

Beim ersten Wohnblock zur Linken stellten wir uns unter das Dach über der Eingangstür. Ruth blickte auf ihre Armbanduhr. »So, ab jetzt zählt die Zeit.« Sie drückte auf die erste Klingel.

Meine Knie waren ganz weich. Ruth spitzte die Ohren, ob vielleicht gleich eine Stimme durch die Gegensprechanlage tönte, aber es blieb alles still.

»Da ist wieder mal keiner zu Hause. Das hat man oft um diese Zeit. Deswegen gehe ich auch sehr gerne abends, da trifft man viel mehr Leute an.« Ruth zog ein kleines Ringbüchlein aus ihrer Büchertasche hervor und kritzelte etwas auf einen Zettel.

»Was schreibst du?«, wollte ich wissen.

»Ich mache mir Haus-zu-Haus-Notizen.« Ruth zeigte mir ihr Büchlein, das ausstaffiert war mit kleinen Formularen aus der Versammlung. »Haus-zu-Haus-Notizen« war die Überschrift, darunter war der Ort, die Straße und Ruths Name in ihrer bauchigen Schrift eingetragen. Schließlich stand da tabellarisch die Hausnummer, das Datum und die Abkürzung »NH«.

»NH bedeutet: ›nicht zu Hause‹. Ein Kreisaufseher sagte einmal, es bedeutet eigentlich: ›noch mal hin‹«, lachte sie.

»Machst du zu jedem Haus solche Notizen?«

»Natürlich. Die Haus-zu-Haus-Notizen sind sehr wertvoll. So kann ich immer sehen, wie ich mich auf die nächsten Besuche vorbereiten muss, wer welches Interesse bekundet hat oder welche Literatur genommen wurde, auf die ich dann Bezug nehmen kann.«

Ich fühlte mich ein bisschen merkwürdig bei dem Gedanken, dass sich dann ja Dieter damals an meiner Tür genau solche Notizen gemacht haben musste. »Offenbarungsbuch. Will austreten. Glaubt an Gott. Interesse. WV«, stand da bestimmt (WV bedeutete: »wieder vorsprechen«).

Ruth drückte auf den nächsten Klingelknopf. Nach einer ganzen Weile fügte sie ihren Notizen ein weiteres »NH« zu.

Bei einem Knopf endlich tönte eine weibliche Stimme aus der Gegensprechanlage: »Ja, bitte?«

Ruth beugte sich ganz nah an das Gerät und sprach laut und deutlich hinein: »Guten Tag. Wir sind gekommen, um mit Ihnen über einen Gedanken aus der Bibel zu sprechen.« Als keine Antwort kam, fasste sie an die Türklinke und erwartete den Summer, der die Tür öffnen ließ.

So blieb sie eine ganze Weile stehen. Aber das einzige Geräusch blieb der Regen, der über uns auf das Dach plätscherte. Wenigstens hatten wir dieses Dach über dem Kopf, dachte ich.

Ruth machte sich eine kurze Notiz und drückte dann wortlos den nächsten Knopf. Wieder antwortete eine weibliche Stimme.

»Guten Tag. Wir wollten mit Ihnen über einen Gedanken aus der Bibel sprechen.« Ruth fasste wieder auf die Türklinke und diesmal ertönte tatsächlich das lang erwartete Summen. Dieses Warten auf Antwort begann auch schon an meinen Nerven zu zerren.

Ich ging hinter Ruth her, die zielstrebig die ersten Treppen aufwärts stieg, wo schon eine ältere Frau aus ihrer Wohnungstür schaute, wer denn da wohl kommen mochte. »Ja, bitte?«, fragte sie noch einmal.

»Guten Tag«, wiederholte auch Ruth. »Wir sprechen mit unseren Mitmenschen über einen Gedanken aus der Bibel. Unter anderem machen wir uns Gedanken darüber, warum wir Gott überhaupt anbeten sollten. Wie ist Ihre Meinung dazu?«

»Ach so. Ich hatte unten etwas ganz anderes verstanden. Tut mir Leid«, stieß die Frau hastig hervor, »da habe ich überhaupt kein Interesse.« Und ehe wir uns versahen, fiel die Tür ins Schloss.

Ruth notierte auf ihren Zettel die Buchstaben »KI«. »Was bedeutet das?«, wollte ich wissen.

»Das heißt: ›Kein Interesse‹. Na ja, wenigstens sind wir jetzt schon mal drinnen und müssen nicht mehr im Regen stehen. Meine Hose ist unten schon richtig nass geworden.«

Ruth wandte sich an die nächste Tür. Hier gab es keine Klingel, sondern nur in der Mitte der Tür eine Art Schraube, die man drehen musste. Ein lautes, schnarrendes Geräusch erklang, als Metall auf Holz schrappte.

Wieder warteten Ruth und ich. Ruth wollte schon ihr Notizbuch zücken, als auf einmal Schritte hinter der Tür zu hören waren. Ein Riegel wurde zurückgeschoben, und die Tür öffnete sich.

»Ja?« Ein junger Mann schaute aus verschlafenen Augen durch den Türspalt. Die langen fettigen Haare hingen ihm in dicken Strähnen ins Gesicht und er stank unangenehm ungewaschen.

»Guten Tag. Wir sprechen mit unseren Mitmenschen über einen Gedanken aus der Bibel. Unter anderem besprechen wir besonders in dieser Woche, warum wir überhaupt an Gott glauben sollten.« Ruths Einleitung kam flüssig und routiniert. Eigentlich war das wirklich nicht schwer, dachte ich.

»Ja, Moment.« Der Mann schloss die Tür, aber nur um die Sicherheitskette zu entfernen, danach öffnete er sie weit. »Kommt rein«, murmelte er, uns den Rücken zukehrend.

Ruth schaute mich mit begeisterten Augen an, dann folgten wir dem Mann schnell in eine Art Wohnzimmer. Er war gerade dabei, die abgewetzten Sessel von etlichen Bierdosen zu befreien. Es hätte mich nicht gewundert, wenn mich beim Hinsetzen versehentlich eine Spritznadel in den Hintern gestochen hätte.

Ruth zeigte dem jungen Mann einige Bibelstellen zu dem Thema, das sie angesprochen hatte, so wie wir sie aus dem aktuellen Königreichsdienst gelernt hatten. Auch ich durfte eine Bibelstelle vorlesen. Der Mann hörte sich alles artig an. Trotzdem hatte ich das Gefühl, dass unsere Worte vielleicht doch nicht ganz in sein Bewusstsein durchdringen konnten.

»Ja, ihr habt Recht, Gott ist der Größte und wir müssen ihn anbeten«, lallte er. »Anbeten – wo macht ihr das eigentlich? Habt ihr auch eine Kirche?«

»Wir treffen uns regelmäßig im Königreichssaal hier in Eckernförde. Wenn Sie möchten, dann schauen Sie doch Sonntag einfach mal vorbei und machen sich selber ein Bild«, erklärte Ruth.

»Ey, klar Mann, mach ich. Ihr seid echt cool.«

Schließlich meinte Ruth, dass es für uns Zeit wäre zu gehen, und so verabschiedeten wir uns bis auf nächstes Mal. Und in der Tat war es Zeit, mit dem Dienst zum Ende zu kommen, wenn ich nicht meinen Bus nach Hause verpassen wollte.

Auf der Straße schaute Ruth nochmals auf ihre Armbanduhr. »So, eine Stunde, zwanzig Minuten dürfen wir uns aufschreiben.«

»Toll, dass der Mann mal in den Königreichssaal kommen will! Ich weiß noch, wie neugierig ich damals war.«

»Ja, mal sehen, ob er überhaupt kommt. Die Leute sagen immer viel, aber tun es dann oft doch nicht. Aber ist es nicht toll, dass er uns überhaupt hereingebeten hat? Das hat der noch nie gemacht! Ich sage dir, das kam von Jehova, als Belohnung für dich, dass du heute in den Dienst gegangen bist.«

»Meinst du wirklich?«

»Oh ja! Es ist sehr selten, dass man mal hereingebeten wird. Dass das heute gleich bei deinem ersten Dienst passiert ist, ist eindeutig ein Geschenk von Jehova.«

»Sag mal, ... hast du eigentlich keine Angst, wenn du zu solchen Typen in die Wohnung gehst?«

»Deswegen gehen wir ja immer zu zweit. Manchmal, vor allem abends, gehe ich auch allein, aber jedes Mal ist Jehova mit uns. Seine Engel schützen uns, wenn wir in den Dienst gehen. Im Erwachet stand einmal der Bericht von einer Frau, die in einem Hochhaus einem Serienmörder begegnet ist, ohne es zu wissen, aber er hat ihr nichts getan. Als ihn die Polizei später fragte, warum er die Frau nicht auch umgebracht hätte, meinte er, dass sie in Begleitung zweier Männer gewesen wäre. Das waren Engel! Siehst du, wir brauchen keine Angst zu haben, Jehova lässt uns nie allein. Aber nun sag einmal du: Hat dir der Dienst nicht Spaß gemacht?«

Na ja, Spaß ... Was mir Spaß gemacht hatte, war, dass ich endlich einmal Gottes Willen tun konnte. Endlich kein schlechtes Gewissen mehr zu haben, das hatte mir am meisten Freude bereitet. Und mit Ruth zusammen zu sein, das hatte auch Spaß gemacht. Außerdem sollte der Dienst Spaß machen, weil er ein Vorrecht und ein Schatz war. Deswegen antwortete ich: »Ja, total Spaß!«

Am Donnerstag darauf bekam ich vom Predigtdienstschulleiter einen kleinen Zettel in die Hand gedrückt: »Hier, deine erste Aufgabe. Viel Spaß!«

»Lass mal sehen«, sagte gleich Ruth neben mir und schaute mit auf meinen Zettel.

»Woche vom 22. Oktober; Thema: Was ist die Welt, von der sich Christen getrennt halten müssen? Quelle: pe – also Paradiesbuch – Kapitel 25, Absatz eins bis vier; Partner: Doris Winkler; Klasse: zwei«, las sie vor. »Ach, mit Tante Doris, und in der zweiten Klasse, dann ist das ja ganz einfach.« In der zweiten Klasse musste ich meine Aufgabe im Nebenraum abhalten vor ungefähr 20 Leuten. Ich war wirklich heilfroh, dass ich nicht gleich beim ersten Mal im großen Saal auf dem Podium stehen sollte.

Ich drehte mich zu einer ziemlich dicken und gutmütigen Frau mit wahnsinnig fülligen Haaren um. Doris war Ruths andere Tante, die Frau von Evas Bruder, und ebenfalls Pionier.

»Na ja«, stammelte ich verlegen, »ich hoffe, ich kriege das einigermaßen hin.«

»Das machst du doch mit links!«, rief Gertrud von meiner anderen Seite her. Na, die musste es wissen, denn obwohl sie so ein resoluter und stabil gebauter Typ war, bekam sie bei ihren Kommentaren und ihren Aufgaben nur eine kleine Piepsstimme heraus.

Ich wandte mich also gleich an Doris und informierte sie darüber, dass sie meine Partnerin sein würde.

»Oh, da freue ich mich aber. Und? Meinst du, du kriegst das hin? Oder brauchst du Hilfe?«

»Nee, ist schon in Ordnung, ich schaffe das schon. Ich habe ja noch ein bisschen Zeit.«

»Na, und zweite Klasse, da ist das auch halb so schlimm. Du musst einfach auf Jehova vertrauen!«

Nun, ich wollte mein Möglichstes tun. Ich musste wohl noch viel geschult werden, bis ich ein wirkungsvoller Verkündiger für Jehova sein konnte. Er würde mich leiten. Und spätestens beim Kreiskongress im nächsten Frühling wollte ich getauft sein! Das war doch nun wirklich zu schaffen.

Die Projektwoche ließ ich tapfer über mich ergehen. Vier Tage lang fuhren die Teilnehmer meines Biologie-Leistungskurses mit dem Fahrrad in der Gegend kreuz und quer und übernachteten wieder beim Ferienhaus unseres Lehrers. Mein schlechtes Gewissen klopfte, weil Pia mich doch gewarnt hatte vor der schlechten Gesellschaft. Aber ich hielt mich so gut es ging abseits von den anderen, und eigentlich war ich auch ganz froh darüber. Der Platz auf der Strichliste für die leeren Bierflaschen reichte kaum noch aus, ein Junge war betrunken in die Ostsee gelaufen (wir konnten ihn gerade noch retten), und niemand wusste, was die in den Zelten machten, denn auch da mischten sich so langsam die Geschlechter. Unseren Lehrer schien das nicht weiter zu stören; wir waren ja alle volljährig.

Was taten diese jungen Leute nur ihrem Leben an! Sie lebten so ohne Sinn und Ziel dahin ... Sie taten mir Leid. Ja, ich bekam allmählich Mitleid mit den Menschen, so wie Jesus Mitleid gehabt hatte.

Auch der Evolutionsunterricht gestaltete sich halb so schlimm wie befürchtet. Jedem war klar, dass hier nur Theorien geäußert wurden; und was für Theorien! Ups, ein Knall, und schon war das Universum da. Auf der Erde gab es nur irgendeine Suppe, und siehe da, eine Zelle entstand. Wie durch Zauberei setzten sich Zellen zu komplexen Lebewesen zusammen. Wer's glaubt, wird selig. Wie hatte ich nur befürchten können, dass dieser Unterricht meinen Glauben gefährden könnte?

Dienstag war ich schon für das Versammlungsbuchstudium fix und fertig angezogen, als Schwester Merz plötzlich anrief, dass sie heute nicht kommen konnte. »Ist ja nicht so schlimm, wenn du mal nicht zur Versammlung kannst«, meinte sie noch. Aber da war ich ganz anderer Ansicht.

Diesmal fand das Buchstudium ausnahmsweise bei Familie Schneider in Kochendorf statt, das war nur vier Kilometer mit dem Fahrrad zu fahren, quer durch den einsamen Wald. Dann musste das diesmal eben sein!

»Du kannst doch nicht im Dunkeln alleine mit dem Fahrrad durch den Wald fahren!«, rief Mama. Aber sie hielt mich nicht weiter auf. Das waren halt die Vorteile, wenn man volljährig war.

Die kleine Runde bei Schneiders war ziemlich erstaunt, als ich leicht verschwitzt aber fröhlich bei ihnen auftauchte. »Bist du etwa mit dem Fahrrad gefahren?«, fragte mich Schwester Hauser kopfschüttelnd. »Das ist die richtige Einstellung! So sollten wir das richtige Maß an Wertschätzung für diese segensreichen Einrichtungen bekunden!«, äußerte sich daraufhin anerkennend Bruder Schneider, der auch Ältester war, in seiner leisen und zurückhaltenden Art.

»Weißt du eigentlich schon, was du machen willst, wenn du fertig bist mit der Schule?«, fragte Schwester Hauser nach der Versammlung. Heute konnte ich ja so lange bleiben, wie ich wollte, und genoss das ausgiebig.

»Noch nicht so richtig. Ich wollte auf jeden Fall etwas machen, was mir genug Zeit für den Dienst lässt. Ich hatte mal an Buchhändlerin gedacht, aber als ich mich letzte Woche mal mit einer Buchhändlerin unterhalten habe, bin ich ganz schön ernüchtert gewesen. Da muss man ja seine ganze Zeit darauf verwenden, mit den neuesten Erscheinungen auf dem Literaturmarkt auf dem Laufenden zu sein.«

»Das kann ich mir vorstellen. Und wer weiß, was du da für dämonisches Zeug lesen musst.«

»Genau. Das lässt sich ja überhaupt nicht mit der Theokratie vereinbaren.« Ich schwieg eine Weile ratlos. Ach, Jehova würde mir schon helfen, irgendwie.

»Hast du schon mal an Arzthelferin oder so gedacht?«, unterbrach Schwester Hauser auf einmal mein Schweigen. »Der Augenarzt, bei dem ich einmal die Woche putze, der sucht für nächstes Jahr eine Auszubildende. Schick doch einfach mal eine Bewerbung ab.«

»Warum auch nicht? In der Branche kriegt man bestimmt prima Halbtagsjobs.«

»Eben.«

An so etwas hatte ich ja noch gar nicht gedacht. Aber Schwester Hauser hatte eigentlich Recht: Es kam doch gar nicht darauf an, ob einen der Beruf ausfüllte oder auch nur Spaß machte. Wichtig war nur, dass man etwas hatte, wodurch man sich in der restlichen Zeit, die uns noch blieb, über Wasser halten konnte. In der Neuen Welt würden wir sowieso alle ganz andere Dinge zu tun haben. Also machte ich eine einfache Bewerbung fertig und schickte sie ab. Mal sehen, wo Jehova mich landen lassen würde.

Mit Ruth hatte ich von nun an einmal die Woche eine feste Verabredung für den Predigtdienst. So kam ich im Monat September auf drei Stunden, dreißig Minuten. In der Versammlung holte ich mir ein Formular aus dem für alle zugänglichen Kasten und trug Name, Monat und in der Spalte Stunden eine Drei ein. Die dreißig Minuten konnte ich für den nächsten Monat zählen. Die Spalten »Bücher«, »Zeitschriften«, »Rückbesuche« und »Bibelstudien« musste ich ja leider alle noch freilassen, aber auch so galt der Bericht. Mein erster Bericht! Stolz faltete ich ihn zusammen und warf ihn in den Schlitz des Berichtzettelkastens, der gleich neben dem Spendenkasten hing. Ruth, die ihren Bericht vor mir eingeworfen hatte, nickte mir anerkennend zu.

»Tja, eigentlich konnte ich diesen Monat ja noch nicht so viel berichten«, sagte ich zu ihr.

»Das wird schon noch mehr werden. Außerdem solltest du erst einmal mit sehr viel Unterscheidungsvermögen vorgehen. Wenn du jetzt gleich sehr viel in den Dienst gehst, könnte sich das sehr nachteilig auf deine Eltern auswirken. Und das wollen wir doch nicht.«

»Ja, da hast du Recht. Ich sollte das lieber langsam angehen lassen.«

»Außerdem: Du bist nur Jehova Rechenschaft schuldig! Und er kennt deine Umstände.«

In der Versammlung darauf, am 4. Oktober 1990, erwartete ich schon gespannt die Bekanntmachungen.

»Fräulein Piepgras ist von jetzt an ungetaufter Verkündiger!«, tönte es durch den Saal, und ein begeisterter Applaus hieß mich in ihrer Mitte willkommen. So viele neue Freunde kamen und wollten mir gratulieren und die Hand schütteln, dass ich nur dachte: Viel schöner kann die Taufe auch nicht werden. Schwester Gollersch verabredete sich gleich mit mir für den Predigtdienst am Samstag.

Jetzt gehörte ich eigentlich schon wirklich dazu. Wenn jetzt Harmagedon käme, würde ich wohl mit ziemlicher Sicherheit gerettet werden. Es fiel mir schwer, dieses unbändige Gefühl der Freude im Zaum zu halten. Doch ich wusste, Bescheidenheit war angesagt, denn die Ehre gebührte nicht mir oder irgendjemandem sonst, sondern Jehova.

Am nächsten Tag ging ich nach der Schule wieder mit Ruth in den Dienst. Die Sonne strahlte auf uns herab, und deswegen wählte sie ein Gebiet aus, das aus lauter kleinen Häuschen mit wundervollen Vorgärten bestand. Ruth schien Gebiet für alle Lebenslagen zu haben.

»Ist das nicht wundervoll, bei dem schönen Wetter hier in den Dienst gehen zu können?«, schwärmte sie. »Früher, als ich noch ganze Tage im Büro arbeiten musste, da musste ich manchmal den ganzen Tag in einem abgeschotteten Raum sitzen, nur mit Neonleuchten über mir, während draußen das schönste Wetter war. Seit ich Pionier bin, kann ich endlich wieder die Natur genießen! Ja, Jehova weiß, was das Beste für uns ist.«

Da konnte ich Ruth gut verstehen. Ich hätte auch nicht den ganzen Tag im Büro sitzen wollen. Allerdings hätte ich die Natur noch mehr genießen können, wenn dabei nicht die Anspannung vor den Türen so sehr an mir genagt hätte. Ruth schien das immer gar nichts auszumachen. Sie kannte das ja auch von klein auf. Wie lang würde es wohl dauern, bis ich mich daran gewöhnt hatte?

Außerdem bewunderte ich Ruths Fähigkeit, die Tage mit Dienst im Regen aus ihrer Erinnerung auszuklammern. Man war bestimmt fröhlicher, wenn man nur das Gute im Leben sah. Das musste ich wohl auch noch lernen.

Fast zwei Stunden war ich so mit ihr schon von Tür zu Tür gegangen (»kein Interesse«, »keine Zeit«, wie in den Tagen Noahs), und bis jetzt hatte immer nur Ruth gesprochen.

»Willst du nicht mal ein Zeitschriftenzeugnis ausprobieren?«, fragte sie mich plötzlich.

»Wie, ich? Wie denn? Und ich habe doch gar keine Zeitschriften!«

»Keine Angst, Jehova wird dir helfen. Du klingelst einfach und bietest kurz die Zeitschriften an. Ich bin ja auch noch da. Und

Zeitschriften bekommst du erst einmal von mir. Aber bei Gelegenheit solltest du dir welche bei Paul bestellen!«

Ruth drückte mir einen Wachtturm und einen Erwachet in die Hand und fiel einen Schritt hinter mich zurück. Nun stand ich zuvorderst an der nächsten Haustür. In der Zeit, als ich hinter Ruth stehen konnte, hatte ich mich ja schon ein wenig mit der Anspannung vertraut gemacht, aber ich konnte mich wenigstens immer irgendwie hinter Ruth verstecken. Jetzt aber war ich schutzlos ausgeliefert. Das Herz pochte mir bis zum Hals. Mit schweißnasser Hand drückte ich auf den Klingelknopf. Bitte Jehova, gib mir Kraft! Vielleicht ist ja auch gar keiner da? Aber nein, das durfte ich nicht hoffen! Wir hatten den Menschen doch eine wunderbare Botschaft zu bringen. Wir hatten die Verantwortung, sie zu warnen. Ich *musste* das tun.

Was war denn das Schlimmste, was passieren konnte, überlegte ich mir. Schlimmstenfalls würde ich beschimpft. Oder nur die Tür zugeschlagen. Wahrscheinlich würde derjenige auch nur dankend ablehnen. Aber dann hätte ich wenigstens Zeugnis gegeben.

Während ich das noch so dachte, öffnete sich (o Schreck!) die Haustür und eine Frau fragte: »Ja, bitte?«

»Guten Tag, äh ...«, stammelte ich, »wir ... wir kommen, um ... unseren Mitmenschen eine Botschaft aus der Bibel zu bringen ... Äh, ... ich habe ... ich habe hier zwei wundervolle Zeitschriften, die Ihnen sicher helfen werden, die Bibel besser zu verstehen. Sehen Sie hier: Der Wachtturm hat das Thema: ›Reichtümer finden, die wertvoller sind als Gold‹. Für nur eine Mark für Druck und Papier lassen wir Ihnen gerne diese beiden Zeitschriften hier.«

So, nun war es heraus! Wie gut, dass ich schon so viel bei Ruth zugesehen hatte, so brauchte ich nur ihren Stil nachzuahmen. Jetzt brauchte ich nur noch das »Nein, danke« abzuwarten, mich freundlich zu verabschieden, um ein anderes Mal noch mal wiederkommen zu können, Ruth würde sich wieder »KI« notieren und ich hätte es geschafft.

Die Frau schaute eine Weile verblüfft auf die Zeitschriften, dann sagte sie: »Ja, Moment, ich muss nur schnell eine Mark holen«, und verschwand kurz hinter der Tür.

Überrascht drehte ich mich zu Ruth um, und auch ihr stand vor Staunen der Mund offen. Schon war die Frau wieder zurück, gab mir die Mark und nahm die Zeitschriften.

»Einen schönen Tag wünschen wir Ihnen dann noch«, konnte ich noch sagen, aber da war die Tür auch schon wieder geschlossen.

»Welche Zeitschriften waren das jetzt eigentlich?«, fragte Ruth ganz aufgeregt, um es sich auf ihrem Zettel zu notieren. »Mensch, die hat noch nie Zeitschriften genommen! Ich sage dir, das war wieder eine Belohnung von Jehova, dass du dich überwunden hast! Und vergiss nicht, beim nächsten Bericht die Zeitschriften anzugeben.«

Ja, Jehova meinte es wohl gut mit mir. Diese Erfahrung hatte mich jedenfalls so angespornt, dass ich mir gleich zwei weitere Zeitschriften geben ließ und auch an den nächsten Türen klingelte, aber da war wieder entweder keiner zu Hause oder kein Interesse. Doch jetzt machte es mir fast gar nichts mehr aus. Die Anspannung war zwar bei jeder neuen Tür wieder da, aber ich hatte meine Hemmschwelle überwunden. Ich konnte jetzt richtig Zeuge für Jehova sein. So, wie er es von mir wollte.

KAPITEL 12

Papa ging es mittlerweile gesundheitlich sehr schlecht. Er hustete schrecklich und sein Gesicht war gelblich-grau. Aber er weigerte sich, zum Arzt zu gehen.

Am Montag hatte ich ein Vorstellungsgespräch beim Augenarzt. Ich erzählte ihm, dass ich durch seine Putzfrau von der Stelle erfahren hatte, damit er mich gleich einzuordnen wusste. Er lud mich daraufhin zu zwei Tagen Praktikum ein.

Dienstag schlief Papa beim Frühstück ein, noch während er sein Brot kaute. Er war total fertig. »Wenn du so weitermachst, kriegst du noch einen Herzinfarkt«, sagte ich, aber niemand hörte auf mich.

Mittwoch hatte sich Doris mit mir zum Dienst verabredet. In einer Freistunde holte sie mich bei der Schule ab und fuhr mich nach dem Predigen wieder zum Unterricht. Im Grunde waren das zwei völlig unterschiedliche Realitäten, in denen ich mich da bewegen musste. Fast kam es mir vor, als führte ich ein Doppelleben. Die Welt in Dienst und Versammlung war so ganz anders als die Welt draußen. Kein Wunder, dass sich Zeugen Jehovas unter sich am wohlsten fühlten.

Am Donnerstag aber erfuhr mein Alltag eine ernste Unterbrechung: Papa brach beim Frühstück bewusstlos zusammen. Mama, in Panik, wusste gar nicht, was sie tun sollte. Ich rief Haus- und Notarzt herbei, da mittlerweile auch die Atmung ausgesetzt hatte. Mit insgesamt sieben Elektroschocks brachten sie Papas Herz wieder zum Schlagen, woraufhin er ins Krankenhaus eingeliefert wurde, immer noch ohne Bewusstsein.

Im Krankenhaus fanden wir Papa auf der Intensivstation. In seinem Mund steckte ein dicker Beatmungsschlauch, denn obwohl das Herz jetzt wieder arbeitete, wollte die Atmung einfach nicht normal funktionieren. Der Arzt versuchte uns Mut zu machen, aber wir hatten alle nicht viel Hoffnung. Er sagte, man müsse den Neurologen abwarten, um die Gehirnströme zu messen.

Bei meiner Schwester zu Hause saßen wir alle ziemlich betroffen herum.

»Na ja, er lebt ja wenigstens noch. Vielleicht kommt er ja wieder zu sich«, meinte Helga.

»Ich glaube nicht«, sagte ich. »Er hat doch viel zu lange keinen Sauerstoff gekriegt.«

»Ich bin nur froh, dass das nicht zehn Minuten später passiert ist«, seufzte Mama. »Da hätte er im Auto gesessen und hätte wahrscheinlich noch wer weiß wie viel unschuldige Menschen mit hineingezogen.«

Abends fuhr ich wie gewohnt in die Versammlung. Eva und Ruth nahmen mich tröstend in den Arm. Ja, sie waren die Einzigen, die mich an diesem Tag trösteten und mir Kraft gaben.

Freitag war letzter Schultag vor den Herbstferien. Das war auch gut so, denn das Leben zu Hause ohne Papa war sehr ungewohnt. Erst allmählich wurde uns klar, was wir jetzt alles selber erledigen mussten. Mama redete nicht viel. Doch Jehova gab mir Kraft. Er stützte mich durch Versammlung und Gebet. Von dieser Kraft hoffte ich Mama wenigstens ein bisschen abgeben zu können.

Das Praktikum beim Augenarzt lief ganz anders ab, als ich erwartet hatte.

Ich wurde der jüngsten Arzthelferin, selber noch in der Ausbildung, zugeteilt, durfte mich in eine Ecke setzen und jeweils vier lange Stunden zuschauen, was sie so machte. Ihr Alltag bestand darin, jedem Patienten vor der Untersuchung den Augenbinnendruck zu messen und die Brillenstärke zu kontrollieren. »Machst du das jeden Tag?«, fragte ich sie.

»Ja, jeden Tag in diesem Halbjahr, aber mit der Zeit gewöhnt man sich daran.«

Ich hätte nie gedacht, dass man aus einer Praxis auch einen Fließbandbetrieb machen konnte. Wenn ich mir vorstellte, dass ich selber auch so die nächsten Jahre verbringen sollte, wurde mir ganz anders. Na ja, wenn ich Glück hatte, kam Harmagedon noch, bevor ich überhaupt diese Ausbildungsstelle antreten musste.

Papa ging es im Krankenhaus unverändert schlecht. Der Neurologe war mit sehr schlechten Nachrichten zurückgekommen: Sollte Papa aufwachen, wäre er wohl schwerstbehindert, aber er rechnete sowieso nicht damit. Zudem kam die Atmung einfach nicht in Gang. Papa wurde vom großen Beatmungsgerät auf ein kleines umgestellt. »Entweder er schafft es damit, oder eben nicht«, hatte der Arzt gesagt.

»Wenn Papa stirbt«, fragte Helga mich, »kommst du dann mit zur Beerdigung?«

»Ich werde mitkommen, aber ich werde keinen Fuß in die Kirche setzen. Ich habe keine Lust, mir diesen Quatsch in den Predigten anhören zu müssen.«

»Inwiefern?«

»Du weißt doch, was so auf Beerdigungen gepredigt wird. Aber das sind alles falsche Lehren. In der Bibel steht ganz klar, dass nach dem Tod gar nichts von uns weiterlebt.«

»Woher weißt du das denn so genau?«

»Das habe ich alles beim Bibelstudium gelernt.«

»Und was macht ihr da beim Bibelstudium?«

»Wir lesen die Bibel und ein Buch dazu, das die Bibel erklärt. Dazu werden Fragen gestellt, die ich dann beantworte. Willst du mal ausprobieren, wie das geht?«

»Nee, nee, lass man.« Auf einmal hatte Helga noch dringend etwas anderes zu tun. In meinem Büchlein notierte ich mir fünf Minuten für den nächsten Bericht.

Überhaupt lief mein Leben als Zeuge ab wie gehabt. Zu Ruth fuhr ich mit dem Bus zum Bibelstudium und am nächsten Tag zum Predigtdienst. In den Versammlungen war ich eingebettet in die Gemeinschaft. Das war doch tausend Mal besser, als jeden Tag Trübsal blasend auf dem Sofa vor dem Fernseher zu hängen, so wie Mama es machte, dachte ich.

Am Samstag drauf rief nachts das Krankenhaus an, dass Papa gestorben war. Mama erzählte mir erst am nächsten Morgen davon. Ihre Tränen hatte sie wohl nachts im stillen Kämmerlein vergossen. Ich konnte nicht weinen.

»Was soll nun nur werden?«, jammerte sie in einem fort. »Wer wird für uns einkaufen? Das Auto steht im Schuppen und keiner von uns kann es fahren. Wovon sollen wir jetzt überhaupt unser Essen bezahlen? Wer hackt das Holz? Zum Glück haben wir kein Vieh mehr, bloß gut, dass wir kein Vieh mehr haben.«

Auch Helga und Hans-Peter, die nachmittags kamen, konnten sie kaum trösten. Helga selber war mit den Nerven fertig.

»Und ich hätte ihm noch so viel zu sagen gehabt!«, stöhnte sie. Aber nun war es zu spät.

Ich selber wurde langsam auch verzweifelt. Mama hatte eigentlich Recht: Wer würde jetzt alles bezahlen? Wie sollte es überhaupt weitergehen?

»Du musst das nicht immer so negativ sehen«, sagte Hans-Peter forsch zu mir, »mit deinem Pessimismus kommst du jetzt gar nicht weiter.« Meine Trauer war unerwünscht. Also verzog ich mich in mein Zimmer.

Am Sonntag in der Versammlung erzählte ich erst einmal Ruth und Eva, dass Papa nicht überlebt hatte. Wortlos nahmen sie mich in den Arm und hielten mich eine ganze Weile so. Das tat so unendlich gut.

»Kopf hoch«, meinte Eva schließlich, »dein Vater wird auferstehen. Er hat jetzt sozusagen Harmagedon überlebt.«

Richtig. Dadurch, dass Papa jetzt vor Harmagedon noch gestorben war, konnte er in der Neuen Welt wieder auferweckt werden. Jehova würde ja dann alle Toten, an die er sich erinnerte (die Bibel sprach von »Gedächtnisgrüften«), wieder neu erschaffen. Und Papa wäre sonst bestimmt in Harmagedon umgekommen. Er war doch viel zu stolz und zu stur, um die Wahrheit anzunehmen, selbst wenn er dran geglaubt hätte. Und alle, die in Harmagedon umkamen, waren für immer vernichtet und wurden nicht wieder auferweckt.

Außerdem hatte Mama jetzt auch viel eher eine Chance, sich für den »engen Weg« zu entschließen, ohne Angst vor Papa haben zu müssen.

Jehova half mir und tröstete mich. Er würde auch dafür sorgen, dass all die anderen Probleme eine gute Lösung fanden.

Der Tag meiner ersten eigenen Aufgabe in der Theokratischen Predigtdienstschule näherte sich. Mir war mittlerweile mitgeteilt worden, dass ich die Aufgabe doch in der »ersten Klasse«, also im großen Saal halten sollte, da in dieser Woche Dienstwoche war und der Kreisaufseher in der Versammlung gastierte, um nach dem Rechten zu schauen. Dieses Mal war auch der Bezirksaufseher mit von der Partie.

Ich hatte meine Aufgabe schon gut vorbereitet. Im Nebenraum ging ich meine Aufzeichnungen noch schnell mit Doris durch. Sie war mit dem kleinen Spickzettel, den ich ihr gemacht hatte, vollauf zufrieden. Ich wollte meine Aufgabe nämlich so frei wie möglich halten und hatte mir nur kleine Zettelchen in meine Bibel geklebt, so dass es aussehen würde, als ob ich gar kein Manuskript hätte.

»Wo soll ich das Mikrophon vorbereiten?«, fragte Manuel mich kurz vorher, was eine seiner Aufgaben als »Dienstamtgehilfe« war, dem Vorläuferstadium zum Ältesten. »Bestimmt am Tisch, nicht wahr?«

»Nein, nein. Ich werde die Aufgabe im Stehen halten«, sagte ich, ganz wie ein Profi.

Als nun also die Reihe an meine Darbietung kam, kündigte der Schulleiter mich mit meinem Thema an: »Was ist die Welt, von der sich Christen getrennt halten müssen?«.

Ich ging nach vorne auf die Bühne und stellte mich an das Mikrophon, das Manuel für uns aufgebaut hatte. Doris gesellte sich zu mir und stellte sich mir gegenüber. Sie sollte eine Frau darstellen, die ich im Predigtdienst an der Haustür angetroffen hätte. Ihre Ruhe strahlte auch auf mich aus, so dass ich aufkeimende Panikgefühle sofort unterdrücken konnte. Jehova gab mir Kraft.

Ich konnte die beiden Aufseher in der ersten Reihe sitzen sehen, wie sie mich mit gutmütigen, aber trotzdem gespannten Augen beobachteten. Dahinter saß Ruth und winkte mir kurz fröhlich zu. Wie stolz musste sie doch auf ihr »geistiges Kind« sein!

Als aktuellen Bezug zu meinem Thema hatte ich die gesamtdeutsche Wahl ausgesucht, die bald stattfinden sollte. Ich erklärte Doris nun also, dass Zeugen Jehovas nicht an einer Wahl teilnahmen, weil sie mit dieser »Welt« nichts zu tun haben wollten. Schon Jesus hatte in Johannes 17,16 über seine Jünger gesagt: *»Sie sind nicht von der Welt, wie auch ich nicht von der Welt bin.«*

Der Herrscher der »Welt« aber war Satan, und unter seiner Herrschaft wollten wir nicht stehen.

Ich beherzigte immer schön das, was ich im »Leitfaden« gelesen hatte, machte Pausen, stellte Fragen, unterstrich mit Gesten, ließ Bibelstellen aufschlagen und freute mich, wenn unter mir 120 Leute ihre Bibeln rascheln ließen. Alles in allem war ich sehr zufrieden mit mir, als Doris und ich wieder unsere Plätze einnahmen.

Der Schulaufseher betrat bedächtig das Podium und fing erst nach einer Weile mit dem Reden an. »Tja, wir haben uns wirklich sehr gefreut. Fräulein Piepgras, das war die erste Aufgabe – man hält es kaum für wahr. Gleich das erste Mal, und dann so frei, und noch im Stehen – das traut sich nicht jeder zu! Wirklich schön ... Wie üblich wollen wir darauf verzichten, beim ersten Mal Rat zu geben, aber eigentlich hätten wir das heute schon tun können, denn wir konnten wirklich sehen, dass alle diese Punkte, auf die wir hier achten wollen, schon zu bemerken waren.«

Er wiederholte noch einmal den Kerngedanken mit der »Welt, das ist die gesamte organisierte menschliche Gesellschaft außerhalb der Organisation Gottes«, und dann ging es weiter im Programm, gefolgt von einer motivierenden Ansprache des Bezirksaufsehers, einem Meister im Reden halten.

Wer aufgrund meiner wirklich meisterhaften Aufgabe nicht die Sprache verloren hatte, kam nach der Ansprache zu mir und klopfte mir begeistert auf die Schulter.

»Hast du das alles auswendig gelernt?«, fragte Maike mich bewundernd.

»Natürlich nicht. Schau hier: kleine Spickzettel!« Ich zeigte ihr meine Bibel.

»Das ist ja ein sagenhafter Trick«, rief sie begeistert.

»Hast du denn noch nie die kleinen Zettelchen bei den anderen gesehen, wenn die auf den Kongressen Demonstrationen und so vorführen?«, fragte ich sie.

»Und?«, sagte Gertrud nur grinsend, »hab ich doch gesagt: mit links!«

Vor der Beerdigung konnten Mama, Helga und ich Papa noch einmal in der Leichenhalle neben der Kirche betrachten. Er sah so fremd aus. Die Haut war bleich und aufgeschwemmt, der Mund seltsam eingefallen so ohne Zähne. Die Hände waren noch gespickt mit den Löchern, in denen die zahlreichen Kanülen eingeführt gewesen waren.

Helga hatte Mama Baldrianpillen oder so etwas Ähnliches gegeben, um sie zu beruhigen. Doch was sie wirklich brauchte, waren nicht Pillen, sondern Beistand.

Während des Gottesdienstes spielte ich mit Helgas Kindern auf dem Spielplatz beim Gemeindehaus, bis es an der Zeit war, den Hügel bis zum Friedhof hoch zu wandern, wo auch die Kirche stand. Eben kam schon die Prozession mit dem Sarg aus der Tür heraus und bewegte sich in Richtung der vorbereiteten Grabesstelle.

Als der Sarg in die Grube abgesenkt worden war, gingen wir alle, einer nach dem anderen, an das Grab, um ein Schäufelchen Erde auf den Sarg zu werfen. Irgendwo im Wachtturm hatte ich mal gelesen, dass auch das ein heidnischer Brauch war. Ich konnte mich aber nicht mehr daran erinnern wieso, und so hielt ich es für vertretbar, auch eine Schaufel voll zu nehmen. Solange ich es mit reinem Gewissen tun konnte, war es mir ja keine Sünde.

Außerdem hielt ich es nicht für ratsam, die Trauergesellschaft auch noch damit vor den Kopf zu stoßen. »Die eigene Tochter – geht nicht mit in die Kirche!«, murmelte es an verschiedenen Stellen, leise zwar, aber doch so, dass ich es durchaus noch hören konnte. Aber niemand kam auf mich zu und fragte mich, warum. Auch bekundete mir gegenüber kaum einer sein Beileid. Bah, diese Böcke! Sie konnten mir alle gestohlen bleiben. Zum Glück würde ich sie nicht mehr lange ertragen müssen, bis Jehova diese Kreaturen endlich vernichtete.

Der Einzige, der mit mir sprach, war mein Onkel Hermann. »Warum warst du denn nicht in der Kirche?«, fragte er mich beim Beerdigungskaffee in der Gaststätte.

»Ich bin doch bei den Zeugen Jehovas«, antwortete ich. Ich konnte ja immer noch nicht sagen, »ich bin Zeuge Jehovas«, weil ich ja immer noch nicht getauft war.

»Na und? Ich bin auch schon lange aus der Kirche ausgetreten, weil ich mit diesen Halsabschneidern nichts mehr zu tun haben will. Trotzdem kann ich doch bei einer Beerdigung in die Kirche gehen.«

»Ich kann es aber nicht mit meinem Gewissen vereinbaren. Wenn ich nur einen Fuß über die Schwelle setze, wird mir ganz anders.«

»Hm. Wie ist das eigentlich bei euch? Ihr dürft doch keinen Alkohol trinken, oder?«, fragte er mit Blick auf mein Weinglas.

»Doch, natürlich dürfen wir. Nirgendwo in der Bibel steht, dass man keinen Alkohol trinken darf. Aber wir dürfen uns nicht *betrinken*. Alkohol in Maßen genossen ist völlig okay.«

Hermann grinste verschämt. Er trank schließlich gerne mal zu viel.

»Ich habe aber mal gehört, dass Zeugen Jehovas keine Bluttransfusionen annehmen dürfen. Stimmt denn das wenigstens?«

»Ja, das ist richtig. Die Bibel fordert uns auf, uns des Blutes zu enthalten.«

Er schüttelte ratlos den Kopf. »Und wie ist das mit bezahlen und so? Wie hoch sind denn die Abgaben, die du da entrichten musst?«

»Es läuft alles auf Spendenbasis. Wer nichts hat, braucht auch nichts zu geben. Nur die Zeitschriften muss ich bezahlen, aber die sind so billig, das merke ich kaum.«

»Na, wie du meinst ...«, meinte er resignierend. »Übrigens«, sagte er dann mit Blick auf Mama, »bei euch steht doch jetzt ein Auto herum, das niemand fahren kann.«

»Ja, wieso?« Wollte er unser Auto abkaufen? Die alte Kiste?

»Nun, ich hab mir gedacht, ... weil du doch sowieso in dem Alter bist, ... dass du ja den Führerschein machen könntest.«

»Und wovon soll ich den bezahlen, bitte schön?«

»Ich bezahle ihn dir!«, sagte Hermann forsch. Mama blickte

ihn erstaunt an. »Du kriegst von mir das Geld für einen Führerschein, und wenn du später mal arbeitest und selber Geld verdienst, gibst du es mir zurück. Oder auch nicht.«

Am liebsten wäre ich ihm um den Hals gefallen. Nie hätte ich gedacht, dass sich hinter diesem Menschen eine so großzügige Seele verbarg. Das war wirklich Hilfe zur Selbsthilfe. Jehova sei Dank! Und die fünfzehn Minuten Predigtdienst merkte ich mir auch gut.

Am ersten Schultag nach den Ferien kam meine Freundin Bianca auf mich zu. Sie war groß und hager und hatte meine Religion schon immer wie selbstverständlich akzeptiert.

»Wie geht es deinem Vater? Liegt er noch im Krankenhaus?«, fragte sie.

»Nein. Er ist letzte Woche gestorben.« Meine Stimme klang unbeteiligter, als ich es eigentlich beabsichtigt hatte.

Bianca sagte gar nichts. Nichts von wegen: tut mir Leid, wie schade oder Kopf hoch oder so. Sie nahm mich einfach still in den Arm und hielt mich sehr lange fest. Erst sträubte ich mich, denn sie war eigentlich schlechte Gesellschaft, aber dann ließ ich es doch geschehen, weil es so gut tat.

Ich dachte noch lange über diese Umarmung nach. Ich hatte schon fast vergessen gehabt, dass es auch außerhalb von Gottes Volk noch gute Menschen gab, Menschen, die ebenfalls wahre Liebe und Freundschaft empfinden konnten. Diese Menschen musste Jehova doch auch lieben, auch wenn sie keine Zeugen Jehovas waren. Er würde bestimmt dafür sorgen, dass auch sie noch in die rettende Arche eingesammelt werden würden.

In der Pause kam ein Junge aus meinem Jahrgang auf mich zu, Alexander. »Hey, Martina, du bist doch Zeuge Jehovas geworden, nicht wahr?«, fragte er mich freiheraus.

»Na ja, fast, ich muss noch getauft werden.«

»Ja, ja, macht ja nichts. Ich denke im Moment auch sehr viel über Gott und Jesus und so nach. In den Ferien habe ich dann die Geistchristen kennen gelernt.«

»Ich habe von ihnen in der Zeitung gelesen.« Eine Frau hatte eine Gruppe von Leuten um sich geschart, die sich Geistchristen nannten. Angeblich erhielt sie Botschaften von Jesus. Höchst dämonisch! Wollten sie jetzt auch mich angreifen?

»Wie ist das eigentlich«, fragte Alexander unvermittelt, »ihr Zeugen Jehovas glaubt doch, dass nur ihr gerettet werdet, oder?«

Puh, das war eine schwierige Frage. Eigentlich hätte ich hierzu erst einmal in meinen Büchern nachschlagen müssen. Aber Alexander erwartete jetzt eine Antwort, auf die er nun auch wirklich ein Recht hatte. Was hatte ich in der Bibel gelesen? »*Richtet nicht, so werdet ihr auch nicht gerichtet.*« (Lukas 6,37) Ja, wer war ich, um zu entscheiden, ob Gott diesen Menschen nun anerkannte oder nicht, auch wenn er noch in Irrtümern verstrickt war? Ich konnte doch nicht in sein Herz sehen. Ich konnte doch nicht wissen, ob er es wirklich aufrichtig meinte.

»Wir glauben, dass wir gerettet werden«, antwortete ich deswegen. »Aber natürlich können wir nur für uns selber sprechen. Ob auch andere gerettet werden, kann nur Gott entscheiden. Ich glaube aber schon, dass er die bewahrt, die es wirklich aufrichtig meinen.«

»Ihr glaubt also nicht, dass ihr die Einzigen seid?«, fragte Alexander zweifelnd.

»Wir würden uns nie anmaßen, darüber zu entscheiden«, sagte ich abwehrend.

»Das ist ja ein Ding«, sagte Alexander schließlich. Seine Gesichtszüge waren auf einmal viel entspannter. »Ich hätte nie gedacht, dass ihr so eine vernünftige Einstellung habt. Da habe ich euch ja völlig falsch eingeschätzt«, fügte er hinzu.

Ich merkte mir erst einmal fünf Minuten Dienst für meinen Bericht. Auch freute ich mich darüber, dass ich jemandem eine positivere Einstellung der Wahrheit gegenüber vermitteln konnte. Nur so konnte der Same der Wahrheit Fuß fassen.

Aber der Gedanke ließ mich nicht los: Wenn jetzt, in diesem Augenblick, Harmagedon käme – wer würde dann überleben? Nur Zeugen Jehovas? Und was war mit den ganzen anderen lieben Menschen? Mit Bianca? Ich konnte mir einfach nicht vorstellen, dass Gott sie einfach töten würde, nur weil sie noch nicht zur Versammlung gingen und nicht den Namen »Jehova« in ihren Gebeten gebrauchten. Nein, das wäre so grausam. Die Schlechten, klar, die hätten keine Chance, aber die Guten ...

Zu Hause schaute ich erst einmal im Unterredungsbuch nach. Das war doch unser Werkzeug für solche kniffligen Fragen. An den Türen im Dienst hätten wir es doch auch aufgeschlagen und die Antwort daraus vorgelesen.

Leider konnte ich auf meine Frage überhaupt keine Antwort darin finden. Ich fand lediglich einen Absatz zu dem Thema: »Sind Jehovas Zeugen der Meinung, dass sie allein den wahren Glauben haben?«. Diese Frage wurde mit einem klaren »Jein« beantwortet. Laut Epheser 4,5 gab es lediglich »*ein Herr, ein Glaube*« und Jehovas Zeugen glaubten, diesen Glauben gefunden zu haben.

Aber gab es nun noch andere, die in Harmagedon gerettet werden konnten, auch wenn sie noch nicht Zeugen Jehovas waren?

Ich stellte Ruth beim Bibelstudium diese Frage. Mittlerweile hatten wir das Anbetungsbuch glücklich abgeschlossen und die Broschüre »*Jehovas Zeugen – weltweit vereint*« in Angriff genommen. Aber im Grunde war das alles kalter Kaffee. Mit dem eigentlichen Bibelstudium war ich genau genommen fertig.

»Wir können uns nicht anmaßen, über andere zu richten«, bestätigte sie mir. »Aber natürlich können zumindest wir sicher sein, dass wir Gott wohlgefällig sind und gerettet werden. Warte mal, da gibt es eine Broschüre, die dir vielleicht helfen könnte ...« Ruth ging in ihr Zimmer und kam wenig später mit einem Heftchen in der Hand zurück. Es war betitelt mit: »*Jehovas Zeugen im zwanzigsten Jahrhundert*«. »Hier solltest du die Antwort auf deine Frage finden können.«

Ruth blätterte ans Ende der Broschüre. »Hier steht, dass viele Millionen Menschen, die früher gelebt haben und keine Zeugen Jehovas waren, auferstehen werden und die Chance bekommen, ewiges Leben zu erlangen. Außerdem können auch viele von denen, die heute leben, noch vor der Großen Drangsal gerettet werden, wenn sie für Wahrheit und Gerechtigkeit eintreten.«

»Bedeutet das, dass sie nur durch einen Beitritt zu den Zeugen Jehovas für die Wahrheit eintreten? Oder geht das auch anders?«

»Nun, hier steht auch, dass Jesus davor gewarnt hat, andere zu richten. Wir können nur das Äußere sehen. Gott aber sieht das Herz. Er hat das Gericht Jesus gegeben, nicht uns.«

Na also, somit hatte ich Alexander doch nicht so falsch geantwortet.

»Diese Broschüre solltest du dir auch besorgen«, fügte Ruth hinzu, »die kann sehr nützlich sein im Predigtdienst.«

»Ja, mache ich.« Somit war für mich klar: Ich konnte nicht wissen, ob die Menschen, mit denen ich zu tun hatte, vernichtet wurden, nur weil sie die Wahrheit nicht erkannten. Diese Ansicht gefiel mir auch viel besser als die elitäre Einstellung, die oft in so vereinfachender Weise in den Vorträgen dargeboten wurde. So konnte ich wenigstens wieder Liebe zu meinen Mitmenschen empfinden.

Die Zeit fing an, an mir vorbeizurauschen. Auch das war ein Zeichen, dass Harmagedon schnell näher rückte, denn Jesus hatte gesagt, » *um der Auserwählten willen werden diese Tage verkürzt.* « (Matthäus 24,22)

Für Oktober hatte ich neun Stunden Predigtdienst zusammenbekommen. Darüber war ich sehr froh.

Der Alltag zu Hause hatte sich einigermaßen eingependelt. Auch die Haushaltslage bei Mama und mir hatte sich zusehends entspannt. Die Lebensversicherung hatte gereicht, uns schuldenfrei zu machen. Mama bekam nun Witwenrente, und ich bekam Halbwaisenrente. Dadurch ging es uns finanziell besser als je zuvor.

Selbst der Tagessonderkongress war langsam schon zum Alltag geworden. Mittlerweile kannte ich mich ja mit allem aus. Ich konnte diesmal bei Merz mitfahren.

Der Kongress trug das Motto: »Werdet heilig in eurem ganzen Wandel«. Denn wie Jehova heilig war, so mussten auch wir heilig sein. Der Redner hielt ein schmutziges Tuch in die Höhe: »Das wart ihr früher, unsauber und befleckt.« Danach hielt er ein schnee-weißes Tuch hoch. »Ihr lerntet die Wahrheit kennen und wurdet im Blut Christi rein gemacht.« Das bedeutete aber auch, dass wir unsere Reinheit bewahren sollten, und zwar vor allem durch *Gehor-sam*. Gehorchten wir auch in kleinen Dingen? Befolgten wir alle Anweisungen aus dem Königreichsdienst? Wir wollten doch wohl nicht wieder in das schmutzige System zurück, oder?

Beim Bibelstudium hatten wir die Broschüre jetzt fast durch-studiert. Ruth war immer wieder stolz gewesen, auf die Tatsa-che hinzuweisen, dass überall auf der Welt Königreichssäle in Eigenleistung gebaut wurden.

»Wir haben mit der Versammlung mal einen Bus gechartert«, erzählte sie, »und sind damit nach Selters im Taunus zum neuen Bethel gefahren. Das musst du dir unbedingt auch einmal an-schauen, wenn es mal wieder so eine Tour gibt. Wunderbar, sage ich dir! Einfach, als ob dort schon das Paradies ist. Und nur Brü-der arbeiten dort!«

»Nur Brüder? Keine Frauen?«

»Doch, ein paar Schwestern natürlich auch.«

»Was ist eigentlich, wenn die Kinder bekommen? Können die Kleinen da auch wohnen?«

»Nein, natürlich nicht. Das Bethel ist ein Ort, an dem die Lite-ratur hergestellt wird. Da braucht man Arbeiter. Wenn ein Paar tatsächlich einmal Kinder bekommt, muss der Mann halt wie-der einer weltlichen Arbeit nachgehen.«

Das Bethel war also ein Ort ohne Kinder. Aber auf den Fotos, die ich gezeigt bekam, sahen die Gartenanlagen so wundervoll paradiesisch aus. Alle Menschen genauso ordentlich und adrett wie die Gebäude. Und alle lächelten sie selig.

»Es muss toll sein, im Bethel zu arbeiten«, meinte ich.

»Bestimmt. Es ist ein großes Vorrecht, im Bethel arbeiten zu dürfen. Das Bewerbungsformular, das man dafür ausfüllen muss, ist richtig lang. Nur Zeugen, die sich als wirklich loyal Jehova gegenüber erwiesen haben, werden zum Betheldienst eingeladen.«

Mir war klar, woran die Loyalität in diesem Fall wohl gemessen werden würde: am Umfang des Predigtdienstes.

»Trotzdem«, fügte ich hinzu, »es muss unheimlich befriedigend sein, Jehova auf diese Weise dienen zu können.«

»Das glaube ich auch«, meinte Ruth träumend. »Nur von Brüdern umgeben zu sein ... kein Streit, kein Hass und das alles ... einfach so, wie es auch in der Neuen Welt sein wird ...«

»Hm, hm ... das ist bestimmt schöner, als sich an den Türen immer mit den Leuten aus der Welt abquälen zu müssen ...«

»Wenn du damit den Predigtdienst meinst«, erklärte Ruth streng, »den müssen Bethelmitarbeiter genauso verrichten wie wir. Jedes Wochenende kommen sie zum Treffpunkt zusammen und gehen dann in der Umgebung dort in den Dienst. Da sind wir vor Gott alle gleich.«

»Oh ja«, betonte Eva, die diesmal wieder beim Studium mitmachte, »jeder Zeuge Jehovas verrichtet den Dienst. An den Türen unken die oft, so richtig mitleidsvoll, weißt du: ›Och, Sie armes kleines Schaf, Sie müssen sich hier die Hacken ablaufen, während Ihre Bosse sich ein schönes Leben machen ...‹« Eva ahmte das so herrlich nach, dass Ruth und ich uns vor Lachen kaum noch halten konnten. Ja, Schafe wollten wir gerne sein, denn die Schafe wurden ja bekanntlich jetzt von den Böcken getrennt.

»Ich bin ein Schaf«, meckerte ich. »Määäh«, machte Ruth.

»Und dann«, erklärte Eva strahlend, »sage ich immer: Nein, nein, bei uns ist das nicht so wie in den Kirchen der Christenheit; selbst der Präsident der Wachtturm-Gesellschaft geht genauso von Tür zu Tür wie ich!«

Mir fiel es genauso schwer, das zu glauben, wie den Wohnungsinhabern. Doch Eva war völlig überzeugt davon, weil es so in den Zeitschriften stand, und da standen keine Lügen drin.

»Das Bethel in New York ist ebenfalls riesig!«, sagte Ruth jetzt. »Du hast ja die Fotos in der Broschüre gesehen. Den halben Stadtteil Brooklyn haben die aufgekauft. Die zwei riesigen Wachtturm-Farmen sorgen dafür, dass die Brüder völlig autark mit allem versorgt werden können, was sie zum Leben brauchen. Und alle arbeiten ehrenamtlich. Sie bekommen freie Kost und Logis, und darüber hinaus nur ein kleines Taschengeld.«

»Auch der Präsident bekommt nur dieses kleine Taschengeld«, betonte Eva stolz.

Wir betrachteten die Fotos der vier Präsidenten, die die Wachtturm-Gesellschaft bis zu diesem Zeitpunkt gehabt hatte. Bis 1916 hieß der erste Präsident und Gründer der Gesellschaft C. T. Russell. Darauf folgte bis 1942 J. F. Rutherford, bis 1977 N. H. Knorr, und seitdem war F. W. Franz der Präsident. So alt, wie der aussah, würde es aber wohl bald einen neuen Präsidenten geben, dachte ich.

Der Präsident war jeweils der Vorsteher der leitenden Körperschaft. Sieben von diesen »gesalbten Christen« (also welche, die in der Tausendjahrherrschaft nach Harmagedon vom Himmel aus über uns Treue auf der Erde regieren würden – ein Gedanke, der mir einfach nicht so recht behagen wollte) bildeten in New York den Vorstand. Genauso war auch die Christenversammlung im ersten Jahrhundert organisiert gewesen: Die leitende Körperschaft in Rom, zu der damals auch die Apostel gehörten, sandte Briefe aus, die die Tätigkeit der gesamten Christenversammlungen, die es damals gab, leiteten. Diese Briefe fanden wir heute in der Bibel.

Die leitende Körperschaft beaufsichtigte heute die über 90 Zweigbüros auf der ganzen Erde. In jedem dieser Zweigbüros gab es ein Zweigkomitee, das die Versammlungen beaufsichtigte.

»Siehst du, wie wundervoll Jehova für uns sorgt?«, sagte Ruth. »Deswegen ist es auch so wichtig, dass wir den Anweisungen, die wir bekommen, immer genau Folge leisten.«

»Und dass Jehova diese Einrichtung wirklich segnet«, fügte Eva wichtig hinzu, »kannst du allein schon an der großen Menge Neuer sehen, die jedes Jahr zum Berg der Anbetung Jehovas hinzuströmt.«

Mir war noch ganz schwindelig von all diesen Informationen. Sie waren zwar nicht neu, denn so oder ähnlich hatte ich sie schon in vielen Publikationen zu lesen bekommen, immer und immer wieder, und trotzdem: Der Gedanke, dass es in Amerika da eine Gruppe gegeben hatte, die vor hundert Jahren auf einmal die Wahrheit erkannt hatte und nun Gottes Volk auf der ganzen Erde ausgebreitet hatte ... Dass jede noch so kleine Aktivität genau von oben kontrolliert und beaufsichtigt wurde, wie von einem »großen Bruder« ... Das erschien mir nach wie vor seltsam. Aber ich war machtlos gegen die Fülle von Bibelstellen, die angegeben waren. Genau so war diese Ordnung doch in der Bibel vorgesehen ... Es war doch die *Wahrheit* ...

»Mal was ganz anderes«, platzte Ruth plötzlich in meine Gedanken hinein, »Weihnachten steht ja wieder vor der Tür. Letztes Mal hatte es irgendwie schon ganz gut geklappt, wenn ich mich richtig erinnere, dass deine Eltern ohne dich gefeiert hatten ... Wie wird das denn diesmal, jetzt, wo dein Vater tot ist? Weißt du da schon was?«

»Ich schätze, das wird ganz unproblematisch. Meine Mutter hat jetzt gar nichts mehr gegen meinen Glauben. Ich kann ihr oft aus den Publikationen was vorlesen und so ... Aber sie bleibt immer noch sehr gleichgültig. Sie sagt, sie ist zu alt dazu.« Ruth und Eva schnaubten. Immer wieder war im Wachtturm von über Achtzigjährigen zu lesen, die sich noch taufen ließen. Das Alter war nun wirklich keine Entschuldigung.

»Und? Vermisst du Weihnachten und das alles?«, fragte Ruth.

»Nö, überhaupt nicht! Endlich mal keinen Stress mehr, verstehst du?«

»Ja, das kann ich mir vorstellen«, lachte sie. »Mir taten meine Klassenkameraden früher immer Leid, wenn die auf ihre Winterjacken bis Weihnachten warten mussten. Wir bekamen immer dann was geschenkt, wenn wir gerade was brauchten. Und unseren Eltern haben wir Geschenke gemacht, wenn uns danach war, einfach weil wir sie lieb hatten, und nicht weil es im Kalender stand.«

Mir imponierte diese Einstellung sehr. Wie vorbildlich doch die Familien bei den Zeugen Jehovas zu sein schienen. So voller Liebe. Nicht nur lauter Streit und Scheidung und dieser Mist aus der Welt. Alles deswegen, weil sie konsequent den Rat der Bibel anwandten.

»Feiert ihr eigentlich überhaupt nichts?«, fragte ich.

»Natürlich feiern wir auch!«, rief Ruth fröhlich. »Du hast ja nun schon bei vielen Treffen mitgemacht, wenn wir Jugendlichen etwas zusammen unternommen haben. Wir Zeugen Jehovas verstehen uns sehr wohl aufs Amüsieren, aber eben auf gottgefällige Art. Aber Feste nach dem Kalender ... Da haben wir eigentlich nur das Gedächtnismahlfest. Und einmal im Jahr feiern meine Eltern ihren Hochzeitstag. Da werden dann alle Verwandten dazu eingeladen, und die bringen dann auch Geschenke mit.« Es stand zwar nicht in der Bibel, dass man den Hochzeitstag feiern sollte, aber es stand auch nicht darin, dass das verboten war. Im Gegensatz zu Weihnachten, was ganz klar ein heidnisches Fest war, an einem Tag, wo nicht Jesus, sondern der Sonnengott seinen Geburtstag feiern ließ, also Satan. Auch ließen in der Bibel nur die Bösen wie Pharao oder Herodes ihren Geburtstag feiern.

Als Eva das Schlussgebet sprach, betete sie nun nicht mehr für mich, dass ich die Wahrheit erkennen möge, sondern sie betete für Mama, dass das Licht der Wahrheit ihr Herz erreichen konnte. Ich war gespannt, ob das gelingen würde.

Mama in den Predigtdienst? Diese Vorstellung schien mir so unglaublich – das ging doch gar nicht. Mama, die mit umgehängter Tasche jede Woche in den Königreichssaal marschierte, sich meldete und aus dem Wachtturm etwas vorlas – undenkbar. Mama, die dann zu Hause vor dem Essen für uns beide betete, die mit mir zusammen den Wachtturm vorstudierte – ich wusste gar nicht, ob mir das eigentlich recht war. Was für gotteslästerliche Gedanken! Sie würde schließlich dadurch ihr Leben retten. Und wenn alles so blieb, wie es jetzt war, ... würde sie in Harmagedon sterben. Durch Feuer verbrannt, von Engeln erschlagen oder wie auch immer.

Brav gesellte sich mein »Amen« zu den beiden anderen, aber meine Stimme klang für mich hohl und fremd, als ob es jemand anders war, der meinen Mund führte.

KAPITEL 13

Ruth und ich waren auf dem Weg zur Versammlung, als ich den Zeitpunkt für gekommen hielt, ihr meinen Entschluss, mich nun endlich taufen zu lassen, hochoffiziell mitzuteilen.

Warum war ich eigentlich aufgeregt? Da war doch nichts dabei.

Welche Reaktion der Freude würde Ruth wohl zeigen? Bestimmt würde sie überglücklich sein. Es war ein Leben, mein eigenes Leben, das ich dadurch rettete. Das alles hatte ich ihr zu verdanken. Und natürlich Jehova.

»Ruth, ich muss dir etwas Wichtiges sagen.«

»Ja?«

»Ich habe mich entschlossen, mich auf dem nächsten Kongress taufen zu lassen.«

Ruth lächelte still vor sich hin. Kein Jubel, kein Überraschungsschrei, kein »wie wunderbar«.

»Ich habe mich schon gefragt, wann du mir das sagen würdest«, erwiderte sie.

»Ja?«

»Hm, hm. Ich habe schon lange gemerkt, dass du diesen Schritt nun machen möchtest. Ich werde meinem Vater davon berichten. Er wird dann alles Weitere veranlassen.«

»Gut. Danke.«

Ich hatte mehr Freude von ihr erwartet. Aber es schien ihr fast gleichgültig zu sein.

Nein, das konnte gar nicht sein. Bestimmt hielt sie nur ihre Gefühle zurück, um Jehova die Ehre zu geben. Bestimmt jubelte sie in ihrem Inneren, dass ich nun auch gerettet werden konnte. Klar, sie würde dann kein Bibelstudium mehr mit mir haben und müsste wieder mehr von Tür zu Tür gehen, bis sie ein neues Studium fand. Aber immerhin hatte sie ein Menschenleben gerettet. Ohne ihre Freundschaft hätte ich es vielleicht nicht geschafft.

In der Versammlung kam Klaus auf mich zu. Seine Augen leuchteten vor Freude, mehr jedenfalls als Ruths.

»Du weißt, welche Schritte jetzt folgen bis zur Taufe?«, fragte er mich voller Tatendrang.

»Erkläre es mir bitte noch mal«, bat ich.

»Erst einmal musst du dir das Organisationsbuch besorgen: ›Organisiert, unseren Dienst durchzuführen‹ heißt es. Bruder Stanewsky hat bestimmt eins vorrätig. Das liest du zu Hause durch. Im letzten Teil dieses Buches findest du die Tauffragen. Die kannst du auch zu Hause vorbereiten. Es wird dann drei Besprechungen geben, eine mit mir, eine mit Bruder Kleinschmidt und eine mit Bruder Gruber. Wenn wir uns davon vergewissert haben, dass du alle Grundsätze verstanden hast, kannst du dann zur Taufe zugelassen werden. Die nächste Möglichkeit wird erst auf dem Kreiskongress im März sein.«

»Ja, das weiß ich. Bis dahin schaffen wir die Besprechungen doch, oder?«

»Na klar. Besorge dir man heute erst einmal das Buch. Wegen der Besprechungstermine kommen die Brüder dann noch auf dich zu.«

Da hatte ich also für die Weihnachtsferien genug zu tun.

Das Organisationsbuch führte mir noch einmal klar und deutlich vor Augen, wie Gottes Volk eigentlich organisiert war. Wie damals im ersten Jahrhundert Juden und Unbeschnittene zusammen das Volk Gottes bildeten (Jesus sprach ja von der »kleinen Herde« und von den »anderen Schafen«), so setzte sich heute Jehovas Volk aus den Gesalbten und den übrigen Zeugen Jehovas zusammen. Als Gesamtheit waren die Zeugen Jehovas umgeben von den Heiden, wie das Volk Israel umgeben gewesen war von feindlichen Völkern. Vor diesem neuzeitlichen

Hintergrund mussten die Aussagen der Bibel gesehen werden, damit man wirklich verstehen konnte, wie man die Bibel heute anwenden musste.

Spätestens nach dieser Lektüre war ich überzeugt, dass eine so straffe Organisation wohl sein musste. Jehova wollte es so. Wollte ich ihn anerkennen, musste ich auch seine Organisation anerkennen. Ich selber war nur ein kleines Staubkorn, noch nicht einmal ein Rädchen im Getriebe, nur ein Hund, der die Brosamen vom Tisch der Herren aufsammeln durfte.

Ich erfuhr, dass die Predigtdienstberichte auf eine »Verkündigerberichtskarte« eingetragen wurden, die zur Versammlungsablage gehörte. So eine Karte musste es dann ja auch von mir geben. Ich hätte sie zu gerne einmal gesehen. Aber ich traute mich nicht, danach zu fragen. Das gehörte sich bestimmt nicht. Das war ja Angelegenheit der Ältesten. Damit hatte ich nichts zu schaffen.

Anhand von Bibelsprüchen zeigte das Buch, dass ich bei allem, was ich tat, darauf achten musste, dass ich es *richtig* tat. Niemand sollte sich an mir als Einzelne stören. Mir wurde bewusst, dass ich dann ja auch Zweifel, die mir manchmal aufkamen, mit keinem Zeugen besprechen konnte. Es könnte ja Anstoß erregen, schlimmer noch, er könnte selber seinen Glauben verlieren und abfallen.

Das Buch riet hier, bei Zweifeln und Sünden lieber zu den Ältesten zu gehen. Sie konnten einem helfen. Trotzdem war es manchmal nötig, dass einem Sünder »die Gemeinschaft entzogen« werden musste, wenn er nicht bereuen wollte. Das besorgte ein »Rechtskomitee«. Es würde eine kurze Bekanntmachung erfolgen und die Gläubigen wüssten dann, dass sie gemäß 1 Korinther 5,11 keinen Umgang mehr mit dem Betreffenden haben durften. So hatte ich es ja auch schon in der Versammlung erlebt.

Das Buch betonte, dass man auch wieder aufgenommen werden konnte, wenn man lange genug bewiesen hatte, dass man wirklich bereute, vielleicht ein Jahr lang oder mehr. Dabei fiel mir ein, dass ich Helmut Gollersch, der ja ausgeschlossen worden war, schon ewig lange nicht mehr in der Versammlung gesehen hatte. Wahrscheinlich hatte er es aufgegeben zu bereuen. Wir hatten ihn alle schon fast vergessen.

Weiter las ich, dass man auch von sich aus die Stellung als Zeuge Jehovas aufgeben konnte. Das wurde als »Verlassen der Gemeinschaft« bezeichnet. Was mussten das nur für niederträchtige Kreaturen sein, die lieber dem Satan dienen wollten, als Teil dieser wunderbaren internationalen Gemeinschaft zu sein?

Ich musste an ein Bild aus dem Wachtturm denken. Es hatte einen jungen Mann im Ruderboot gezeigt, der mit aller Macht gegen einen Strom anruderte. Nicht weit von ihm entfernt gähnte der Abgrund eines Wasserfalles, auf den er zutrieb. Wenn er auch nur einen kurzen Moment verschnaufen würde, würde er mit seinem Boot ins Verderben rauschen. »Wir müssen sündige Neigungen bekämpfen, um Unheil zu vermeiden«, hatte darüber gestanden. Waren die Menschen, die Jehovas Volk verließen, ob nun freiwillig oder nicht, vielleicht einfach nur schwach geworden?

Ich sah Herbert und Erna vor meinen Augen, die damals so oft meine Eltern besucht hatten, schon lange, nachdem sie die Zeugen Jehovas verlassen hatten. Sie waren mir zwei der liebsten Menschen gewesen. Sie hatten nicht gewirkt wie Monster. Waren sie wirklich von Jehova verstoßen gewesen? Waren sie für immer gestorben und hatten keine Hoffnung, wieder auferweckt zu werden? Waren sie wirklich weniger als nichts?

Ja, wenn wir dem Druck der Welt nachgaben, wurden wir in die Welt zurückgedrängt. Wenn mich Jehova doch nur davor bewahren wollte!

Dieses Buch hatte mich jetzt also optimal darauf vorbereitet, ein treuer Diener Jehovas zu sein. Es folgte ein 49 Seiten starker Anhang, der die Tauffragen enthielt, die jetzt für mich von so großer Bedeutung waren. Das hier war kein Spaß. Das machte man nicht mal eben so. Dies war eine Weiche, die für mein Leben gestellt wurde. Es mochte Umwege geben auf dem Weg voran, aber es gab kein wirkliches Zurück mehr.

Dies war also eine Art Abschlussprüfung, auf die ich mich vorbereiten musste. Lustig, ich musste in den nächsten drei Monaten also drei Prüfungen ablegen: die Taufprüfung, die Führerscheinprüfung und das Abitur. Man verlangte ja sonst nichts von mir. Warum also auch nicht?

Es folgten nun 124 Fragen, zu denen insgesamt 630 Bibelstellen angegeben waren, die die Antworten auf diese Fragen enthielten. Daneben gab es noch 74 zusätzliche Fragen und 27 zusätzliche Bibelstellen. Im Laufe der nächsten Abende schrieb ich sämtliche Bibelstellen, die nicht wörtlich zitiert waren, zusätzlich in mikroskopisch kleiner Schrift an den Seitenrand. Jetzt kannte ich wirklich fast alles auswendig. Jetzt sollten die Besprechungen ruhig kommen.

Ich hatte mir einen kleinen Kalender besorgt, in dem ich meine Verabredungen für den Predigtdienst eintragen konnte. Mit Ruth und Doris hatte ich feste Verabredungen fast jede Woche, mit anderen verabredete ich mich für die Wochenenden. »Toll, wie du dich schon ganz alleine für den Predigtdienst verabredest«, hatte Ruth mich gelobt. Diesmal schien sie richtig stolz auf mich.

Die erste Tauffragenbesprechung hatte ich bei Klaus Hoffmann. Nach dem Gebet zu Beginn der Besprechung stellte er eine Stunde lang die Fragen, und ich gab sofort die Antworten, die ich aus den unterstrichenen Teilen entnehmen konnte. »Das kam ja wie aus der Pistole geschossen!«, sagte er grinsend. Na ja, so langsam sollte ich das alles ja nun wirklich verstanden haben, nach so vielem Studium ...

Mitte Januar brachte unser Kunstlehrer sein Radio mit in den Unterricht. Gespannt verfolgten wir die Berichte über den Angriff der USA auf Irak im so genannten »Golfkrieg«. Die anderen voller Sorge, ich voller heimlicher Freude. Kamen jetzt endlich die entscheidenden Entwicklungen, die Harmagedon einleiteten? Es war wirklich höchste Zeit, getauft zu werden. Und was für ein

Glück, dass ich diesen Predigtdienst nicht mehr jahrzehntelang würde machen müssen. Der strengte mich von allen Aktivitäten in diesen Wochen am meisten an.

Zur nächsten Tauffragenbesprechung ging ich zu Bruder Kleinschmidt. »Das kam ja alles wie aus der Pistole geschossen!«, sagte er freudig. Erlebten die Ältesten das denn etwa nur selten?

Die Stelle bei dem Augenarzt bekam ich leider nicht. Ich schrieb eine weitere Bewerbung an einen Kinderarzt. Jehova würde schon für mich sorgen.

Die letzte Tauffragenbesprechung fand bei Bruder Gruber statt. »Das kam ja wie aus der Pistole geschossen!«, sagte er erstaunt. Jetzt wurde es mir aber doch zu bunt. Machte man sich etwa verdächtig, wenn man zu viel wusste?

Wenigstens zeigte mein Predigtdienstbericht für den Monat Januar satte zwölf Stunden. Das sollte doch wohl reichen für eine Taufe.

Die Zeit lief mir mittlerweile buchstäblich davon. In all dem Studieren, Versammeln, Predigen und Lernen kam ich kaum noch zu mir selbst. So langsam konnte ich verstehen, wie sich Ruth in ihrem Pionierdasein fühlen musste. Doch der Dienst sollte uns ja freudig machen. Schließlich erfüllten wir nur gewissenhaft, was Gott von uns forderte. Trotzdem war ich froh, dass ich ein bisschen Muße hatte, wenn ich mit dem Hund rausgehen konnte. Und hinter dem Haus wartete ein großer Stapel Holz darauf, im Laufe des Frühjahres gehackt zu werden.

Klaus konnte mich in der Versammlung zu meinem Glück davon unterrichten, dass die Ältesten nichts sahen, was meiner Taufe im Weg stünde. Also stand es nun endgültig fest: Zum nächsten Kongress musste ich Badeanzug und Handtuch mitnehmen.

Mama akzeptierte das, was ich vorhatte. Ich war sehr froh darüber.

»Magst du nicht mit zum Kongress kommen, wenn ich getauft werde?«, fragte ich sie.

»Ach, was soll ich denn da!«, winkte sie ab.

»Nun komm schon. Du weißt doch, was für eine Bedeutung dieses Ereignis für mich hat.«

»Ob ich nun sehe, wie du ins Wasser hüpfst, oder nicht«, meinte sie nur lapidar.

Ins Wasser hüpfst ... Ich sprang doch nicht vom Einmeterbrett. Na, da würden die Zuschauer hinter dem Gitter aber nass gespritzt werden.

Vielleicht änderte sie ja doch noch ihre Meinung. Den Samen der Wahrheit hatte ich jedenfalls schon in ihr gepflanzt. Ich musste jetzt nur noch jeden Tag begießen. Doch Jehova war es, der es wachsen ließ.

Meine nächste eigene Aufgabe in der Predigtdienstschule hielt ich auch wieder im Stehen. Ruth war diesmal meine Partnerin. Wir spielten ein schönes Gespräch an der Haustür nach, wie es in der Realität kaum vorkam. Aber hier im Saal hatte ich jetzt die anderen dadurch ermuntert und ihnen gleichzeitig den Stoff eingebläut. Die Predigtdienstschule war ja nicht nur eine Schulung der Verkündiger, sondern gleichzeitig auch weiteres Bibelstudium. Das hatte ich begriffen.

Ich bekam logischerweise sehr positiven »Rat«. Am Ende der Versammlung gab mir der Schulaufseher meinen Beurteilungszettel zurück, den ich ihm vorher gegeben hatte. Tabellarisch waren hier die Lektionen aus dem »Leitfaden« aufgelistet und daneben Spalten vorgesehen, in denen die einzelnen Aufgaben bewertet wurden. Für meine erste Aufgabe war nur »erste Aufgabe« auf den Zettel gekritzelt worden. Heute aber standen neben den zwei Lehrpunkten »Aufschlussreicher Stoff« und »Klar und verständlich« jeweils ein G, für »Gut«. Auf Evas und Ruths Zetteln waren auch unzählige Gs eingetragen. Da wäre es ja auch komisch, wenn mein Zettel anders aussehen würde.

Mein Vorstellungsgespräch beim Kinderarzt verlief unspektakulär. »Ob du hier arbeiten kannst, darüber müssen erst einmal meine Helferinnen entscheiden«, hatte der junge Arzt gesagt. Anfang April sollte ich also zum Praktikum kommen. Na gut.

Für die schriftlichen Abi-Prüfungen – für mich waren das eine in Biologie, eine in Kunst und eine in Englisch – hatten wir Anfang März fast zwei Wochen frei. Für mich also genug Zeit für Predigtdienst und Studium, denn in die Prüfungen ging ich nahezu unvorbereitet. Ich wusste auch so genug. In Kunst mussten wir sowieso hauptsächlich ein Bild malen, schön entspannend.

Für mich war das alles gar nicht wichtig. Wichtig war für mich nur eins: Bald war Kreiskongress!

Die Tage vergingen für mich daher so schnell wie noch nie. Ehe ich mich versah, packte ich meinen Badeanzug und mein Handtuch zu meiner Bibel und meinem Liederbuch, und schon stand Ruth vor der Tür. Diesmal durfte ich noch mal mit ihr fahren. An einem so wichtigen Tag wollte ich sowieso so viel wie nur möglich mit ihr zusammen sein.

»Na, schon aufgeregt?«, fragte sie.

»Ja, schon ein bisschen.«

»Bei meiner Taufe damals konnte ich schon Tage vorher keinen Bissen runterkriegen. Deine Mutter wollte wirklich nicht mit?«

»Nein. Ihr ist das alles egal.«

»Na ja. Wir sind ja bei dir. Du wirst sehen, heute Abend wirst du ein neuer Mensch sein!«

Die Kongresshalle in Trappenkamp wimmelte bereits von freudig erregten Zeugen. Bald würde ich wirklich und richtig einer von ihnen sein. Kaum zu glauben!

»Diesmal hast du ja einen Platz in der ersten Reihe«, begrüßte mich Eva lachend, »heute an deinem großen Tag. Aufgeregt?«

»Es geht so. Ich habe ganz weiche Knie«, sagte ich verlegen.

»Ich habe diesmal extra viel Papier mitgebracht«, rief Ruth fröhlich, »damit ich extra viele Notizen für dich machen kann. Damals bei meiner Taufe war ich so aufgeregt, dass ich vom Programm überhaupt nichts mitbekommen habe!«

»Danke. Ich werde mir aber auch Notizen machen. Noch habe ich ja alle fünf Sinne beisammen«, lachte ich.

Die halbe Versammlung begrüßte mich heute Morgen freude-strahlend, besonders die, die mich gut kannten. Für sie war ich heute der Star.

Schließlich näherte sich die Zeit, wo wir so langsam unsere Plätze einnehmen mussten. Für uns Täuflinge war die gesamte erste Reihe des linken Flügels reserviert worden. Neben mir nahmen aber lediglich zwei Männer älteren Semesters Platz.

Der Kreisaufseher war bereits auf das Podium getreten, um den Kongress zu eröffnen. Zum ersten Mal fielen mir so richtig die beiden Brüder auf, die immer rechts und links vom Podium auf Stühlen saßen, mit Blick auf die versammelte Menge. Sie sahen grimmig aus wie die Türsteher eines Casinos. Sie hatten ja auch die gleiche ehrenwerte Aufgabe: jeden, der hier irgend-wie die Veranstaltung sabotieren wollte, sogleich zu erkennen und zu entfernen. Schade, dass so etwas nötig war. Solche Tür-steher konnte ich mir in einer Kirche nicht vorstellen. Doch wir Zeugen Jehovas hatten wohl mehr Feinde. Ein Beweis, dass dies die *Wahrheit* war.

Oder doch nicht? Ich hatte nun alles so eingehend geprüft. Ich war sicher, dass dies das war, was ich nun tun musste. Die-sen Schritt musste ich noch wagen, um gerettet werden zu kön-nen. Es führte ohnehin kein Weg mehr zurück! Von dem Moment an, wo ich mit dem Bibelstudium angefangen hatte, war mein weiterer Lebensweg vorgezeichnet gewesen. Es gab nur *eine* rich-tige Wahlmöglichkeit. Die Verantwortung, predigen zu müssen, bis uns endlich das Ende erlöste, lag sowieso schwer auf meinen Schultern. Jetzt musste ich auch diesen letzten Schritt tun. Ich musste es tun.

Ich erhob mich zum ersten Lied und holte mein Liederbuch zwischen dem Handtuch hervor. Hier stand ich vor Jehova und sang ihm Lobpreis. Bald würde ich sein Kind sein. Teil seines Volkes. Ihm wohlgefällig. »*Das ist ein Vorbild der Taufe, die jetzt auch euch rettet. Denn in ihr wird nicht der Schmutz vom Leib abgewaschen, sondern wir bitten Gott um ein gutes Gewissen, durch die Auferstehung Jesu Christi.*« So war es in 1 Petrus 3,21 zu lesen. Bald konnte mein Gewissen endlich auch rein sein. Endlich!

Erst einmal aber nahm ich die nun folgenden Vorträge in mich auf. Wir befanden uns in einem »geistigen Kriegszug«. Einige aber waren wie Lots Frau geworden, die sich nach Sodom und Gomorra umblickte und zur Salzsäule erstarrte. Einige wollten sich nicht von der Liebe zum Geld und der Liebe zum Vergnügen abwenden. Dadurch aber gerieten sie in die »Schlinge des Gottes dieser Welt«. Dann erging es ihnen wie jenen, von denen 2 Petrus 2,21.22 sprach: »*Denn es wäre besser für sie gewesen, dass sie den Weg der Gerechtigkeit nicht erkannt hätten, als dass sie ihn kennen und sich abkehren von dem heiligen Gebot, das ihnen gegeben ist. An ihnen hat sich erwiesen die Wahrheit des Sprichwortes: Der Hund frisst wieder, was er gespien hat; und: Die Sau wälzt sich nach der Schwemme wieder im Dreck.*«

Pfui! Bei dem Gedanken an diese Treulosen drehte sich mir der Magen um. Und für mich war es noch einmal klarer geworden: Es gab kein Zurück mehr! Dieser Weg war eine Einbahnstraße. Wir kämpften einen Kampf gegen Satan, der jubelte über jeden Einzelnen, den er treulos machen konnte. Erst wenn Satan nach Harmagedon in den Abgrund geworfen würde, wie die Offenbarung es verhieß, würde das ein Ende haben. Und jetzt, wo ich hier stand und mich gleich taufen lassen würde, knirschte Satan mit den Zähnen vor Wut, und Jehova und seine Engel würden über mich frohlocken, weil ich gezeigt hatte, dass Satan ein Lügner war. Er behauptete, kein Mensch würde unter allen Umständen Gott treu sein (so, wie man es im Buch Hiob lesen konnte). Und jeder einzelne treue Zeuge Jehovas stempelte ihn zum Lügner! Während diese treulosen Abtrünnigen dagegen seiner Behauptung Nahrung gaben. Pfui! Zu Überläufern waren sie geworden, zu Dienern des Satans.

Schließlich kam der Moment, dass endlich der Redner sich hinter das Pult stellte, der meine Taufansprache halten würde. Er schaute uns Dreien in der ersten Reihe tief in die Augen und lächelte gutmütig väterlich, bevor er sich an die Menge wandte.

Wie wir alle wussten, trennte Jesus jetzt die Schafe von den Böcken, und hier im Saal saßen drei neue Schafe, die herzlich willkommen geheißen wurden.

Begeisterter Beifall ertönte für uns drei. Wie oft hatte ich nun schon für andere geklatscht, die getauft werden sollten, und immer hatte ich nicht richtig dazugehört. Jetzt wurde endlich auch ich aufgenommen. Oh Jehova, ich danke dir von ganzem Herzen! Dies ist jetzt meine Familie! Irgendwo dahinten saßen Ruth, Eva, Maike und Gertrud und klatschten laut, bis ihnen die Hände wehtaten. In diesem Moment quoll mein Herz über vor Liebe, Liebe zu Jehova und meinen Geschwistern.

»Und es mögen jetzt einige von euch denken«, fuhr der Redner fort, »ja, es ist so weit, ich hab's geschafft, ich habe mich Jehova hingegeben und lasse mich jetzt taufen. Nur, dieser Gedanke: ›Ich habe es geschafft!‹, mit anderen Worten: ›Ich habe das ewige Leben geschafft!‹ – Der stimmt nicht!«

Ich fiel von meiner Wolke der Hochstimmung unsanft nieder auf den Boden der Realität. Hatte das denn nie ein Ende? Konnte ich denn immer noch nicht sicher sein, bei Harmagedon gerettet zu werden? Was musste ich denn noch alles tun? Ich hatte diese Angst so satt! Ich hatte gehofft, heute endlich die volle Anerkennung Jehovas zu erreichen, und jetzt das hier! Seid euch nicht zu sicher, sagte Jehova zu uns, wenn ihr nicht völlig meinen Willen tut, lasse ich euch doch nicht leben. Ätsch, alles, was ihr vorher Gutes getan habt, zählt dann nicht mehr, wenn ihr jetzt doch einmal schwer sündigt. Jederzeit kann ich euch vernichten, wenn ich meine, dass ihr die Rettung doch nicht verdient habt, jederzeit.

Natürlich kamen mir wieder die Versicherungen des Wachtturms in den Sinn: Jehova war Liebe. Er liebte uns trotz unserer Schwächen, aus unverdienter Güte, eben weil man die Rettung nicht verdienen konnte, sondern durch Jesus geschenkt bekam. Und doch klingelte es noch in meinen Ohren: Du kannst dir nie sicher sein. Fürchte Jehova, deinen Gott! Die Angst konnte erst ein Ende haben nach der Schlussprüfung, wenn Satan ebenfalls für immer vernichtet sein würde (Offenbarung 20,7-10). Nur leider war es bis dahin noch mehr als tausend Jahre hin!

Aber selbst solche Gedanken kamen von Satan. Ich musste ausharren. Durch derartige Gedanken durfte ich mich nicht niederdrücken lassen. Dies sollte doch mein Freudentag sein! Also schärfte ich weiter meine Aufmerksamkeit.

»Das ewige Leben haben wir durch unsere Taufe noch nicht geschafft, denn unsere Taufe bedeutet jetzt nicht das Ende eines Weges, sondern es bedeutet den Anfang unseres Lebens in Gottergebenheit«, fasste der Redner noch mal zusammen und ließ die üblichen Ermahnungen folgen, die Vorträge dieser Art immer enthielten: wachsam und gehorsam zu bleiben und immer eifrig im Predigtdienst zu sein, so wie die Bibel es uns zeigte. Die ganze Bibel passte zusammen wie ein Puzzlespiel, wenn man sie so deutete wie wir Zeugen, und dann kam am Ende für uns heute der Dienst heraus. Ob es mir nun gefiel oder nicht. Hier saß ich nun und sollte gleich als Jehovas Arbeiter gekennzeichnet werden. Ich war sehr ernst geworden.

Der Redner blickte mir jetzt gezielt in die Augen, lächelte aber väterlich. Ich war jetzt ein Schaf, das in die Hürde geführt werden sollte – irgendwie fühlte ich mich aber auch wie ein Schaf auf dem Weg zur Schlachtbank. »Ihr bringt jetzt christliche Frucht hervor. Es mag vielleicht nicht einfach gewesen sein, eure Persönlichkeit zu ändern, doch es ist wirklich gut, wenn ihr nicht mehr so wandelt wie die Nationen, wenn ihr euch nicht mehr in die schlechte Gesellschaft ehemaliger Freunde begebt, weil ihr eine neue Persönlichkeit angezogen habt.«

Ja, ich war nun wirklich ein anderer Mensch geworden. Ein echter Zeuge eben. Ich verstand mich immer noch gut mit meinen alten Freunden, aber ich verbrachte nicht unbedingt mehr Zeit mit ihnen als nötig. Na ja, fast, bis auf die Zeiten, wo ich in einer Freistunde mit Sünje zusammen war ... oder an Familienfeiern weiter teilnahm wie neulich an Thomas' Geburtstag ... aber das würde mit der Zeit wohl sowieso von allein weniger werden. Wie hatte Ruth noch zu Anfang gesagt? »Wenn du Zeugin Jehovas bist, wirst du automatisch weniger mit denen zu tun haben. Die wollen dich dann auch selber gar nicht mehr unter sich.«

Der Redner hatte jetzt seine Stimme laut und deutlich werden lassen: »Merkt euch das heutige Datum: 16. März 1991. Dies ist der Tag, an dem ihr zu Dienern des höchsten Gottes Jehovas ordiniert worden seid, also der wichtigste Tag in eurem Leben! Darum ist es jetzt an der Zeit, dass ihr vor allen Anwesenden eine öffentliche Erklärung von eurer Hingabe abgebt, und ich bitte euch, einmal aufzustehen.«

Jetzt wurde es ernst! Jetzt wurden wie bei einer Hochzeit die entscheidenden Fragen gestellt, bei denen man unser Ja-Wort hören wollte. Zu diesem Zweck waren zwei Mikrophonständer vor uns vorbereitet worden. Die beiden Männer neben mir teilten sich ein Mikrophon, ich durfte eins für mich alleine haben. Jetzt gab ich vor Gott mein feierliches Versprechen, ihm für immer und ewig zu dienen. Ewig im wörtlichsten Sinne. Kein Tod, der uns scheiden würde.

»Ihr solltet auf zwei Fragen laut und deutlich antworten. Die erste Frage lautet: Hast du auf der Grundlage des Opfers Jesu Christi deine Sünden bereut und dich Jehova hingegeben, um seinen Willen zu tun, dann antworte bitte.«

»Ja«, tönten zwei dunkle Stimmen und eine helle durch die Lautsprecher. Die helle Stimme musste meinem Mund entstammen, aber ich hatte kaum gehört, wie sie aus mir herauskam.

»Bist du dir darüber im Klaren, dass du dich durch deine Hingabe und Taufe als ein Zeuge Jehovas zu erkennen gibst, der mit der vom Geist geleiteten Organisation Gottes verbunden ist?«

»Ja.« Jetzt war es geschehen. Jetzt war ich ein Sklave Gottes. Aber auch ein Kind Gottes.

Wir alle senkten die Köpfe und schlossen die Augen, um andächtig das Gebet zu verfolgen, das nun um Jehovas Segen für uns bat. Jedes Mal beim Studium war für mich gebetet worden. Würde dies jetzt das letzte Gebet für mich persönlich sein?

Schließlich durften wir Täuflinge noch ein bisschen beim nun folgenden Lied mitsingen, bevor wir zur eigentlichen Taufe abgeholt werden sollten. Meine Stimme zitterte ein wenig, als ich jetzt dieses Lied sang. Ich fühlte mich so unbeschreiblich befreit! Jehova, hörst du mich? Hier stehe ich, deine Dienerin. Gleich werde ich mich untertauchen lassen, dann gehöre ich endlich ganz dir.

Schnell ließ ich mein Liederbuch in meine Tasche plumpsen, als ein Bruder uns aufforderte, ihm zu folgen. Er führte uns an dem Gitterfenster vorbei, durch das ich nun schon so viele Male (oder waren es doch erst zwei Mal?) zugesehen hatte, und zeigte uns den Weg hinein in den Raum mit dem Taufbecken und den Umkleidekabinen. Ich nahm alles nur noch verschwommen wahr, wie durch einen Nebel.

Ich streifte in der Kabine meine feinen Sachen ab und schlüpfte in meinen Badeanzug. Dann ging ich hinaus und näherte mich dem Taufbecken. Draußen hatte die Menge ihr Lied beendet und war in die Mittagspause entlassen worden. Wie aus einem Bienenstock schwellten das Gesumme und Gemurmel von draußen zu uns herein. Wir aber waren jetzt in einer ganz anderen Welt.

Einer der beiden Männer stieg vor mir in das Becken und wurde hintenüber gänzlich untergetaucht. Der andere folgte. Obwohl mich allmählich in meinem Badeanzug fröstelte, kam ich schneller an die Reihe, als mir lieb war. Jetzt Augen zu und durch, im wahrsten Sinne des Wortes.

Ich stieg die Stufen hinab in das Becken. Das Wasser war angenehm warm, badewannenwarm. Der Bruder, der mich untertauchen sollte, stand dort bis zur Hüfte im Wasser. Sein weißes T-Shirt schwamm mit dem Saum auf dem Wasser wie eine friedliche Qualle.

Er lächelte mich freundlich an und bedeutete mir, näher zu kommen. Durch das Gitterfenster sah ich Eva-Maria und ihre kleine Tochter Sara, die ich im Buchstudium dienstags sehr lieb gewonnen hatte. Sie winkten mir aufgeregt zu.

Der Bruder legte seinen Arm um meine Schulter und führte mich allmählich nach hinten. Mit einer Hand musste ich mir die

Nase zuhalten, mit der anderen mich an seinem Handgelenk festhalten. Ich musste mich ihm ganz hingeben. Dies war wirklich eine Hingabe.

Das Wasser schwappte über meinem Kopf zusammen. Eine Sekunde später hob mich der Bruder wieder herauf an die frische Luft, die mir jetzt eiskalt entgegenblies.

Wie ein neuer Mensch sollte ich mich jetzt eigentlich fühlen. Bei Jesus war damals Gottes Geist in Form einer Taube erschienen und eine Stimme sprach aus dem Himmel. Aber ich fühlte mich wie immer. Nur nass und kalt.

Vielleicht würde das Hochgefühl ja noch kommen. Erst einmal stieg ich mit wackeligen Beinen wieder die Stufen hinauf und verschwand zum Abtrocknen in die Kabine.

Als ich wieder herauskam, abgetrocknet und umgezogen, aber noch mit sehr nassen Haaren, wartete schon Ruth auf mich im Gang zwischen den Kabinen.

»Da bist du ja!«, rief sie und umarmte mich herzlich. Ja, jetzt gehörte ich endlich richtig zu ihr. Niemand konnte mich mehr für schlechten Umgang halten.

»Meinen allerherzlichsten Glückwunsch!«, sagte sie und schüttelte mir begeistert die Hand. »Jetzt bist du ein neuer Mensch! Du hast ja noch ganz nasse Haare.«

»Na ja, das wird wohl auch noch ein Weilchen dauern, bis die trocken sind«, entgegnete ich.

»Hast du denn keinen Föhn?«, fragte sie.

Tja, das war mal wieder typisch für mich: Kam zur Taufe und besaß keinen Föhn. So naiv konnte auch nur ich sein, und ich schämte mich dafür.

»Hier, ich leih dir meinen.« Von irgendwoher bekam ich einen Föhn herübergereicht, ich wusste gar nicht, woher, aber egal. Hauptsache, ich konnte mich wieder gesellschaftsfähig machen.

Mit Ruth und meinen Sachen kam ich aus dem Taufraum heraus und ging vorne herum zum Gitterfenster, wo sich die Zuschauertraube allmählich aufgelöst hatte. Doch nicht weit von hier warteten nun alle, die mich lieb hatten: Eva, Gertrud, Eva-

Maria, Ellen, Doris, und alle nahmen sie mich überglücklich in den Arm. Die Brüder schüttelten mir einer nach dem anderen lachend die Hand. Es hagelte Glück- und Segenswünsche über mich, dass ich gar nicht wusste, wo mir der Kopf stand. Ja, jetzt allmählich fühlte ich auch das Glück, fühlte, wie ein neuer Mensch aus mir geworden war. Dies war meine über alles geliebte Familie. Jehova war mein Vater und Ruth meine geistige Mutter. Am liebsten wäre ich hier auf die Knie gefallen und hätte ein inbrünstiges Dankgebet gerufen, aber ich hielt mich zurück und dankte Jehova vorerst im Stillen für den schönsten Tag in meinem Leben.

Teil 3

»Wenn ich mit Menschen- und mit Engelzungen redete
und hätte die Liebe nicht,
so wäre ich ein tönendes Erz
oder eine klingende Schelle.
Und wenn ich prophetisch reden könnte
und wüsste alle Geheimnisse und alle Erkenntnis
und hätte allen Glauben, so dass ich Berge versetzen könnte,
und hätte die Liebe nicht,
so wäre ich nichts.«

(1 Korinther 13,1.2)

KAPITEL 14

In der nächsten Versammlung wartete ich schon freudig auf die Bekanntmachungen.

Als dann mein Name fiel und ich als »Schwester Piepgras« offiziell der Versammlung vorgestellt wurde, erhob sich nochmals der Beifall für mich allein, um mich willkommen zu heißen. In diesem Moment ging es mir so richtig gut.

Aber der Kongress saß mir noch sehr in den Knochen. Wir waren immer und immer wieder ermahnt worden, uns vor den Schlingen Satans in Acht zu nehmen. Er würde *nichts* unversucht lassen, um uns doch noch von Jehova abzubringen. Jetzt, wo ich getauft war, würde er wahrscheinlich sogar noch stärkere Fallen aufstellen als vorher, wo ich ihm teilweise doch noch gehört hatte. Der einzige Weg, uns davor zu schützen, war eifrig zu bleiben in Predigtdienst, Versammlungsbesuch und Studium und immer schön wie ein Schaf in der schützenden Hürde in der Einheit der Versammlung geborgen zu sein.

»Wir müssen *alle alles* rückhaltlos annehmen, was Jehova uns durch seine Organisation lehrt!«, hatte der Redner gerufen. Als Beispiel hatte er ausgeführt, dass einige törichterweise den Grundsatz aus 1 Korinther 7,39, »*nur im Herrn*« zu heiraten, missachteten und trotzdem einen Ungläubigen geheiratet hatten. Dadurch brachten sie Uneinigkeit in die Versammlung. Pfui! Ich würde bestimmt Jehova treu bleiben. Wenn ich jemanden heiratete, dann nur einen Zeugen Jehovas. Jehova würde bestimmt dafür sorgen, dass ich einen fand.

Zu Hause vertiefte ich mich deswegen ins Gebet. Ich dankte Jehova jeden Tag dafür, dass ich nun seine getaufte Dienerin sein durfte. Ich dankte ihm für die wunderbare Rettung und die Aussicht auf ewiges Leben im Paradies, die er mir durch seinen Sohn schenkte. Ich flehte ihn an, mich vor den Schlingen Satans zu schützen und mir Kraft zu geben, ihm treu zu bleiben. Ich bat ihn um größere Geschicklichkeit im Dienst. Und ich bat ihn um einen liebevollen Partner, denn das würde mein Glück noch vollkommen machen. »Oh Jehova, schenke mir jemanden, der mich liebt und den ich liebe, doch nicht wie ich will, sondern wie du willst, durch deinen Sohn Jesus Christus!«

Wir selbst waren nichts, sondern Jehovas Geist war es, der in seinen Dienern wirkte. Ohne seine Kraft konnten wir Prüfungen gar nicht bestehen. Doch er verließ uns nicht. Er würde auch mich nicht verlassen. Niemals.

Nun lebte ich also wirklich wie eine Zeugin Jehovas. Mein Kalender füllte sich immer mehr mit Verabredungen für den Predigtdienst. Er war allerdings noch lange nicht so voll gekritzelt wie Ruths. Die meisten Verabredungen musste ich ein bis zwei Monate im Voraus treffen. Das war nämlich ungefähr die Zeitspanne, die auch die anderen begehrten Verkündiger vorausgebucht waren. Doch hatte mal jemand kurzfristig abgesagt, wurde ich auch schon mal gefragt, ob ich noch einen Termin frei hätte, und meistens fand sich da eine Lücke.

Ich hatte mir für meinen Dienst ein Kontingent von je drei Zeitschriften pro Ausgabe bestellt. Das machte zwölf Zeitschriften pro Monat – ganz schön viel, aber wir sollten ja positiv denken. Außerdem hatte ich von anderen noch einen Stoß übrig gebliebener Zeitschriften geschenkt bekommen, die ich auch noch verteilen konnte. Doch die Zeitschriftenbilanz in meinen monatlichen Berichten blieb enttäuschend gering.

Bei unseren Nachbarn hatte sich ein alter Mann im Schuppen eingemietet und dort eine Werkstatt eingerichtet. Ständig kam er aus seinem Verschlag, wenn ich mit dem Hund den Weg Richtung Wald losging, und schnitt ihm ein Stück gute Wurst ab, um ihn damit zu füttern. Es schien wirklich gute Wurst zu sein, nicht so ein billiges Zeug, was bei Mama und mir immer auf den Tisch kam. Mir war schleierhaft, was dieser Knilch so an unserem Hund gefressen hatte. Oder sollte er es am Ende auf mich abgesehen haben? Lächerlich! Der Typ konnte mein Opa sein. Mit dem verhutzelten Gesicht und den langen fettigen grauen Haaren guckte den wahrscheinlich nicht mal seine eigene Frau an – aber ehrlich gesagt konnte ich mir nicht vorstellen, dass er überhaupt eine hatte.

In den Osterferien bestand ich glücklich meine Führerscheinprüfung. Endlich konnte nun der alte Wagen meines Vaters wieder flottgemacht werden. Ein halbes Jahr lang war er im Schuppen eingestaubt.

Ja, es war so vieles leichter geworden, seit Papa nicht mehr da war, und es fiel mir schwer, traurig zu sein. Aber ich brauchte ja auch gar nicht traurig zu sein, weil er doch auferweckt werden würde. Dann würde er sehen, dass ich doch Recht gehabt hatte.

Das Auto sah aus, als könnte es eine Generalüberholung gebrauchen. Hoffentlich sprang es überhaupt an. Ich stand noch so gedankenverloren mit Mama neben Papas altem Auto, als der Mann, der die Werkstatt bei unseren Nachbarn hatte, plötzlich hinter uns auftauchte.

»Hallo«, brummelte er. Seine Stimme klang freundlich und die kleinen Augen blitzten zwischen den Falten hervor. »Was macht ihr beiden Hübschen denn hier Schönes?«

Mama blieb ob dieser frechen Begrüßung erst einmal die Spucke weg. Ich war ja vielleicht noch hübsch, aber sie eine »Hübsche« zu nennen, war eigentlich eine Unverschämtheit.

»Wir machen unser Auto wieder flott«, antwortete ich ihm.

Abschätzend ging er um das Auto herum und ließ sich dann den Motor zeigen. »Der könnte mal einen Ölwechsel vertragen. Ist wohl nicht werkstattgepflegt, die Maschine, oder wie?«

»Nee, nicht so richtig.«

»Wenn ihr wollt, mach ich euch einen Ölwechsel. Das geht flott, und Öl habe ich auch drüben da.«

Ehe wir uns richtig über eine Antwort klar werden konnten, war er schon zum Nachbargrundstück davongewackelt. Wenig später kam er mit einer Schüssel und einem Kanister Öl zurück und machte sich kurzentschlossen ans Werk. So schnell konnten wir gar nicht gucken, da lief das alte Öl auch schon aus dem Motor heraus.

»Übrigens, ich heiße Alfred Bender. Ihr könnt mich aber auch Fred nennen. Oder Lumumba, so nennen mich die meisten hier. Und wie heißt du?«, wandte er sich an meine Mutter. Die musste erst einmal nach Luft schnappen, bevor sie jemandem, der sie so freiheraus duzte, ihren Namen nennen konnte.

»Was für ein Jahrgang bist du denn?«, fragte er weiter.

»1934«, stammelte sie.

»Na, das ist ja derselbe Jahrgang wie ich, so ein Zufall! Und wie heißt du?«, fragte er mich herausfordernd.

»Ich heiße Martina«, antwortete ich widerstrebend. Dass er Lumumba genannt wurde, passte zu seinen wulstigen Lippen und seiner nicht zu leugnenden Ähnlichkeit mit einem afrikanischen Buschmann. Er war einen Kopf kleiner als ich und sogar noch ein bisschen kleiner als meine Mutter. Aber Selbstvertrauen hatte er, ohne Zweifel. Vielleicht war er doch ein guter Mensch, der die Wahrheit annehmen könnte, wenn man ihm eine Chance gab. Man durfte doch nicht nach dem Äußeren urteilen.

»Ich kann dir das Öl nicht bezahlen«, meinte ich schließlich mit Blick auf seinen Kanister.

»Och, da mach dir man keine Gedanken darüber«, grinste er, »das kriegen wir schon geregelt. Du kannst ja einfach mal bei mir in die Werkstatt kommen und das Öl abarbeiten. Dann sind wir quitt.«

Au weh, worauf hatte ich mich da eingelassen! Der schien doch zu den Typen zu gehören, die man so leicht nicht wieder los wurde. Andererseits war er aber irgendwie auch ganz witzig.

»Was bildet sich der Gnom eigentlich ein?«, schnaubte Mama, als dieser Fred sich wieder von unserem Hof verzog.

»Vielleicht ist er scharf auf dich?«, neckte ich sie.

»Pah, den würde doch keine nehmen, und wenn er der letzte Mann auf der Welt wäre!«

Am Samstagvormittag ging ich mit Sybille in den Dienst, einer zirka 35-jährigen Schwester. Jetzt zeigte sich, welch ein Segen Jehovas dieser Führerschein war, denn nun konnte ich mich super mit den Hausfrauen verabreden, die selber kein Auto hatten.

Sybille und ich trafen uns am »Treffpunkt« im Königreichssaal. Zum Treffpunkt kamen immer einige Zeugen zusammen, die gemeinsam das Gesprächsthema, das in »*Unser Königreichsdienst*« vorgegeben war, und die dazu angegebenen Bibelstellen besprachen und schließlich zusammen ein Gebet sprachen, um dann zum Predigtdienst aufzubrechen. So gestärkt sollte man noch mal so gern in den Dienst gehen, aber ehrlich gesagt ging ich doch lieber ohne Treffpunkt in den Dienst. Die Stimmung am Treffpunkt war angespannt, nicht so freudig wie sonst im Saal, und das war ganz schön anstrengend. Da ging ich ja gleich mit Kopfschmerzen los, anstatt nur mit Kopfschmerzen nach Hause zu fahren.

Am Abend fuhr ich dann wieder zum Königreichssaal: Zu meinem ersten Gedächtnismahl als getaufte Zeugin. Dafür, dass es erst mein zweites Gedächtnismahl überhaupt im Leben war, schien mir alles schon sehr vertraut. Ich war zwar unheimlich gern mit den Brüdern und Schwestern zusammen, aber ich war irgendwie noch ganz erschlagen von dem Dienst am Vormittag, so dass mich die Müdigkeit regelrecht ein bisschen betäubte. Wieder gab ich die Stücke ungesäuerten Fladenbrotes und den Wein weiter, ohne davon zu nehmen, aber ich hatte Mühe, dabei eine feierliche Stimmung aufkommen zu lassen. Ich warf noch meinen Predigtdienstbericht ein (18 Stunden) und verabschiedete mich. Zu Hause dagegen saß meine Mutter friedlich vor dem Fernseher, und als ich mich dazugesellte, war ich auch schon bald auf dem Sessel eingeschlafen.

Sonntag traf sich dann alles wieder in der Versammlung zum Vortraghören und zum Wachtturm-Studium. Die Themen im Wachtturm hatten mittlerweile denselben Inhalt wie die Vorträge aus dem letzten Bezirkskongress. Jetzt wusste ich mittlerweile, dass fast alle Vorträge aus den Bezirkskongressen in den Wachttürmen nochmals durchgekaut und weiter ausgewalzt wurden, damit sich der Stoff auch wirklich tief und fest einprägen konnte. Leider gab es dadurch aber in den Studien nicht mehr halb so viel Neues für mich wie noch im letzten Jahr, wo ich ja das Jahr davor nur einen Kongresstag besucht hatte. Deswegen wurde ich auch in diesen Versammlungen mittlerweile immer schläfriger.

Als ich beim ersten Versammlungsbesuch so erschlagen war von all dem Stoff, hatte Eva zu mir gesagt: »Mit der Zeit gewöhnt man sich daran.« Jetzt konnte ich verstehen, was das bedeutete.

Zu Hause war ich dann wieder allein. Zum Unkrautjäten hatte ich keine Lust, und die neuen Zeitschriften hatte ich auch schon gelesen. Da hörte ich, wie es im Schuppen drüben bei unseren Nachbarn hämmerte, und mir kam in den Sinn, dass ich ja jemandem noch einen Dienst schuldig war.

»Hallo Fred«, begrüßte ich ihn freiheraus, als ich mich in die Tür des Schuppens stellte. Drinnen war alles voll gestellt mit Metall von jeglicher Form und Sorte, es roch nach Öl und Schmiere. Erstaunt blickte Fred von seiner Arbeit auf, dann aber breitete sich ein fröhliches Grinsen auf seinem gegerbten Gesicht aus.

»Hallo! Was machst du denn hier?«

»Ich muss doch noch meine Schuld abarbeiten, wegen dem Öl.«

»Ach ja, richtig ... Na, dann wollen wir mal sehen, was du machen kannst.«

Eine ganze Weile sah ich ihm zu, wie er ein Rohr ausdauernd glatt schmirgelte, dann durfte ich selber auch eins bearbeiten.

»Du bist also Mechaniker?«, fragte ich ihn.

»Schlosser. Eigentlich bin ich spezialisiert auf Motoren. Schiffsmotoren.«

»Interessant.« Wir unterhielten uns wohl eine gute Stunde so, bis ich es für angeraten hielt, mich wieder zurückzuziehen. Schließlich war er schlechte Gesellschaft, da sollte ich nicht länger bleiben als nötig. Trotzdem war es unheimlich angenehm gewesen, einmal wieder etwas anderes zu machen und zu hören als Wachtturm und Dienst. Bei Gelegenheit musste ich Fred unbedingt einmal Zeugnis geben. Diesmal hatte es sich irgendwie nicht so recht angeboten, von der Wahrheit zu erzählen. Aber bei Gelegenheit würde ich es tun, wirklich, Fred hatte das verdient. Hinter dieser rauen Schale steckte ein wirklich netter Mensch.

Ruth hatte ein Paradiesbuch auf Tamil besorgt, einer Sprache, die in Vorderindien gesprochen wurde. Es war wirklich witzig, die wohl bekannten Bilder mit dieser fremdartigen Schrift darunter zu sehen. »Ist es nicht wunderbar, wie die Gesellschaft uns mit dieser Literatur versorgt?«, hatte Ruth begeistert gefragt, und ich hatte lachend geantwortet: »Ja, wirklich, ich möchte wissen, wo man sonst in Deutschland noch ein Buch in Tamil bekommen kann.«

Voller Vorfreude klingelten wir bei den Tamilen in Ruths Gebiet. Die Frau, die uns öffnete, war eindeutig indischer Abstammung und sprach nur wenig Deutsch, aber sie verstand wohl irgendwie, dass sie das Buch, das Ruth ihr zeigte, käuflich erwerben konnte, und als sie sah, dass es tatsächlich in ihrer Muttersprache geschrieben war, holte sie eiligst ihre Geldbörse. Allerdings schloss sie danach auch wieder eilig die Tür vor unserer Nase.

»Mal sehen, wenn Jehova will, kann ich vielleicht schon in den nächsten Wochen ein Heimbibelstudium einrichten«, sagte Ruth voller Optimismus. Wir wussten, die Macht des Wortes Gottes steckte in diesen Büchern. Trotzdem konnte ich diese positive Einstellung nicht so ganz teilen.

Die meisten Türen in dem Mietshaus, das wir bearbeiteten, öffneten sich aber gar nicht erst. Oft war tatsächlich einfach keiner zu Hause, oft hörte man aber auch Geräusche hinter der Tür und sah eine Iris, die durch den Spion linste. Ruth stand dann geduldig hinter der Tür und nickte gutmütig mit dem Kopf. Nach einer Weile verschwand der Augapfel wieder und mit ihm die Geräusche.

»Warum nickst du eigentlich immer, wenn die Leute durch den Spion gucken?«, fragte ich Ruth. Ich würde jedenfalls meine

Tür nicht aufmachen, nur weil eine wildfremde Frau davor mir dümmlich zugrinst, im Gegenteil.

»Das sind meistens ältere Damen, die haben Angst. Sie sollen merken, dass wir nichts Böses wollen und sie ruhig die Tür öffnen können.«

Na ja, bisher hatte diese Taktik jedenfalls in keinem einzigen Fall etwas gebracht. Zudem steckte in mir die Vermutung sehr fest, dass diejenigen hinter der Tür sehr wohl wussten, was wir von ihnen wollten, und gerade deshalb nicht aufmachten. Am liebsten hätte ich diesen Augen ihren sehnlichsten Wunsch erfüllt und wäre einfach an die nächste Tür weitergegangen. Aber Ruth zeigte dabei eine erstaunliche Ausdauer und blieb manchmal glatte zehn Minuten nickend vor der Tür.

An der nächsten Tür war ich wieder dran. Ich wusste, es war nicht die richtige Einstellung, und doch war ich immer wieder froh, wenn die Tür tot blieb. Diesmal aber öffnete sie sich und eine junge Hausfrau sah mich erstaunt an.

Ich begann mit dem aktuellen Gesprächsthema, das wir Donnerstag in der Versammlung eingetrichtert bekommen hatten, und konnte eine perfekte zehnminütige Predigt halten mit Bibel aufschlagen und Letzte Tage und Jetzt-ist-die-Zeit und allem Drum und Dran. Die Frau hörte mir höflich zu und nahm tatsächlich die beiden aktuellen Zeitschriften entgegen. Weil ich dachte, dass eine Broschüre in diesem Fall die perfekte Ergänzung zu meiner Predigt wäre, zog ich noch eine aus meiner Tasche, die im Prinzip die Essenz des Paradiesbuches war, und bot alles zusammen optimistisch für zwei Mark an, »für Druck und Papier«. Tatsächlich gab die Frau mir das Geld und schloss schließlich freundlich, aber auch nachdenklich die Tür.

Ich hatte mich schon umgedreht, um zur nächsten Tür weiterzugehen, als Ruth mich von hinten am Arm packte. »Mensch, du hast die Siehe-Broschüre abgegeben! Weißt du, was das bedeutet? Vielleicht kannst du hier ein Heimbibelstudium einrichten!«

»Ja, vielleicht.« Wie sollte ich es nur schaffen, so positiv eingestellt zu werden? Ich hatte nun schon so oft erlebt, dass die Leute
die Literatur nahmen, und trotzdem blieb bei ihnen alles beim
Alten. Natürlich freute ich mich, dass die Frau eine Broschüre
genommen hatte. Ich freute mich aber auch darüber, dass die
Spalte »Broschüren« auf meinem Berichtszettel endlich einmal
nicht leer bleiben würde. Und ich wusste, dass auch diese Art zu
denken nicht richtig war. Aber ich kam nicht dagegen an. Und
es versetzte mir einen Stich, dass ich mit niemandem darüber
reden konnte.

An einer anderen Tür öffnete eine junge Frau in Ruths Alter,
die sich offensichtlich sogar freute, uns zu sehen. Trotzdem bat
sie uns nicht herein. Ruth erwähnte das Gesprächsthema und
gab zwei Zeitschriften ab, bevor wir uns wieder verabschiedeten.

»Diese Frau hat mal die Bibel studiert«, erklärte sie mir beim
Weitergehen. Aus ihrem Gesicht sprachen dabei Trauer, aber
auch Verachtung.

»Aber hat das dann denn Sinn, ihr Zeitschriften zu geben? Sie
hat sich doch dann schon gegen die Wahrheit entschieden«,
wandte ich ein.

»Wir dürfen nie die Hoffnung aufgeben. Vielleicht bezieht sie
irgendwann doch noch einmal für die Wahrheit Stellung. Ich
habe gehört, dass sie neulich im Krankenhaus war. Und sie hat
eine Bluttransfusion abgelehnt! Also muss doch noch etwas von
der Wahrheit in ihrem Herzen hängen geblieben sein.« Ruths
Gesichtszüge waren auf einmal viel milder geworden. Ja, vielleicht gab es für diesen Menschen dann doch noch Hoffnung.

Allerdings war ich schon sehr verblüfft, dass ihr solche inti-
men Dinge zu Ohren kamen. Konnte man sich auf diese Informationen verlassen?

Und was war eigentlich mit den Ausgeschlossenen? Bei ihnen
gab man jede Hoffnung auf. Drehte jemand der Wahrheit den
Rücken zu, bevor er getauft war, durfte man also nicht die Hoffnung aufgeben, war derjenige allerdings getauft, sah die Sache

ganz anders aus. Waren die einen aber wirklich so viel besser als die anderen?

Manchmal fuhren Ruth und ich zusammen in ihrem Auto raus auf die Dörfer, in denen sie ebenfalls viel Gebiet hatte. Jetzt im Frühling bei Sonnenschein war das wunderbar. Wir hörten die Königreichsmelodien auf der Fahrt und fühlten uns von Jehova reich gesegnet.

Die Landbevölkerung war sogar noch schwerer zu bekehren als die Stadtleute. Die Bauern waren einfach nur gleichgültig (wie Papa), die Frauen waren immer schwer beschäftigt, und manche hatten auch bissige Hunde, mit denen sie uns abwehrten. Trotzdem sprachen wir bei jeder Tür immer wieder vor.

»Sie wissen doch, dass ich von Ihrem Kram nichts wissen will«, wurden wir manchmal angeherrscht. Freundlich und souverän antwortete Ruth dann immer: »Aber die Verhältnisse ändern sich manchmal. Darum sprechen wir immer mal wieder vor, um zu sehen, ob vielleicht nicht doch jetzt Interesse vorliegt, um jedem eine Chance zu geben, denn Gott will, dass jeder gerettet wird.«

Bei einer Frau wurden wir dann aber doch hineingebeten. Sie trug eine verschmierte, ausgebeulte Trainingshose, kaputte Latschen und total zerzottelte Haare. Zum Glück war Ruth dran mit Predigen, denn Ruth konnte einfach viel besser allen Leuten unvoreingenommen gegenübertreten als ich. Ich hatte noch so viel an mir zu arbeiten!

Wir durften auf einem alten abgewetzten Sofa Platz nehmen. Die Frau bot uns etwas zu trinken an, was wir angesichts der Frühjahrswärme gerne annahmen. Sie schob diverse Zeitschriften vom Tisch, die nachlässig auf dem total verdreckten Teppich fielen, um Platz für unsere Gläser zu schaffen.

Ruth konzentrierte sich auf ihre Predigt und schlug viele Male die Bibel auf, aus der manchmal ich, manchmal auch die Frau selber vorlas, so gut sie konnte. Ich hatte nicht den Eindruck, dass sie allzu viel davon verstand, was wir ihr erzählten, aber sie hörte aufmerksam und interessiert zu.

Mein Blick fiel währenddessen auf ein ebenso verlottertes Kleinkind, das in einer Ecke des Wohnzimmers selbstvergessen in seinem Laufstall spielte. Seine Mutter hatte inzwischen eine räudige Katze auf den Schoss genommen und begann, einige offene, blutende Stellen zwischen dem Fell mit einer Creme einzuschmieren, während sie weiter zuhörte, was Ruth ihr zu sagen hatte. »Die hat ein Ekzem, das muss ich noch behandeln, aber reden Sie ruhig weiter«, nuschelte sie dabei.

Das Kind fing unterdessen zu quengeln an. Sofort ließ die Frau die Katze fallen, die mit einem kläglichen Maunzen aus dem Wohnzimmer floh, und hob ihr Kind aus dem Laufstall. Es schien ein Töchterchen zu sein. Die Frau ließ sich wieder schwer auf das Sofa fallen und begann, das Mädchen aus einem Glas mit Babynahrung zu füttern, das offen auf dem Couchtisch gestanden hatte. Ruth schluckte hörbar.

»Nun, dann wollen wir Sie nicht weiter aufhalten. Vielen Dank für die Getränke und dafür, dass Sie sich die Zeit genommen haben. Vielleicht können wir Sie ein anderes Mal besuchen, um unser Gespräch fortzuführen?«, fragte Ruth.

Die Frau war damit gerne einverstanden, nahm noch die unvermeidbaren zwei Zeitschriften ab und führte uns freundlich wieder ins Freie. Draußen an der frischen Luft ließ ich erst einmal wieder meinen Magen zur Ruhe kommen.

»Hast du das gesehen?«, stöhnte Ruth auf einmal. »Schmiert die Katze ein, und dann nimmt sie das Kind mit denselben Fingern ...« Ruths Gesicht schimmerte grünlich zu mir herüber, und ich bewunderte sie stark für ihre Fähigkeit, sich den Leuten gegenüber um der Wahrheit willen nichts von ihren wirklichen Gefühlen anmerken zu lassen. Mein Gesicht hatte bestimmt ausgesehen, als ob ich nur den Vokal I kennen würde, aber ich hatte mich die meiste Zeit so gut es ging hinter Ruths Rücken verstecken können.

So schön es auch war, hereingebeten zu werden, warum waren das eigentlich fast immer nur die Ausländer und die Chaoten? War ich auch ein Chaot?

Ich war mit Juliane für den Dienst verabredet. Juliane war immer wie ein kleines Mäuschen, still und zurückhaltend. Da traute man ihr gar nicht zu, dass sie trotzdem Pionier war.

»Schaffst du das gut mit dem Predigtdienst, ich meine, ist es schwer, so viele Stunden zusammenzubekommen?«, fragte ich sie, und dachte dabei an Ruth, und dass Juliane irgendwie genauso müde aussah wie sie.

»Na ja, ich arbeite ja auch noch halbtags, und man muss sich schon gut durchorganisieren ... Aber es ist viel einfacher als im Vergleich zu der Zeit, als ich noch Sonderpionier war.«

»Tatsächlich? Wie war das denn?«

»Als Sonderpionier wirst du dahin geschickt, wo Hilfe Not tut. Ich brauchte auch nicht arbeiten gehen, weil ich von der Gesellschaft Unterstützung bekam.« Das bedeutete, dass sie ein wenig Geld von der Wachtturm-Gesellschaft bekommen hatte. »Ich musste mir ein Zimmer mit einer anderen Schwester teilen, die auch Sonderpionier war. Wir haben uns nicht allzu gut verstanden. Und irgendwann habe ich das Ganze dann gesundheitlich nicht mehr geschafft. Deswegen musste ich mit dem Sonderpionierdienst aufhören. Aber wenigstens kann ich jetzt wieder allgemeiner Pionier sein.«

Jetzt wusste ich also, warum Juliane immer so einen gebrochenen Eindruck machte. Dieser Dienst war für so eine zarte Person wie sie einfach zu viel gewesen. Und jetzt war sie traurig, dass sie Jehova nicht mehr auf diese Weise dienen konnte. Sie hatte für ihre Aufopferung meine volle Anerkennung.

Juliane nickte nicht an den Türen den Augen hinter den Spionen zu, sondern ging weiter zur nächsten Tür, wenn eine Tür sich nicht öffnen wollte. »Wir dürfen unsere Zeit nicht verschwenden«, meinte sie. »Wir müssen die Zeit nutzen, um Menschen guten Willens zu finden. Wenn jemand die Tür nicht öffnet, hat er sich eben gegen die Wahrheit entschieden. Er wird schon sehen, was er davon hat, wenn Harmagedon kommt. Dann werden sie heulen und jammern: ›Warum haben wir bloß nicht auf euch gehört?‹ Aber dann wird es zu spät sein!«

In einem Wohnblock schien eine Dauerbaustelle eingerichtet zu sein. Wir stiegen über Bretter und Balken, um zu den Türen zu kommen, doch hier lebten tatsächlich Menschen. Unter dem Dach fanden wir in einer Ecke noch eine verstaubte Tür, und Juliane klopfte daran. Tatsächlich öffnete ein junger Mann die Tür und bat uns zu unserer großen Freude herein.

Wir nahmen auf dem kleinen Sofa, das er uns anbot, Platz und Juliane begann mit ihrer Predigt. Der Mann hörte sehr aufmerksam und interessiert zu. Wer wusste das schon, vielleicht würden wir sein Gesicht in Zukunft noch öfter im Königreichssaal sehen, dachte ich. Bei ihm konnte ich mir das vorstellen. Doch zu meiner Überraschung ließ Juliane ihm nach zehn Minuten nur die Zeitschriften da und verabschiedete sich dann schnell wieder.

»Puh, zu dem geh ich nicht mehr hin«, stöhnte sie, als wir wieder aus dem Haus an die frische Abendluft traten.

»Warum denn nicht? Der war doch total interessiert.«

»Das denkst du! Aber hast du nicht gesehen, wie der mich die ganze Zeit angestarrt hat? Der tut doch nur so, als wäre er interessiert. In Wahrheit interessiert der sich nur für mich.« Aus ihrem Gesicht sprachen Ekel und Angst zugleich. Hatte sie denn so viele schlechte Erfahrungen im Predigtdienst gemacht? Okay, sie war noch einigermaßen jung, sie war ledig, trug lange Haare und langen Rock, aber dass deswegen gleich jeder nur an ihr interessiert sein sollte ... Der hatte sich halt gefreut, zwei so hübsche junge Damen bei sich zu haben, war doch nur verständlich.

»Und was ist, wenn er jetzt doch wirklich an der Wahrheit interessiert war?«, gab ich zu bedenken. »Für mich schien der Mann wirklich auf der Suche zu sein.«

»Na ja«, lenkte sie ein, »vielleicht hast du Recht. Ich werde einem Bruder in der Versammlung Bescheid sagen, damit er sich darum kümmert. Aber du wirst sehen, sobald ein Bruder bei ihm auftaucht, wird sein Interesse ruck, zuck verflogen sein.«

Damit war Juliane das genaue Gegenteil von Ruth. Irgendwie tat es mir gut, das zu wissen. Wenn ich auch nicht so optimistisch sein konnte wie Ruth, so war ich doch noch lange nicht so pessimistisch wie Juliane, und doch waren beide Frauen Pionier und Jehova bestimmt wohlgefällig. So wie ich war, war ich schon in Ordnung, solange ich es nur aufrichtig meinte und ehrlich zu mir selber war. Jehova sah in unser Herz, und wir konnten uns sowieso nicht vor ihm verstellen.

Wir schafften an diesem Abend satte drei Stunden Dienst, und als ich mir zu Hause müde und erschöpft meine Königreichs-melodien anhörte, war ich sehr zufrieden mit mir. Jehova nahm mich an, so wie ich war, und Fehler, die ich hatte, würde er ver-zeihen und helfen, sie mit der Zeit auszubügeln, bis er mich in der Neuen Welt ganz vollkommen machen würde. Ach, die Neue Welt – wenn sie doch nur bald da wäre! So sehr es auch zufrie-den stellte, Gottes Willen zu tun: Ewig wollte ich nun nicht in den Predigtdienst gehen!

KAPITEL 15

Am Montag drauf hatte ich mich mit Raffaela zum Predigtdienst verabredet, um 8.30 Uhr in der Früh. Wir trafen uns auf dem großen Parkplatz mitten in der Stadt.

»Morgen, Martina!«, begrüßte sie mich fröhlich. Sie sah wie-der einmal blendend aus. Sie hatte den bestaussehenden Zeugen der ganzen Versammlung zum Ehemann und noch dazu eine niedliche kleine Wohnung ... Ach, das wäre auch was für mich!

»Was hältst du davon, wenn wir gleich mit Straßendienst beginnen?«, schlug sie voller Elan vor. Straßendienst – bei die-sem Wort musste ich erst einmal schlucken.

»Äh, ich habe noch nie Straßendienst gemacht ...«, stammel-te ich.

»Hey, macht nichts!«, rief Raffaela fröhlich. »Macht total Spaß, du wirst sehen. Und ist ganz einfach. Außerdem können wir so früh sowieso noch nicht an die Türen gehen, die Leute haben doch jetzt keine Zeit.«

Also folgte ich ihr gezwungenermaßen in die Fußgängerzone. So oft war ich sie nun schon auf und ab marschiert in meinem Leben. Immer hatte ich die Armen bedauert, die dort standen und ihre Zeitschriften hochhielten. Doch seit ich Zeugin war, hatte ich keine Zeit mehr gehabt für einen Stadtbummel ... Und jetzt würde ich selber da stehen und mich hinter den Zeitschriften verstecken.

»Willst du dir etwa auch in der Fußgängerzone die Füße abfrieren?«, tönte es in meinem Ohr. Es war doch nur eine Frage der Zeit gewesen, bis ich auch mal Straßendienst machen würde. Ich hatte immer die Augen davor verschlossen, das wurde mir jetzt klar.

Hatten wir aber nicht immer wieder im Wachtturm gelesen, dass die Gute Botschaft nichts war, wofür man sich hätte schämen müssen? Wir hatten den Menschen doch etwas Wunderbares zu bieten, das Wunderbarste, was man sich nur vorstellen konnte: Glück, Frieden, Gesundheit und ewige Jugend im Paradies auf Erden! Unser Beweggrund, in den Dienst zu gehen, sollte doch die Liebe zu den Menschen sein. Ich hatte hier etwas, was ich jedem Einzelnen von Herzen gönnte, er musste sich dafür nur auf die Seite Gottes stellen. War es nicht wundervoll, dass ich so etwas tun konnte? War es etwa besser, ohne Hoffnung als einer unter vielen in der Fußgängerzone vor sich hin zu vegetieren?

»So, hier können wir bleiben«, sagte Raffaela und stellte ihre Tasche neben sich ab. Sie holte eine Mappe heraus, in die sie zwei Zeitschriften gelegt hatte. Sie klappte die Mappe auf, so dass man den Wachtturm und den Erwachet gut hinter der Klarsichtfolie erkennen konnte und hielt sie sich in Brusthöhe vor den Körper.

»Hier kann man immer gut stehen«, erzählte Raffaela. »Es gibt Geschäfte, da kommt nach einer Weile einer, um uns zu vertreiben, weil sie meinen, dass wir ihr Geschäft schädigen, aber der

Inhaber dieses Ladens hier ist uns sehr wohlgesonnen und hat nichts dagegen, wenn wir hier stehen.«

So eine Mappe wie Raffaela hatte ich nicht, aber ich hatte ja nun wirklich schon oft genug gesehen, wie andere Zeugen das machten mit dem Zeitschriftenhalten. Ich holte mir also die zwei neuesten Exemplare aus meiner Tasche, fasste sie unten mit den Fingern so, dass ich sie mir wie einen Fächer vor die Brust halten konnte und die Titelzeilen gut zu lesen waren und stellte mich mutig neben Raffaela. Die nickte mir anerkennend zu und versuchte dann wieder, irgendeinen Augenkontakt mit einem vorbeieilenden Passanten zu erhaschen.

Wohl eine Dreiviertelstunde lang standen wir beide so nebeneinander auf diesem Flecken und hielten die Wahrheit hoch. Manchmal unterhielten wir uns ein bisschen, aber dann fiel uns immer schnell wieder ein, dass wir hier nicht zu unserem Vergnügen standen, sondern Schafe finden wollten, und wir würden wohl kaum ein Gespräch mit einem Passanten beginnen können, wenn wir selber in eine Unterhaltung vertieft waren.

»Weißt du, oft trifft man gerade im Straßendienst die Leute an, die nie zu Hause sind. Ehrlich gesagt mache ich unheimlich gerne Straßendienst«, meinte Raffaela. Einmal kam eine Frau vorbei, blieb kurz bei Raffaela stehen, grüßte freundlich und verabschiedete sich dann schnell wieder. »Die studiert«, erklärte mir Raffaela (und damit meinte sie die Bibel). Die einzigen anderen Menschen, die noch bei uns anhielten, waren zwei Schwestern, die sich ebenfalls aufstellen wollten und gerade einen freien Platz suchten. Selbstverständlich hielten wir einen kurzen Plausch, um uns gegenseitig »zu ermuntern«.

Sonst aber hielt niemand bei uns an. Alle hatten es viel zu eilig. » ... *und sie beachteten es nicht, bis ...*« Die meisten blickten einfach an uns vorbei, einige angewidert, einige belustigt, einige mitleidig ...

Doch als ich mit Raffaela danach in den Haus-zu-Haus-Dienst ging, wurde mir auch klar, warum sie so gern Straßendienst machte: Gegen diese ständige Anspannung an den Türen – Wer

würde öffnen? Freund oder Feind? Mann oder Frau? Alt oder
Jung? Klug oder Doof? Bock oder Schaf? Oder wieder gar keiner? – erschien die permanente Frustration in der Fußgängerzone wie ein Segen Jehovas.

Ich war so stolz darauf, dass ich endlich einmal Straßendienst
gemacht hatte, dass ich am liebsten sofort Ruth davon erzählt
hätte. Aber sie war diese Woche weg auf eine spezielle Pionierdienstschule, ich wusste nicht wo. Würde sie nicht staunen, wenn
sie davon hörte? Wieder hatte mich Jehova Fortschritte machen
lassen! Ich schickte an diesem Tag noch viele Dankgebete ab,
denn ohne Jehovas Kraft hätte ich niemals den Mut gehabt.

Nachmittags auf dem Weg zum Friedhof versagte mein Auto.
Mit qualmendem Kühler konnte ich mich gerade noch auf die
nächste Tankstelle retten.

Ich stand noch hilflos neben meinem Wagen, als eine kleine,
buckelige Gestalt auf mich zuhielt, mit einer Bierflasche in der
Hand. »Was machst du denn hier?«

Diese Stimme konnte nur Freds sein. Ich glaube, es war das
erste Mal, dass ich wirklich froh war, von ihm angesprochen zu
werden.

»Mit meinem Auto stimmt was nicht«, sagte ich.

»Das sehe ich. Mach mal auf.«

Fred schaute kurz in den Motor und schüttelte dann lachend
den Kopf. »Da ist der Kühlerschlauch geplatzt, hier. Damit kannst
du so aber nicht mehr fahren.«

»Das habe ich auch gemerkt. Was soll ich denn jetzt machen?«
Ich kam mir klein und hilflos vor. Wie man ein Auto fuhr, hatte
ich ja gelernt, aber ich war schon noch darauf angewiesen, dass
die Maschine auch funktionierte.

»Wenn du willst, schleppe ich dich ab. Zu Hause kann ich dir
einen Bypass legen, das ist keine große Sache.« In diesem Moment
fühlte ich nicht nur Jehova gegenüber unendliche Dankbarkeit.

Fred fuhr seinen kleinen blauen Kleintransporter vor meinen
Wagen und befestigte das Abschleppseil. Mir fiel wieder auf, dass

seine rechte Hand nur noch einen Daumen hatte. Dort, wo eigentlich die Finger sein sollten, spannte sich nur glatte Haut. Trotzdem band er mit erstaunlicher Geschwindigkeit einen festen Knoten in das Seil, als brauche er dafür gar keine Finger.

Schließlich schafften wir es heil zurück auf den Hof vor seiner Werkstatt. Nach einiger Zeit hatte Fred das Loch im Kühlerschlauch mit einem zusätzlichen Schlauch umgangen und füllte das Kühlsystem wieder voll Wasser. »Da musste doch schon lange das rote Lämpchen geleuchtet haben«, meinte er ratlos.

»Die scheinen auch nicht zu funktionieren. Hauptsache, die Kiste läuft wieder. Mensch, was hätte ich bloß gemacht, wenn du nicht zufällig an der Tankstelle gewesen wärst?«

»Na ja, jedenfalls bist du mir jetzt wieder einen Gefallen schuldig«, erwiderte er grinsend.

»Scheint so.« Ich holte tief Luft. »Melde dich einfach bei mir, wenn du mich brauchst. Du siehst mich ja oft genug hier vorbeilaufen.«

»Mach ich.«

Wir grinsten uns beide an. So hässlich sah er eigentlich gar nicht aus. Sein Gesicht war faltig und wettergegerbt, aber die kleinen blauen Augen blitzten verschmitzt zu mir herüber. Er hatte die Augen eines jungen Mannes. Wenn er was gegen die langen, fettigen grauen Haare machen würde, würde das wahrscheinlich schon Wunder wirken.

»Du solltest etwas mit deinen Haaren machen«, meinte ich.

»Wieso? Die sind doch in Ordnung so.«

Ich war plötzlich ein wenig wehmütig darüber, dass das Auto schon wieder repariert war. Es hatte mir gerade angefangen, Spaß zu machen, Fred bei der Arbeit zuzuschauen. Wie könnte ich es bloß einrichten, ihm einmal Zeugnis zu geben?

»Ist dein Vater schon lange tot?«, fragte er.

»Nein. Er starb vor einem halben Jahr.«

»Das tut mir Leid.«

Warum konnte ich mich nur nicht losreißen?

»Na ja, tschüss dann, bis bald also.«

»Ja, bis bald.« Fred sah mir nach, wie ich rückwärts vom Hof herunterfuhr. Irgendwie war ich mir sicher, dass er bald etwas finden würde, wobei er gut meine Hilfe gebrauchen könnte. Und die war ich ihm doch nun wirklich schuldig, Weltmensch hin, Weltmensch her.

Das Praktikum beim Kinderarzt verlief wiederum unspektakulär. Ich würde schreienden Kindern Blut abnehmen müssen, vollgepinkelte Babywaagen säubern und den ganzen Tag den Gestank von Desinfektionsmittel einatmen. Aber es war ja nur ein Job. Die Tätigkeit, die mein Leben mit Sinn erfüllen würde, fand ja draußen auf der Straße statt.

»Erst einmal muss ich mich mit meinen Helferinnen beraten«, hatte der Arzt zum Schluss noch gesagt, »schließlich musst du ihnen gefallen und nicht mir. Du hörst von uns.«

Als ich die Praxis verließ, hatte ich daher nicht allzu viel Hoffnung. Die hatten bestimmt gemerkt, dass ich nicht der Typ Kumpel sein würde, den die suchten.

In der Versammlung musste ich immer noch ohne Ruth auskommen. An ihre Pionierdienstschule hatte sie noch eine Woche Urlaub in Goslar drangehängt. »Erst wollte sie gar nicht«, erzählte mir Eva, »aber ich habe ihr dann gut zugeredet. Sie muss sich doch auch einmal Urlaub gönnen! Die Stunden hat sie doch gut vorgearbeitet, und predigen und Versammlung besuchen kann sie dort auch. Ach, sie braucht einfach auch mal eine Pause! Du weißt ja, da muss man ausgeglichen bleiben.«

Neben Eva fühlte ich mich auch sehr wohl. Sie war mittlerweile wie eine Mutter für mich. Irgendwie tröstete mich das auch, denn dann würde ich in der Neuen Welt wenigstens nicht ganz ohne Mutter dastehen.

»Ich habe noch eine Bekanntmachung«, las Klaus mit ernstem Gesicht vom Rednerpult vor. »Herr David Stanewsky hat die Gemeinschaft verlassen.«

Durch die ganze Versammlung ging ein Raunen. Zahllose Köpfe drehten sich zu Gertrud und Paul um, die wie immer in der letzten Reihe saßen, in der Nähe vom Literaturtresen, wo Paul diente. Auch ich schaute erschrocken zu ihnen hin. Gertrud saß mit hoch erhobenem Kopf und versteinertem Gesicht auf ihrem Platz. Schnell drehte ich mich wieder um, um sie nicht in Verlegenheit zu bringen. Das Programm ging weiter wie geplant.

Ich hatte gar nicht gewusst, dass Stanewskys überhaupt einen Sohn hatten! Da ging ich Woche für Woche zu ihnen zum Versammlungsbuchstudium. Gertrud kannte ich jetzt schon seit über einem Jahr mit Vornamen. Und trotzdem war nie, nie ein Wort über einen Sohn gefallen, der nicht mitmachen wollte.

Wenn er die Gemeinschaft verlassen konnte, musste er sogar schon getauft gewesen sein. Schmerzte das Gertrud denn nicht, ihren Sohn auf diese Weise zu verlieren? Oder konnte sie tatsächlich ihr Herz einem so widerwärtigen Sünder gegenüber vollständig verschließen?

Nach dem Schlussgebet ging ich zu Gertrud, um ihr zu sagen, wie Leid mir das tat. Aber Gertrud wollte nichts davon hören. Anscheinend tat sie einfach so, als würde ein Sohn überhaupt nicht existieren. Für sie gab es nichts, worüber sie traurig sein müsste. Also ließen wir sie alle lieber in Ruhe. Über diese Dinge sprach man eben nicht.

Aber mein Kopf war voller Fragen, die ich nicht stellen konnte. Wenn er schon getauft war und ich hatte ihn noch nie in der Versammlung gesehen, dann wohnte er wohl entweder weit weg oder ging nur schon ewig nicht mehr zu den Versammlungen. Warum hatte er dann aber erst jetzt die Gemeinschaft verlassen? Wenn ich nicht mehr an die Wahrheit glauben würde, würde ich doch nicht zögern auszutreten, und nicht noch jahrelang passiv mitschleifen.

Am Dienstag lief dann tatsächlich ein junger Mann bei Stanewskys über den Hof, der Gertrud wie aus dem Gesicht geschnitten aussah, wenn man sich den wilden schwarzen Bart und die ungepflegte Kleidung wegdachte. Er sah mit düsteren Augen zu uns herüber, die wir fein und mit Büchertasche in das Haus gingen. Aus seinen Augen sprach Wut – und grenzenlose Verachtung.

Also wohnte er tatsächlich bei ihnen! Und wurde behandelt wie tot. Musste das Gertrud und Paul denn nicht doch ungeheuer schmerzen? Aber niemand verlor ein Wort darüber. Nicht ein Einziger. Wir studierten einfach unser Buch weiter, als wäre überhaupt nichts geschehen. Nicht wir sollten leiden – der Sünder sollte leiden, damit er bereute und zurückkam. Das war der Sinn dieses Liebesentzuges.

Wie damals bei Dieters Bruder, dachte ich. Überhaupt: Ich hatte ihn immer noch nicht wieder in der Versammlung gesehen. Hatte er ihn jetzt doch aufgegeben, den Kampf ums Überleben, den Wettlauf, den wir laut Hebräer 12,1 »mit Geduld laufen« mussten? Niemand sprach mehr über ihn. Wir hatten ihn vergessen. Für uns waren die Ehemaligen schon heute tot.

Warum durfte ich nur kein Wort mit ihnen sprechen? Mein Bauch platzte fast vor Fragen, die ich diesem komischen David stellen würde. Aber die Bibel verbot dies. Ich durfte Jehova nicht untreu werden. Welche Gründe die Abtrünnigen auch immer haben mochten – sie waren im Unrecht! Sie waren von Satan Verführte, und jetzt waren sie auch Satans Werkzeug geworden, mit dem er uns Treue womöglich auch noch abtrünnig werden lassen konnte. Doch tief in meinem Inneren stand diese Frage fest wie ein Mahnmal: Warum?

Ich war bei Raffaela zum Pizzaessen eingeladen. Das brachte mich wieder auf andere Gedanken. Wir waren ein kleiner, feiner Kreis, und ich war so froh gewesen, dass Raffaela mich auch dazu eingeladen hatte. Wäre Ruth nicht im Urlaub gewesen, wäre sie bestimmt auch hier. Ich vermisste sie.

In der Literatur wurden wir immer wieder ermahnt, solche Treffen nicht nur zum Spaß zu veranstalten, sondern sie auch zur gegenseitigen Ermunterung und zum Lobpreis Jehovas zu nutzen. Da wir aber alle keine Lust hatten, Lieder aus unserem Liederbuch zu singen oder ein biblisches Spiel zu machen, erzählten wir uns stundenlang gegenseitig von unseren Erfahrungen im Predigtdienst. Ich genoss es, mit meinen Freunden zusammen zu sein. Aber zu Hause fiel ich erschlagen und wie ausgepumpt ins Bett.

Die Ferien waren vorüber, so dass ich jetzt auch in der Schule wieder fleißig informell Zeugnis geben konnte. Viele meiner Freundinnen hatten Fragen an mich, die ich ihnen gern und ausführlich beantwortete. Meinem Gewissen und meinem Stundenkonto tat das nur gut. Doch nie ging ich von mir aus in der Schule missionieren, denn uns wurde immer wieder eindringlich geraten, um keinen Preis fanatisch zu wirken. Wir wollten die Menschen auch ohne Worte für die Wahrheit gewinnen, einfach indem sie beobachteten, was für ein glückliches und erfülltes Leben wir führten. Und das konnten meine Mitschüler ja nur dann beobachteten, wenn ich weiter viel mit ihnen zusammen war, dachte ich. Sie waren zwar alle schlechte Gesellschaft, aber die Grenzen hatte ich doch wohl eingehalten.

In der Versammlung bestellte mich Klaus nach dem Studium ins Hinterzimmer.

»Hast du eigentlich schon deinen Blutpass?«

Blutpass? Davon hatte ich ja noch gar nichts gehört. »Wie bitte?«

»Der Blutpass ist ein Dokument, das alle getaufte Zeugen immer bei sich tragen. Im Ernstfall, wenn man nach einem Unfall zum Beispiel bewusstlos ins Krankenhaus eingeliefert wird, zeigt dieser Pass dem Arzt, dass er keine Bluttransfusion durchführen darf. Du kennst doch das Gebot zur Enthaltung vom Blut?« Seine Stimme hatte einen strengen Zug angenommen, den ich so noch nie von ihm gehört hatte. Hier ging es offenbar um Gehorsam gegenüber Jehova. Ein auch nur ansatzweises Zögern von meiner Seite wäre als Illoyalität Jehova gegenüber aufgefasst worden.

»Nein, ich habe noch keinen. Niemand hat mir einen gegeben«, stammelte ich deshalb kleinlaut.

»Ich habe hier einen für dich.« Klaus hielt mir ein kleines Formular unter die Nase, das ich entgegennahm. Es war aus extra dickem Papier, um viel auszuhalten. »Kein Blut« stand vorne darauf, darunter war ein Transfusionsbeutel abgebildet und durchgestrichen.

»Du solltest so bald wie möglich einen Termin beim Rechtsanwalt ausmachen. Du musst dann vor seinen Augen das Dokument unterschreiben und er wird deine Unterschrift beglaubigen. Nur so ist der Blutpass wirksam!« Seine Stimme hallte streng in dem kleinen Raum.

Ich wusste ja, dass ich keiner Bluttransfusion zustimmen durfte, um das Gebot der Bibel nicht zu verletzen. Aber ich hatte mir ehrlich gesagt nie darüber Gedanken gemacht, was nun wirklich passieren würde, wenn es mal so weit wäre. Ich hatte gedacht, dann wäre es immer noch früh genug, um mein Gewissen zu prüfen. Aber hier gab es wohl nichts zu prüfen. Hier gab es nur Gehorsam oder Ungehorsam. Nicht einmal Bewusstlosigkeit würde mich vor Gott entschuldigen können.

Ich steckte also die Pappe in meine Tasche und versprach, mich so bald wie möglich darum zu kümmern. Warum sah Klaus mich nur immer noch so unerbittlich an? Dachte er, ich wollte mich darum drücken, und war wütend darüber? Oder war er gerade nur ganz der Älteste?

Am Samstagnachmittag ging ich wie gewohnt mit dem Hund los. Dort, wo die Straße in unsere Siedlung zu Ende war und der Plattenweg Richtung Wald begann, kam ich wie immer an dem Schuppen vorbei, in dem sich Fred eingenistet hatte. Sein blauer Kleintransporter parkte vor der Tür und darin rumorte und klapperte es.

Fred kam mit dem Arm voll schweren Gerätes heraus und ließ alles scheppernd auf die Ladefläche fallen. Da erst sah er mich.

»Ach, hallo!«, brummte er. Sein graues Haar war zu einem Borstenschnitt gestutzt.

»Hallo!«, antwortete ich. Der Hund zog mich wie verrückt in seine Richtung, weil er wohl wieder Wurst erwartete. Ich stolperte wohl oder übel hinterher.

»Na, na, so stürmisch?«, lachte Fred. »So ein Leichtgewicht kann so einen großen Hund wohl kaum festhalten, was?«

Leichtgewicht! Ich wog 70 Kilo! In der Grundschule hatte man mich immer »fette Tonne« genannt.

»Du bist selber so ein Leichtgewicht!«, konterte ich. »Ich wäre ja froh, wenn ich ein bisschen dünner wäre ...«

»Noch dünner? Du kannst dich doch hinter einem Besenstiel umziehen!«

Ja, das hätte er wohl gern.

»Aber, weißt du was?« Seine Augen blitzten. »Ich muss gleich in Schleswig diesen Motor hier einbauen.« Seine ölverschmierte Faust, die ohne Finger, tätschelte ein genauso verschmiertes Ungetüm auf der Ladefläche. »Eigentlich brauche ich da jemanden, der mir zur Hand geht. Hast du Lust?«

Hatte ich Lust? Ja. Hatte ich Zeit? Ja. Wäre es Jehova wohlgefällig? Nein. Eine Frau sollte nicht mit einem Mann alleine sein – auch wenn er ihr Vater sein könnte. Aber ich war es ihm doch schuldig! Außerdem könnte ich ihm vielleicht Zeugnis geben. Und es wäre endlich mal etwas anderes.

»Okay«, sagte ich schließlich. »Ich gehe nur noch mit dem Hund den Berg rauf und runter und sage dann noch meiner Mutter Bescheid, dann komme ich.«

Mama war zwar etwas erstaunt darüber, dass ich mit Fred nach Schleswig fahren wollte, aber sie meinte auch, dass ich ihm nach diesem Tag, an dem er mir so aus der Patsche geholfen hatte, wirklich einen Gefallen schuldig war. Schließlich wäre eine Reparatur in der Werkstatt nicht billig gewesen.

Fred freute sich sichtlich, als ich wieder bei ihm auftauchte. Er hatte schon alles so weit vorbereitet, so dass ich nur noch auf den Beifahrersitz in seinen Kleintransporter klettern musste. So zockelten wir auf der Hauptstraße nach Schleswig, einer Stadt, die etwa zehn Kilometer Richtung Norden lag.

Schließlich erreichten wir den Schleswiger Hafen an der Schlei. Dutzende von Kuttern, Jachten und Segelbooten waren hier aufgereiht. Fred steuerte zielsicher zu einer bestimmten Stelle im Hafen, wo ein schon etwas altersschwacher Kutter an der Mauer befestigt war.

Ein kleiner Kran, der von Hand betrieben wurde, stand angenehmerweise bereits bereit. In der luftigen Frühlingssonne hoben wir gemeinsam mit Hilfe des Krans den Motor von der Ladefläche in den Motorraum des Schiffes. Danach stieg Fred selber in den Motorraum hinab, so dass ich nur noch seinen buckeligen Rücken sehen konnte. Ich selber blieb über ihm in der Kajüte und lernte, was der Unterschied zwischen einem Maul- und einem Ringschlüssel war.

Alles in allem genoss ich diese Arbeit wirklich. Wir werkelten zusammen, wie ich früher manchmal mit Papa zusammen gearbeitet hatte. Wie gut, dass Fred offensichtlich Nichtraucher war!

Mit hochrotem und schweißüberströmtem Gesicht kam Fred schließlich wieder an die Oberfläche.

»Na, danke also, du warst mir wirklich eine Hilfe.«

»Na ja, das hättest du aber auch so geschafft. Ob ich dir nun die Schlüssel herunterreiche oder nicht.«

»Nein, nein, das war ganz angenehm. Außerdem macht es mir auch mehr Spaß, wenn ich dabei so ein junges Mädchen neben mir haben kann, mit dem ich mich unterhalten kann. Hatte deine Mutter denn gar keine Angst, als du ihr sagtest, dass du mit mir wegfährst?«

»Wieso, sollte sie? Frisst du kleine Mädchen?«

»Tja, da kann man sich nie so sicher sein. Weißt du, ich habe einen ziemlich schlechten Ruf im Dorf.«

»Tatsächlich? Davon habe ich aber noch nichts gehört.«

»Nun, das war vermutlich mein Glück. Und was sagt dein Freund dazu, wenn er hört, dass du den ganzen Nachmittag mit einem alten Mann wie mir zusammen bist?«

»Ich habe keinen Freund.« Zeugen Jehovas hatten keinen Freund zu haben. Wenn eine junge Frau mit einem jungen Mann zusammen war, dann um ihn zu heiraten. Aber niemals, um nur so »zusammen zu gehen«. Ich musste ihm sagen, dass ich Zeugin Jehovas war. Ich musste ihm doch Zeugnis geben. Aber würde er dann noch mit mir reden wollen?

»Ich bin Zeuge Jehovas«, sagte ich schließlich. Warum zitterte meine Stimme? Eigentlich müsste ich doch stolz darauf sein, zu dem wahren Volk Gottes gehören zu dürfen. Aber ich war es nicht. Ich wollte nur noch »normal« sein. Ich wollte, dass Fred mich akzeptierte. Bei ihm war es mir nicht egal, was er über mich dachte.

»Aha«, sagte er nur. Das war's, dachte ich. Jetzt kann ich ihm vielleicht noch einmal Zeugnis geben und dann macht er in Zukunft einen weiten Bogen um mich.

Seine blauen Augen blitzten mir entgegen. Wie konnte jemand, der so viele Falten im Gesicht hatte, nur so junge Augen haben? Es war mir ein Rätsel.

»Das stört mich nicht«, sagte Fred schließlich schmunzelnd. »Meine Frau ist auch in so einem komischen Orden. Guttempler, oder so ähnlich.«

»Ach, das ist ja interessant!« Ich atmete erleichtert aus. Dann hatte er wohl schon Erfahrung mit ungewohnten Ansichten. Guttempler? Nie gehört. Egal, wichtig war, dass er mich anscheinend trotzdem noch mochte.

Wieso war mir das überhaupt wichtig? Und was hieß hier eigentlich, »das stört mich nicht«? Eigentlich sollte *ich* mich daran stören, dass er kein Zeuge Jehovas war. Eigentlich sollte *ich* einen weiten Bogen um ihn machen, wenn er sich meinem Glauben nicht anschließen wollte.

Und trotzdem, dieser Nachmittag war einer der entspanntesten Nachmittage seit langem gewesen. Ich mochte Fred einfach. Und mir war klar, dass das eigentlich eine Sünde war. »*Habt nicht lieb die Welt noch was in der Welt ist*«, so tönten mir Jehovas Worte aus 1 Johannes 2,15-17 im Ohr wie ein Posaunenschall. »*Wenn jemand die Welt lieb hat, in dem ist nicht die Liebe des Vaters. Denn alles, was in der Welt ist, des Fleisches Lust und der Augen Lust und hoffärtiges Leben, ist nicht vom Vater, sondern von der Welt. Und die Welt vergeht mit ihrer Lust; wer aber den Willen Gottes tut, der bleibt in Ewigkeit.*«

Mussten wir aber nicht auch unseren Nächsten lieben? Und war nicht jeder unser Nächster? Aus eben dieser Liebe gingen wir doch in den Predigtdienst. Für Fred war das doch *die* Chance, auch noch gerettet zu werden. Vielleicht hatte mich ja sogar Jehova mit Fred auf diese Weise zusammengebracht, damit durch mich, durch meinen Wandel, allmählich die Wahrheit in sein Herz dringen konnte? Das wäre doch möglich.

Zu Hause vertiefte ich mich stundenlang in das Gebet. Oh Jehova, was ist nur dein Wille diesbezüglich? Leite mich. Schütze mich vor den Schlingen Satans. Gib mir Kraft, meinen sündigen Neigungen zu widerstehen, denn du weißt, wir alle sind unvollkommen und die Sünde herrscht über unsere Leiber, bis dein Königreich uns frei gemacht hat. Vergib mir meine sündigen Gedanken. Dein Sohn hat dieses köstliche Opfer gebracht, damit auch ich vor deinen Augen rein dastehen kann. Dir gehöre ich ganz.

Dieser Widerstreit in mir zerriss mein Herz. Wir sollten die Welt hassen und doch die Menschen lieben und ihnen die Wahrheit bringen, damit sie aus der Welt herausgenommen werden konnten und in die Herde des Volkes Gottes geführt würden. Doch die Menschen, denen ich begegnete, hassen und lieben gleichzeitig – das konnte ich einfach nicht! Ich musste mich für eines von beiden entscheiden. Der ständige Wechsel zwischen Hass und Liebe begann mich zu zermürben. So ging es nicht weiter. Entweder ich hasste immer, dann würde mir der Predigtdienst noch saurer ankommen als ohnehin schon, oder ich liebte immer. Doch wenn ich immer liebte, konnte ich keinen ablehnen, nur weil er kein Zeuge Jehovas war. Ich liebte doch auch meine Mutter. Und sie würde wahrscheinlich auch nie eine Zeugin Jehovas werden, so wie ich das sah. Ich liebte auch meine Freunde aus der Schule. Ich wollte auch Fred lieben dürfen. Mir ging es viel besser, wenn ich alle Menschen lieben durfte und nicht hassen musste. Hatte nicht auch Jesus alle Menschen geliebt?

Ich hatte Jehova um Leitung gebeten. Wenn er mir erlaubte, ein reines Gewissen zu haben, dann musste es doch in Ordnung sein, wie ich mich verhielt. Entweder es würde mir gut dabei gehen, wenn ich Fred meinen Glauben vorlebte, oder etwas würde mich von ihm fern halten. Aber bis jetzt genoss ich die Momente, in denen ich in seiner Werkstatt vorbeischaute. Ich hatte das Gefühl, dass Jehova wohlwollend auf mich herabblickte. Sein Geist lenkte mich doch, und wer konnte schon wissen, welchen tieferen Sinn es hatte, dass meine Schritte immer wieder bei Fred verweilten.

Erst spät kam mir in den Sinn, zum Thema »Guttempler« mein Lexikon zu befragen. »Guttemplerorden, freimaurerähnlicher internationaler Orden zur Bekämpfung des Alkoholgenusses«.

Dieser Schlingel! Ich konnte mir wirklich nicht vorstellen, dass er nicht gewusst hatte, dass es sich hierbei um keine religiöse Sache handelte.

Ein Weltmensch durch und durch.

KAPITEL 16

Ruth hatte die Neuigkeit, dass ich mit Raffaela Straßendienst gemacht hatte, befriedigt aufgenommen. »Sehr schön«, sagte sie. »Der Straßendienst ist neben dem Haus-zu-Haus-Dienst der wichtigste Dienst. So können wir auch die erreichen, die wir in ihrem Zuhause nicht angetroffen haben, oder die keine Zeit hatten.«

»Na ja, fruchtbare Gespräche sind dabei aber ja leider doch sehr selten«, wandte ich ein.

»Darauf kommt es auch gar nicht an«, erklärte Ruth mir mit ernster Miene. »Wir verkündigen nicht nur, wir warnen auch. Es reicht schon, wenn die Leute an uns vorbeilaufen und die Überschriften auf den Zeitschriften sehen. Wenn dann das Ende kommt, kann niemand sagen: ›Davon habe ich nichts gewusst‹. Alle haben eine Chance gehabt. Niemand hat dann eine Entschuldigung! Ich persönlich wende allerdings auch gerne den

Rat an, der immer auf den Kongressen gegeben wird, nämlich mit den Zeitschriften in der Hand die Leute auch aktiv anzusprechen. Das ist dann noch viel befriedigender.«

»Kann schon sein. Das traue ich mich aber noch nicht.«

»Das macht auch nichts. Bleib' du ruhig schön stehen, wenn dir das mehr liegt. Wir könnten eigentlich gleich Straßendienst machen, wenn du möchtest. Jetzt beginnt gleich die Mittagszeit, da holen wir die Frauen sowieso nur vom Herd weg und niemand hat Zeit. Andernfalls müssten wir jetzt aufhören.«

»Nein, nein. Ich habe noch Zeit. Ich brauche ja schließlich keinen Bus mehr zu erwischen«, grinste ich. »Lass uns ruhig noch Straßendienst machen.«

Ruth zeigte mir eine Stelle, die zum Aufstellen gut geeignet war. Sie selber holte zwei Zeitschriften aus ihrer Tasche, rollte sie in der Hand zusammen, so dass man kaum noch erkennen konnte, dass es sich um einen Wachtturm handelte, und war bereit zum Aufbruch.

»Bis später also. Ich würde sagen, so eine halbe Stunde? Ich treffe dich dann hier?«

»Ja, ja, bis gleich. Viel Erfolg!«

»Jehovas Segen!« Und schon sah ich ihren Lockenkopf in der Menge verschwinden. Ja, Ruth war Profi, für die war das ein Klacks.

Ich selber stand jetzt also allein hier, auf mich selbst gestellt. Aber nein, ich war niemals wirklich allein. Jehova war bei mir, und seine Engel begleiteten mich in diesem Predigtwerk.

Wohl zwanzig Minuten stand ich so und sah die Leute an mir vorüberziehen. Doch jetzt störte es mich nicht mehr. Wie ein Mahnmal stand ich hier. Seht her, Jehovas Königreich herrscht, interessiert euch dafür oder geht unter in eurem Dreck!

Plötzlich konnte ich mit einem jungen Mann Augenkontakt aufnehmen. Und tatsächlich, er hielt auf mich zu und blieb vor mir stehen.

»Hallo«, murmelte er. Seine langen fettigen Haare hingen ihm über die ausdruckslosen Augen. Seine Haut sah blass und ungesund aus, sein Körper dürr und ausgemergelt. »Du bist 'ne Zeugin Jehovas, nicht wahr?«

»Wie man sieht«, antwortete ich und hielt die Zeitschriften noch etwas höher. »Weißt du schon etwas über uns?«

»Ja, so ein bisschen.« Seine Stimme klang, als wäre er nicht ganz bei sich, aber eine Alkoholfahne war nicht zu riechen. Drogen?

»Nun«, begann ich, um eine Unterhaltung aufzubauen, »diese Woche bieten wir zum Beispiel diese wundervolle Zeitschrift an: ›Wann wird wirklich Frieden herrschen?‹ Hier drin wird genau gezeigt, warum die Menschen nicht fähig sind, in Frieden zu leben, und wie Gottes Königreich für Frieden auf der Erde sorgen wird.«

»Wirklich toll«, lallte der Typ. »Ich muss sagen, ich bewundere euch sowieso, dass ihr hier in der Fußgängerzone steht und euch so für euren Glauben einsetzt. Ich wünschte, ich könnte das auch.«

»Jeder kann das mit Jehovas Hilfe«, erwiderte ich milde. »Sein Geist hilft uns, dieses Verkündigungswerk zu tun. Wir studieren jede Woche die Bibel, und die Wahrheiten, die wir daraus lernen, begeistern uns so, dass wir bemüht sind, mit so vielen Menschen wie nur möglich darüber ins Gespräch zu kommen. Hast du Interesse, darüber einmal Genaueres zu erfahren?«

»Nee, nee, lass man. Ich wollte mich nur mal mit jemandem unterhalten.«

Meine Alarmglocken schrillten. Juliane fiel mir ein, die Angst vor dem jungen Mann in der Dachwohnung gehabt hatte, weil der angeblich nur Interesse vortäuschte, um mit ihr zusammen zu sein. Der hier blickte auch nicht gerade keusch auf mich.

»Weißt du, ich habe gerade tierisch Probleme in meinem Leben«, fuhr er fort. »Ich habe nämlich meine Freundin umgebracht. Du bist die Erste, der ich das erzähle. Ich schäme mich so dafür, weißt du? Ich wollte das wirklich nicht. Aber sie hat mich so gereizt, weißt du? Und da habe ich es einfach getan. Meinst du, Gott hasst mich jetzt dafür?«

Ach du meine Güte, an wen war ich denn da geraten? Der hatte ja einen totalen Schuss in den Socken! Ich wusste gar nicht, was ich davon halten sollte: Entweder der Kerl wollte mich total veralbern, oder ich hatte tatsächlich einen Mörder vor mir stehen. Musste ich dann nicht eher der Polizei Bescheid sagen? Nein, dachte ich, meine Aufgabe war allein das Verkündigungswerk. Egal, was für komische Gedankengänge sich in diesem komischen Hirn abspielten, er musste merken, dass wir die Wahrheit hatten.

»Nun«, begann ich deswegen, »Mord ist eine schwere Sünde, zweifellos. Doch ich glaube fest, dass, wenn du aufrichtig bereust, Gott auch hier zum Vergeben bereit ist. Du solltest dich jedenfalls umgehend der Polizei stellen, und um eine gerechte Strafe wirst du auch nicht drum herumkommen. Aber ... die Bibel zeigt uns, dass Menschen sich ändern können. Es ist niemals zu spät dazu.« Wie war das noch, seine Freundin hatte ihn gereizt? Ich konnte nur hoffen, dass ich ihn nicht auch gereizt hatte.

»Ey, danke, Mann. Du hast mir echt geholfen. Ihr seid so tolle Typen, ehrlich. Ich werde mich an deinen Rat halten, bestimmt. Tschüss also, vielleicht sieht man sich mal.«

»Ja, tschüss«, konnte ich noch hinterherrufen, aber da war der junge Mann auch schon nur noch von hinten zu sehen.

In mir machte sich ein sehr zwiespältiges Gefühl breit. Einerseits war ich froh, im Straßendienst eine Unterhaltung geführt haben zu können, denn das war selten genug. Andererseits war ich enttäuscht, wieder mal nur an einen Chaoten geraten zu sein. Wenn das alles Show von ihm war, weil er auf irgendeinem Trip war, war das schlimm genug. Aber wenn das nun doch stimmte, was er da erzählt hatte ... Na ja, egal. Das war nicht meine Angelegenheit. Ich hatte meine Pflicht getan und verkündigt. Für den Rest würde Jehova sorgen.

Ruth hatte anscheinend auch nur Abfuhren erhalten, aber sie sah trotzdem entspannt und glücklich aus, wie immer wenn sie im Predigtdienst war. Sie kannte ja auch kaum etwas anderes im Leben. Schon als kleines Kind war sie von Eva mit in den Dienst genommen worden. Ich für meinen Teil wollte meine freie Jugend aber nicht missen. Es reichte mir, jetzt ein Sklave Jehovas zu sein. Aber bald würde uns die Neue Welt ja befreien. Dann brauchte ich mich nicht mehr mit zwielichtigen Typen herumzuärgern. Dann konnte ich die Natur in meinem Garten genießen, mit meinem kleinen Häuschen und einem liebevollen Mann, vielleicht ein oder zwei Kindern, voll zahmer Tiere um mich herum, voll freundlicher Nachbarn, ohne Krankheit und Tod ...

»Behalte das Bild von Gottes neuem System fest in deinem Herzen«, hatte es unter dem letzten Bild im Paradiesbuch geheißen. Und manchmal war dieses Bild es, was mir am meisten Kraft gab.

Tags darauf hatte ich den Termin bei diesem Rechtsanwalt, den Klaus mir empfohlen hatte. Der brachte die Sache kühl und routiniert hinter sich, als hätte er jeden Tag welche da, die bereit waren, für ihren Glauben ihr Leben zu opfern, indem sie auch bei Todesgefahr eine Bluttransfusion ablehnten. Er ließ mich meinen Blutpass unterschreiben, setzte selber Stempel und Unterschrift daneben und kassierte für diese Leistung nicht schlecht ab.

Schließlich hatte ich mich auch mit Schwester Kramer verabredet. Sie musste wohl schon weit über siebzig sein, aber Ruth ging öfter mit ihr in den Dienst, und deswegen folgte ich meinem großen Vorbild. Wir gingen zusammen in den Hochhäusern von Tür zu Tür. Schwester Kramer brachte vor geschlossenen Türen sogar noch mehr Geduld auf als Ruth, aber sie hatte auch einige Türen, an denen sie gewohnheitsmäßig Zeitschriften abgeben konnte, seit Jahren schon, wie sie sagte. Nach zwei Stunden und fünfzehn Minuten war ich so erschlagen vom vielen Gähnen und Warten, dass ich heilfroh war, wieder nach Hause und im Garten das Unkraut jäten zu können.

In der Versammlung trat Ruth auf mich zu, Maike im Schlepptau.

»Hast du auch schon gelesen, dass heute eine Dokumentation über Zeugen Jehovas im Fernsehen läuft?«

»Nein. Tatsächlich?« Das wäre bestimmt interessant.

»Doch. Da kommen dann wieder lauter Abtrünnige zu Wort und erzählen ihre Lügenmärchen. Maike und ich haben auch lange überlegt, aber wir sind zu dem Schluss gekommen, dass wir uns diesen Film nicht anschauen werden.« Maike hinter ihr nickte bedeutungsvoll. »Wir werden zwar bestimmt im Predigtdienst darauf angesprochen werden und es wäre bestimmt besser zu wissen, was da gelaufen ist, um auch richtig mitreden zu können, aber wir glauben, dass es besser ist, uns nicht dieser Gefahr auszusetzen. Immerhin sind das Abtrünnige, und die Bibel gebietet, dass wir sie nicht in unser Haus aufnehmen. Wir wollen durch so etwas nicht ins Straucheln geraten.«

»Ja, da habt ihr natürlich völlig Recht«, stimmte ich pflichtbewusst zu, »ich werde mir diesen Film natürlich auch nicht ansehen.«

In der Programmzeitschrift zu Hause war ein Foto abgebildet, wie jemand hintenüber untergetaucht und getauft wurde. Das war schon mal keine Lüge. Mir juckte es in den Fingern, aber ich wusste auch, dass hier Loyalität und Treue Jehova gegenüber gefragt war, und beschäftigte mich mit dem neuen Wachtturm, um auf andere Gedanken zu kommen.

Inzwischen hatte ich erfahren, dass einer der Dienstamtgehilfen Zahnarzt war. Seine Praxis war eine der bestgehenden der ganzen Stadt, da fast die gesamte Versammlung bei Zahnproblemen zu ihm kam. Vielleicht hatte ja er eine Stelle für mich?

»Schick mir einfach mal eine Bewerbung«, meinte er. »Ich werde dann sehen, was sich machen lässt.« Bei einem Bruder arbeiten, na, das wäre nun wirklich ein Segen Jehovas! Der würde ganz gewiss dafür Verständnis haben, dass Versammlungsbesuch und Predigtdienst Vorrang hatten.

Für den gesamten Freitag hatte ich mich mit Doris verabredet. »Wollen wir mal einen Pioniertag machen?«, hatte sie mich begeistert gefragt. »Du wirst sehen, wie viel Freude das macht!«

Wir fuhren viel mit dem Auto, weil Doris ihre Zeitschriftenroute auf dem Land abfahren musste. »Ich habe diese Woche so viele Zettel in meinem Briefkasten gefunden«, sagte Doris verbittert. »Alle haben diesen dämlichen Film gesehen Sonntag und wollen nun die Zeitschriften nicht mehr, obwohl sie schon für das Abo bezahlt haben. Da sieht man mal, welche Macht Satan durch das Fernsehen ausüben kann. Widerlich!«

An den meisten Türen wurde ihr gar nicht erst geöffnet, und Doris schrieb dann jeweils einen erklärenden Brief und warf die Zeitschriften ein. An anderen Türen konnte Doris die Leute besänftigen und durfte doch wieder Zeitschriften bringen. Alles in allem aber war es diesmal ungleich schwieriger, von Tür zu Tür zu gehen. Was mochten die Abtrünnigen in dieser Sendung bloß erzählt haben? Warum ließ man das überhaupt zu? Aber natürlich, Satan hatte ja seine Finger überall im Spiel. Mit so einem Schachzug hatte er wieder eine Menge Menschen mehr verblenden können. Uns jedenfalls begegnete man an diesem Tag mit viel Misstrauen und manchmal sogar Verachtung.

Wir kamen insgesamt auf fünf Stunden, fünfzehn Minuten, Autofahren inklusive. »Und, so ein Pioniertag macht doch Freude, oder?«, fragte Doris mich fröhlich.

»Ja, sicher«, antwortete ich, doch mein Kopf brummte dumpf, und ich war nur froh, dass ich für den morgigen Samstag keine Verabredung getroffen hatte.

Mama hatte zum Glück gar nicht mitgekriegt, dass da eine Dokumentation im Fernsehen gelaufen war. Irgendwie war ich jetzt auch darüber heilfroh.

»Dass du den ganzen Tag zu den Leuten an die Tür gehen magst!«, sagte sie nur kopfschüttelnd beim Abendessen. »Das würde mir ja im Traum nicht einfallen!«

»Wir setzen uns halt für unseren Glauben ein«, erwiderte ich. »Da ist das mit ein paar Gottesdiensten nicht getan. Wir erfüllen den Willen Gottes ganzherzig.«

»Ach, die Zeugen Jehovas sind doch auch nicht besser als andere.«

Das schon wieder! Hatte sie denn immer noch nicht begriffen?

»Von wegen! Dienstags lesen wir ja im Moment wieder das Offenbarungsbuch. Was meinst du, was da alles drinsteht! Wie sich
die Zeugen Jehovas damals in der Hitlerzeit neutral gehalten
haben! Die wollten mit Hitler nichts zu tun haben. Sogar ins KZ
sind die dafür gekommen! Die Kirchen dagegen haben sich ein-
geschleimt, um bloß keine Verfolgung erleiden zu müssen.«

»So? Na ja, davon habe ich keine Ahnung. Aber wer weiß, ob
das alles so stimmt, was du da liest. Die können heute ja viel
erzählen.«

»Wir lügen doch nicht! Wir halten uns an Gottes Gebote.
Wenn das so da drinsteht, dann kann man auch darauf vertrauen,
dass das so stimmt!«

Sie wollte es einfach nicht einsehen. Sie war genauso verstockt
wie Papa.

Aber war das nicht irgendwie auch ungerecht? Mama würde
in Harmagedon für immer vernichtet werden, und Papa, der in
dieser Hinsicht keinen Deut besser gewesen war als sie, sollte
auferstehen dürfen. Wenn ihn dann seine Tochter empfing mit
den Worten: »Jetzt siehst du selbst, dass alles gestimmt hat!« –
ja, dann sollte er sich wohl bekehren und an Gott glauben, das
war kein Kunststück. Und Mama würde keine Chance mehr
bekommen, weil sie zur falschen Zeit zu lange gelebt hatte ... Da
konnte irgendetwas nicht stimmen. Entweder Mama überlebte
auch, oder Papa würde nicht auferweckt. Wenn Mama aber trotz
ihrer Verstocktheit auch überleben könnte, dann wäre dieses
ganze Von-Haus-zu-Haus-gehen und Es-geht-um-euer-Leben
mehr oder weniger überflüssig. Das konnte nicht sein. Also würde
ich wohl eher Papa nie mehr wiedersehen. Dann war aber alles
mit der Auferstehungshoffnung eine Farce.

Ach, was für Gedanken gab Satan mir da bloß ein! Das war
nicht der erbauliche Stoff, mit dem ich mich beschäftigen sollte. Also beschloss ich, meine Zweifel beiseite zu schieben und
auf Gott zu vertrauen. In der Neuen Welt würde sich sowieso
ganz von selber zeigen, welche Version nun die Richtige war.

Mitte Mai hatte ich meinen letzten offiziellen Schultag, an dem ich mein Zeugnis ausgehändigt bekam. Jetzt musste ich nur noch ein Mal zur mündlichen Prüfung in Geschichte erscheinen und ein Mal zur Verabschiedung, und dann hätte ich es geschafft. Eigentlich könnte ich mich ja dann für den Juni als Hilfspionier bewerben? Ach, nachher schaffte ich meine Stunden aus irgendeinem Grund doch nicht, sei es, weil Mama sich dagegenstellte und verlangte, dass ich den großen Holzstapel hinter dem Haus noch vor dem Sommer kleingehackt hätte, oder irgendetwas anderes … Ich wollte lieber so viele Verabredungen wie möglich treffen und in den Dienst gehen, wann immer sich Gelegenheit bot. Vielleicht kam ich dann ja sogar auf mehr als sechzig Stunden.

Obwohl – das mit den Verabredungen war im Moment nicht leicht. Ruth war für zwei Wochen weg in München. Sie hatte erwähnt, dass sie in der Pionierdienstschule einen jungen Pionier kennen gelernt hatte, den sie dort besuchte. Dadurch hatte ich automatisch schon einmal eine Menge Termine weniger.

Ich ging also in den Versammlungen hausieren, wer in den nächsten Wochen Zeit hätte, mit mir zu gehen. Leider bekam ich mindestens genauso viele Körbe wie Zusagen. Und mit Dirk, Raffaelas Mann, der besonders begehrt war, konnte ich sogar erst etwas für Oktober ausmachen!

Ach, ich vermisste Ruth! Doch ich versuchte, positiv zu denken und die Gelegenheit zu nützen, mich einmal neben andere Schwestern zu setzen und sie näher kennen zu lernen.

Diesmal hatte ich neben Schwester Danielzik Platz genommen. Sie war eine der ältesten Schwestern im ganzen Saal, aber auch eine der herzigsten. Mit ihren fast achtzig Jahren hatte sie trotzdem kein Quäntchen ihrer Fröhlichkeit verloren. Sie konnte wohl kaum noch in den Dienst gehen (wahrscheinlich schaffte sie ein paar Stunden durch Briefe schreiben oder Ähnliches) und hatte dadurch zu den meisten nur losen, aber freundlichen Kontakt.

Schwester Danielzik freute sich wie ein kleines Kind, dass ich mich zu ihr gesellte. Wie üblich trug sie ihr königsblaues Strickkleid, das, wie ich fand, so gut zu ihren schneeweißen Haaren passte.

»Der Vortrag war toll, nicht wahr?«, sagte ich begeistert zu ihr nach Ende des Programms. »Da konnte man sich so richtig plastisch die Neue Welt vorstellen. Ich bin wirklich gespannt, wie das sein wird, wenn Harmagedon dann kommt. Das wird bestimmt wunderbar, wenn wir dann alles aufräumen können und aus der Erde ein Paradies machen. Und wenn dann die Toten wiederkommen ...«

Ihr Gesicht nahm auf einmal seltsam traurige Züge an. »Ach, ich erlebe Harmagedon wohl sowieso nicht mehr. Bestimmt bin ich vorher schon gestorben.«

»Ach, sag so etwas nicht! Harmagedon kommt doch bald. Bis dahin hältst du bestimmt noch aus.«

»Ich habe schon so viel zu Jehova gebetet, dass es mir vergönnt sein möge, Harmagedon noch zu erleben«, erklärte sie mit für sie wirklich ungewohnt trübseliger Stimme. »Weißt du, ich bin nun schon so viele Jahre Zeugin Jehovas. Und immer wieder hieß es, Harmagedon kommt bald, die Zeit ist kurz. Ihr Jungen, ihr wisst davon natürlich nichts. Aber ich bin über das Warten nun alt geworden und ich weiß, dass man nicht sagen kann, wann denn Harmagedon nun wirklich kommt. Es kann genauso gut noch viele Jahre dauern.«

»Aber nein! Du kennst doch das Zeichen, du siehst doch, wie schlimm es in der Welt aussieht. Harmagedon kommt bestimmt bald!«

Schwester Danielzik lächelte nur nachsichtig, als wollte sie sagen: Als ich so jung war wie du, da habe ich auch noch so gedacht. Ich war verwirrt.

Aber hatte sie nicht Recht? Sie musste nun unzählige Jahre in den Dienst gegangen sein. Immer mit Harmagedon im Nacken. Und ihre Erwartung hatte sich bis heute nicht erfüllt.

Würde ich es aushalten, noch zwanzig oder dreißig Jahre in den Dienst zu gehen? Oder sogar noch länger? »Die Taufe ist der Anfang eines Lebensweges ...«, hieß es. Aber so hatte ich mir diesen Lebensweg eigentlich nicht vorgestellt ...

Ach nein, was dachte ich denn da! Harmagedon stand vor der Tür! Dass Schwester Danielzik so alt war und schon so viel von

der Endzeit mitgekriegt hatte, bewies doch nur, dass es nun endgültig nicht mehr lange dauern konnte.

Eines Abends bekam ich auf einmal einen Telefonanruf von
einem Zahnarzt in Gettorf, das war zwanzig Kilometer von meinem Wohnort entfernt. »Ich habe gehört, dass Sie eine Ausbildungsstelle zur Zahnarzthelferin suchen?«

»Ja, das stimmt«, antwortete ich überrascht. »Aber eigentlich
suche ich eine Stelle in Eckernförde. Gettorf ist mir ein bisschen
zu weit.«

»Haben Sie ein Auto? Da wären das nur zehn Minuten mehr
zu fahren. Zehn Minuten machen den Kohl doch nicht fett, oder?
Was für einen Schulabschluss haben Sie?«

»Ich mache gerade Abitur. Nächste Woche habe ich die letzte Prüfung.«

»Ah, Abitur. Das stört mich nicht. Ich mag es, wenn man
jemandem nicht alles zwanzigmal sagen muss. Außerdem suche
ich sowieso nur eine Auszubildende, das heißt, Sie können nach
der Ausbildung nicht bei mir weiterarbeiten. Wie wär's? Möchten Sie sich Montagmittag bei mir vorstellen? Ihre Bewer-
bungsunterlagen können Sie dann ja mitbringen.«

»Ja, ist gut, ich komme.«

Was war denn jetzt das? Andere schrieben Bewerbung über
Bewerbung, und ich bekam telefonisch Angebote? Das war der
Segen Jehovas! Hier bot er mir eine Stelle an, die musste es sein.

Montag also fuhr ich zu dieser Zahnarztpraxis im Herzen von
Gettorf. Als ich das Praxisschild sah, bekam ich jedoch einen
kleinen Dämpfer: Gerade dienstags und donnerstags hatten die
lange Sprechstunde, bis sieben Uhr abends. Da hatte ich mich
wohl zu früh gefreut.

Der Zahnarzt, Herr Müller, empfing mich freundlich und distanziert. Unter seinen weißen gewellten Haaren schauten mich
hervorstechende blaue Augen aus einem schlanken Gesicht an.
Wir nahmen im Wartezimmer einander gegenüber Platz, und
ich musste ein bisschen von meinen Vorstellungen erzählen.

»Ich decke gleich die Karten auf den Tisch«, begann ich, »ich bin Zeugin Jehovas und meine Religion ist mir sehr wichtig. Ich habe auf Ihrem Schild unten gesehen, dass Sie dienstags und donnerstags bis sieben Uhr Sprechstunde haben. Um sieben muss ich aber bei der Versammlung sein.«

»Machen Sie sich darüber man keine Gedanken«, beeilte Herr Müller sich zu sagen. »Da wird sich schon eine Regelung mit den anderen Helferinnen finden. Sie gehen halt einfach an diesen Tagen früher, und an den anderen Tagen dürfen dafür die anderen früher gehen. Darf ich einen Blick in Ihre Unterlagen werfen?«

Ich reichte ihm meine Bewerbungsmappe, die er flüchtig überflog.

»Hm, hm. Gut, gut. Also, von mir aus können Sie anfangen. Wann passt es Ihnen? Sofort?«

Das ging ja alles unnatürlich hoppla hopp. Theoretisch hatte ich ab nächsten Monat Zeit. Aber nein, ich wollte im Juni doch viel predigen, das hatte ich mir doch nun vorgenommen ...

»Ab Juli?«, fragte ich daher unsicher.

»Okay. Meine Angestellte wird Ihnen den Vertrag fertig machen und zuschicken. Kommen Sie, ich zeige Ihnen noch die Räume.« Schließlich verabschiedeten wir uns, bis ich am ersten Juli frühmorgens hier erscheinen sollte. Nun, ich war gespannt. Von einem Praktikum war diesmal keine Rede gewesen. Aber darauf kam es ja sowieso nicht an. Es war ja nur ein Job.

Im Predigtdienst wurden Ruth und ich bei einem jungen Mann hereingebeten, der uns, mit ordentlicher Kurzhaarfrisur und sauber gekleidet, in ein sauberes Wohnzimmer führte, wo wir auf dem Sofa Platz nahmen.

»Ich habe da neulich diese Sendung gesehen ...«, begann er. Wie lange würde uns diese Sache denn noch im Predigtdienst behindern?

Ruth gab sich gleich interessiert. »Wie schön, dass Sie sich für Zeugen Jehovas interessieren. Doch natürlich darf man nicht alles glauben, was man im Fernsehen sieht. Es werden viele Lügen über uns verbreitet. Daher ist es wirklich gut, dass Sie uns hereingebeten haben, denn so können Sie endlich einmal Informationen aus erster Hand bekommen. Fragen Sie ruhig!«

»Ja, stimmt es, dass Zeugen Jehovas nur Freunde haben dürfen, die auch Zeugen Jehovas sind?«

Dasselbe hatte ich damals, als ich anfing, auch gefragt. Ich erinnerte mich, als ob es erst gestern wäre.

»Das kann man so nicht sagen«, antwortete Ruth routiniert. »Natürlich sind die meisten unserer Freunde auch Zeugen Jehovas. Das liegt aber daran, dass wir einfach mit solchen auch am meisten gemein haben und uns am besten verstehen. Aber es gibt kein Verbot diesbezüglich.«

Das hatte mir Ruth damals auch erzählt. Warum hatte ich dann aber jedes Mal so ein schlechtes Gewissen, wenn ich mich mit Fred unterhielt? Das brauchte ich dann doch gar nicht.

»Ach so, und stimmt es, dass Zeugen Jehovas nur Zeugen Jehovas heiraten dürfen?«

Ich hatte erwartet, dass Ruth hier 1 Korinther 7,39 aufschlagen würde (»*Eine Frau ist gebunden, solange ihr Mann lebt; wenn aber der Mann entschläft, ist sie frei, zu heiraten, wen sie will; nur dass es in dem Herrn geschehe!*«). Stattdessen antwortete sie etwas ganz anderes:

»Nein, natürlich nicht. Das fällt in die gleiche Kategorie, von der wir eben schon sprachen. Natürlich würde ein Ehemann für mich wahrscheinlich ein Zeuge Jehovas sein, weil ich mich so am besten mit ihm verstehen würde. Auch bei Ihnen wäre es doch sicher so, dass Sie jemanden wählen würden, mit dem Sie möglichst viele Hobbys gemein haben.«

»Das heißt, wenn ich Sie richtig verstanden habe: Es wäre völlig in Ordnung, wenn Sie dann aber doch jemanden heiraten würden, der kein Zeuge Jehovas ist?«

»Natürlich! Das wäre selbstverständlich ganz allein meine private Gewissensentscheidung«, sagte Ruth im Brustton der Überzeugung.

In meinem Kopf drehte sich alles. Hatte ich nicht wieder und wieder im Wachtturm gelesen, dass ein *treuer* Christ keinen Weltmenschen heiratete? Wurde nicht auf den Kongressen immer und immer wieder betont, dass es ein *Gebot* war, »nur im Herrn zu heiraten«? Würde nicht jeder, der einen Nichtchristen heiratete, deswegen schief angesehen werden, weil er ja nicht loyal zu Jehova gestanden hatte, weil er jemanden lieben konnte, der Jehova nicht liebte? Wenn es das war, worüber sich die Abtrünnigen im Fernsehen beschwert hatten, konnte ich das dann als Lügen ansehen? Wer log hier?

Und doch saß hier Ruth und erzählte diesem Menschen etwas von reiner Gewissensfrage, ohne dabei rot zu werden. Man sah dem Mann an, dass auch er nicht wusste, wem er nun glauben sollte. Als er jedoch anfing, Bibelstellen in Frage zu stellen, verabschiedete sich Ruth ungewöhnlich schnell und vertröstete ihn auf ein anderes Mal.

»Warum wolltest du nicht weiter mit ihm diskutieren?«, fragte ich Ruth völlig verwirrt, sobald wir die Wohnung verlassen hatten und außer Hörweite waren. Ruth war gerade dabei, ihre Notizen zu machen.

»Weil er anfing, nur noch alles mies zu machen. Du weißt doch: Wir wollen schafähnlichen Menschen die Wahrheit bringen und nicht herausfinden, ob es wirklich die Wahrheit ist. Wir haben unseren Glauben geprüft und für richtig befunden. Wir haben es nicht *nötig*, zu diskutieren.« Das sagte sie mit einer Arroganz, die ich bei ihr so noch nie gesehen hatte. Hatten denn bei ihr überhaupt keine Zweifel Platz?

Würde auch ich jemals aufhören können zu diskutieren, Fragen zu stellen und Kritik zuzulassen? Es war so fest in mir drin. Es war der »Geist der Welt«, der noch immer ein wenig in mir wohnte. So stark wie Ruth war ich noch lange nicht.

Aber diese Überzeugung, mit der sie sprach: »Wir haben unseren Glauben geprüft«, hinterließ noch lange einen schalen Nachgeschmack bei mir. Wie hatte sie denn ihren Glauben geprüft? Das Einzige, was sie doch über Glaubensdinge gelesen hatte, waren die unzähligen Wachttürme und Erwachet gewesen. Konnte man das »seinen Glauben geprüft« nennen, wenn man kein einziges Buch der anderen Seite gelesen hatte?

»Warum hast du dem Mann nichts vom Gebot erzählt, nur im Herrn zu heiraten?«, wollte ich von Ruth wissen. Meine Zweifel waren noch längst nicht zur Ruhe gekommen, ich hatte noch Prüfung und auch Diskussion *nötig.*

»Weil das in diesem Fall keine Rolle spielte«, antwortete Ruth immer noch mit derselben Arroganz. »Wichtig war es, ihn so auf uns einzustimmen, dass der Same der Wahrheit in ihm Fuß fassen kann. Die Bibel sagt, dass wir listig sein sollen wie die Schlangen. Außerdem stimmt es doch, dass niemand dafür ausgeschlossen wird, wenn er doch einen Ungläubigen heiratet.«

Konnte man das so sehen? War es gerechtfertigt, jemandem Informationen dieser Art vorzuenthalten, damit er erst einmal in die Versammlung aufgenommen werden konnte, und hinterher erzählte man ihm dann, worauf er sich da wirklich eingelassen hatte? Wie konnte sie das mit ihrem Gewissen vereinbaren? Ich konnte es nicht. Für mich waren Halbwahrheiten ebenso schlimm wie richtige Lügen. Für Ruth anscheinend nicht.

Wer wusste schon, worin sie auch mir nicht die ganze Wahrheit gesagt hatte?

Auch an der nächsten Tür wurden wir wieder kritisch beäugt. »Sie sind doch eine ganz miese Sekte!«, sagte eine Hausfrau mittleren Alters, den Besen in der Hand.

»Wie schön, dass Sie Ihre Arbeit unterbrechen, um uns Gelegenheit zu geben, Ihnen das einmal aus unserer Sicht darzustellen«, nahm Ruth ihr mit einem Blick auf den Besen jeden Wind aus den Segeln. »Aber ich muss betonen, dass wir durchaus keine Sekte sind.«

Die Frau schnaubte ungläubig.

»Wenn Sie gestatten«, fuhr Ruth unbeirrt fort, »lese ich Ihnen einen Abschnitt dazu aus einem sehr aufschlussreichen Buch zu diesem Thema vor. Hier drin steht nämlich die Definition von ›Sekte‹.« Ruth zog das Unterredungsbuch aus ihrer Tasche, schlug es routiniert auf und hielt es der Frau so hin, dass beide hinein-schauen konnten. Ruth begann vorzulesen. Ich kannte diesen Text schon ebenso gut wie sie, doch zum ersten Mal begann ich ihn mit den Ohren dieser Frau zu hören.

»Eine Sekte ist also eine Gruppe, die sich von einer größeren Religionsgemeinschaft abgespalten hat oder die einem bestimmten menschlichen Führer folgt. Wir Zeugen Jehovas sind aber keine Abspaltung einer Kirche, sondern wir kommen aus allen sozialen Schichten und den unterschiedlichsten Religionen. Auch folgen wir keinem menschlichen Führer, sondern Jesus Christus«, fasste Ruth ihre Worte zusammen. Dann hielt sie inne, um den Worten Gelegenheit zu geben, auf die Frau einzuwirken.

Die zeigte sich davon aber wenig beeindruckt und fertigte uns mit einem »Mag sein, aber ich bin im Moment wirklich sehr beschäftigt« ab. Ruth ließ ihre Wunderwaffe wieder in ihrer Tasche verschwinden und machte sich Notizen. Der Zeitschrif-tenabsatz für heute ließ wieder sehr zu wünschen übrig.

Wir gingen noch an einige Türen, aber ich versah meinen Dienst nur noch sehr automatisch. Denn die ganze Zeit tönten mir die Worte aus dem Unterredungsbuch im Ohr.

»Wir kommen aus den unterschiedlichsten Religionen ...« Unsere Religion war doch klar auf das Christentum aufgebaut. Dass der Wachtturm immer wieder betonte, dass die Religion der Zeugen Jehovas im ersten Jahrhundert nach Christus ihren Anfang nahm, änderte doch nichts an der Tatsache, dass im neun-zehnten Jahrhundert dieser Charles Taze Russell zusammen mit ein paar anderen »Bibelstudenten« diese Religion gründete. Damals nannten sie sich noch »Bibelforscher«. Sie waren vor-her alle Christen gewesen. Sie hatten sich von der christlichen Kirche abgespalten.

Und dass heutzutage auch Moslems oder Buddhisten (wenn wohl auch nur in seltenen Fällen) zur Wahrheit bekehrt werden konnten, bedeutete doch nicht, dass der Ursprung dieser spe-ziellen Religion in der Luft schwebte. Die Wurzeln waren doch klar erkennbar. Bruder Russell hatte doch nicht etwas völlig Neues erfunden. Auch er hatte seine ersten Weisheiten doch in der ganz normalen Kirche gelernt.

»Wir folgen Jesus Christus ...« Folgten nicht alle Kirchen Jesus Christus? Zumindest waren sie alle in dem Glauben, ihm zu folgen. Die Katholiken hatten ihren Papst, die Baghwanis hatten Baghwan, die Moslems hatten Ajatollahs ... und wir hatten die leitende Körperschaft in Brooklyn. Das waren doch auch nur Menschen, aber ihr Wort war Gesetz. Was sie im Wachtturm schreiben ließen, waren Worte, die von Jehova kamen. Nach diesen Worten konnten Menschen aus der Gemeinschaft ausgeschlossen werden. Die leitende Körperschaft durfte niemals angezweifelt werden.

Konnte man wirklich sagen, wir waren keine Abspaltung? Konnte man wirklich sagen, wir folgten Christus und nicht Menschen?

Mir wurde bewusst, dass ich diesen Absatz aus dem Unterredungsbuch niemals an den Türen würde vorlesen können, ohne mir lächerlich vorzukommen. Hatte Ruth denn nicht gemerkt, dass das alles keine wirklich stichhaltigen Argumente waren? Aber natürlich nicht, sie prüfte ja nicht mehr. Sie hatte ja schon. Wahrscheinlich als kleines Mädchen, als ihre Mutter ihr aus dem Wachtturm vorlas.

Aber ich wollte nicht ungerecht gegenüber Ruth werden. Sie opferte sich auf für ihren Glauben! War das nicht etwas wirklich Achtenswertes? Bei all ihrer Arroganz hatte sie doch trotzdem meinen Respekt verdient.

Warum aber stand im Unterredungsbuch kein einziger *wirklicher* Grund, warum wir nicht Sekte genannt werden konnten?

Oder – und dieser Gedanke klemmte mir die Luft ab – gab es gar keinen?

KAPITEL 17

Am ersten Juni hielt ein Mitarbeiter der deutschen Zentrale in Selters in unserer Versammlung eine Dienstansprache mit dem Thema »Als Geistmenschen wachsen« und sorgte für viele Ooos und Aaahs. Meine Zweifel hatte ich wieder in die hinterste Ecke meines Selbst verbannt. Irgendwann würde ich schon noch die Antworten auf meine Fragen finden und dann würde sich alles aufklären. Jehova stützte mich doch. Er hatte mich so reich gesegnet, und ich war getauft und ihm hingegeben, da durfte ich mich nicht so schnell aus der Bahn werfen lassen. Und nach dieser Dienstansprache ging es mir wieder richtig gut.

Zufrieden warf ich meinen Predigtdienstbericht über 26 Stunden ein und nahm mir vor, mich wieder verstärkt auf mein geistiges Wachstum zu konzentrieren, statt Satan durch meine Zweifel Raum zu geben.

Die Post brachte mir meinen Ausbildungsvertrag, den ich postwendend unterschrieben zurücksandte. Helga murmelte etwas von wegen »wie immer mehr Glück als Verstand«, aber für mich war es sonnenklar, dass dies Jehovas Werk war. Er ebnete mir den Weg, er würde mich bestimmt auch einmal zur Vollzeitdienerin, also zum Pionier machen.

Donnerstag durfte ich in der Dienstzusammenkunft bei einer Demonstration mitwirken. Eine Schwester sollte demonstrieren, wie das, was im »Königreichsdienst« als Vorgehensweise vorgeschlagen wurde, in der Praxis auszusehen hatte. Ich durfte als Partnerin mitwirken und das Schäfchen an der Haustür spielen. Das war eine große Ehre für mich, ein *Vorrecht*. Es bedeutete, dass ich in der Versammlung anerkannt war. Ich war Jehova sehr dankbar dafür.

Am 13. Juni war Entlassung aus der Schule. Bei fast allen waren sogar die Eltern mitgekommen. Ich war alleine da, denn Mama hatte gemeint: »Ach, nein, geh man alleine, ich war schon bei der Entlassung deines Bruders damals nicht dabei, da brauche ich hier doch auch nicht mitzukommen. Was soll ich denn da?«

Als ich aufgerufen wurde, holte ich mir mein Zeugnis ab und verschwand wieder unauffällig im Hintergrund. 2,2 hatte ich geschafft. Na also, das reichte doch völlig aus.

Für den Abend stand der rauschende Abi-Ball an, für den schon Wochen vorher in der Schule so viel geübt worden war. Das alles ging mich nichts an. Das war eine rein weltliche Veranstaltung, wo ich nichts zu suchen hatte. Gegen Tanzen war zwar nichts einzuwenden, aber hier zechten die Ungläubigen, und womöglich kam es zu so mancher Hurerei.

Außerdem wusste ich sowieso nicht, mit wem ich da hätte tanzen sollen. Die Jungen waren doch alle so blöd!

Ich besuchte Fred im Krankenhaus, wo er nach einer Meniskusoperation noch genesen musste. Auch seine Frau lernte ich dort kennen. Fred freute sich sehr und wir unterhielten uns knapp eine Stunde über dieses und jenes. Ich schaffte es nicht, Zeugnis über die Wahrheit zu geben. Aber dann erinnerte ich mich, dass damals, als ich Ruth und Manuel das erste Mal besuchte, auch nur über alltägliche Dinge geredet worden war. So machte man sich Freunde. So konnten Ungläubige der Wahrheit gegenüber aufgeschlossen bleiben. Ob sie das damals auch als Predigtdienst gerechnet hatten? Dieser Gedanke gefiel mir nicht.

Ich würde das hier jedenfalls nicht als Predigtdienst abrechnen. Denn wenn ich ehrlich war, besuchte ich Fred auch, weil ich ihn mochte, nicht um ihn zu bekehren. Das mit dem Bekehren würde sich schon noch finden. Jehova leitete mich schließlich, und wer wusste, wozu das hier noch gut sein würde.

Für die nächsten zwei Wochen hatte ich mich für fast jeden Tag verabreden können. Einige Termine musste ich leider wieder streichen, weil sich diejenigen nicht wohl fühlten oder aus irgendeinem anderen Grund nicht konnten, und in der Versammlung fand ich so kurzfristig nur schwer Ersatz.

»Ruth, hast du nicht noch Zeit, irgendwann in den nächsten zwei Wochen?«, fragte ich sie.

»Nein, leider nicht. Daniel besucht mich nämlich, du weißt, der Bruder, den ich in der Pionierschule kennen gelernt habe. Du hast sicher Verständnis dafür, dass ich in diesen Wochen hauptsächlich mit ihm in den Dienst gehen möchte.«

»Ja, natürlich.« Das bedeutete, dass es zwischen Daniel und Ruth richtig ernst war. Denn wenn ein junger Zeuge und eine junge Zeugin so viel Zeit miteinander verbringen wollten, konnte das nur bedeuten, dass sie sich auf diese Weise vor der Hochzeit besser kennen lernen wollten. In den Büchern der Gesellschaft wurde dieses Vorgehen immer wieder empfohlen.

Zwar wurde auch immer betont, dass man noch mehr Zeit für Jehova aufbringen konnte, wenn man niemanden hatte, mit dem man die Liebe zu Jehova teilen und auf den man Rücksicht nehmen musste, aber ein junger Pionier – etwas Besseres konnte Ruth doch gar nicht finden.

Daniel lernte ich in der nächsten Versammlung kennen. Er hatte tatsächlich viel Ähnlichkeit mit Ruth: Die gleichen dunklen und treuen Augen, der gleiche schmächtige Körperbau, und wenn er nicht schon so schütteres Haar gehabt hätte, dann hätte er wohl auch die gleichen dünnen schwarzen Locken gehabt.

»Das ist also Daniel Hechler, von dem ich dir erzählt habe«, stellte Ruth ihn mir vor. »Dies ist Martina«, erklärte sie daraufhin Daniel, »mein geistiges Kind.«

»Ah, freut mich, dich kennen zu lernen!« Daniel drückte mir zart die Hand.

»Habt ihr denn in eurem Haus noch ein Plätzchen für ihn finden können?«, fragte ich Ruth. Ich konnte mir gar nicht vorstellen, wo sie ihn da unterbringen wollten. Etwa in Ruths kleinem Zimmer unter dem Dach?

»Wo denkst du hin?«, sagte Ruth entrüstet. »Was meinst du, was das für ein Gerede bei den Nachbarn geben würde, wenn Daniel bei mir schlafen würde. Nein, ich schlafe so lange bei meiner Oma, die wohnt ja in derselben Straße, und die Nachbarn wissen das auch.«

Ich konnte mir zwar nicht vorstellen, dass in der heutigen Zeit irgendjemand daran Anstoß nehmen würde, aber wenn wir an den Türen Moral predigen wollten, war es sicher besser, nicht den kleinsten Anlass für Gerüchte aufkommen zu lassen. Wie bitter, die Liebenden waren getrennt, so nah und doch so fern. Da konnte ich mir gut vorstellen, dass die beiden bestimmt ihre Hochzeit herbeisehnten.

»Ich habe Ruth ja davon abgeraten«, erklärte mir Eva ernst, »schließlich ist es so kurz vor dem Ende sicher besser, mit dem Heiraten bis zur Neuen Welt zu warten, aber Ruth ist ja so verliebt ... Na ja, und Klaus und ich, wir haben ja damals auch geheiratet und sogar Kinder bekommen, also wird es schon gut gehen. Jehova wird es schon segnen.«

Ruth saß während der Versammlung zwischen Daniel und mir, aber ihre Aufmerksamkeit galt ganz Daniel, das war nicht zu übersehen. Tja, jetzt wurde es wohl endgültig Zeit, mir neue feste Freunde zu suchen. Denn Daniel wohnte in München, und wenn Ruth ihn tatsächlich bald heiratete, würde sie sicher wegziehen. Sie schien nicht traurig darüber zu sein. Wahrscheinlich überstrahlte ihr Glück alles andere, so dass ich auch noch das letzte bisschen an Bedeutung verlor.

Ach, wenn Jehova mir doch nur auch einen Ehemann schenken würde! Bis jetzt hatte er meine Gebete nicht gehört. Wahrscheinlich sollte ich wohl noch ein bisschen älter werden und bis dahin mehr Erfahrung im Predigtdienst sammeln, aber warum ließ er dann diesen Schmerz in meinem Herzen zu?

Samstag traf ich mich pünktlich um neun mit Birgit am Treffpunkt beim Königreichssaal.

Birgit war mit ihrer Familie erst kürzlich in unsere Versammlung gewechselt. Sie wohnten in Barkelsby und lagen daher genau zwischen zwei Versammlungen, so dass sie sich anscheinend eine aussuchen konnten. Eckernförde gefiel ihnen besser.

Birgits Mann, Bruder Seidel, war natürlich sogleich als neuer Ältester begrüßt worden. Sie brachten auch drei pubertierende

Kinder mit in die Versammlung: Katja, siebzehn Jahre, die bald von der Mittelschule auf meine alte Schule wechseln wollte, um das Abitur zu machen (das fand ich wirklich bemerkenswert), und noch zwei Jungen, die anscheinend nur mit Mühe in Anzug und Krawatte gezwängt werden konnten. Jedenfalls sahen sie nicht aus, als ob sie wirklich aus vollem Herzen ihren Wachtturm studierten.

Birgit fuhr trotz ihrer Leibesfülle einen kleinen hellblauen Fiat. »So ein kleines Auto ist nicht teuer«, erzählte sie, »und zum Predigtdienst braucht man unbedingt ein Auto, sonst kommt man ja gar nicht in die ganzen ländlichen Gebiete.«

Für heute wollte sie hauptsächlich Rückbesuche durchführen. Wir fuhren also zu allen möglichen Häusern, manche kilometerweit voneinander entfernt, gaben Zeitschriften ab und hielten das eine oder andere Schwätzchen. Insgesamt schafften wir dreieinhalb Stunden, aber gut die Hälfte davon hatten wir im Auto verbracht. Birgits Gewissen schien das nicht zu belasten, und mir war es ehrlich gesagt auch recht. Aber Ruth hätte das so nie gemacht, dachte ich.

Am Montag drauf traf ich mich mit Katja. Auch sie war mir sehr sympathisch, die ganze Familie machte überhaupt einen frischen und lockeren Eindruck auf mich, so ganz anders als Hoffmanns.

»Wo ist denn dein Gebiet?«, fragte Katja mich fröhlich.

»Äh, ich habe noch kein Gebiet. Ich bin bisher einfach immer in die Gebiete der anderen mitgegangen.«

»Du hast noch kein Gebiet? Das ist aber doof. Ich habe nämlich auch keins.«

Wir schauten uns beide ziemlich ratlos an, aber dann mussten wir auf einmal beide gleichzeitig losprusten.

»Und was machen wir jetzt?«, fragte ich lachend. »Drei Stunden Straßendienst, oder was?«

»Ach was, wir gehen einfach in ein Gebiet von meiner Mutter. Die hat genug und bestimmt nichts dagegen. Wir haben nur leider die Notizen nicht. Hoffentlich war sie da nicht erst letzte Woche. Das wäre peinlich.«

Wir fuhren zu einer Gruppe von Hochhäusern und begannen, von Tür zu Tür zu gehen. Wie immer bei Mietwohnungen war mehr als die Hälfte nicht anzutreffen. Draußen aber regnete es mittlerweile in Strömen, und hier drinnen wurde man nicht ganz so nass.

»Ach, das hat irgendwie doch gar keinen Sinn«, meinte Katja nach einer Dreiviertelstunde genervt, »uns fehlen einfach die Notizen. Außerdem bin ich schon ganz feucht. Was hältst du davon, wenn wir aufhören und noch ein bisschen bei mir zusammensitzen?«

Meinem Stundenkonto tat das zwar gar nicht gut, aber auch bei mir war die Motivation mittlerweile auf dem Nullpunkt angelangt. Also gab ich nach und wir fuhren zu ihr nach Hause. Es war auch einfach zu verlockend.

Bei Ruth hätte es das nicht gegeben, mit dem Dienst aufhören, wenn man noch Zeit hatte, und stattdessen zusammen herumklönen, dachte ich.

Wir ließen uns auf der Sofagarnitur nieder und futterten Schokolade. Ein wenig erinnerte mich die Wohnung an Sünje. Manchmal vermisste ich die Schule und die Freunde, die ich gehabt hatte.

Wir sprachen über Katjas Probleme in Mathe und ich versprach ihr, meine gesammelten mathematischen Formeln und Regeln mitzubringen, als auf einmal Hard Rock zu uns herübertönte. Die Musik kam aus diesem Haus!

»Wer hört denn hier Hard Rock?«, fragte ich entsetzt. Das war wahrlich keine christliche Musik.

»Ach, das ist nur Kai, mein Bruder. Der hört immer so etwas. Meine Eltern finden das auch nicht gut, aber was können sie schon dagegen machen?«

Auch das hätte es bei Ruth nicht gegeben. Da sah man doch, dass die lasche Haltung der Eltern auch auf die Kinder abfärbte und zu den schlimmsten Ergebnissen führte. Wen sollte es da wundern, wenn die einmal die Gemeinschaft verließen oder ausgeschlossen wurden.

Aber halt! Das hier waren getaufte Brüder und Schwestern. Sie hatten sich für Jehova entschieden. Und in der Bibel stand nicht, dass Hard Rock eine Sünde wäre. Sicher, es war eine Schlinge und konnte zu Ausschweifungen und damit zur wirklichen Sünde führen, aber das musste ja nicht zwangsläufig so sein. In der Versammlung jedenfalls waren sie doch anerkannt, der Vater war sogar Ältester ...

Ich beschloss also, dass, solange mir nichts Schlimmeres auffiel, Katja und Birgit meine Freunde bleiben konnten – wenn auch meine Meinung über Kai stark gelitten hatte. Aber ich würde meine Augen aufbehalten und wachsam bleiben. Satan hatte seine Finger überall.

Am Freitagnachmittag durften wir unsere Loyalität unter Beweis stellen, indem wir zahlreich beim Königreichssaal erschienen, um die Außenanlagen zu säubern. Dadurch, dass gut vierzig Leute gekommen waren, war die Angelegenheit auch in weniger als einer Stunde erledigt. Auch meinem schlechten Gewissen tat es gut, denn meine Verabredung für den Predigtdienst hatte an diesem Tag wieder einmal abgesagt, so dass ich noch gar nichts für Jehova getan hatte.

Wenigstens stand meine Verabredung für den nächsten Tag noch: Diesmal wollte ich endlich einmal mit Schwester Merz gehen. In der Zeit, als ich noch bei ihr mitfuhr, war ich jede Woche zweimal bei ihr aus- und eingegangen, aber im Predigtdienst waren wir noch nie zusammen gewesen.

Wir trafen uns um neun Uhr am Treffpunkt. Danach war ich diesmal so richtig motiviert loszugehen, aber Schwester Merz wirkte wie ein Bremsklotz. Wie immer kam bei ihr nie mehr als ein mühsames Lächeln über die Lippen, und nach einer halben Stunde war sie doch tatsächlich der Meinung, wir hätten jetzt erst einmal genug getan und sollten wieder nach Hause fahren.

Zu Hause rechnete ich meine Stunden zusammen, die ich in diesem Monat geschafft hatte. Ich war niedergeschmettert: Nur 36 Stunden! Das war wohl nichts mit Hilfspionier. Aber wie hätte ich denn mehr schaffen sollen? Ich wusste, dass Ruth oft auch alleine in den Dienst ging, vor allem bei Rückbesuchen, Heimbibelstudien und so. Sie hatte aber auch genug Gebiet, um das zu tun. Was ich also brauchte, war Gebiet! Aber wo bekam man das her?

Tags darauf warf ich diskret meinen Berichtszettel ein. Ach, ich hätte mehr Straßendienst machen können. Oder Mama noch mehr vorlesen. Ich hätte auch nicht so schnell nachgeben dürfen, wenn die anderen aufhören wollten. Ich hätte sie viel mehr motivieren müssen! Es hieß immer, man hatte genug Dienst gemacht, wenn man alles getan hatte, was man konnte. Aber ich hätte mehr tun können!

Ich hätte auch mehr tun müssen!

Oh, Jehova, gib mir Kraft, dein loyaler Diener sein zu können. Ohne deine Kraft sind wir nichts, nur durch deinen Geist können wir in dieser Zeit bestehen. Satan tut alles, um dein Werk zu behindern, auch indem er uns beschäftigt hält oder uns träge und feige werden lässt. Gib mir daher die Kraft, Satan zu widerstehen und so viel zu tun, wie du es mir möglich sein lässt. Vergib mir!

Von der Seite kam Doris auf mich zu. Ich befürchtete schon, jetzt wollte sie auch die letzten Termine, die ich mit ihr hatte, absagen. Aber ihr Gesicht blickte freundlich, mütterlich auf mich.

»Ich habe gehört, du hast noch kein Gebiet?«, fragte sie mich belustigt.

»Ja, das stimmt. Weißt du, wo man Gebiet bekommen kann?«

»Nun, Gebiet ist bei so vielen Verkündigern immer rar. Als Pionier habe ich zwar schon eine ganze Menge, aber die brauche ich auch. Aber weißt du was? Ich habe da eine Straße, die scheint mir mittlerweile wirklich zu schwierig für mich. Die machen schon gar nicht mehr auf, wenn sie mich vor der Haustür stehen sehen. Ich habe mir gedacht, dass es vielleicht günstig wäre, wenn mal ein anderes Gesicht sie besucht. Willst du das Gebiet haben?«

Die Erhörung meiner Gebete! Jehova, ich danke dir!

»Ja, klar will ich das Gebiet haben«, rief ich.

»Hier, ich gebe dir die Gebietskarte.« Doris gab mir ein Stück braunen Karton, eingebettet in eine Klarsichtschutzhülle, ungefähr vom Format meines Taschenkalenders. »Ich wünsche dir Jehovas reichsten Segen.«

»Gebietskarte«, las ich. Darauf befand sich eine Skizze, auf der ein einzelner Straßenabschnitt aufgemalt war. Die Häuser 4 bis 34 auf der rechten Seite und 1 bis 27 auf der linken Seite gehörten dazu, 36 Familien, stand oben in einer Ecke der Karte. Nicht viel, aber immerhin. Mein erstes eigenes Gebiet!

Mann, wie stramm das doch alles durchorganisiert war! Jedes Haus wurde also auf so einem Stück Karton erfasst, vergeben und bearbeitet. Wie wohl die Gebietskarte für mein Zuhause aussah? Dieser Gedanke war wieder unangenehm und ich dachte nicht weiter darüber nach.

Doris war ganz fröhlich weitergegangen. Klar, sie hatte jetzt eine Sorge weniger: Sie brauchte nicht mehr ständig ein für sie unfruchtbares Gebiet zu bearbeiten und hatte wieder ein reines Gewissen. Aber vielleicht konnte ich dort ja tatsächlich mehr ausrichten als sie. Vielleicht wartete in diesem Gebiet ein Mensch, der gerade durch mich am besten zur Wahrheit geführt werden konnte. Vielleicht war auch das Jehovas Wille und deswegen hatte ich dieses Gebiet bekommen.

Und ich konnte auch wohl kaum erwarten, dass einer wirklich gutes Gebiet abgab, oder?

Am Montag, dem ersten Juli, erschien ich pünktlich in der Zahnarztpraxis in Gettorf, zwei weiße Kasacks im Gepäck.

Eine kleine, dicke Helferin mit langen blonden, zotteligen Haaren empfing mich.

»Ah, du bist also die neue Auszubildende?«

»Ja. Und Sie sind also die Helferin hier?«

»Nee, nee, ich bin nur diese Woche zur Aushilfe da. Die anderen beiden sind im Urlaub. Komm, ich zeig dir alles.«

Jetzt verstand ich auch, was mein neuer Chef mit »ich mag es, wenn man nicht alles zwanzigmal sagen muss« gemeint hatte.

Die Helferin musste sich nämlich die meiste Zeit um die Rezeption und das Labor kümmern, während ich in den zwei Behandlungszimmern dem Zahnarzt zusah. Und der quittierte es mit einem anerkennenden Nicken, dass ich schon nach einer halben Stunde ganz passabel assistieren und Salben anrühren konnte, jedenfalls empfand ich es so.

Ich glaubte nicht, dass es normal war, dass eine Auszubildende in diesem Gebiet gleich mit den Aufgaben allein gelassen wurde, aber es machte mir eigentlich richtig Spaß dadurch. Wie gut, dass ich jetzt nicht acht Stunden täglich Brillenstärken und Augenbinnendruck messen musste. Jehova hatte mir da genau den richtigen Job gegeben. Nicht zu langweilig, aber auch nicht zu ausfüllend.

»Am Freitag bräuchte ich allerdings einen Tag Urlaub, weil ich da zum Bezirkskongress nach Hamburg muss«, eröffnete ich sogleich meinem Chef. Der schaute nur kurz von seiner Arbeit hoch und murmelte dann etwas von wegen »Ja, ja, das geht schon in Ordnung«. Die Aushilfshelferin war zwar alles andere als erfreut darüber, aber sie sah aus, als hätte sie ihrem Chef auch nichts anderes zugetraut.

Ruth hatte mich für die Fahrt zum Bezirkskongress bei Stanewskys untergebracht. »Daniel kommt doch in meinem Auto mit, du weißt doch.« Ja, ja, ich gönnte ihr es ja, so gut ich es konnte. Bei Paul und Gertrud im Auto war es zwar auch gemütlich, aber ich wäre trotzdem gerne wieder bei Ruth mitgefahren. Warum störte ich sie denn? Sie konnte sich doch auch mit Daniel unterhalten, wenn ich auf der Rückbank war, oder nicht?

Wenigstens durfte ich im Stadion wie gewohnt neben ihr sitzen. Aber ich sah ihren Kopf fast nur von hinten, weil sie sich die ganze Zeit Daniel zuwandte. Na ja, ich hätte es ja auch nicht anders gemacht, wenn ich verliebt gewesen wäre.

Das Motto hieß diesmal »Freiheitsliebende Menschen«, und auf dem Kongressprogrammheft waren drei Schwalben abgebildet, die frei unter azurblauem Himmel und Schäfchenwolken dahinschwebten.

Nur wir hatten die wahre Freiheit. Wir mussten fortgesetzt die Bibel studieren, um diese Freiheit zu bekommen. Die da draußen aber, die nicht den Willen Gottes taten, waren nicht frei. Sie waren Sklaven der Sünde, während wir aber Sklaven Christi waren.

Klar, unsere Freiheit war eine relative, begrenzte Freiheit. Sie wurde eingeschränkt durch die Gesetze der Physik, der Freiheit anderer und natürlich durch die Gesetze Gottes. Aber die anderen da draußen, die gingen nur ihren eigenen Begierden nach. Sie befanden sich in der Knechtschaft der Sünde, in der Knechtschaft Satans und in der Knechtschaft von Menschen, die herrschten: *dreifache Knechtschaft*!

Wir Zeugen Jehovas dagegen waren wirklich frei! Gebrauchten wir daher die uns geschenkte Freiheit richtig? Arbeiteten wir mit den Ältesten zusammen? Verrichteten wir nur ein Minimum an Predigtdienst oder waren wir reichlich beschäftigt? Dachten wir an Karriere oder an den Pionierdienst?

Ruth war in der Pause irgendwo mit Daniel verschwunden. Wahrscheinlich zeigte sie ihm alles oder war zu einem Treffen der Pioniere gegangen. Jedenfalls war ich zum ersten Mal auf einem Kongress auf mich allein gestellt.

Ich gesellte mich zu Maike, Susanne und den anderen jungen Leuten. Aber die bemerkten mich kaum. Niemand rief mir hinterher, als ich wortlos wieder davonging.

Ganz allein umrundete ich auf dem Außengelände das Stadion. Ich schwamm inmitten einer Welle von glücklichen Zeugen, die sich hier tummelten, aber nirgendwo sah ich bekannte Gesichter. Hier waren so viele, da verlief sich alles.

Aber wir waren ja alle Brüder und Schwestern, allein durch unsere Zugehörigkeit zum Volk Jehovas. Warum fühlte ich mich dann aber trotzdem so einsam?

Ich war heilfroh, als die Königreichsmelodien wieder durch die Lautsprecher tönten und es Zeit war, auf die Plätze zurückzukehren. Ruth und Daniel waren schon da und konnten kaum aufhören zu schnattern, als das Programm fortgeführt wurde.

Eine ganze Reihe von Ermahnungen folgte. Litt das Theokratische, weil wir zu viel Zeit für die Arbeit aufwandten? Hatten wir keine Zeit für das Studium, wohl aber für Entspannung?

Du müsstest einen Zeitplan aufstellen. Vielleicht solltest du auch überlegen, ob du morgens früher aufstehen könntest. Fernsehen, Hobbys und die weltliche Arbeit könnten dich von theokratischen Dingen abhalten. Doch wen freute es, wenn du Zeit für weltliche Interessen einsetztest, die eigentlich für die Anbetung reserviert war?

Die Antwort musste ich mir selbst geben: Satan natürlich.

Selbstverständlich durften wir keine Perfektionisten werden und unser Leben überorganisieren. Aber wenn wir uns die Zeit nicht einteilten, dann würde sie jemand anderes einteilen.

Natürlich: Satan.

Ich wusste, ich sollte mich frei fühlen, aber die Last der Verantwortung und die Angst vor Satan drückten mich in diesem Moment nieder. Dabei musste ich mir doch wirklich keinen Vorwurf machen: Ich studierte alles gründlich, ich ging in ausnahmslos jede Versammlung, ich ging jede Woche in den Dienst, ich bemühte mich, in allem christliche Grundsätze anzuwenden … Ich war doch so, wie Jehova mich haben wollte. Aber frei war ich eigentlich nicht.

Wir mussten als Diener Gottes unseren Auftrag erfüllen, der klar in Matthäus 24,14 und Matthäus 28,19.20 gegeben war: Predigen und Jünger machen. Trotzdem waren wir ein »freies Volk«, so hörte ich es durch die Lautsprecher. Jeder war für seine Entscheidungen selbst verantwortlich. Doch die Bibelstellen, die wir aufschlugen, zeigten, dass wir uns nur für den Dienst Jehovas entscheiden konnten.

Auf der Heimfahrt in Stanewskys Auto herrschte, abgesehen von den Königreichsmelodien aus dem Kassettendeck, bedrücktes Schweigen. Wir hatten alle etwas, wo wir uns noch verbessern mussten. Die Kongresse waren dazu da, uns »zurechtzubringen«. So konnte uns die Wahrheit frei machen. Frei von Satan, frei von dem schlechten Gewissen, nicht genug für Jehova zu tun.

So frei wie der Vogel auf dem Kongressprogrammheft. So frei würde ich wohl erst in der Neuen Welt sein können.

Der nächste Kongresstag zeigte weiter, wie wir mit unserer Freiheit verantwortungsvoll umgehen mussten: Falsche Freiheit war, zu tun, was man wollte. Die wahre Freiheit war, zu tun, was man sollte!

»Die unterstützende Rolle der Frau« war daher auch nur als Gehilfin ihres Mannes vorgesehen. Ihre Aufgaben waren klar: Haushalt, Kindererziehung, Verkündigung. Wenn die Frau so lebte, konnte sie wahre Befriedigung verspüren und Segnungen erlangen. Dann war sie frei.

Kinder mussten in der Versammlung und auf den Kongressen erzogen werden, zuzuhören und zu lernen. Am besten war es, kein Spielzeug oder Malblock mitzunehmen. *Zucht* war wichtig. Dann hatte man auch Freude an den Kindern. Dann waren alle frei.

Wir hatten Jesus als Beispiel: Wie er mussten wir ein einfaches Leben in einem Geist der Selbstaufopferung führen. Alles Weltliche war daher unnötiger Ballast. Und wer noch ledig war, konnte erst recht theokratische Ziele verfolgen. Es gab nichts Zufriedenstellenderes, als sich im Dienst zu verausgaben, auch wenn dazu Opfer nötig waren.

Für mich jedoch erschien ein Ehepartner viel reizvoller, als hundert Stunden in den Dienst zu gehen. Sogar Ruth musste es so gehen, sonst säße sie nicht auf Tuchfühlung mit Daniel und mit verklärtem Blick neben mir.

Wie mussten sich die beiden fühlen, wenn sie hier zu hören bekamen, dass sie durch ihre Heirat gerade »Ballast« aufnahmen? Anscheinend drang das gar nicht durch die rosarote Brille durch. Oder konnte ich da doch einen bedrückten Zug um Daniels Mundwinkel herum wahrnehmen? Und doch hatte Jehova die beiden zusammengeführt.

In der Pause machten sich Ruth und Daniel wieder schnell davon. Und nachdem ich mir meinen Verpflegungsbeutel geholt und aufgegessen hatte, war sogar die ganze Stuhlreihe neben mir verwaist.

Im Block nebenan sah ich Eva-Maria sitzen mit dem Beutel auf den Knien. Sara turnte auf den Schalensitzen herum. Einige ältere Zeugen blickten zwar ziemlich grimmig darauf, aber ich konnte Eva-Maria gut verstehen, dass sie das zuließ. Das Mädchen hatte fast drei Stunden stillgesessen, und in einer Stunde sollte es schon weitergehen. Spielzeug und Malblock durfte sie auch nicht haben, wie uns eben ins Gedächtnis zurückgerufen worden war.

Darum ging ich zu den beiden hinüber, die dort auch vereinsamt saßen, und unterhielt mich ein bisschen mit Sara. Zwar war das beileibe keine unterhaltsame und anregende Unterhaltung wie mit Ruth, aber Saras und Eva-Marias Augen leuchteten. Mir war bisher nie aufgefallen, dass sich fast keiner in der Versammlung um sie kümmerte.

Wir waren alle auf uns selbst gestellt. Nur Jehova war unser Helfer. Hier auf dem Kongress wurde das zwar alles so hochgejubelt von wegen in der Versammlung wären wir geschützt, die Brüder gäben uns Kraft, unabhängig dürften wir nicht sein und so weiter – aber im Grunde war doch nur jeder auf sich allein gestellt, wenn er keine leibliche Familie dabeihatte. Um mich herum saßen noch viele, vor allem alte Leute, die keinen hatten, mit dem sie reden konnten. Und hätte ich mich nicht der beiden hier erbarmt, dann wären Eva-Maria und die kleine Sara wohl auch allein geblieben. Auch hier gab es Einsamkeit. Aber wie passte das in Jehovas Volk?

Es musste wohl an der Unvollkommenheit der Menschen liegen. In der Neuen Welt würden wir bestimmt alle glücklich sein. Dann hätte jeder eine Familie, keiner wäre mehr allein. Dann würde erst richtig die Liebe herrschen können. Dann wären wir erst richtig frei.

»Ist die Ehe der Schlüssel zum Glück?«, hieß einer der Vorträge nach der Mittagspause. Wie die Antwort wohl heißen würde, konnte ich mir schon ungefähr denken, und sie gefiel mir gar nicht.

Die ersten Bibeltexte, die das ganze Stadion aufschlug und die wir uns fleißig notierten, zeigten, dass Gott jemand war, der glücklich machte. »Aber«, betonte der Redner, »wir dürfen nicht *selbst* festlegen, was glücklich macht. Besonders Jüngere meinen, sie könnten *nur* glücklich sein, wenn sie heirateten. Doch ist das so? Ist die Ehe der *einzige* Schlüssel zum Glück?«

Jehova hatte das *absolute* Recht, Bedingungen für die Eheschließung festzulegen. Und diese Bedingungen konnten wir in 1 Mose 24,3, 5 Mose 7,3.4, 2 Korinther 6,14.15 und 1 Korinther 7,39 nachlesen. Hier lasen wir schwarz auf weiß: *Keine Ehepartner, die Nichtanbeter sind!*

Ich schielte zu Ruth neben mir. Sie machte sich fleißig Notizen, der letzte Satz war doppelt unterstrichen. Und an den Türen würde sie wieder sagen, dass das eine Gewissensentscheidung war. Aber ging es hier um mein Gewissen? Laut Vortrag ging es hier doch eindeutig um Gesetze! Wie konnte ich jetzt noch ein reines Gewissen haben, wenn ich einen Nicht-Zeugen-Jehovas heiratete? Mein Magen verkrampfte sich.

»Wir alle aber wissen«, fuhr der Redner fort, »dass es mehr Schwestern als Brüder gibt. Die logische Schlussfolgerung daraus ist: Viele *können* nicht im Herrn heiraten«, und damit sprach er eine Tatsache aus, die auch mir schon in der Versammlung aufgefallen war. Dies schien ein Phänomen zu sein, das in nahezu allen Versammlungen auftrat.

»Bedeutet das aber jetzt, dass diese nun aber in jedem Fall unglücklich sind? Würden Jehova und Jesus Christus es *zulassen*, dass sie unglücklich sind? Niemals! Das bedeutet, dass es möglich *ist*, auch unverheiratet glücklich zu sein.«

Die Schlussfolgerung, dass es möglich sein müsste, auch Nichtgläubige zu heiraten, kam natürlich nicht in Betracht. Diese Argumentation machte mich ganz schwindelig. Jehova sprach auf den Kongressen zu uns, er gab uns seine Anweisungen, aber diesmal wusste ich, dass es mir schwer fallen würde, mich daran zu halten.

»Wir müssen daher *umdenken*!«

Wieder folgte ein Schwall Bibelstellen, der mich überzeugen sollte. Auch Lukas 20,34-36 ließ der Redner uns aufschlagen.

»Und Jesus sprach zu ihnen: Die Kinder dieser Welt heiraten und lassen sich heiraten; welche aber gewürdigt werden, jene Welt zu erlangen und die Auferstehung von den Toten, die werden weder heiraten noch sich heiraten lassen. Denn sie können hinfort auch nicht sterben; denn sie sind den Engeln gleich ...«

Ich hörte die erklärenden Worte des Redners zu diesem Text nur noch aus der Ferne. Wenn in der Neuen Welt die Toten alle auferstanden waren und die Erde mit Menschen gefüllt war, wie Gott es den ersten Menschen geboten hatte, dann würden irgendwann auch keine Kinder mehr geboren werden, dafür würde Gott in seiner Weisheit sorgen. Da die Ehe aber den Zweck hatte, Kinder zu erzeugen, wäre auch sie dadurch als Einrichtung überflüssig geworden. Wir hatten gerade gelesen: Wir würden dann wie die Engel sein, die ja auch geschlechtslos waren.

Übelkeit stieg in mir auf. Wenn das stimmte, dann könnte ich mich ja nicht einmal mehr auf die Neue Welt vertrösten, dass Gott mir dann wenigstens einen liebenden Ehepartner schenken würde. Aber ich würde natürlich nicht unglücklich sein, nein! Gott würde mein Denken so verändern, dass ich gar nicht mehr das Verlangen nach einem Ehepartner hatte. Zu einem geschlechtslosen Kind Gottes würde er mich machen, in alle Ewigkeit anbetend und frohlockend.

Nur nicht im Himmel, sondern auf der Erde.

Wie in Zeitraffer spulten sich die Erinnerungen in mir ab, die Erinnerungen an die vielen Bilder, die ich in den Publikationen bis jetzt gesehen hatte: Bilder von glücklichen Familien, die Harmagedon überlebten und in die Neue Welt traten. Bilder von Pärchen, die glücklich nebeneinander standen und im Paradies die Tiere betrachteten. Bilder von Familien, die in ihrem Häuschen glücklich beisammensaßen und Obst in Fülle genossen. Bilder von Kindern, die mit Löwen spielten. Kinder, die über blühende Wiesen liefen ...

Nach dem, was ich jetzt erfahren hatte, konnte das alles nur ein vorübergehender Zustand sein. Nur so lange, bis die Erde voll mit Menschen war. Dann erstarb das Kinderlachen. Dann gab es keine körperliche Liebe mehr. Dann konnten wir nur noch frohlockend unseren Garten bestellen. Und womöglich noch bis in alle Ewigkeit den Wachtturm studieren, um nicht zu vergessen, was für ein wundervoller Gott Jehova war und wie viel wir ihm zu verdanken hatten.

Hier stimmte doch was nicht!

Nur ... was?

Wir schlugen zahlreiche Bibelstellen auf, die zeigten, dass es auch biblische Personen gab, die nie geheiratet hatten und auch glücklich waren. Diese sollten wir uns zum Vorbild nehmen, denn nur Jehovas Segen war es, der wahrhaft glücklich machte.

Oh, wie glücklich und frei wir doch waren, dachte ich grimmig. Eigentlich hatte ich aber nicht vorgehabt, mein Leben als Nonne zu verbringen. Hatte so Gott meine inbrünstigen Gebete um einen Partner erhört? Mit diesem Vortrag? Indem ich glauben sollte, ich brauchte das nicht zum Glücklichsein?

Und ich hatte immer gedacht, Gott könne in mein Herz sehen.

Doch als wir alle gemeinsam aufstanden und zusammen das Lied »Wir sind Jehovas Zeugen!« schmetterten, spürte ich sie wieder, diese enge Verbundenheit mit Gott. »Predigen bringt uns Frieden und Glück«, hieß es doch auch in der letzten Strophe. Jehova führte mich doch auf meinem Weg. Und wenn er sah, wie dringend ich einen Partner brauchte, würde er auch dafür sorgen, dass ich einen fand. Schließlich hatte Ruth doch auch einen gefunden.

Die letzte Ansprache für heute, »Der größte Mensch, der je lebte«, führte zur Freigabe eines neuen Buches mit demselben Titel. Sämtliche Artikel aus dem Wachtturm über »Jesu Leben und Wirken«, die im Laufe der letzten drei Jahre erschienen waren, waren nun in Buchform zusammengefasst. Für »nur« sechs Mark war es ab sofort auf dem Kongressgelände zu haben.

Eva schaute mit weit geöffneten Augen zu Ruth und mir. »Warum ist denn das so teuer?« Allgemeines Gemurmel war auch hinter und vor mir zu hören, wurde dann aber in Sekundenschnelle vom Beifall über die neue Publikation abgelöst.

Nach dem Schlusslied und Gebet strömten wir alle aus dem Stadion und stellten uns draußen auf dem Kongressgelände in die Schlangen, die sich schon vor den Literaturständen gebildet hatten, wo wieder einmal die Kartons wie am Fließband geöffnet wurden. Auch ich nahm aufgeregt mein eigenes Exemplar entgegen und bezahlte brav. Aber nach dem ersten Blättern musste ich Eva enttäuscht Recht geben: Dieses Buch enthielt nicht nur nichts Neues, sondern war somit auch doppelt so teuer, wie es sonst für Publikationen dieser Größe üblich war. Was ging hier nur vor?

Der Sonntag stand ganz im Zeichen der üblichen Ermahnungen zu mehr Predigtdienst, gründlicherem Studium und gewissenhafterem Versammlungsbesuch. Das kannte ich ja nun schon.

Diese Zeit war die gefährlichste Zeit in der ganzen Menschheitsgeschichte! Geistig Untätige befanden sich in einer Schlinge. Diese Vorwarnung war eine liebevolle Vorkehrung Jehovas!

»Die Große Drangsal wird beginnen, noch *während* wir unserem Auftrag nachkommen!«, hörte ich die drohende Stimme aus dem Lautsprecher sagen. Beteiligten wir uns also weiterhin eifrig am Predigtwerk!

Wir würden nur überleben, wenn wir weiterhin ausharrten. Uns allen war klar, auch wenn es so nie gesagt wurde: Die Angst vor der Großen Drangsal und Harmagedon würde bis zu unserer endgültigen Rettung unser ständiger Begleiter sein. Dies war die Triebfeder, die uns dazu drängte, uns ständig zu bemühen, ein perfekter Zeuge Jehovas zu sein.

Nur das gemeinsame Singen schaffte es noch, dass ich mich noch einigermaßen geborgen fühlen konnte.

Doch der Vortrag am Sonntagnachmittag, der für die allgemeine Öffentlichkeit gehalten wurde, richtete mich wieder auf: Die Herrschaft, die vom Himmel kam, würde Gottes Volk befreien und in die Neue Weltordnung führen. Am Horizont war sie schon zu erkennen!

Die Erfüllung der Gegenwart Christi wurde immer deutlicher. Sahen wir, wie es sich beschleunigte? 1919 waren es noch 4000 Zeugen Jehovas – heute schon über vier Millionen!

Wenn wir treu blieben, konnten wir erleben, wie der Tod besiegt werden würde und ewiges Leben herrschte.

Die Freiheit von heute war nur ein Vorgeschmack!

KAPITEL 18

Als ich in der nächsten Woche mit dem Hund Richtung Wald losging, hörte ich ein Hämmern und Klopfen aus Freds Schuppen. Neugierig spähte ich um die Ecke.

»Hi, Fred, hat man dich rausgelassen aus der Klinik?«

Fred schaute überrascht von seiner Werkbank auf, und ein breites Grinsen machte sich auf seinem Gesicht breit. »Na, du? Wie geht's?«

»Mir geht es gut, danke. Aber wie geht es deinem Knie?« Er hielt das betroffene Bein merkwürdig angewinkelt.

»Ach, nicht gut. Das ist alles noch so verdammt steif. Deswegen muss ich auch immer noch mit dieser Scheißkrücke rumlaufen!« Er wies auf eine typische Krankenhauskrücke, die er in die Ecke gestellt hatte.

Eieiei, die unreine Sprache der Welt ...

»Aber arbeiten kannst du, oder was?«

»Offiziell nicht. Aber zu Hause fällt mir doch die Decke auf den Kopf! Hier in der Werkstatt kann ich mich wenigstens ein bisschen davon ablenken. Außerdem hat der Arzt gesagt, ich soll das Knie immer schön in Bewegung halten.«

»Ich glaube, damit hat er aber eher Spazieren oder so was gemeint, und nicht stundenlanges Herumstehen hinter der Werkbank.«

Fred grinste noch breiter. »Da hast du wohl sogar Recht. Hey, ich könnte ja immer mit dir ein Stück mitgehen, wenn du den Hund ausführst. Dann bin ich nicht so allein.«

Na, das fehlte noch ...

Aber wieso eigentlich nicht?

Das war die beste Gelegenheit, ihm Zeugnis zu geben. Außerdem schien er wirklich sehr allein: War es nicht ein Akt der Nächstenliebe, wenn ich ihm Gesellschaft leistete?

Er war vielleicht schlechte Gesellschaft für mich, doch ich war immerhin gute Gesellschaft für ihn, oder?

Außerdem würde so eine halbe Stunde mit einem Weltmenschen zusammen doch wohl nicht schaden. Im Dienst war ich mit Weltmenschen viel länger zusammen. Und auf der Arbeit sogar ständig, ohne ihnen groß predigen zu können.

Und außerdem mochte ich Fred einfach.

»Ja ...«, antwortete ich daraufhin nach einigem Zögern, »ich glaube, das ist eine gute Idee.«

So schnappte sich Fred also seine Krücke und humpelte langsam neben mir her. Dem Hund war es egal und ich fühlte mich seit langem einmal nicht mehr einsam.

Doch ihm Zeugnis zu geben schaffte ich wieder einmal nicht. Aber dazu würde es ja bestimmt noch genug Gelegenheiten geben. Ich durfte ja auch nicht zu fanatisch wirken. Den Glauben vorleben, so hieß es doch immer.

»Können wir heute nicht einmal in dein Gebiet gehen? Ich muss meinem Gebiet mal eine kleine Pause gönnen.« Maike war noch dünner als sonst. Für diesen Samstag hatte ich mich mit ihr verabredet.

Samstags war jetzt immer mein Predigtdiensttag. Mittwochnachmittags, wenn die Praxis geschlossen war, erledigte ich meist die Einkäufe für Mama und mich und die Arbeit, die zu Hause noch anstand. Sonntags gingen wir üblicherweise nicht von Haus zu Haus, sondern nutzten die Zeit für Heimbibelstudien und Ähnliches. Da ich aber natürlich noch kein Heimbibelstudium hatte, hielt ich es wie viele Verkündiger und nutzte den Sonntagnachmittag für das persönliche Studium zu Hause. Schließlich hatten wir immer genug Literatur, die noch gelesen und durchgearbeitet werden musste.

»Klar, warum nicht?«, antwortete ich. »Ich habe jetzt ja endlich auch Gebiet.«

Glücklich fuhr ich also mit ihr vom Treffpunkt aus in die Gegend, die auf meiner Gebietskarte angegeben war, und parkte in einer Seitenstraße.

»Es ist nur diese Straße rauf und runter, aber für heute müsste es eigentlich reichen. Lass uns an dieser Seite anfangen.«

Ich klingelte an der ersten Tür. Nach den üblichen fünf toten Minuten, in denen sich kein Gesicht und kein Geräusch gezeigt hatte, holte ich ein kleines Ringbuch aus meiner Tasche, das ich mir extra hierfür gekauft hatte, und trug das erste »NH« auf meinem eigenen Haus-zu-Haus-Notizen-Zettel ein. Ich hatte mir schon vor einiger Zeit einige dieser kleinen Formulare aus der Versammlung mitgenommen, und endlich konnte ich auch von ihnen Gebrauch machen. Was für ein befriedigendes Gefühl!

Maike und ich wechselten uns wie üblich ab. An den meisten Türen öffneten uns tatsächlich überraschte Gesichter und fragten uns, was wir wollten. Die Überraschung wandelte sich aber bald in Abscheu und Entsetzen, wenn einer von uns seine kleine Predigt begann, und selbst wenn wir dazu kamen, schließlich noch die Zeitschriften anzubieten, wollte keiner sie haben.

Auweia, ein Gebiet mit lauter Böcken! Aber ich hatte mir ja schon denken können, warum Doris auf diese Straße verzichten konnte. Das hätte sie bestimmt nicht gemacht, wenn sie hier eine Zeitschriftenroute oder gar ein Heimbibelstudium gehabt hätte.

Am letzten Haus der Straße nahm mir tatsächlich eine freundliche Hausfrau die zwei Zeitschriften ab, so dass mein Notizzettel wenigstens nicht ganz so deprimierend aussah.

»Mensch, jetzt ist schon fast wieder Mittagszeit«, stöhnte Maike entnervt. Sie sah genauso ausgepumpt aus, wie ich mich fühlte.

»Tatsächlich«, stellte ich nach einem Blick auf meine Armbanduhr fast schon erleichtert fest. »Da wollen wir die Leute nicht bei der Vorbereitung für das Mittagessen stören. Was hältst du davon, wenn wir noch in die Fußgängerzone gehen und Straßendienst machen?«, schlug ich vor. Die Aussicht auf ein bisschen entspannenden Straßendienst heiterte mein Gemüt wieder auf. So würde ich wenigstens noch ein bisschen Zeit zusammenkriegen. Diesen Monat hatte ich dadurch, dass das erste Wochenende mit dem Kongress belegt gewesen und in der Woche drauf auch nur eine Verabredung eingehalten werden konnte, noch nicht viele Stunden geschafft.

»Nein, lieber nicht«, druckste Maike seltsam verlegen.

»Wieso denn nicht?«, fragte ich erstaunt.

»Wenn ich hier in der Fußgängerzone stehe, könnte es sein, dass ein Kunde von uns mich sieht. Du weißt doch, wir haben ein Einrichtungsstudio. Das wäre schlecht für das Geschäft. Ich mache deswegen nur in Kiel Straßendienst.« Maike hatte ganz rote Ohren bekommen.

Vor Erstaunen blieb mir erst einmal die Spucke weg. Klar, in der nächsten großen Stadt würde sie kaum einer kennen, da konnte sie im Gewühl der Anonymität untergehen. Aber hieß es nicht immer, wir dürften uns nicht für die Wahrheit schämen? Aber was war das denn hier? Eigentlich müsste sie selbstbewusst für die Wahrheit einstehen, auch vor ihren Kunden. Wer sich dadurch davon abhalten ließ, in ihr Geschäft zu kommen, war es eben nicht wert. Aber so ... War das nicht eindeutig Menschenfurcht? »*Wer mich aber verleugnet vor den Menschen, der wird verleugnet werden vor den Engeln Gottes*«, warnte Jesus in Lukas 12,9.

Aber nein, sie verleugnete Jesus ja nicht. Sie ging von Haus zu Haus, sie machte Straßendienst in Kiel ... Sie war allgemein anerkannt in der Versammlung ...

»Was machen wir denn dann jetzt noch?«, fragte ich Maike deswegen ziemlich ratlos.

»Ach, eigentlich haben wir doch lange genug gemacht. Ich muss sowieso noch den Wachtturm für morgen vorbereiten. Lass uns für heute aufhören.«

»Okay«, murmelte ich. Nun hatte ich wieder nur etwas mehr als eine Stunde für meinen Bericht gesammelt. Alleine noch in die Fußgängerzone gehen ... ja, das hätte ich machen können, aber ich fühlte mich einfach nicht mehr stark genug dazu. Erst einmal musste ich diesen Vormittag verdauen.

Dafür hatte Jehova bestimmt Verständnis.

Sonntag lachte die Sonne vom Himmel. Ich hatte zwar gerade erst in der Versammlung den Wachtturm studiert, aber zu Hause hatte ich auch noch so viel, was ich noch lesen musste, dass ich mich schon wieder mit Wachtturm, Bibel, Stift und Lineal in mein Zimmer zurückzog.

Das Telefon klingelte.

»Piepgras?«, meldete ich mich.

Am anderen Ende der Leitung erkannte ich Freds Stimme. »Ich bin hier gerade am Landungssteg vom Segelclub. Hast du nicht Lust, bei dem schönen Wetter eine kleine Tour auf der Schlei mit mir zu machen?«

Der Hafen vom Segelclub war mit dem Fahrrad in einer Viertelstunde zu erreichen. Warum eigentlich nicht? Es sprach zwar gegen alle Verhaltensregeln, die ich gelernt hatte, aber es war einfach auch wirklich verlockend.

»Okay«, antwortete ich daher, »ich komme gleich.«

Mama war zwar nicht wenig erstaunt, als ich ihr davon erzählte, aber es schien ihr auch ganz recht zu sein, dass ich mal nicht nur über meinen Zeitschriften hing. »Aber muss denn das mit *dem* Kerl sein?«, warf sie mir noch mürrisch hinterher.

Ich fand im Schrank eine blau-weiß längs gestreifte Stoffhose und ein altes rotes T-Shirt, dann schwang ich mich auf mein Fahrrad und brauste vom Hofplatz. Die warme Luft wehte mir ins Gesicht und ich atmete tief durch. Ah, einfach mal wieder Fahrrad fahren, ja, das hatte ich eigentlich schon lange nicht mehr gemacht.

Nach Freds Wegbeschreibung fand ich schon bald zum Anlegeplatz. Zwei Stege führten hier ins Wasser, an einem war ein kleiner Kutter befestigt. Allerdings war keine Menschenseele hier zu sehen.

»Hallo«, hörte ich es hinter mir rufen. Fred kam durch das lange Gras aus den Büschen zu mir herübergestapft. Sein Oberkörper war nackt. Seine Schultern waren bedeckt mit krausen weißen Haaren. Der Schweiß tropfte ihm von der runzeligen Stirn. »Welchem Sträfling hast du denn *die* ausgezogen?«, meinte er grinsend. »Komm, da drüben steht unser Boot. Ich habe dem, dem es gehört, den Motor repariert. Deswegen dürfen wir uns das mal ausleihen.«

»Weiß deine Frau eigentlich, dass du dich mit mir triffst?«, fragte ich ihn herausfordernd.

»Natürlich«, erwiderte Fred mit einem scharfen Seitenblick auf mich.

»Und was sagt die dazu?«

»Der ist das recht. Die setzt ja sowieso keinen Fuß auf ein Schiff.«

»Warum denn nicht?«

Freds Gesicht verfinsterte sich plötzlich. Ich nahm einen so traurigen Zug um seinen Mund herum wahr, dass das Mitleid in mir überströmte.

»Früher hatte ich auch mal so ein Boot«, begann Fred zu erzählen, mit einer melancholischen Stimme, die ich so noch nie von ihm gehört hatte. »Anna und ich fuhren überall in der Weltgeschichte herum, so richtig große Touren, weißt du. Aber einmal, als wir da vor England irgendwo waren«, er schluckte schwer, »da kam plötzlich ein ziemlicher Sturm und das Schiff schlingerte vor und zurück. Anna wollte runter in die Kajüte, aber da verlor sie das Gleichgewicht und knallte voll unten auf den Tisch, dass die Rippen nur so krachten. Eine Rippe hat dabei die Lunge durchbohrt und das Blut schoss ihr aus dem Mund. Zum Glück waren wir nicht mehr zu weit vom Ufer entfernt und an Land haben sie sie dann wieder zusammengeflickt.« Freds Augen schauten trübe in die Ferne. »Sie hätte dabei fast ihr Leben verloren.«

Fred holte tief Luft und grinste mich wieder an. »Jedenfalls kriegt sie seitdem kein Mensch mehr auf ein Schiff. Hat einfach zu viel Angst, verstehst du? Da war es vorbei mit der Herumfahrerei auf den Weltmeeren.«

»Und was ist aus eurem Schiff geworden?«, fragte ich betroffen.

»Das haben wir verkauft.« Fred wandte sich jäh ab und ging entschlossen auf das Boot, das vor uns vor Anker lag. Das Thema war für ihn erledigt, das war klar. Aber er tat mir so Leid. Wie schön musste es da sein, wenn er wieder jemanden hatte, mit dem er segeln konnte. Und wenn es nur mal für eine Stunde war.

Tuckernd legten wir ab und begaben uns in die Mitte der Fahrrinne. Dies war also die Schlei, eine lange flussartige Ostseeförde, die in den Schleswiger Hafen führte. Seit neunzehn Jahren nun schon hatte ich in knapp vier Kilometern Entfernung von ihr gelebt, und doch war ich ihr noch nie so nahe gewesen wie jetzt.

Die frische Meeresluft blies um meine Nase und brachte eine angenehme Abkühlung. Der Wind strich um die Haut unter meinem T-Shirt, und ich fühlte mich zum ersten Mal seit langem frei, *wirklich* frei. Ich war verbunden mit Jehovas Schöpfung. Er hatte dies alles gemacht, damit wir Menschen uns daran erfreuen konnten.

Was für ein Segen!

»Willst du auch mal?«, fragte mich Fred und gab mir das Steuer in die Hand. Sein Gesicht strahlte.

Wie ein Kapitän stand ich da, Gesicht nach vorne gerichtet, Steuer fest gepackt. Hey, ihr Vögel, ich bin auch hier! Hey, ihr Wolken, ich komme!

Der Geruch nach Tang und Salzwasser und Meer erfüllte meine Nase. Der Duft der großen weiten Welt. Ich fühlte mich sicher und geborgen in dieser Freiheit, denn Fred passte auf mich auf.

Auf einmal spürte ich seine Hand unter meinem T-Shirt. Ich erstarrte. Es war seine rechte Hand ohne Finger, die meinen bloßen Rücken knapp unterhalb der Nieren ganz zart streichelte.

Oh Gott, was ging hier vor? Fred neben mir sah abwartend in mein Gesicht, auf der Suche nach einem Zeichen, ob er zu weit gegangen war. Klar war er das! Dies war Sünde gegen Jehova! Es war zwar noch keine Hurerei, aber es war nicht weit davon entfernt und es konnte sicher dazu führen. Auf jeden Fall war es unrein, unmoralisch, unredlich!

Und wunderschön.

Fred zog seine Hand unsicher wieder unter dem T-Shirt hervor.

»Nein«, brach es jäh aus mir heraus, »bitte nicht, bitte, mach weiter.« Fred hob erstaunt die Augenbrauen, doch dann streichelte er mich wieder. Ein sehr seltsames Lächeln umspielte seine Mundwinkel.

»Das gefällt dir, hm?«, murmelte er. »Mann, du hast so ein weiches Fell, weißt du das?«

Die Zeit schien stehen zu bleiben. Ich schloss die Augen und genoss einfach nur noch.

Fred zog seine Hand abermals unter dem T-Shirt heraus und blickte mir frontal in die Augen. Die seinen blitzten mich an.

»Ich würde ja auch gerne noch woanders dein weiches Fell spüren. Hm? Lass mich doch mal an den Obstgarten ran, komm«, sagte er leise.

Ich stolperte einen Schritt zurück. Das ging eindeutig zu weit, ich musste jetzt die Notbremse ziehen. »Das kommt ja gar nicht in Frage! Was fällt dir ein?«, rief ich.

»Hey, hey, auf einmal wieder die Unschuld vom Lande? Beruhig dich!« Leise flüsterte er: »Aber ein kleines Küsschen wird doch wohl drin sein?«, und spitzte die Lippen.

»Bitte, lass uns sofort umkehren!«

»Aber warum denn?«

»Wir sind jetzt lange genug hier gefahren. Ich muss wieder nach Hause, meine Mutter fragt sich bestimmt schon, wo ich bleibe. Los, kehr um!«

Wir waren wohl doch weniger weit gekommen, als ich gedacht hatte. Schon bald kam der Anlegesteg wieder in Sicht. Die Verabschiedung fiel knapp und nüchtern aus, ich bedankte mich noch artig, dass Fred mich mitgenommen hatte auf diese Tour und raste dann, so schnell ich konnte, mit meinem Fahrrad nach Hause.

In meinem Kopf herrschte ein einziges Durcheinander.

Ich wusste, ich durfte das nicht, was ich da getan hatte. Ich hätte das niemals zulassen dürfen. Doch es war das Beste, was mir je passiert war! Dieses Gefühl, das die Berührung seiner Hand in mir hervorgerufen hatte, war so gänzlich neu für mich gewesen.

Ah, genau das war es doch, was ich mir gewünscht hatte. Liebe und Nähe. Darum hatte ich so viele Male gebetet, so viele Male, Jehova wusste, wie sehr ich das brauchte. Vielleicht war ja das die Art und Weise, wie er meine Gebete erhört hatte.

Aber Fred war ein Weltmensch! Er stand auf der Seite Satans, auf der Seite des Bösen.

Noch.

Ich wusste nicht, was ich denken sollte. Das Einzige, was ich ganz klar wusste, war, dass ich dieses Gefühl wieder spüren wollte, wieder und wieder. Ich würde niemals Hurerei begehen, denn ich wollte nicht vor Gott sündigen. Doch dass er mich berührte, das wollte ich. Wenn das auch schon Sünde war, dann war ich entschieden zu schwach, um noch zu widerstehen.

Ich wusste immer noch nicht, was in meinem Kopf vorging. Ich betete und betete, um Führung und Lenkung, um Kraft, der Sünde zu widerstehen, um Vergebung, falls ich zu weit gegangen war. Oh Jehova, du weißt, dass ich dir dienen möchte!

Was war das nur, was mein Herz so zusammenschnürte, so sehr, dass ich kaum noch Luft bekam? Ich sehnte mich so sehr nach dieser Berührung, hier und jetzt.

Und dann wurde es mir klar: Ich mochte Fred nicht nur. Ich liebte ihn. Bei niemand anderem hätte ich diese Berührung zugelassen, so intim, so vertraut.

Ja, ich liebte ihn. Das war nun mal so. Falsch oder nicht: Ich wollte wieder bei ihm sein.

Und ich würde ihn auch küssen. Jawohl, das würde ich!

Mein Predigtdienstbericht für Juli wies nur sechs Stunden auf, und wenn ich Mama nicht noch eineinhalb Stunden gepredigt hätte, wären es noch weniger gewesen. Immerhin hatte ich zwei Zeitschriften abgesetzt. Und was sollte ich mit denen machen, die ich übrig hatte?

Samstag mit Roswitha schafften wir leider wieder nur eineinhalb Stunden Dienst. Dann hatte Roswitha keine Kraft mehr. Ich sollte mich wohl wieder mehr mit Pionieren verabreden, die hielten einfach länger durch. Aber im »Königreichsdienst« wurden wir immer wieder aufgefordert, uns mit allen mal zu verabreden und uns dadurch gegenseitig zu ermuntern. Das war angewandte Nächstenliebe. Die war sicher mehr wert als ein paar Stunden mehr oder weniger, dachte ich.

Nachmittags besuchte ich Fred wieder in seiner Werkstatt. Es war schon merkwürdig, aber gerade am Wochenende hatte er hier immer etwas zu tun.

»Und, was hast du heute Schönes gemacht?«, fragte er mich.

»Heute Morgen war ich im Predigtdienst«, antwortete ich freiheraus. Jetzt war es an der Zeit, endlich Zeugnis zu geben.

Fred gab sich aber wider Erwarten nicht erstaunt, eher belustigt. »Du bist viel unterwegs mit deinem Kram, hm?«

»Na ja, ich habe dreimal die Woche Versammlung, und am Wochenende gehe ich immer in den Dienst von Haus zu Haus.«

»Was macht ihr denn da in eurer ... Versammlung?«

Ich blühte auf. Endlich konnte ich Fred davon erzählen, wie wunderbar es war, Zeuge Jehovas zu sein. »Morgen zum Beispiel: Da hören wir erst einen biblischen Vortrag. Und dann studieren wir den Wachtturm, das ist die Zeitschrift, die wir auch an den Türen anbieten. Dadurch lernen wir die Bibel genau kennen und was sie uns für die heutige Zeit zu sagen hat.«

»So, so. Und wer schreibt den, diesen ... Wachtturm?«

»In der Weltzentrale in New York gibt es Brüder, ein Schreibkomitee, das zu jedem Thema systematisch die ganze Bibel durcharbeitet und nach Antworten auf ihre Fragen forscht. Die schreiben dann die Artikel. Wir Zeugen Jehovas haben ein eigenes

Übersetzungsprogramm entwickelt, mit dem es möglich ist, diese Artikel – simultan – in alle möglichen Sprachen zu übertragen. So kommt es, dass überall auf der Welt zur gleichen Zeit die gleichen Gedanken studiert werden.« Das musste doch jeden Außenstehenden beeindrucken, oder?

Fred gab sich jedoch erstaunlich gelassen.

Er stellte schließlich keine weiteren Fragen, und ich dachte, ich sollte es lieber nicht übertreiben mit dem Predigen. Ein andermal mehr davon. Für heute merkte ich mir nur zehn Minuten für meine Statistik, und ansonsten genoss ich es einfach nur, bei ihm zu sein. Jede Stunde war wie ein Geschenk für mich.

Sonntag nahm mich Ralf Merz nach der Versammlung beiseite. Er war mittlerweile zum Ältesten aufgestiegen und leitete ein neues Buchstudium, dem ich zugeteilt worden war. »Ich muss mal mit dir sprechen«, sagte er freundlich. Ich folgte ihm gespannt in eine Ecke abseits der Grüppchen.

»Hör mal«, fing er an herumzudrucksen, »dein Predigtdienstbericht im letzten Monat ... Ich meine, gibt es irgendwelche Probleme? Ist da etwas, worüber du mit mir sprechen möchtest?« Dabei blickten mich seine Augen sanft an. Wie immer waren die Äderchen leicht vergrößert und einige auch geplatzt.

Bei mir platzte auch etwas, und zwar der Kragen! Waren sechs Stunden etwa nicht gut genug? Und überhaupt, was ging ihn das an, das war doch eine Sache zwischen Jehova und mir! Jehova wusste, dass ich jetzt nicht mehr so viel Zeit übrig hatte, um in den Dienst zu gehen. Eigentlich sollte Ralf das aber auch wissen.

»Ralf!«, presste ich leise hinter zusammengebissenen Zähnen hervor (er war schließlich Ältester und ich war ihm untergeben), »denk doch mal nach: Ich habe im Juli angefangen zu arbeiten.«

»Versteh mich bitte nicht falsch«, versuchte er mich rasch zu besänftigen, »du weißt, ich habe die Pflicht, auf die Verkündiger in meinem Buchstudium zu achten. Es hätte ja sein können, dass irgendwas ... Da ist also nichts, keine Probleme oder so?«

»Natürlich nicht!«

Ralf musste mir angesehen haben, dass ich im Moment nicht weiter zu Diskussionen aufgelegt war, jedenfalls murmelte er nur »Okay, dann bis Dienstag«, und suchte schnell das Weite.

Na ja, er war mein Ältester. Er musste mich als sein Schäfchen hüten. Bestimmt hatte er es nur gut gemeint. Auf dem Kongress war ja gesagt worden, dass nachlassender Dienst ein Zeichen für geistige Schwäche war. Aber war ihm denn nicht klar gewesen, dass ich den ganzen Juni frei gehabt hatte, während mich jetzt eine Vierzigstundenwoche einband?

Womöglich hätte er dann noch mehr Dienst von mir erwartet. Klar, ich hätte letzten Monat Pionierleistung bringen müssen, wenigstens Hilfspionier. Aber auch so musste der Sturz von 35 auf 6 Stunden jedem Leser meiner Verkündigerberichtskarte ins Auge springen. Das konnte ich mir gut vorstellen, auch wenn ich sie nie zu Gesicht bekam.

Das allerdings hieß, dass Ralf sich meine Berichtskarte angesehen hatte. Dass ich anhand dessen kontrolliert wurde.

»Deswegen lassen wir auch niemanden auf unseren Berichtszettel schauen ... Nicht einmal meine Mutter weiß, wie viel Stunden ich zum Beispiel gemacht habe ... Das alles dient statistischen Zwecken ...« Ruths Stimme tönte hohl in meinen Ohren.

Zu Hause schmiss ich erst einmal meine Tasche auf das Sofa. Mama saß noch beim Frühstück. »Ist was?«, fragte sie mit vollen Backen.

»Was soll denn sein?« Mit Mama konnte ich unmöglich über meinen Ärger sprechen. Das würde ein schlechtes Licht auf die Wahrheit werfen. »Ich geh mit dem Hund raus, ja?«

Unsere Hündin freute sich wieder wie wild, dass es endlich rausgehen sollte. Ich befestigte die Leine an ihrem Halsband und trat hinaus in den Sonnenschein. Hier ging es mir schon gleich wieder viel besser.

Fred hämmerte wie üblich um diese Zeit in seiner Werkstatt herum. Als der Hund in die Werkstatt stürmen wollte, ließ er sogleich alle Arbeit fallen. »Ah, gehst du wieder los?«

»Hm, hm. Kommst du mit?« Freds Knie war zwar schon lange wieder erholt, aber das Spazierengehen hatten wir trotzdem beibehalten.

Mit ihm neben mir war aller Ärger verflogen. Die Welt war schön, Jehova liebte mich – und Fred liebte mich auch.

Wir waren auf den Feldern hinter den Büschen verschwunden, als Fred beim Gehen seinen Arm um meine Taille legte. Seine Nähe war so unsagbar angenehm. Mein ganzer Körper entspannte sich. In diesem Moment schien es auf der Welt nur noch ihn und mich zu geben. Und natürlich noch den Hund, der meinen Arm auskugeln wollte, und Jehova weit über mir.

Fred hielt jäh an. Der Hund fand zum Glück irgendetwas Interessantes zum Schnuppern in der Nähe. Fred legte nun beide Arme um meine Taille und blickte mir zärtlich ins Gesicht.

»Du bist so schön«, murmelte er leise.

Sein Gesicht war mir jetzt ganz nah. Sein Schweiß roch scharf und herb, aber irgendwie auch gut. Seine Lippen berührten weich die meinen, und ich erwiderte den Kuss voll Lust und Wonne.

Diese Liebe war ein Gefühl, das mein Herz zum Blühen brachte. In der Versammlung redeten wir viel von Liebe. Wir liebten Jehova, Jesus und jeden einzelnen Bruder, jede einzelne Schwester, die Menschen an den Türen ... Doch erst jetzt erlebte ich, was wirkliche Liebe bedeuten konnte. Ich wollte immer mit Fred zusammen sein. Ich wollte sein Leben bereichern, so wie er meines bereicherte, und ich wollte seine Berührung spüren, und seinen Kuss, wieder und wieder ...

Seine Lippen lösten sich wieder. Die Sonne hatte Schweißtropfen auf seine kahle Stirn gezaubert. Fred blickte mich so unendlich zärtlich, aber auch erstaunt an. Sogar der Hund legte seinen Kopf schief und war ganz still.

»Hey«, flüsterte Fred rau, »wo hast du so super küssen gelernt?«

»Weißt du eigentlich, dass du der Erste bist, den ich geküsst habe?«, entgegnete ich leise.

Diese Worte machten mir die Abnormität meiner Situation bewusst: Normalerweise sollte ich einen jungen, hübschen Mann küssen, aber ich liebte diesen alten Sonderling. Doch einen jungen, hübschen Mann hatte mich Jehova in seinen Reihen ja nicht finden lassen ...

»Das glaube ich nicht«, sagte Fred.

»Ist aber so«, erwiderte ich schmunzelnd.

»Womit habe ich denn diese Ehre verdient, hm?« Fred hatte wieder den Arm um mich gelegt, und gemeinsam setzten wir unseren Weg fort.

»Ich weiß es nicht. Es ist einfach so.«

Jehova war mein Zeuge, dieses Gefühl in mir war es, nach dem ich mich so gesehnt hatte. Ein tiefer Friede erfüllte mich und ich blickte dankbar zum Himmel auf. Oh Jehova, deine Wege sind wundersam.

In jeder darauf folgenden Minute spürte ich seinen Kuss auf meinen Lippen brennen, und ich konnte es kaum erwarten bis zum nächsten Sonntagnachmittag, wenn ich ihn wiedersehen würde.

Die Arbeit in der Praxis machte mir immer mehr Spaß. Ich verstand mich gut mit meinem Chef, stellte Fragen und er freute sich über meine Aufgewecktheit. Die Schüchternheit gegenüber Fremden hatte mir ja schon der Dienst abgewöhnt, und hier konnte ich noch besser lernen, mit anderen Leuten umzugehen. Ich konnte freundlich zu jedermann sein und machte mir keine Gedanken darüber, wer Schaf oder Bock sein könnte. Dienst war Dienst, und Job war Job. Damit ging es mir besser.

Fred hatte mich schön gefunden. Dieser Gedanke war so neu für mich, und zugleich so prickelnd. In der Schule damals hatten mich die Jungen meiner Klasse zum hässlichsten Mädchen gewählt. Meine Freundinnen hatten nichts unversucht gelassen, mich irgendwie doch noch zum Schminken zu kriegen, »damit du mal was aus dir machst«.

Aber Fred fand mich schön, so wie ich war, rein und natürlich. Vielleicht hatte er ja tatsächlich Recht?

Ein junger Mann auf dem Behandlungsstuhl schien das auch zu bestätigen, denn er flirtete ganz eindeutig mit mir. Und zum ersten Mal in meinem Leben konnte ich ganz unbefangen zurück-flirten. Und genoss es auch noch!

Samstagnachmittag brachte ich zwei Stunden Predigtdienst hinter mich, und dann endlich war Sonntagnachmittag und ich konnte wieder Fred in seiner Werkstatt besuchen.

»Oh, hallo«, begrüßte er mich, »du, ich muss leider gleich nach Hause, heute können wir nicht zusammen gehen.«

Das gab einen heftigen Stich in der Magengegend.

»Hey, nicht traurig sein!« Fred verschwand in der Werkstatt und holte einen kleinen Tiegel von einem Regal herunter. »Hier, die schenke ich dir. Damit deine Haut immer ganz weich bleibt.« Er gab mir den Tiegel. Es war Feuchtigkeitscreme.

»Du sollst mir aber nichts schenken ...«, murmelte ich leise.

»Na, na, na, was ist dir denn für eine Laus über die Leber gelaufen?«

Ich blickte in seine Augen. Sie waren so jung und blau.

»Ich hatte mich schon die ganze Woche darauf gefreut, dich zu sehen«, begann ich zögernd. »Ich ... ich glaube, ich habe mich ganz furchtbar in dich verliebt.«

»So? ... Eine Liebende, aha ...«

Sein Grinsen reizte mich; er nahm mich wohl nicht ernst. »Das ist nicht lustig! ... Die ganze Zeit musste ich an deinen Kuss denken ... Ich glaube, ich bin süchtig danach. Süchtig nach deinen Küssen.«

Freds Augen weiteten sich. Ein merkwürdiges Gefühl der Macht überkam mich, Macht, die ich über ihn hatte. Ich konnte Gefühle in ihm erwecken. Er war von mir genauso abhängig geworden wie ich von ihm.

»So?«, murmelte er krächzend, »Eine Süchtige also auch noch ...«

Ein rascher Blick nach allen Seiten sicherte ab, dass keiner der Nachbarn zuschaute, dann drückte er mich in eine Ecke und küsste mich wieder.

Oh, das war göttlich! Konnte so etwas Wundervolles Sünde gegen Jehova sein?

Kann denn Liebe Sünde sein? Darf es niemand wissen, wenn man
sich küsst, wenn man einmal alles vergisst vor Glück ...

Plötzlich ging Fred vor mir in die Knie und umfasste mit den Händen rasch mein Fußgelenk.

»Was machst du da?«

»Ich nehme Maß.«

»Wofür?«

»Für ein Fußkettchen.«

»Du sollst mir nichts schenken!« Fred sah mich nur nachsichtig lächelnd an. »Du hast doch so schon kaum genug Geld für deine Werkstatt. Ich will das nicht ... Ist dir eigentlich klar, dass das wenigstens aus echtem Silber sein muss? Ich bin allergisch gegen Nickel«, stöhnte ich gequält. Jetzt sollte ich mich von ihm auch noch buchstäblich anbinden lassen.

»Mach dir darüber man keine Gedanken«, sagte er, »ich kenne da jemanden, der ist mir noch einen Gefallen schuldig ... Bis bald also, Liebes.«

Traurig blickte ich dem blauen Kleinlaster hinterher, als er an unserem Hof vorbei um die Ecke bog und verschwand. »Liebes« hatte er mich genannt, und es hatte so zärtlich geklungen ... Ich wünschte mir nur eines: Wenn das hier ein Traum war, dann sollte es noch möglichst lange dauern, bis ich wieder aufwachen musste.

KAPITEL 19

In der nächsten Woche musste ich zum ersten Mal in die Berufsschule.

Der Unterricht war geradezu ein Schock für mich. Dies hier war ein ganz anderes Niveau, als ich es bisher auf dem Gymnasium gewohnt war. Das war wie vom Dauerlauf in einen gemächlichen Spaziergang zurückfallen zu müssen. Ich kam mir gänzlich fehl am Platze vor.

Auch meine neuen Mitschülerinnen wunderten sich, wie ich mich in ihre Reihen verirren konnte. Aber ich machte noch eine neue Erfahrung: Mir wurde Bewunderung entgegengebracht.

Auf dem Schulhof suchte man ständig meine Nähe und wollte alles über mich wissen. Ich erzählte ihnen alles Mögliche – nur nicht, dass ich Zeugin Jehovas war. Das würden sie schon noch früh genug merken. Ich wollte mich nicht gleich am ersten Schultag wieder zur Außenseiterin machen lassen, nein, darauf hatte ich endgültig keine Lust mehr!

Außerdem tat ich es doch auch für die Wahrheit: Wenn die Mädchen erst einmal gemerkt hatten, dass man als Zeuge Jehovas auch ein ganz normaler Mensch war, konnten Vorurteile beiseite geräumt und Interesse geweckt werden, nicht wahr?

Donnerstag passierte dann zum ersten Mal etwas, was ich nicht für möglich gehalten hätte:

Ich schlief in der Versammlung ein!

Plötzlich schreckte ich wieder hoch und wusste nicht, wie lange ich schon so gedöst hatte. Sicher, ich hatte einen langen Tag hinter mir … Aber den ganzen Rest der letzten Stunde kämpfte ich gegen die Müdigkeit. Die Versammlung war schon so sehr zur Routine geworden, dass mich das alles einfach nicht mehr wach halten konnte.

Durch die ständigen Ermahnungen auf den Kongressen wusste ich, dass ich damit beileibe kein Einzelfall war, aber ich schämte mich zutiefst. Ich war doch erst seit fünf Monaten getauft – wie sollte das erst werden, wenn ich schon jahrzehntelang die Versammlung besuchte wie so viele andere hier?

Was war nur mit mir los? Eigentlich sollte ich ständig weiter geistig wachsen, immer vollkommener die Früchte des Geistes hervorbringen, ein immer besserer und treuerer Diener Gottes sein – und nun das! Versagte Jehova mir seinen Segen? Hatte ich nicht mehr die richtige geistige Einstellung?

Der junge Mann, der so mit mir geflirtet hatte, war wieder zur Behandlung in der Praxis und schaute mich immer durchdringender an. Na, ob der Hauptschulabschluss hat?, fragte ich mich.

An diesem Tag hörte ich in der Mittagspause den Zahnarzt ans Telefon gehen; mein Name fiel. »Ja, die macht hier bei uns Ausbildung ...«, hörte ich noch, aber dann verzog er sich zum Sprechen in eines der Behandlungszimmer und lehnte die Tür an.

Schließlich kam mein Chef zu mir in den Aufenthaltsraum und verschränkte die Arme. Er machte ein ganz ernstes Gesicht.

»Frau Piepgras, ... wir haben da ein Problem.«

Ich ahnte schon, worum es ging.

»Das am Telefon war eben die Vermieterin des jungen Mannes, der heute Morgen hier in Behandlung war. Sie hat sich nach Ihrem Namen erkundigt. Der muss sich wohl tierisch in Sie verguckt haben.«

»Ah ... ich hab's gewusst!«, stöhnte ich. »Was hat sie noch gesagt?«

»Na ja, ... dass er in Kiel studiert und gerade an seiner Doktorarbeit schreibt ... Aber ich weiß ja, Sie sind Zeuge Jehovas und werden dem jungen Mann wohl einen Korb geben, aber ich fürchte, dann kommt der nicht wieder und ich bleibe hier auf meinen Kosten sitzen, und ... Nun, was ich meine, ist ... Könnten Sie ihm wohl die Abfuhr ein bisschen sanfter als sonst erteilen?«

»Zuerst einmal muss er sich ja bei mir melden«, antwortete ich grinsend. »Aber machen Sie sich keine Sorgen, ich werde vorsichtig sein.«

Erleichtert ließ mein Chef mich wieder allein, und in meinem Kopf wurde das Durcheinander immer größer: Was war nur auf einmal los mit der Welt? Alle Gesetzmäßigkeiten, an die ich bisher gewohnt war, schienen aus irgendeinem Grund nicht mehr zu stimmen ...

Samstag war ich morgens in der Frühe mit Katja verabredet. Wenigstens hatte ich diesmal eigenes Gebiet, in das ich sie mitnehmen konnte.

An den Türen war es deprimierend. Spätestens jetzt kannten die meisten Hausbewohner auch mein Gesicht. Man hörte Schritte an den Türen näherkommen und sich wieder entfernen, Gardinen bewegten sich zuckend, aber öffnen wollte keiner. Oh Mann, Doris musste wirklich heilfroh gewesen sein, dieses Gebiet nicht mehr bearbeiten zu müssen. Denn im eigenen Gebiet trug man die Verantwortung dafür, alles getan zu haben, um jeden wenigstens ein Mal anzutreffen und ihm Zeugnis zu geben. Aber in dieser Straße machten die Menschen es einem wirklich nicht leicht.

Plötzlich war ich mir nicht mehr so sicher, dass dieses Gebiet ein Segen Jehovas gewesen war. Oder wollte er mich dadurch läutern? Meine Treue auf eine Probe stellen, mein Durchhaltevermögen trainieren? Ein eigenes Heimbibelstudium wäre mir ehrlich gesagt lieber gewesen. Wahrscheinlich hielt Jehova es für nötig, erst einmal meinen Stolz zu brechen.

Nach zwei Stunden Dienst fuhr ich erst einmal Katja nach Hause und kehrte dann selber völlig ausgepumpt nach Hause zurück. Von Ruth war eine Karte aus Dänemark gekommen: Nachdem sie in München mit Daniel ihr zukünftiges Zuhause besichtigt hatte, machte sie nun noch Urlaub. Ich seufzte tief. Ach, glückliche Zeiten waren das gewesen, als wir ständig zusammen gewesen waren in den Versammlungen, beim Studium und beim Dienst.

Ich saß wieder mit dem Wachtturm in meinem Zimmer, als ich Freds Kleintransporter auf dem Hof bei unseren Nachbarn zum Stehen kommen hörte. Ich konnte ihn durch das Fenster sehen.

Sofort war alle Trübsal wie weggeblasen. Ich stürmte raus in die Sonne und verkrümelte mich in Freds Werkstatt.

»Hier, probier mal an!« Fred legte ein kleines Silberkettchen um meinen Knöchel und verschloss es. Es fühlte sich kalt an auf meiner Haut.

»Oh Fred, das solltest du doch nicht ... Wenn das meine Mama sieht ...«

»Muss sie ja nicht, oder? Ich möchte dir halt eine Freude machen.«

»Aber doch nicht so ...« Ich schaffte es einfach nicht, das Kettchen abzulehnen. Es war so lieb von Fred, mir etwas schenken zu wollen, und er mochte es so. Das Metall aber brannte auf meiner Haut und erinnerte mich beständig an das Vergehen, das ich hier begann.

Abends holte ich in meinem Zimmer wieder das Fußkettchen hervor. Was sollte ich nur damit? Jeder, der mich damit sehen würde, musste sich doch wundern, von Mama und den Geschwistern in der Versammlung ganz zu schweigen. Es würde mich verraten.

Hatte ich denn Angst, verraten zu werden?

Ja, ich hatte Angst. Es war mein Gewissen, das klopfte.

Aber dann wäre es ja doch eine schwere Sünde, die ich hier trieb. Auch ohne mich körperlich befleckt zu haben – ich hatte im Geiste gesündigt!

»Ich aber sage euch: Wer eine Frau ansieht, sie zu begehren, der hat schon mit ihr die Ehe gebrochen in seinem Herzen.« Diesen Maßstab gab Jesus in Matthäus 5,28. Ich schlug den Text in meiner Bibel nach. Hier stand er, schwarz auf weiß. Dies war, was Jehova zu mir sprach.

Weiter las ich in den Versen 29 und 30: *»Wenn dich aber dein rechtes Auge zum Abfall verführt, so reiß es aus und wirf's von dir … Wenn dich deine rechte Hand zum Abfall verführt, so hau sie ab und wirf sie von dir. Es ist besser für dich, dass eins deiner Glieder verderbe und nicht der ganze Leib in die Hölle fahre.«*

Die Neue-Welt-Übersetzung nannte die »Hölle« die *»Gehenna«* – die ewige Vernichtung in Harmagedon!

Ich hatte keine Entschuldigung! Ich hatte einen verheirateten Mann geküsst, war alleine mit ihm zusammen gewesen, hatte mit einem Weltmenschen enge Gemeinschaft gepflegt – ich hatte Jehova verraten!

Ich brach unter meiner Schuld zusammen. Ich hatte gedacht, dass nichts mich straucheln, also in Sünde fallen lassen könnte, dass ich geistig stark und unerschütterlich war. Ich hatte gedacht, dass ich Jehova durch meine Treue Freude bereitete, dass ich den Satan als Lügner darstellen könnte, denn Satan behauptete ja, er könne jeden Menschen von Gott abbringen – und jetzt war ich selbst zum Sünder geworden.

Oh, Satan kannte genau meine Schwachstelle! Nirgendwo anders hätte er mich noch angreifen können. Kein junger Mann, noch so hübsch, hätte mich untreu werden lassen können – nein, es musste ein alter, hässlicher, verheirateter, ordinärer und schmutziger Weltmensch sein!

Aber es war noch nicht zu spät! Ich hatte noch keine richtige Hurerei begangen. Meine Sünde wog nicht so schwer. Gott war barmherzig.

»Oh, Jehova, ich habe gesündigt, und ich bereue, was ich getan habe! Niemals wollte ich dir untreu werden, du weißt es. Ich bin auf Satans schmutzige Tricks hereingefallen, ich habe dein Wort nicht genug in meinem Herzen behalten. Aber in deiner unendlichen Güte hast du mich meinen Fehler erkennen lassen, bevor es zu spät ist. Bitte, bitte vergib mir aufgrund des Loskaufopfers deines Sohnes Jesus Christus!

Lass mich wieder rein vor dir dastehen und ein gutes Verhältnis zu dir haben. Du weißt, wie sehr ich mir jemanden wünsche, der mich liebt und den ich liebe. Aber ich weiß ja auch, so kann das nicht weitergehen. Ich bin sicher, du wirst mir schon noch jemanden geben, der dir auch wohlgefällig ist. Bis dahin werde ich geduldig sein, mit deiner Kraft. Das bitte ich in Jesu Namen, Amen.«

Ah, es tat so gut, die Nähe zu Jehova zu spüren. Auch wenn ich keinen menschlichen Partner haben konnte, Jehova liebte mich. Durch Jesu Opfertod konnte mein Gewissen wieder reingewaschen werden.

Sobald ich Fred wiedersehen würde, würde ich Schluss mit ihm machen. Es musste sein. Ich war es Jehova schuldig. Ich musste eine Grenze ziehen, bevor ich mich noch weiter in die Sünde verstrickte.

Nein, Satan, du hast es doch nicht geschafft!

Ach, aber dieses Gefühl war so schön gewesen, so schön! Vielleicht war es ja doch ein Geschenk von Jehova gewesen. Genau, er hatte zugelassen, dass ich so weit mit Fred gegangen war, damit ich wenigstens ein Mal spüren konnte, wie es war, geliebt zu werden. Und erst jetzt, wo es wirklich brenzlig wurde, hatte er mir die Augen geöffnet.

Und doch musste ich ehrlich vor mir zugeben, dass ich nahe daran gewesen war, in die Welt zurückzugleiten. Ich hatte vergessen gehabt, dass mein Dienst für Gott das Wichtigste für mich sein sollte, nichts anderes.

Die nächsten drei Wochen hatte ich Urlaub, die ganze Praxis hatte geschlossen. An zwei Tagen war Berufsschule, und für den Rest hatte ich schon Verabredungen für den Dienst getroffen. Ich würde also meinen Sinn wieder auf reine Gedanken lenken können.

Aber es tat so weh!

Ich war aber ja auch selber schuld. Diese Wunden hatte ich mir selbst zugefügt. Doch Jehova würde sie heilen lassen. Denn er war liebevoll und gütig. Ich gehörte nicht mehr mir, ich gehörte ihm, ihm ganz allein.

Am darauf folgenden Tag machte ich mit Fred Schluss. Ich reichte ihm das Kettchen, das schlaff auf seiner Handfläche geknüllt liegen blieb, und ließ ihn einfach stehen.

Er folgte mir nicht. Er stand nur da, ein armer alter schwacher Mann, und wusste wohl gar nicht, wie ihm geschah.

Ich betete noch oft in den folgenden Tagen, bekundete Gott meine Reue und bat um Vergebung. Und ich meinte zu fühlen, ich hatte sie auch erlangt.

Motiviert ging ich in den Dienst und diente Jehova mit Hingabe. Zum Glück hatte ich wieder einige Verabredungen dabei, bei denen ich drei Stunden und länger machen konnte. So musste es sein.

Die letzte Dienstzusammenkunft im August drehte sich nur um ein Thema: Ab September würden wir Zeitschriften, Broschüren, Traktate und Bücher umsonst am Literaturtresen bekommen und auch umsonst bei den Wohnungsinhabern abgeben, sofern wir der Meinung waren, dass diese die Publikatio-

nen auch wirklich lesen würden. Wir konnten die Wohnungsinhaber darauf hinweisen, dass dafür (freiwillig, verstand sich)
Spenden gegeben werden konnten und wurden aufgefordert,
auch selber das regelmäßige Spenden nicht zu vergessen, jetzt,
wo wir dem Literaturdiener doch kein Geld mehr geben mussten. Jeder bekam von seinem Ältesten einen braunen Briefum-
schlag, auf dem »Freiwillige Spenden an die Gesellschaft zur För-
derung des Königreichswerks« stand. Diesen sollten wir ständig
im Dienst mit uns führen, damit wir eventuelle Spenden der
Menschen, die wir antrafen, auch gleich richtig verstauen und
in der nächsten Versammlung gleich einwerfen könnten.

Mit dieser Vorgehensweise ging es mir erheblich besser als
vorher, wo wir die Zeitschriften noch verkauften. Endlich war
dieses anrüchige Vertreterimage vorbei; jetzt waren wir nur noch
reine Überbringer der wahren Religion, auf der Suche nach schafähnlichen Menschen.

Vor diesem Hintergrund allerdings erschien der Preis für das
neue Buch, das wir alle auf dem Kongress im Sommer noch bar
bezahlt hatten, noch merkwürdiger. War es etwa doch reine Abzo-
cke gewesen? Ein letztes Mal die treuen Schäfchen schröpfen?

Niemand konnte diesen teuflischen Gedanken so ganz aus der
Welt schaffen.

Dessen ungeachtet widmete ich mich in der Versammlung
weiterhin denen, die allein waren und Aufmunterung brauchten. Ich konnte sie ermuntern, und sie ermunterten mich. Ich
fühlte mich bald wieder richtig gut.

Nur Manuela, Raffaelas Schwester, konnte ich nicht so richtig aufrichten. Sie machte ein Gesicht wie drei Tage Regenwetter und war offensichtlich dauerhaft niedergeschlagen.

»Was ist mit dir?«, fragte ich sie. »Du siehst ja von Mal zu Mal
trauriger aus.«

»Ach, soll ich etwa nicht traurig sein? Ich bin nun schon fünf-
unddreißig, Martina! Harmagedon kommt und kommt nicht.
Und ich, ich wohne immer noch bei meiner Mutter, ohne dass
ich auch nur die Chance hätte, einen Ehemann zu finden.«

»Kopf hoch! Jehova wird dir helfen!«

»So? Und wie soll er das? Schau dich doch mal hier um! Wen willst du denn hier nehmen? Christian? Michael? Oder einen von den anderen hier? Hier ist doch keiner für mich!«

Ich hatte Manuela noch nie so erlebt. Sie hatte also die gleichen Sorgen wie ich, und nie hatten wir darüber sprechen können. Schließlich mussten wir glücklich sein, wie es sich für das wahre Volk Gottes gehörte. Wahrscheinlich hatte sie keine Ahnung, *wie* gut ich mit ihr mitfühlen konnte. Doch davon konnte ich ihr nicht erzählen.

»Manuela! Jehova weiß, wie du fühlst. Er *wird* dir helfen, da bin ich sicher.«

»Meinst du wirklich? Ach, wenn es doch nur so wäre!«

Ich hätte ihr so gerne noch mehr erzählt, sie in den Arm genommen oder so etwas. Aber ich konnte es einfach nicht. So viel Nähe war einfach nicht möglich.

Aber wieso nicht? Wieso war es nicht möglich, wirklich tief gehende Gespräche miteinander zu führen? Wieso musste immer wieder von Jehova geredet werden, von der Bibel und dem, was im neuesten Wachtturm gestanden hatte? Wieso konnte man nicht einfach auch mal das sagen, was man *selber* dachte?

Aber traute ich mich denn überhaupt noch, selber zu denken? Konnte nicht alles, was ich dachte oder sagte, Sünde sein, von Satan beeinflusst? Wenn ich Jehova nicht Herr über mein Denken werden ließ, würde es Satan sein.

Nein, bestimmt war ich so, wie ich jetzt lebte, sicherer. Ich würde wahrhaft frei sein und am Ende ewiges Leben erlangen. Dies war der Lebensweg, den ich mir gewählt hatte, und damit hatte ich wohl weise gehandelt.

Ich warf meinen Predigtdienstbericht für August in den Kasten. 21 Stunden. Na, damit würde Ralf doch wohl jetzt zufrieden sein, dachte ich bitter.

Ah, Satan, hör doch endlich auf, mir so unreine Gedanken einzupflanzen! Das fruchtet nicht. Jehova beschützt mich, und der ist viel stärker als du! Noch eine kleine Zeit, und er wird dich ganz vernichten. Du hast keine Chance!

Zwei Wochen war es jetzt her, dass ich Fred einfach so stehen gelassen hatte.

Sonntags saß ich nach der Versammlung in meinem Zimmer und studierte den Wachtturm für die nächsten Sonntage vor.

Draußen war das Wetter wieder herrlich. Der blaue Kleinlaster stand wie üblich auf dem Hof nebenan.

Ich ließ meinen Wachtturm sinken und nuckelte gedankenverloren an meinem Kugelschreiber.

Ach, wie schön war es doch immer gewesen, zu Fred rüberzugehen und sich mit ihm zu unterhalten. Jetzt war ich wieder ständig allein. Allein bei der Arbeit im Garten, allein beim Holzhacken, allein beim Studium – mit Freunden konnte ich nur zusammen sein, wenn ich in den Dienst ging. Aber Dienst war für mich nach wie vor alles andere als erholsam.

Ich könnte mal welche zu mir einladen! Ja, genau, dann könnte ich wieder mal einfach so mit Freunden aus der Versammlung zusammen sein, wie früher.

Aber dann würde auch wieder nur von Jehova und Bibel die Rede sein, dachte ich niedergeschlagen. Ich war da nicht viel besser. Ich redete mit den anderen auch nur von Jehova und der Neuen Welt. Was sollte ich eigentlich auch sonst mit ihnen reden? Dienst und Hingabe bestimmten unser Leben. Das war doch meist das Einzige, was wir alle miteinander gemein hatten. Für Hobbys oder so etwas blieb da nicht viel Zeit. Da konnte im Wachtturm und im Erwachet noch so viel stehen von wegen »alles normale Menschen« und »haben Hobbys wie jeder andere Mensch auch« – Wenn zuerst der Dienst für Gott kam und dann noch ein Job und womöglich noch Familie, dann war da nicht viel Raum für Zusätzliches.

Fred war da so erfrischend anders gewesen. Wenn er erzählte, wo er überall schon auf der Welt gewesen war, was er so erlebt hatte … Ach, wieso konnte ich ihn nicht einfach als guten Freund haben!

Wieso eigentlich nicht?

Wenn ich jetzt einfach zu ihm hinging und ihm klar machte, dass ich nur mit ihm befreundet sein wollte, nichts weiter?

Ungestüm stand ich auf und schmiss den Wachtturm wieder auf den Schreibtisch. Ich stopfte mein Gewissen in die hinterste Ecke und ging rüber zu Freds Werkstatt. Von drinnen hörte ich schleifende Geräusche. Vorsichtig lugte ich um die Ecke und beobachtete ihn eine ganze Weile einfach nur so, wie er da so im Blaumann über seiner Werkbank gebeugt stand.

Erst dann bemerkte er mich. »Ach, hallo! Was machst du denn hier? Ich dachte, du wolltest mich nicht mehr sehen?«

»Wollte ich auch nicht.« Ich betrat die Werkstatt und näherte mich ihm langsam. Er hatte ein Rohr in einen Schraubstock gespannt und schmirgelte es geduldig mit Schmiere und Schmirgelpapier. »Ich hab von meinem Zimmer aus deinen Wagen gesehen, und da dachte ich, ich komm mal rüber und schaue, wie es dir geht.«

»Mir geht's gut, danke.« Er grinste mich schelmisch an. »Auch wenn du mich neulich so schroff angefahren hast.«

»Tut mir Leid. Du warst bestimmt völlig überrumpelt gewesen, nicht wahr?«

»Ja, schon ein bisschen. Aber ich kenne das ja. Ihr Frauen habt manchmal so Tage, da seid ihr einfach ein bisschen komisch.«

»Ich war nicht komisch! Ich wollte das einfach nur nicht mehr ... das mit dem Küssen, du weißt schon. Ich darf das nicht.«

»Wieso?«

»Meine Religion verbietet es mir. Ich darf nicht auf diese Weise mit jemandem zusammen sein, wenn ich nicht mit ihm verheiratet bin.«

Fred lächelte mich gutmütig an. »Und was jetzt?«

»Na ja, ... ich dachte, wir könnten vielleicht einfach nur Freunde sein, oder so. Ich besuche dich einfach in deiner Werkstatt, und du kommst mal rüber zu mir zum Holzhacken, und wir können uns dann unterhalten ... Nur das mit dem Geküsse darf nicht mehr vorkommen.«

»Okay. Du, ich muss rüber zum Mittagessen, die warten schon auf mich. Hast du Lust, hier ein bisschen weiterzuschmirgeln, bis ich wiederkomme? Dann können wir ja weiterreden.«

»Klar, gerne. Lass sehen.«

Fred wies mich in die Arbeit ein und verschwand bei den Nachbarn in der Küche. Die blickten mich erstaunt und argwöhnisch zugleich an, aber die konnten mir mal den Buckel herunterrutschen. Seit ich Zeuge Jehovas war, hielten sie sowieso nichts mehr von mir.

Eine ganze Weile stand ich so an der Werkbank und schmirgelte vor mich hin. In meinem Herzen war wieder eine Art Frieden eingekehrt. Endlich hatte ich einen Weg gefunden, wie ich auch diese Form des Lebens genießen konnte, ohne ein allzu schlechtes Gewissen haben zu müssen. Ich tat für Jehova weiterhin genug, studierte alles, ging in den Dienst, besuchte alle Versammlungen – und wenn ich mich in meiner Freizeit ein bisschen bei Fred entspannte, konnte das doch so schlimm nicht sein.

Jedenfalls hatte ich es einfach nicht mehr länger ohne ihn ausgehalten.

Am nächsten Tag, dem Beginn meiner letzten Urlaubswoche (für diesen Tag hatte sich keine Verabredung für den Dienst ergeben), begleitete ich Fred nach Husum, wo er etwas abzuliefern hatte, und wieder zurück. Ich war so gerne mit ihm zusammen, und auch er genoss ganz offensichtlich meine Gesellschaft. Nur dass er mich an der Tankstelle wieder »Liebes« nannte, gefiel mir nicht so ganz. Aber wenn er mich nun einmal lieb hatte, warum sollte er das nicht auch ausdrücken dürfen?

Zwei Tage später ging ich nach der Berufsschule zu ihm, und gemeinsam fuhren wir zu einem Bauern im Dorf, der seinen Traktor repariert haben wollte. Es machte wirklich großen Spaß, mit Fred zusammenzuarbeiten.

Nach getaner Arbeit schaffte es Fred irgendwie, mich zu überreden, die Ställe drinnen zu erkunden. Wir landeten auf dem Heuboden. Vorsichtig drückte Fred mich nieder in das weiche, duftende Heu und küsste mich wieder. Ich kam mir vor wie in einem dieser kitschigen Heimatfilme. Doch ich hatte einfach keine Kraft mehr, dagegen anzugehen. Ich schmolz dahin.

»Soll ich mal bei dir zu Hause fensterln?«, fragte er scherzhaft.

»Ach, hör auf mit dem Mist!«, raunzte ich zurück. Mit starkem Arm zog er mich wieder aus den Ballen heraus.

»Komm, lass dir das Heu aus den Haaren zupfen, sonst denkt der Bauer unten noch wer weiß was«, murmelte Fred zärtlich. Ich lächelte nur leise in mich hinein.

Der Straßendienst am nächsten Tag mit Raffaela bildete dazu einen merkwürdigen Kontrast. Eine aus meiner Berufsschulklasse lief an mir vorbei und zog nur kurz erstaunt die Augenbrauen hoch. Wahrscheinlich dachte sie, hier stände mein Doppelgänger.

Samstag konnte ich endlich mal wieder mit Ruth in den Predigtdienst gehen. Wir powerten so richtig voll durch und schafften locker dreieinhalb Stunden.

»Anfang Oktober werden wir heiraten, Daniel und ich«, erzählte sie schließlich.

»Oh, schön! Heiratet ihr im Königreichssaal?«

»Ja. Erst gehen wir zum Standesamt, natürlich, und dann folgt eine kleine Ansprache im Königreichssaal. Aber, ... wir laden nur den engsten Verwandtenkreis ein. Das verstehst du doch, oder? Ich meine, sonst müsste ich die ganze Versammlung einladen, und das können wir uns einfach nicht leisten!«

»Ach so, ... ja, sicher, da hast du Recht.«

Na klar. Zum engsten Kreis gehörte ich natürlich nicht. All das Gerede von wegen »geistiges Kind«, »geistige Mutter« und so – das waren natürlich alles nur Floskeln gewesen. »Wir haben ja jetzt ein drittes Kind in unserer Familie«, hatte Eva damals über mich gesagt. Das war dann wohl doch anders gemeint gewesen.

So sehr ich mich auch bemühte, für den Rest des Tages steckte ein unangenehmer Kloß in meinem Hals fest, und ich konnte und konnte ihn nicht hinunterschlucken.

In der Praxis sah ich im Terminkalender, dass der junge Mann, der sich nach mir erkundigt hatte, einen kurzen Termin zur Kontrolle hatte. Bisher hatte ich ja nichts mehr von ihm gehört. Trotzdem war ich ein wenig aufgeregt, als er in der Praxis erschien.

Ich erledigte schnell meine Pflichten wie Serviette umhängen und Instrumente hinlegen und tat ansonsten ganz unnahbar. Trotzdem lächelte er mich an, und mir war, als konnte auch ich das Lächeln einfach nicht auf meinen Lippen zurückhalten.

Leider verschwand er nach der Behandlung, ohne auch nur ein Wort mit mir gesprochen zu haben. Eigentlich hätte ich ja froh darüber sein sollen. War ich aber nicht.

In der Theokratischen Predigtdienstschule musste ich meine nächste Aufgabe über das Thema »Depressionen lindern« halten. Maike, die mir als Partnerin zugeteilt worden war, hatte ich dafür eine traurige und deprimierte Rolle zugedacht. Leider hatte ich ihre lebenslustige Art unterschätzt, so dass sie, statt traurig zu gucken, die Aufgabe vor versammeltem Publikum total verlachte.

Als Lohn dafür bekam ich auf meinem Benotungszettel ein fettes »A« für »Arbeite daran«. Und das neben all den schönen »G«, die ich schon auf meinem Zettel gesammelt hatte! Jetzt war er verdorben. Dabei hatte ich doch gar keine Schuld gehabt.

Maike und ich versuchten noch, die ganze Angelegenheit aufzuklären, aber der zuständige Älteste ließ nicht mit sich reden.

Aber eigentlich war es mir mittlerweile auch egal. Wir hatten es nun mal mit unvollkommenen Menschen zu tun, die Fehler machten. Älteste machten da keine Ausnahme, trotzdem durfte man sie nicht kritisieren. Jehova half uns da nicht, wir mussten sie einfach ertragen.

Nur Liebe und Freiheit hatten da eigentlich keinen Platz mehr.

Zu Hause saß Mama vor dem Fernseher. Sie bekam nichts mit von meinem Frust.

»Vorhin hat so ein junger Mann angerufen, Peter Schmidt heißt er«, erwähnte sie wie beiläufig.

Der junge Mann aus der Praxis! Also doch!

»Und?«, fragte ich und versuchte dabei so unbeteiligt wie nur möglich zu klingen.

»Na ja, ich habe ihm gesagt, dass du gerade in der Versammlung bist ... Ach Martina, kannst du dich nicht mit so einem anfreunden? So ein junger Mann ist doch viel besser für dich als dieser alte Knacker! Er sagte, er tanzt gerne, macht Segelfliegen und reist in der Weltgeschichte herum, und er wollte wissen, ob du auch tanzt. ›Warum soll sie nicht tanzen können‹, habe ich gesagt, und das stimmt doch, das würdest du doch bestimmt hinkriegen. Er sagte, er könnte dir wirklich etwas bieten und ...«

»Ich werde mich nur mit einem jungen Mann anfreunden, wenn er Zeuge Jehovas ist«, sagte ich bestimmt und verdrückte mich in mein Zimmer. Nein, auf so etwas würde ich nicht auch noch hereinfallen. Schlimm genug, dass ich Fred so lieb gewonnen hatte, Satan würde mich nicht auch noch mit einem jungen Mann untreu machen. Das würde ich nicht zulassen.

Als ich tags darauf spätabends von der Arbeit heimkehrte, klingelte das Telefon und diesmal ging ich dran.

Es war dieser Peter!

Oh nein, dachte ich, Martina, reiß dich zusammen, so gerne du auch mit so einem telefonieren würdest, du darfst jetzt Jehova nicht untreu werden! Wimmel ihn ab!

»Gestern habe ich schon mal angerufen ...«, begann er, aber ich fiel ihm ins Wort.

»Ja, ja, meine Mutter hat mir davon erzählt ...«

»Ah ja«, unterbrach er mich genauso, »genau, sie sagte, du seiest bei den Zeugen Jehovas in der Versammlung. Ich habe ein paar Mal mit welchen an meiner Tür gesprochen, aber ... Erzähl du mir doch mal was über die Zeugen Jehovas.«

Da war ich ja wirklich in eine Zwickmühle geraten: Dies war eine optimale Gelegenheit zum Zeugnis geben, ja, es war geradezu meine Pflicht! Jetzt konnte ich ihn nicht mehr einfach so abwimmeln.

Aber wenn ich ihn so richtig zupredigte, würde er wahrscheinlich sowieso nie mehr etwas von sich hören lassen, dachte ich.

Also begann ich mit einem typischen Vortrag, wie ich ihn auch immer an den Türen hielt, wenn die Leute höflichkeitshalber zuhören wollten. Dass wir nach der Bibel lebten, dass die Bibel uns zeigte, dass die Zeit des Endes angebrochen war und den ganzen Kram.

Wir unterhielten uns eine ganze Weile über Harmagedon, Paradies und Satan als Herrscher dieser Welt, bis Peter mich aufforderte: »Aber erzähl mir doch mal etwas über dich. Ich meine, wie ist es so, als Zeuge Jehovas zu leben? Was bedeutet es für dich?«

Diese Frage hatte mir noch nie jemand gestellt. Da merkte ich doch, dass er intelligenter war, als er auf den ersten Blick aussah – wie sollte ich mich jetzt noch hinter meiner Predigt verstecken können?

»Nun«, stammelte ich verlegen, »ich richte mein Leben nach Gottes Grundsätzen aus, so wie sie die Bibel uns vorgibt. Der Dienst für Gott bestimmt mein ganzes Leben. Ich studiere regelmäßig die Bibel, ich besuche die Versammlungen im Königreichssaal und ich verkündige die Gute Botschaft vom Königreich. Feste der Kirche wie etwa Weihnachten oder auch Geburtstagsfeiern feiere ich nicht mehr und kann dadurch ein gutes Gewissen Gott gegenüber haben ...«

»Aber dann hast du dir ja die schönen Dinge des Lebens selbst verboten!«

»Nein, nein. Ich brauche das alles nicht. Wir Zeugen Jehovas sind überaus glückliche Menschen, und jeder, der uns kennen lernt, muss das zugeben. Der Dienst für Gott macht uns glücklich!«

»Aha. Und du machst jetzt also eine Ausbildung da beim Zahnarzt. Deine Mutter hat mir erzählt, dass du Abitur hast. Warum machst du denn nicht ein Studium?«

Ich konnte ja nun schlecht sagen, dass ich mich nicht in schlechte Gesellschaft begeben wollte. Das war mehr was für

Insider. Als ich damals die *Wahrheit* kennen lernte, erfuhr ich auch nicht sogleich, dass alle anderen nun schlechte Gesellschaft waren – ich hätte es wohl auch nicht gut gefunden und wäre womöglich nie zu Jehova gekommen (ja, so vieles gab es, was ich erst im Laufe meines Bibelstudiums erfuhr, nach und nach). Ich musste dafür sorgen, dass ein positives Licht auf die Wahrheit geworfen wurde.

»Wie schon gesagt, der Dienst für Gott bestimmt mein Leben. Die Bibel zeigt uns, dass heute dieses große Predigtwerk durchgeführt werden muss. Das ist das Wichtigste für mich. Dafür brauche ich kein Studium und dafür will ich auch einmal so viel Zeit wie nur möglich verwenden. Außerdem hält mich mein Studium des Wortes Gottes schon beschäftigt genug. Ich lese regelmäßig den Wachtturm und ich besuche regelmäßig die Versammlungen, die an drei Tagen in der Woche stattfinden.«

»Ach so, wegen all dem Predigen, Lesen und Versammlungen hast du also keine Zeit für ein Studium?«

»Hm ... ja, so könnte man es ausdrücken.«

»Aber wenn du jetzt ein bisschen weniger predigen und lesen würdest, dann könntest du schon ein Studium machen? Was passiert denn, wenn du nicht zu den Versammlungen gehst?«

»Ah, natürlich sind Predigen, Studium und Versammlungsbesuch rein freiwillig. Aber die Bibel zeigt, dass wir so unseren Dienst für Gott erfüllen. Das alles schützt uns vor dem Einfluss der Welt Satans.«

»Aber ich meine, was spricht denn gegen ein Studium? Du arbeitest doch jetzt auch, und wenn du stattdessen in der Zeit in die Uni gehst ...«

»Ich kann ein Studium sowieso nicht bezahlen ...«

»Ach, dafür gibt es doch Bafög, ich meine, wenn du nun ...«

Na gut, er wollte es nicht anders!

»Ich mache auch deswegen kein Studium, weil ich dann die ganze Zeit mit Leuten zusammen wäre, die Gott und der Bibel kritisch gegenüberstehen. Diese Einstellung könnte auf mich abfärben und mich im Dienst für Gott nachlässig machen. Die

Bibel rät uns, dass wir uns nicht in schlechte Gesellschaft begeben sollen.«

So, nun war es raus.

Am anderen Ende der Leitung war für eine Sekunde mal Stille.

»Das heißt, ... ich wäre für dich schlechte Gesellschaft?«

»Richtig«, stöhnte ich.

»Und wieso telefonieren wir dann überhaupt?«

»Weil wir natürlich anderen Menschen gegenüber verpflichtet sind, für unseren Glauben Rechenschaft abzulegen und sie so die Chance haben, darin die Wahrheit zu erkennen.«

»Das heißt, nur zu diesem Zweck darfst du mit anderen reden?«

Dieses Telefonat wurde zur Zerreißprobe. Natürlich hatte er Recht, und gleichzeitig war mir bewusst, dass ich gegen dieses Gebot ständig ungehorsam war.

»So hart würde ich es nicht ausdrücken. Natürlich kann ich auch so mit anderen zusammen sein, aber richtige Freunde müssten Zeugen Jehovas sein.«

»Dann könntest du dir also auch nicht vorstellen, mit jemandem eine Familie zu gründen, der kein Zeuge Jehovas ist?«

»Nein«, antwortete ich im Brustton der Überzeugung, »das ist für mich völlig unmöglich.«

»Das heißt, wenn ich Zeuge Jehovas wäre, könnten wir uns also näher kennen lernen?«

»Ja, dann könnte ich mir das schon eher vorstellen.«

»Nun, nach dem, was ich bisher von dir gehört habe, steht für mich jedenfalls fest: Wenn das mal was mit uns werden sollte, müsstest *du* auf jeden Fall bei den Zeugen Jehovas austreten. Ich bin ja sonst sehr tolerant und lasse jedem seinen eigenen Glauben, aber wie ihr euch durch die Bibel gefangen nehmen lasst, kann ich nicht tolerieren.«

»Das sehe ich aber anders!«, schnappte ich und sah meine Predigt als beendigt an. Peter legte nach einer knappen Verabschiedung den Hörer auf und ich konnte mich nun beruhigt meinem Studium widmen: Den würde ich nie mehr wieder sehen!

Gefangen nehmen, pah!

Wenigstens konnte ich mir eine gute Stunde auf meiner Stundenliste anschreiben.

Am Wochenende setzte ich mich an die Straße auf die Bank vor dem Haus unserer Nachbarn und wartete auf Fred. Die Sonne brannte heiß. Eigentlich hatten wir einen ungewöhnlich schönen September dieses Jahr. Vielleicht nahm ich es aber auch einfach nur zum ersten Mal so bewusst wahr.

Karin, die Nachbarstochter, war bei ihren Eltern zu Besuch. Früher hatten wir immer zusammen gespielt. Sie sah mich, kam zu mir und setzte sich neben mich auf die Bank.

Sie kam schnell auf die Zeugen Jehovas zu sprechen. Nun studierte ich schon seit zwei Jahren die Bibel, ging seit einem Jahr in den Predigtdienst und war seit einem halben Jahr getauft – und sie tat immer noch, als würde ich gerade erst anfangen, mit dieser Glaubensgemeinschaft zu liebäugeln.

»Was versprichst du dir denn davon?«, fragte sie entnervt.

»Es gibt mir einen wirklichen Sinn in meinem Leben«, erwiderte ich, denn ich musste ja auch ein gutes Licht auf die Wahrheit werfen.

Und warum saß ich dann hier voll freudiger Erwartung meines Liebsten? Warum war ich nicht im Predigtdienst, den ganzen Tag, wenn es doch mein Dienst für Gott war, der meinem Leben einen Sinn gab?

Auf den Predigtdienst hatte ich mich nie so gefreut wie auf die Stunden mit Fred.

Ich merkte mir ungefähr eine Viertelstunde informelles Zeugnisgeben. Na ja, eigentlich war ich ja doch immer im Dienst.

Endlich kam Fred um die Kurve mit seinem blauen Kleintransporter, wie immer kleidsam in einen schmutzigen Blaumann gewandet.

Wir fuhren zum Spazierengehen an die Steilküste der Schlei. Fred kannte wirklich die schönsten Ecken. Unten plätscherten kleine Wellen an den Kiesstrand, und oben kuschelten wir im weichen Gras.

»Am liebsten hätte ich jetzt ein großes weiches Bett für uns beide«, flüsterte Fred lächelnd.

»Du sollst doch so etwas nicht sagen«, stöhnte ich, »du weißt, ich will das nicht!«

»Warum denn nicht? Hast du Angst wegen der Kinderchen? Das brauchst du nicht.«

»Wieso?«

»Weil ich sterilisiert bin. Vor ein paar Jahren habe ich mir das im Krankenhaus machen lassen.«

»Das heißt also, ich könnte nie Kinder von dir bekommen?« Etwas brannte in meiner Magengrube.

»Doch, wenn du das willst«, meinte Fred zärtlich. »Das ist doch nur ein kleiner Knoten, den kann man bestimmt wieder rausmachen.«

So sicher war ich mir da nicht. Doch ich wusste nun, was ich wollte: Ich wollte mit Fred zusammenleben. Und ich wollte eine Familie haben. Keine Vision vom Paradies war mir je so schön erschienen wie dies.

Es war mir egal, was die Bibel dazu sagte. Jehova hatte mir nun mal meinen sehnlichsten Wunsch auf diese Weise erfüllt. Ich hatte keine Ahnung, wie sich das entwickeln würde. Aber ich hatte es auch einfach nicht in meiner Hand. Ich war nur eine unbedeutende Schachfigur, die Jehova und Satan auf dem Brett des Lebens hin- und herschoben, und wenn ich als Bauernopfer enden würde, konnte ich das sowieso nicht verhindern.

KAPITEL 20

In der Versammlung merkte nur Roswitha, dass ich irgendwie anders war als sonst.

»Was ist mit dir? Bist du etwa verliebt?«

»Nein«, log ich.

»Doch wohl hoffentlich nicht in deinen Chef. Lass dir einen guten Rat geben: Fang bloß nichts mit deinem Chef an!«

»Mein Chef ist mir völlig egal«, lachte ich. »Neulich war da so ein junger Mann in der Praxis«, fing ich schüchtern an zu erzählen, »der hat mir schöne Augen gemacht. Er hat mich sogar angerufen. Ich habe ihm dann kräftig Zeugnis gegeben.«

»Na, dann bin ich ja beruhigt. Das hast du gut gemacht«, lobte Roswitha mich.

Fred blieb mein Geheimnis. Nur Jehova wusste darüber Bescheid, denn vor ihm konnte man nichts verbergen.

Nachmittags war ich wie üblich mit Fred verabredet. Wir wollten nach Schleswig fahren, wo im Hafen eine Regatta stattfand. Auf einem Boot war noch Platz für uns, so dass wir mitfahren konnten. »Das ist meine Freundin«, stellte Fred mich vor. »Ja, ja«, erwiderten die anderen nur ungläubig, aber mir war das alles egal. Ich war frei, ich war bei Fred, und ich war glücklich. Wir hatten so viel Spaß zusammen.

Den Montag drauf hatte ich frei. Sobald ich am Nachmittag das so wohl vertraute Knirschen auf dem Hof unserer Nachbarn hörte, schnappte ich mir meine Jacke und rannte durch die Küche.

»Du willst doch wohl nicht schon wieder zu ihm ...«, rief Mama mir zu. »Das kannst du doch nicht machen«, jammerte sie. »Er ist doch ein verheirateter Mann. Ich halte das nicht mehr aus! ... Das kannst du machen, wenn du alleine wohnst ...«

»Ich würde sehr gerne alleine wohnen«, erwiderte ich kalt. »Ist es das, was du willst?«

»Ah, nein ... Ich halte das nicht mehr aus ...« Sie tat mir Leid, wie sie da so zusammengekrümmt am Tisch stand, aber ich konnte einfach nicht anders. Draußen wartete Fred auf mich, und wenn Mama darüber reden wollte, dann musste sie doch nicht ausgerechnet immer die Momente abpassen, wo ich gerade loswollte, und dann dieses Jammern ...

»Ich gehe jetzt«, sagte ich knapp.

»Wenn du jetzt gehst«, Mama hatte sich drohend aufgerichtet, die Falte zwischen ihren rotgeränderten Augen aufs Schärfste vertieft, »dann rufe ich Klaus und Eva an.«

»Tschüss«, rief ich und rannte hinaus. Sollte sie doch. Wenn Klaus mir dann tatsächlich die Leviten las, wüsste ich wenigstens endlich, wie es weitergehen sollte.

Als ich wieder nach Hause kam, saß Mama immer noch am Küchentisch bei ihrer Arbeit. Sie schaute nicht hoch und sagte kein Wort.

Doch als abends, nachdem es dunkel geworden war, der Hund bellte, wusste ich, dass sie ihre Drohung wahr gemacht hatte.

Klaus stand vor der Tür. Eva hatte er gleich mitgebracht. Beide waren hochoffiziell gekleidet, er in Anzug und Krawatte, sie in Rock und Bluse, als würden sie in den Predigtdienst gehen. Nicht einmal Klaus' Büchertasche fehlte.

»Hallo. Kommt doch rein«, begrüßte ich sie so freundlich wie nur möglich, aber innerlich biss ich die Zähne aufeinander.

Wir setzten uns um den Stubentisch herum, wie damals, als Ruth und Dieter bei mir waren. Genau wie damals waren meine Gesprächspartner die Allwissenden, Allmächtigen, ich aber das arme verirrte Schaf, das es zu retten galt. Genau wie damals wurde die Bibel auf den Tisch gelegt, um mit dieser Waffe mein Selbst zu zerschlagen. Doch im Unterschied zu damals bestand Klaus darauf, dass wir vor unserem Gespräch zusammen ein Gebet sprachen und um Jehovas Segen für mich baten.

Ich ließ das alles mit mir geschehen.

»Wir haben etwas Interessantes von deiner Mutter erfahren«, begann Klaus, »und darüber wollen wir uns mit dir mal unterhalten.«

Das glaubte ich, dass das interessant gewesen war – höchst interessant.

»Wir machen uns Sorgen um dich«, fuhr er fort, als ich nicht antwortete. »Was ist das für ein Mann, mit dem du dich da immer triffst?«

War ich hier in einem Verhör oder was?

»Der hat seine Werkstatt hier bei unseren Nachbarn. Er hat mir ein paar Male bei meinem Auto geholfen und ich habe ihm zum Dank dafür auch bei seiner Arbeit geholfen. Hin und wieder treffen wir uns ... Gestern zum Beispiel sind wir zusammen in Schleswig segeln gewesen, auf einer Regatta. Das war wirklich aufregend.«

Klaus blickte Eva bedeutungsvoll an. Dann wandte er sich wieder mir zu.

»Dir ist doch klar, dass dieser Mann Teil der *Welt* ist. Sicher, Entspannung ist wichtig, und es gibt nichts Schöneres, als mal zu segeln. Aber meinst du nicht auch, dass du in Zukunft nicht lieber diese schlechte Gesellschaft meiden solltest? Du solltest dir lieber Freunde in der Versammlung suchen.«

»Hm.«

Ich fühlte in diesem Moment gar nichts mehr. Mein ganzer Körper war taub, mein Geist unfähig, einen klaren Gedanken zu fassen, geschweige denn, ihn zu formulieren.

Da ich keine Einsicht erkennen ließ, schlug Klaus seine Bibel auf und begann vorzulesen:

»*Wie stimmt Christus überein mit Beliar?*« Danach ließ er seine Bibel sinken und schaute mir ernst in die Augen.

Diesen Text aus 2 Korinther 6,15 hatten wir schon einige Male in der Versammlung durchgekaut. »Beliar« war ein anderes Wort für Satan. Dieser mir so wohl bekannte Gegensatz Gott – Satan ... Ich gehörte zu Gott, Fred gehörte zu Satan, keine Übereinkunft ...

Da ich auch darauf nichts erwiderte, blätterte Klaus weiter und las wieder vor:

»*Freundschaft mit der Welt ist Feindschaft mit Gott.*«

Jakobus 4,4. Die Worte drangen an meine Ohren und wurden wie ein Echo in meinem Kopf hin und her geworfen, doch meine Gehirnwindungen weigerten sich, sie einzulassen.

»Durch dein Verhalten verletzt du die Maßstäbe der Bibel«, übernahm Klaus die Deutung dieser Worte für mich. »Du ziehst den Namen Jehovas in den Schmutz.«

... den Namen Jehovas in den Schmutz ... durch das Gerede ... Seht mal, die will uns was von der Bibel sagen und selber ... Die Zeugen Jehovas tun immer so heilig, und in Wirklichkeit ... Ich wollte den Namen Jehovas nicht in den Schmutz ziehen ... Ruth schlief sogar bei ihrer Oma, damit niemand sagen könnte, Daniel und sie ...

»Dir ist doch klar, dass du dich Jehova hingegeben hast. Du bist nun ein Sklave Gottes und darfst nicht mehr einfach deinen eigenen Wünschen nachgehen ohne Rücksicht auf Jehova«, fuhr Klaus fort. »Ich meine, du musst selbst entscheiden, aber du solltest es als guten Rat ansehen.« Seine Miene zeigte deutlich, dass es wieder einmal nur *eine* richtige Entscheidung gab.

»Selbst wenn du ihn gern hast«, wandte nun Eva ein, das Gesicht so voller Güte, »was hilft es denn, wenn er doch Jehova nicht liebt?«

... wenn er doch Jehova nicht liebt ...

... aber ich liebte ihn ...

Jehova verlangte von mir nur Leistung, andernfalls stand mir die Todesstrafe bevor. Ich liebte Jehova, wie man einen Vater liebte, der mit strengem Gesicht Gehorsam forderte. Die Liebe zu Fred war so anders ... Ich wollte sie nicht verlieren ...

»Aber meint ihr nicht, dass ich alt genug bin, um selbst zu entscheiden, welche Freunde ich habe?«, erwiderte ich leise.

»Aber dann schiebst du ja die Bibel beiseite!«, sagte Klaus nur und nahm mir damit jeden Wind aus den Segeln.

... du schiebst die Bibel beiseite ...

... in der Bibel stand, dass ich zum Feind Gottes wurde, wenn ich mit der Welt Freund war ...

... wenn ich Fred liebte, konnte Jehova mich nicht mehr lieben ...

... ich würde sterben in Harmagedon ...

Klaus und Eva sprachen noch ein abschließendes Gebet für mich, doch mein »Amen« klang dumpf und wie aus weiter Ferne. Die beiden schien es nicht zu stören.

»Ich bin sicher, du wirst die richtige Entscheidung treffen«, meinte Klaus mit geradezu penetranter Zuversichtlichkeit.

Eva nahm mich in den Arm und drückte mich fest. »Du schaffst das schon«, flüsterte sie. Meine Arme aber schienen mir nicht mehr gehorchen zu wollen. Ich verzog meine Lippen mühsam zu einem Lächeln und nickte schwach.

Mama verabschiedete die beiden höchst zufrieden. Auch sie glaubte, das Problem auf diese Weise elegant gelöst zu haben.

Wie betäubt zog ich mich in mein Zimmer zurück.

Ich versuchte zu beten, aber es kamen einfach keine Worte über meine Lippen und keine Gedanken in meinen Kopf. Mein ganzes Denken bestand nur aus diesem einen Wort: Nein!

Sollte ich mir vorschreiben lassen, mit wem ich zusammen war? Sollte ich denn nie einen Freund haben? Denn in der Versammlung war keiner für mich.

Ich konnte mich nicht von Fred trennen. Ich wollte nicht. Ich konnte mich nicht trennen. Nicht noch einmal diese Schmerzen, diese Einsamkeit. Er war zwar alt und mir wäre ein junger Mann sicher lieber gewesen, aber ich liebte ihn trotzdem zu sehr. Er zog mich an wie ein Magnet. Bei ihm blühte ich auf.

Selbst wenn die Beziehung keine Zukunft hatte und nicht zu erwarten war, dass sie lange dauern würde: Ich wollte mich nicht von ihm trennen!

Selbst wenn Mama endgültig verrückt werden sollte: Ich wollte mich nicht von ihm trennen!

Und wenn die ganze Welt gegen uns war, Gute wie Böse: Ich wollte mich nicht von ihm trennen!

Die schönsten Momente meines Lebens hatte ich mit ihm verbracht, nicht als Zeugin Jehovas. Noch nie hatte mir jemand so das Gefühl gegeben geliebt zu werden, weder ein Zeuge Jehovas noch Jehova selbst.

Ich hatte gehofft, dass es nicht so weit kommen würde, aber wenn ich mich denn zwischen Jehova und Fred entscheiden musste und nicht beide haben konnte – dann wollte ich mich für Fred entscheiden.

Die Verbindung, die ich immer beim Beten zwischen Jehova dort oben und mir hier unten gefühlt hatte – sie war verschwunden. Einfach nicht mehr da. Jehova stieß mich von sich, weil ich mich lieber für einen Menschen entschied als für ihn. Mein Verhältnis zu ihm war zerstört, genau so, wie es im Wachtturm immer geschrieben stand, wenn man sich nicht an die Regeln hielt.

Unser Kampf, den wir führen mussten, gegen Satan, die Welt und uns selbst, wie ein Ruderer, der ständig gegen einen Wasserfall anrudern musste – nun, ich hatte ihn verloren. Ich ließ die Ruder sinken und mich einfach den Wasserfall hinuntertreiben, und egal, was unten auf mich wartete, dieser Kampf hätte wenigstens endlich ein Ende gefunden. Und ich hätte meinen Frieden.

Ich liebte Jehova nicht mehr. Sein Wort, die Bibel, konnte mir endgültig gestohlen bleiben. Alle diese schönen Momente, die ich mit Fred gehabt hatte, die Welt, wie er sie mir gezeigt hatte auf unseren Ausflügen – ich liebte diese Welt!

Der Lohn für meine Untreue würde der Tod sein, die endgültige Vernichtung. Kummer und Leid würden über mich kommen, durch das, was ich getan hatte.

Aber war der Tod denn wirklich so schlimm? Es war ja keine Hölle, die auf mich wartete. Es war nur die simple Nichtexistenz. Und etwas, das nicht mehr existierte, dem konnte das doch auch nicht mehr Leid tun.

Ich nahm den Hund und machte ich mich auf den Weg durch die Dunkelheit, raus in den Wald. Hier, wo niemand es hören konnte, schrie ich aus Leibeskräften. Ich schrie meinen Schmerz in die Dunkelheit hinaus. Jehova, wenn du da oben bist, hörst du meinen Schmerz?

Erst allmählich kam ich wieder zur Ruhe. Der Himmel war nicht über meinem Kopf zusammengebrochen. Kein Feuer hatte mich verzehrt. Ich stand immer noch mit beiden Füßen auf dem Erdboden: Ein Mädchen, das zwar immer noch verwirrt war, aber wusste, was es wollte. Ich würde die Gemeinschaft verlassen (wie das ging, hatte ich nun schon oft genug erlebt und gelesen) und das Leben würde irgendwie weitergehen – oder eben nicht.

Ich lag lange schlaflos und überlegte, wie ich nun vorgehen würde.

Auch wenn Ruth mich wohl nicht mehr liebte als die anderen in der Versammlung – ich war ihr »geistiges Kind« und sie würde bestimmt über meinen Austritt schockiert sein. In zweieinhalb Wochen wollte sie heiraten. Aber würde sie dann überhaupt noch eine glückliche Braut sein können? Sie war ein sensibler Mensch und weiß Gott nicht aus Stein.

Auch wenn sie es war, die mich zur Zeugin Jehovas gemacht hatte, hatte sie es doch nicht böse gemeint. Sie hatte nur ihre vermeintliche Pflicht getan, in der besten Absicht, mein Leben zu retten, das wusste ich. Sie hatte mir Freundschaft gegeben und Zuneigung, zumindest bis ich getauft gewesen war, und dafür war ich ihr immer noch dankbar.

Nein, ich wollte ihr die Hochzeit wirklich nicht verderben. Auf zwei Wochen kam es schließlich nicht an: Ich würde weiter zur Versammlung gehen, so dass alle dachten, es sei alles in Ordnung, und dann gleich nach ihrer Hochzeit meinen Austritt bekannt geben. Ruth würde dann nach München ziehen und mich einfach vergessen.

»Einige, die die Zeugen Jehovas verlassen haben, hätten erzählt, dass sie danach durch Telefonanrufe geistig tyrannisiert wurden ...« Hans-Peters Worte hallten durch meine Erinnerung. Nun hatte er doch mit seiner Einschätzung Recht behalten.

Telefonanrufe ... nun, die würde ich ja nur bekommen, wenn die anderen von meinem inneren Entschluss erfuhren. Aber das mussten sie ja nicht. Wir sprachen doch sowieso nie über unsere innersten Gedanken. Nein, wenn ich immer brav in die Versammlung kam, mich hin und wieder meldete und die Antworten aus den Absätzen herunterspulte, würde niemand auch nur ahnen, was in mir vorging.

Die Arbeit am nächsten Tag war um kein Deut anders als sonst. Der Welt war es völlig egal, ob ich nun Zeugin Jehovas war oder nicht. Die Erde drehte sich einfach weiter und kümmerte sich nicht um das, was geschah.

Das Buchstudium am Dienstag lief geradezu mechanisch ab. Das Offenbarungsbuch, das wir studierten, war schon unterstrichen, so dass niemandem auffiel, dass ich nicht vorher zu Hause gesessen und alles durchgelesen hatte. Und was die anderen anging, die um mich saßen: Manche hatten unterstrichen, andere nicht, einige meldeten sich manchmal, andere nur ein Mal, wieder andere überhaupt nie. – Ging in ihren Köpfen vielleicht auch alles andere Wege, als es den Anschein hatte? Wie viele von ihnen trugen auch nur eine Maske und hielten die Fassade aufrecht, innerlich aber waren sie zerrissen von Zweifeln und Untreue? Wer konnte das schon wissen? Wo war nur die Liebe, die ich hier einmal gespürt hatte?

Als ich abends mit dem Hund das Haus verließ und Richtung Wald losmarschierte, wartete Fred schon, um mich zu begleiten. Er nahm die Neuigkeit mit Erstaunen auf.

»Das hatte ich nicht gewollt«, sagte Fred voller Bedauern in seinem Gesicht, »ich wollte nicht, dass es so weit kommt. Ich hatte nie gewollt, dass für dich alles durcheinander gerät, ich wollte doch einfach nur ...«

»Lass nur. Das ist schon in Ordnung. Es ist gar nicht so schlimm«, erwiderte ich und hoffte in diesem Moment, dass das stimmte.

Mein Weltbild lag vor mir in Trümmern, meine Lebensplanung war nur noch ein Haufen Mist – aber es würde weitergehen, irgendwie. Nur wie?

Auch am nächsten Tag ließ ich das Leben automatisch mit mir geschehen. Es spielte doch alles sowieso keine Rolle mehr. Es war alles so sinnlos.

Doch Fred wartete wieder auf mich und gab mir Halt und Nähe.

Ich verbarg mein Gesicht an seiner Brust, und er legte beschützend seine Arme um mich.

»Ach, am liebsten würde ich weit weg gehen«, seufzte ich, »vielleicht nach Australien oder so. Kommst du mit mir nach Australien?«

»Na klar«, sagte er. So war Fred eben: immer spontan, aber nicht ganz ernst zu nehmen.

»Oh, Fred, was soll nur aus mir werden?«, stieß ich hervor.

Fred nahm mein Gesicht in seine Hände und seine blauen Augen schauten mich so unendlich liebevoll an. »Du kannst Fragen stellen«, sagte er nur kopfschüttelnd. »Eine schöne Frau natürlich!«

Er stellte sich das so einfach vor. Ach, wenn es doch nur so einfach wäre!

Für ihn ging das Leben einfach weiter. Er hatte ja keine Angst vor Harmagedon. Er hatte nicht die Aussicht, fast alles zu verlieren, was bisher eine Bedeutung hatte: Freunde, Lebenszweck, Zukunftshoffnung …

Donnerstag begrüßten mich Eva und Klaus in der Versammlung, als wäre gar nichts geschehen. Zweifellos glaubten sie, mich wieder auf den rechten Weg gebracht zu haben.

Ruth war zwar anders als sonst, aber das schien eher daran zu liegen, dass sie vor der Versammlung einen Besuch beim Frauenarzt über sich hatte ergehen lassen, der ihr wohl sehr unangenehm gewesen war. Wenn sie Daniel nächste Woche heiratete, musste sie ja vorbereitet sein, damit ihr Predigtdienst nicht etwa durch ein Kind behindert werden würde …

Zum Schluss des Programms gab es noch eine fünfzehnminütige Ansprache, in der ein Artikel aus dem Wachtturm verarbeitet wurde. Es ging darum, dass es wohl einige in der Versammlung gab, die Hurerei trieben (also Sex hatten, ohne verheiratet zu sein) und dabei ein Doppelleben führten, statt gleich den Ältesten alles zu beichten und so mit Jehova ins Reine zu kommen.

War es reiner Zufall, dass so ein Artikel ausgerechnet heute besprochen wurde? Oder hatte schon wieder Jehova seine Finger im Spiel?

Satan war natürlich wieder an allem Schuld, hieß es in der Ansprache. Ständiges Gebet und ständiges Studium wären das Einzige, was uns half, loyal zu bleiben. Die Welt da draußen machte keinen Spaß, auch wenn es manchmal so schien. Es führte nur zu ungewollten Schwangerschaften und Abtreibungen und zu viel Leid. »*Es ist ein Schutz, in der Wahrheit zu sein.*«

Innerlich drehte sich mir der Magen um. Ich konnte diese ganze Litanei einfach nicht mehr hören! Es war mir egal, ob mich draußen in der Welt Leid und Schmerzen erwarteten. Ich wusste nur, dass es da auch Liebe gab, und die wollte ich.

Samstag rief ich die alte Schwester Urban an. Zum ersten Mal hatte ich eine Verabredung mit ihr gehabt, doch jetzt sagte ich ihr ab, ohne eine rechte Begründung zu geben. Sie schien auch keine zu erwarten, sondern schien sogar recht froh, dass ihr der Dienst für heute erspart blieb.

Arme alte Schwester, du quälst dich im Dienst, um dir das ewige Leben zu verdienen ...

Juliane, mit der ich in der Woche drauf eine Verabredung hatte, hatte ich schon in der letzten Versammlung abgesagt. Sie hatte sich ebenfalls nicht weiter gewundert und war sich einfach Ersatz suchen gegangen.

Mich dagegen erwartete etwas ganz anderes als der Dienst, etwas viel Schöneres, nämlich Liebe und Nähe. Bald würde Fred auf den Hof gefahren kommen und dann konnte ich den ganzen Kram wieder weit von mir schieben.

Doch kein Auto kam auf den Hof.

Die neuen Zeitschriften lagen auf meinem Schreibtisch, aber ich rührte sie nicht an. Die Bibel blieb zugeschlagen daneben liegen. Mein Blick blieb auf das Fenster gerichtet, um nicht zu verpassen, wenn Fred kommen würde.

Doch er kam immer noch nicht.

Da klingelte das Telefon. Wer war das? Hatte in der Versammlung doch jemand etwas gemerkt?

Es war Fred.

»Hallo«, rief ich erleichtert, »ich warte schon die ganze Zeit auf dich, wann ...«

»Ich komme heute nicht«, unterbrach Fred mich.

»Wie bitte?«

»Wir ... können uns nicht mehr sehen.«

Mir war, als hätte jemand eine schwere Keule über meinen Kopf geschwungen.

»Warum nicht?«, krächzte ich.

»Eure Nachbarn – sie sagen, ich muss meine Werkstatt aus dem Schuppen räumen, wenn wir uns weiter treffen.«

»Seit wann gibst du was auf die Nachbarn? Da muss man sich doch wehren! Du könntest ...«

»Nein! Der ... der Altersunterschied ist zu krass.«

»Auf einmal? Das hat dich doch bis jetzt auch nicht gestört!«

»Oh komm, jetzt mach es mir doch nicht so schwer.«

»Fred, du weißt nicht ...«, schluchzte ich, doch Fred sagte nur noch »Tschüss« und legte auf.

Wie betäubt ließ ich den Hörer sinken und konnte lange keinen rechten Gedanken fassen.

Jetzt hatte ich wirklich alles verloren! Freunde, Lebenszweck, Zukunftshoffnung – und Fred.

So gemein war Satan! Erst gab er mir jemanden, der mich liebte, um mich von Jehova zu entfremden, und jetzt, wo er das geschafft hatte, nahm er ihn mir wieder.

Aber es war ja nicht zu spät! Ich hatte doch niemandem etwas erzählt. Schwester Urban und Juliane würden einfach nur denken, dass ich an diesen Samstagen verhindert war, und der Predigtdienst würde danach ganz normal weiterlaufen.

Ich nahm mir den neuen Wachtturm vor und begann, den Studienartikel darin zu lesen, zu unterstreichen, die Bibel nachzuschlagen und unbekannte Bibelstellen an den Rand zu schreiben. Wie ich es so lange getan hatte.

Gott treu bleiben ... Jehovas rettender Arm ... Versuchungen ... widerstehen ... Prüfungen lange erdulden ... auf Jehova vertrauen ... er stärkt uns ...

Worum ging es denn überhaupt bei dem ganzen Kram? Die Bibel und der Wachtturm sagten uns, wie wir denken sollten, wie wir fühlen sollten, wie wir handeln sollten. Jehova als der »große Bruder« wachte darüber, ob wir auch jeden Schritt so machten, wie er es wollte. Wir lebten wie Zombies, in einem großen Gefängnis unseres Geistes, und die einzige Befreiung, auf die wir hoffen konnten, würde mit Harmagedon kommen.

Wieso hatte ich nur solche Gedanken?

Früher hatte ich alles, was ich im Wachtturm las, einfach angenommen. Ich hatte es *gefressen*, denn es war schließlich die »geistige Speise«, die Jehova uns durch die Wachtturm-Gesellschaft gab. Aber jetzt war irgendetwas mit mir passiert. Ich konnte das nicht mehr alles einfach so glauben, ohne es kritisch zu hinterfragen. Ja, es war fast so wie damals, als ich meinen ersten Wachtturm las und mich fragte, ob das alles stimmen konnte.

Ich war in meinem Inneren wirklich keine Zeugin Jehovas mehr.

Der Schmetterling, der meine »neue Persönlichkeit« darstellte – er war gestorben. Die »alte Persönlichkeit« war mit einem Mal wieder voll da. Ich hatte mich gar nicht verändert gehabt – mein altes Selbst war nur überlagert gewesen. Wie sonst konnte ich mir diesen radikalen Zusammenbruch des Glaubens erklären?

Nun hatte ich fast eine Woche lang nichts von der Gesellschaft gelesen, hatte mich nicht damit beschäftigt. Keine Gebete. Keinen Tagestext. Keine Zeitschriften. Keine Bücher. Keine »Neue-

Welt-Übersetzung«. Kein informelles Zeugnisgeben. Keinen Predigtdienst. Aber zumindest noch die Versammlungen, wenn auch distanziert.

Wie oft nun hatte ich schon gehört und gelesen, dass, wer »keine geistige Speise in sich aufnimmt«, der verhungert, der »erleidet im Glauben Schiffbruch«? Aber was war das für ein Glauben, den man nur glauben konnte, wenn man jeden Tag darüber las und darüber nachdachte und darüber sprach?

War das überhaupt Glauben?

Oder – und diese Erkenntnis kam über mich, wie die Morgenröte die Nacht ablöst – war das alles doch nur *Indoktrination*?

Ich konnte nicht mehr sagen, ob das, was ich all die Tage, Wochen und Monate gelesen und gehört hatte, nun die »Wahrheit« war oder nicht. Vielleicht stimmte es, vielleicht aber auch nicht. Ich wollte gar nicht mehr in diesem kalten unmenschlichen Paradies leben.

Nein, ich wollte richtig leben! Ich wollte das Leben spüren mit all seinen Facetten, mit den guten Dingen und mit den bösen Dingen. Ich würde alles, was kam, in mich aufsaugen und spüren, dass ich da war und dass ich frei war. Ich brauchte keinen Schutz vor der bösen Welt mehr. Diese dämliche Unterteilung in Gut und Böse, in Gott und Satan – beides zusammen machte das Leben aus! Das eine war ohne das andere fahl, langweilig und tot.

War es Gott gewesen, der mich diese Liebe spüren ließ? Oder war es Satan gewesen, der doch der »Herrscher dieser Welt« sein sollte? Aber konnte etwas so Wundervolles wie die Liebe überhaupt von Satan kommen?

»*Kann man denn Trauben lesen von den Dornen oder Feigen von den Disteln? ... Ein guter Baum kann nicht schlechte Früchte bringen, und ein fauler Baum kann nicht gute Früchte bringen.*« (Matthäus 7,16.18)

Nein, die Welt war nicht so einfach in Gut und Böse zu unterteilen.

Die Bibel war kein Handbuch, das man nur einfach nachschlagen musste, um darin eine Anweisung zu finden, welche Entscheidungen man treffen musste. Niemand konnte einem das eigene Denken abnehmen. Die Bibel war sicher wichtig, um Zugang zum eigenen Glauben zu finden und etwas über Gott zu erfahren, aber wie das alles genau zusammenhing, würde ich wohl doch noch herausfinden müssen. Hinter allem, was ich so sicher zu wissen geglaubt hatte, war ein einziges großes Fragezeichen gesetzt worden.

Aber es war nicht schlimm! Musste ich denn alle Antworten auf die Geheimnisse des Lebens wissen? Oder war nicht die Suche danach viel aufregender?

Ich saß auf meinem Sessel und versuchte, meine Gedanken zu sortieren. Wieso war ich nicht traurig? Ich hatte gedacht, ich müsste zusammenbrechen, wenn ich meinen Glauben verlöre. Aber ich brach nicht zusammen. Ich war durcheinander, zweifellos, aber ich fühlte mich auch lebendig und – zum ersten Mal seit langer Zeit wieder – frei!

Endlich brauchte ich meine Gedanken nicht mehr mit einem Käfig zu umgeben; brauchte keinen Maulkorb zu tragen. Was immer ich auch dachte, Gutes oder Böses – es war in Ordnung! Versuchung – es gab sie nicht mehr! Satan, der meine Gedanken in falsche Bahnen zu lenken versuchte – er hatte sich in Luft aufgelöst! Ich war ein freier Mensch auf dieser Erde, der sich bemühte, einen guten Weg ins Leben zu finden, der einfach nur ein guter Mensch sein wollte. Ich brauchte keine Angst mehr zu haben.

Endlich keine Angst mehr!

»Denn wenn wir mutwillig sündigen, nachdem wir die Erkenntnis der Wahrheit empfangen haben, haben wir hinfort kein andres Opfer mehr für die Sünden, sondern nichts als ein schreckliches Warten auf das Gericht ...« Diese Worte aus Hebräer 10,26-27 konnten mich nicht mehr schrecken. Sünde war kein Thema mehr für mich. Ich würde nicht mordend, lügend und Unheil bringend durch die Welt ziehen, aber nicht weil ich die Strafe

fürchtete, sondern weil ich die Liebe zu den Menschen in mir hatte.

Nein, selten war mir etwas so klar gewesen: Nie wieder wollte ich mich durch eine Ideologie versklaven lassen! Nie wieder wollte ich mir das eigene Denken abgewöhnen lassen und aus meinem Leben selbst eine Perversität machen! Nichts würde mir jemals wieder meine Freiheit nehmen!

Dies war die Wahrheit, die wirklich frei macht!

Entschlossen klappte ich Bibel und Wachtturm zu und legte sie beiseite. Ich betrachtete die Publikationen, die ich in diesen zwei Jahren gesammelt hatte und die schon ein Drittel meines kleinen Bücherregals füllten: 26 Bücher, zwei Bibeln, neun Broschüren, zwei Kalender, drei Tagestexthefte, 66 Wachttürme und 71 Erwachet, dazu vier in Kunstleder gebundene Sammelordner für die Zeitschriften, einiges davon geschenkt, das meiste aber bar bezahlt und fast alles gelesen. Auf einem weiteren Stapel lagen noch eine Broschüre, drei Bücher und 48 Zeitschriften, die ich im Laufe des Predigtdienstes angeschafft hatte und nicht abgeben konnte, ebenfalls alles bar bezahlt.

Ging es hier denn überhaupt noch um Religion?

Oder ging es nicht doch nur darum, Anhänger zu rekrutieren und die Wachtturm-Gesellschaft reich und mächtig zu machen, vor allem mächtig?

Zwar gab es die Zeitschriften und Bücher jetzt umsonst, aber schon jetzt hatten die Ansprachen zum Thema Spenden, das Werk unterstützen und Gott-liebt-einen-willigen-Geber deutlich mehr Raum in den Programmen eingenommen.

Dieser Zwang zum Predigtdienst – diente er nicht vornehmlich der Kontrolle der Schäfchen? Wer hier fleißig war, war automatisch mehr geachtet und umgekehrt. Und wer konnte schon »hott« denken, wenn er wöchentlich oder gar täglich an den Türen »hü« verkündete?

Nun, noch zwei Wochen, und ich konnte den ganzen Mist in eine große Kiste stecken und auf den Dachboden stellen. Und das Erste, was ich dann machen würde, wäre, den Katechismus von Hans-Heinrich wieder herunterzuholen und die Lücke im Bücherregal damit aufzufüllen beginnen.

Ich war nicht allein. Ich hatte immer noch meine leibliche Familie, ich hatte meine Arbeitsstelle und ich hatte Freunde in der Berufsschule. Ich wusste noch, wie das wirkliche Leben ging. Daran Freude zu finden hatte Fred mir beigebracht. Ich würde das Leben genießen in vollen Zügen und einfach nur frei sein.

Es konnte ja eigentlich nur besser werden.

Welt, ich komme!

KAPITEL 21

Dienstag ging ich einfach nicht zum Buchstudium. Es kam oft vor, dass beim Buchstudium welche fehlten. Es war allerdings das erste Mal, dass ich fehlte.

Mama wunderte sich kurz darüber, sagte aber nichts. Ich wollte ihr noch nicht sagen, was ich vorhatte. Schließlich hatte sie schon einmal bei Klaus angerufen.

In der Praxis hatte ich mir endlich keinen Stress machen müssen, nur um rechtzeitig fortzukommen. Ich arbeitete, bis alles in Ruhe erledigt war, fuhr dann entspannt nach Hause, machte es mir vor dem Fernseher gemütlich und lebte einfach mein Leben. Ich wusste noch ungefähr, wie das ging. Ich brauchte keine Leere zu fürchten. Es gab doch so vieles, was meinem Leben einen Sinn geben konnte.

Donnerstag hatte ich als Partnerin bei einer Demonstration in der Dienstzusammenkunft mitzuwirken – ein Vorrecht für anerkannte Verkündiger. Ich spulte meinen Text ab und wirkte vollkommen professionell. Im Inneren konnte ich nur noch darüber lachen. Dieses Predigen – endlich brauchte ich mir darüber keine Gedanken mehr zu machen! Ständig wurde uns eingeredet, dass es Freude bereitete, doch wie viele quälten sich darin. Und dann gingen wir auch noch freiwillig jede Woche in diese Versammlung, um uns ein schlechtes Gewissen einreden zu lassen, wenn wir nicht jede freie Minute mit dieser Qual verbracht hatten.

Ruth saß mit ihrem Heiligenschein neben Daniel und sah glücklich aus. Sie kannte nichts anderes. Sie hatte die Indoktrination mit der Muttermilch eingesogen. Wahrscheinlich war sie tatsächlich glücklich, wenn sie in den Dienst ging. Wie viel würde für sie zerbrechen, wenn sie ihren Glauben verlöre: Keine Familie mehr, keinen Lebenszweck, keine Ahnung, was man sonst noch machen könnte oder wie das Leben da draußen wirklich funktionierte – nein, sie war hier in der Tat besser aufgehoben. Für sie gab es keine Freiheit.

Doch all die anderen Gesichter, die ich hier oben von der Bühne aus sehen konnte: Viele waren dabei, bei denen ich gespürt hatte, dass sie Zweifel hatten wie ich, dass sie im Grunde ihres Herzens unglücklich waren. Ob sie jemals zur Freiheit finden werden?

Meine Geschwister – und doch nicht mehr meine Geschwister ...

Am Sonntag, dem 29. September 1991, war ich zum letzten Mal im Königreichssaal. Es war alles so hohl, so hohl! Liebe hatte ich damals, beim ersten Mal, hier zu spüren geglaubt, Freunde zu finden gehofft. Was wusste ich damals von Predigtdruck und Kälte? Von Routine und Eintönigkeit? Von der Tatsache, dass die Angst vor der Vernichtung in Harmagedon nie ganz ruhte?

Feierlich warf ich meinen letzten Predigtdienstbericht ein: Zehn Stunden, immerhin, weil ich ja Anfang September Urlaub gehabt hatte. Die würden aus allen Wolken fallen, wenn mein Verlassen der Gemeinschaft von der Bühne herab verkündet werden würde. Schade, dass ich nicht dabei sein konnte.

Schließlich musste ich endlich auch Mama sagen, welche Früchte ihr Anruf getragen hatte.

»Ich werde austreten, Mama.«

Mama ließ fast ihren Spüllappen fallen. »Was? Ja, bist du denn noch zu retten? Erst willst du unbedingt Zeuge Jehovas werden, und nun willst du wieder damit aufhören, wo du gerade ...«

»Mama, nun halt aber mal die Luft an! Endlich habe ich begriffen, dass das nichts weiter als eine Sekte ist, und du findest es nur peinlich, dass ich wieder austreten will! Du solltest froh sein, dass ich noch zur Besinnung gekommen bin, bevor es vielleicht endgültig zu spät gewesen wäre.«

»Ich weiß da doch nichts von. Ich wollte nur, dass du endlich mit diesem Fred aufhörst. Wenn du einen jungen Mann kennen gelernt hättest, dann hätte ich ja gar nichts dagegen gehabt.«

»Wenn ich mit einem jungen Mann zusammen gewesen wäre, der kein Zeuge Jehovas ist, wären Eva und Klaus aber genauso zu mir gekommen.«

»Meinst du?«, fragte Mama ungläubig.

Und da erst konnte ich ihr die Hintergründe dieses Glaubens erklären, die Auserwähltheit der Gruppe, das mit der schlechten Gesellschaft, der Zwang und die Angst und die Unterdrückung – alle die Dinge, die wir den Ungläubigen nicht sagten, damit sie nicht von vornherein nichts mit der »Wahrheit« zu tun haben wollten. Alle die Dinge, die im Untergrund blieben. Und Mama konnte kaum glauben, dass ich die Wahrheit sagte.

Wer konnte auch schon wissen, wie es war, Zeuge Jehovas zu sein, wenn er nicht selbst einer war? Wer konnte schon die Indoktrination verstehen, wenn er ihr nicht selbst unterworfen war?

Und da erst freute sie sich mit mir.

Ein paar Tage nach Ruths Hochzeit wählte ich schließlich mit zitternden Händen die Nummer der Familie Hoffmann. Eva meldete sich.

»Hallo Eva. Ich hätte gern Klaus gesprochen.«

»Ja, ich geh ihn holen«, antwortete Eva, doch ich meinte zu hören, dass ihr klar war, dass man mit dem vorsitzführenden Aufseher nur sprechen wollte, wenn es um etwas sehr Ernstes ging.

Klaus meldete sich mit der gleichen penetrant sanftmütigen Art wie immer. »Ja? Was gibt's?«

»Ich möchte die Gemeinschaft verlassen.« Meine Stimme klang fest und sicher.

Auf der anderen Seite der Leitung hörte ich eine Kinnlade herunterpurzeln.

»Was?«, fragte Klaus mit erstickter Stimme. Man konnte förmlich hören, wie blass er geworden war.

»Du hast richtig gehört. Ich möchte die Gemeinschaft verlassen und kein Zeuge Jehovas mehr sein.« Meine Stimme musste geradezu unverschämt frech für einen Ältesten klingen, aber das war mir egal. Ich musste jetzt stark sein. Er sollte merken, dass ich nicht das arme kleine Schäfchen war, das man mit ein paar Bibelsprüchen wieder zurück in die Hürde treiben konnte.

»Ja, meinst du denn, nur weil du ein paar Mal nicht zur Versammlung gekommen bist, musst du gleich die Gemeinschaft verlassen?«

»Nein. Ich will die Gemeinschaft verlassen, weil ich den ganzen Quatsch nicht mehr glaube.«

»Ja, aber warum hast du dich dann überhaupt taufen lassen?«, fragte er zitternd. Er schien kurz davor zu sein zu heulen. Der Schock seines Lebens.

»Du weißt genau, warum ich mich habe taufen lassen«, antwortete ich hart. »Schließlich warst du es, der die ersten Tauffragen mit mir besprochen hat. Ich habe mich taufen lassen, weil ich das damals alles für richtig hielt und dachte, ich müsste das tun, um Gott zu gefallen und um überleben zu können. Heute weiß ich, dass das alles Unsinn ist.«

»Aber du bist doch zwei Jahre lang immer bei uns ein und aus gegangen! War denn die Freundschaft mit Ruth alles nur Heuchelei?«

Was sollte ich darauf antworten? Gott war mein Zeuge: Ich liebte Ruth immer noch. Aber wer hatte sich denn als Freund angeboten, um mich in die Gesellschaft zu locken? Wer wollte denn mit mir die Bibel studieren? Und wer hatte mich nicht zu seiner Hochzeit eingeladen?

»Ich möchte einfach nur austreten«, sagte ich kalt, »das kann doch nicht so schwer zu verstehen sein.«

Klaus verwandelte sich jetzt in den gefühlskalten Richter. Wenn ich in seinen Augen mein Todesurteil unterschreiben wollte, sollte ich das eben tun, dachte er wohl. Er antwortete jetzt ebenso kalt wie ich: »Das gibt es nicht, dass jemand einfach nur austreten will. Da muss doch irgendetwas vorgefallen sein! Nein, da müssen wir erst prüfen, inwieweit der Name Jehovas in den Schmutz gezogen worden ist.«

Ja, er dachte natürlich, ich hätte Hurerei getrieben, mit Fred geschlafen, einem verheirateten Ungläubigen, eine der schlimmsten Sünden, die man überhaupt begehen konnte. Doch war es bereits Hurerei, jemanden zu küssen und zu streicheln? War es eine Sünde, die den Tod nach sich zog, einen verheirateten Ungläubigen gern zu haben, zu lieben?

Der Name Jehovas, pah! So stolz waren sie auf diesen Namen, der mit größter Wahrscheinlichkeit sowieso nicht »Jehova« ausgesprochen wurde. Dabei waren sie es, seine Zeugen, die die Bibel missbrauchten, die sich anmaßten, im Namen Gottes zu sprechen, die den Richter spielen wollten über ihre Mitbrüder und entschieden, ob jemand vor Gott Vergebung empfangen konnte oder nicht. Ich trat doch schon von ganz allein aus! Wieso sollten die da noch Sorgen haben, ob ich bei den Mitgläubigen und den Leuten an den Türen ein schlechtes Licht auf »den Namen Jehovas« werfen könnte?

Nein, mir schwante etwas ganz anderes: Wenn auf der Bühne verkündet werden musste, dass eine, auf die alle so große Hoffnungen gesetzt hatten, von deren Gläubigkeit und Engagement alle so beeindruckt waren, einfach ausgetreten war, dann kam das nicht gut an. Dann könnten vielleicht auch andere, die schon jahrelang zweifelnde Mitläufer waren, den Mut bekommen, es ihr gleichzutun. Wenn aber verkündet werden konnte, dass sie ausgeschlossen war, dann war sie nur eine bedauernswerte Sünderin, ein reueloses Objekt, das in Harmagedon den Tod finden würde, nichts, was nachzuahmen wert war.

Nein, niemand würde mich vor ein Rechtskomitee ziehen! Ich hatte nicht auf die Weise gegen das Gesetz verstoßen, dass ein Ausschluss damit gerechtfertigt werden könnte. Fred und ich waren nicht mehr zusammen. Ich wollte einfach nur austreten, weil mir die Augen aufgegangen waren.

»Nein, es ist nichts vorgefallen! Ich will einfach nur austreten. Im Organisationsbuch wird eindeutig die Möglichkeit des ›Verlassens der Gemeinschaft‹ genannt.«

»Das geht nicht so einfach«, erwiderte Klaus zögernd. »Ich brauche dafür von dir eine schriftliche Erklärung, dass du die Gemeinschaft verlassen möchtest und nicht mehr als Zeuge Jehovas bekannt sein möchtest.«

»Die sollst du haben. Ich mache sie gleich fertig und schicke sie dir zu.«

»Aber Martina! ... Wir sollten erst noch einmal die ganze Angelegenheit bereden. Du beruhigst dich jetzt erst einmal, und dann komme ich zu dir und wir besprechen alles noch einmal ganz in Ruhe ...«

»Nein, ich will nicht, dass du kommst! Ich schicke dir einfach diese Erklärung und dann ist gut. Okay?«

»Na ja ...«, meinte Klaus nur, aber für mich gab es nichts mehr hinzuzufügen.

Sofort setzte ich mich an den Tisch und schrieb eine kurze Erklärung auf ein Blatt Papier:

Ich, Martina Piepgras, möchte die Gemeinschaft verlassen und will fortan nicht mehr als Zeuge Jehovas bekannt sein.

Ich unterschrieb und steckte das Ganze in einen Umschlag mit Klaus' Adresse.

Nun war es geschehen. Dies war ein genauso gutes Gefühl wie damals, als ich aus der Kirche ausgetreten war. Nein, es war besser, denn diesmal wusste ich genau, dass ich das Richtige tat.

Freitagabend besuchte mich Klaus gegen meinen Willen. Bei Mama hatte er sich zuvor erkundigt, ob die Freundschaft zu Fred noch bestünde, aber die hatte natürlich verneint.

Klaus ging mit mir ins Wohnzimmer, wo er sich setzte, ohne dass ich ihm einen Platz angeboten hätte. Ich blieb vor ihm stehen.

Es war eine äußerst merkwürdige Situation: Er kam als der autoritäre Älteste, der eine reuelose Sünderin zurechtbringen wollte. Doch ich stand über ihm und blickte auf ihn herab.

»Setz dich doch«, forderte er mich auf.

»Nein«, erwiderte ich knapp. Sollte er doch wieder aufstehen! Das tat er aber nicht, so dass wir unsere Unterhaltung in dieser merkwürdigen Konstellation ablaufen ließen.

»Was ist passiert, Martina?«, begann er mit tiefer Sorgenfalte.

»Ich habe gemerkt, dass ihr nichts als eine jämmerliche Sekte seid. Ich habe gemerkt, dass man mir das eigene Denken abgewöhnt hat, aber nun habe ich es wieder gelernt. Jetzt will ich meine Freiheit wieder.«

Klaus schüttelte nur milde mit dem Kopf.

»Ach, erzähl mir doch nicht so was! Was ist passiert? Hat es etwas mit diesem Mann zu tun?«

»Du hast doch schon von meiner Mutter gehört, dass wir nicht mehr zusammen sind. Fred hat mir gezeigt, worauf es im Leben wirklich ankommt. Ich glaube den ganzen Mist nicht mehr von wegen Satan und so. Ich habe nicht gesündigt. Ich bin nur endlich wieder zu mir gekommen.«

Klaus schüttelte wieder leise den Kopf. »Ich kann dich nicht zwingen, mir die Wahrheit zu sagen«, sagte er.

»Und ich kann nichts anderes, als die Wahrheit sagen, aber ich kann dich nicht zwingen, sie mir zu glauben«, erwiderte ich kalt.

Das Gesicht des Aufsehers verfinsterte sich: »Ich mag es nicht, wenn du in diesem Ton mit mir sprichst!«

»Du kannst mir keine Angst mehr machen«, schoss ich zurück, »ich rede, wie es mir passt.«

Alles in mir stand auf Abwehr, denn ich wusste, dass Klaus sehr wohl Macht hatte, dass ich mich sehr wohl noch nicht weit genug von den Zeugen Jehovas gelöst hatte. Ich war noch nicht bereit, mich auf irgendwelche Diskussionen zu diesem Thema einzulassen. Das spürte ich ganz deutlich. Doch ich spürte auch immer noch, dass es richtig war, was ich tat, dass dieser Weg mich in die wirkliche Freiheit führte.

Klaus schüttelte wieder ratlos den Kopf.

»Schau, ich kenne die Versammlung nun wirklich schon lange, aber so etwas ist noch *nie* vorgekommen, dass jemand nach so kurzer Zeit einfach die Flinte ins Korn wirft.« Ein Hauch von Ärger stahl sich nun doch in seine Miene. »Das gibt es nicht.«

Mir sagte das allerdings, dass es das nach etwas längerer Dazugehörigkeit wohl des Öfteren gab. »Es ist nun mal so.«

»Ich glaube dir nicht«, wiederholte Klaus wieder hilflos mit dem Kopf schüttelnd, erhob sich dann aber seufzend und war nun endlich wieder einen Kopf größer als ich. »Wir sollten nächste Woche noch einmal miteinander sprechen.«

»Nein! Das will ich nicht! Du sollst einfach nur meinen Austritt bekannt geben.«

Klaus seufzte wieder mit einer Mischung aus Ärger und Verachtung. »Nun, ich kann allerdings nicht garantieren, dass du nicht in nächster Zeit eine Menge Anrufe und Besuche bekommen wirst. Aber vielleicht können andere bei dir ja mehr bewirken als ich.«

Das hatte ich befürchtet. Psychoterror! Hans-Peter hatte doch Recht gehabt.

Klaus streckte mir die Hand entgegen, aber ich blieb steif und unbeweglich. Schließlich nahm er seine Tasche, drehte sich um und ging endlich, endlich weg.

Das waren nicht mehr meine Freunde. Bis meine Persönlichkeit wieder gefestigt sein würde, wären *sie* jetzt schlechte Gesellschaft für mich, würde ich 2 Johannes 10 auf sie anwenden, so wie sie diesen Vers auf mich anwenden würden: »*Wenn jemand zu euch kommt und bringt diese Lehre nicht, so nehmt ihn nicht ins Haus und grüßt ihn auch nicht.*«

Ich plante, die nächsten Wochenenden so wenig wie nur möglich zu Hause anzutreffen zu sein. Mama freute sich schon auf die Ausflüge, die wir zusammen machen wollten. Allmählich hatte sie sich an die veränderte Situation gewöhnt, und nachdem meine leiblichen Geschwister ihre Freude über meinen Austritt kundgegeben hatten, begann nun auch sie zu glauben, dass es so wohl tatsächlich am besten war.

Endlich hatte ich wieder Zeit, andere Dinge zu lesen. Der Predigtdruck war von mir genommen, und dafür allein hatte sich schon der Austritt gelohnt. Endlich brauchte ich auch nicht mehr überlegen, wen ich nun lieben durfte, wen ich hassen musste, mit wem ich länger zusammen sein durfte und von wem ich mich fernhalten sollte – ich konnte der allgemeinen Liebe zu den Menschen einfach wieder freien Lauf lassen. Ich brauchte nur noch danach zu gehen, wer mir sympathisch war und wer nicht.

Was ich vermisste, war das Singen in der Versammlung und die Gemeinschaft mit Leuten, die ich gern hatte. Und ich vermisste auch Fred.

Aber das würde ja alles wiederkommen! Ich würde neue Freunde finden, ich würde schöne Sachen erleben und ich würde auch einen neuen Freund finden, der mich liebte und den ich liebte. Ich brauchte nicht mehr zu beten und zu bitten und auf Gott zu warten. Ich konnte selber das Heft in die Hand nehmen, ich konnte selber entscheiden, wer für mich gut war.

Ich fing gleich damit an, indem ich bei der Vermieterin des jungen Mannes anrief, der mit mir telefoniert hatte, damals, in meinem anderen Leben. »Ach«, sagte die, »der ist gerade für ein paar Tage weg zum Geburtstag seiner Mutter.«

Ach ja, Geburtstagsfeiern, richtig, vor denen brauchte ich jetzt ja auch keine Angst mehr zu haben!

»Wenn er wieder zurück ist, sagen Sie ihm doch bitte, dass er mich mal anrufen soll. Sagen Sie ihm, es hätte sich etwas Wichtiges verändert.«

Denn jetzt würde ich mich nicht mehr gefangen nehmen lassen. Ich würde das Leben mit allen Sinnen in mich aufsaugen und einfach frei sein. Ich war gespannt auf *mein* Leben.

Den Sonntag verbrachte ich bei Sonnenschein mit Mama im Gettorfer Zoo. Ich brauchte ihr nicht mehr zu predigen. Ich brauchte nicht darauf zu achten, auch ja nur wie eine glückliche Zeugin Jehovas auszusehen und mich so zu verhalten, dass ein »gutes Licht auf die Wahrheit« geworfen wurde. Ich war einfach nur wieder ich selbst.

Meine Gedanken waren frei wie die Vögel und dachten Gutes wie Böses ganz ungeniert. Ich erschrak nicht mehr davor. Ich war ein Mensch, ein unvollkommener Mensch, ich würde immer unvollkommen sein, und das war gut so. Alles andere wäre doch langweilig!

War vielleicht jetzt in der Versammlung bekannt gegeben worden, dass ich die Gemeinschaft verlassen hatte? Ich hätte ja zu gerne Mäuschen gespielt. Aber ich würde wohl nie erfahren, ob es wirklich so abgelaufen war, oder ob Klaus ganz schnell ein Komitee einberufen und mich einfach so ausgeschlossen hatte. Ich traute ihm mittlerweile alles zu.

Abends rief mich Peter an. Wir unterhielten uns wieder über eine Stunde lang, doch diesmal konnte ich sein, wie ich war, jedenfalls fast. Peter war sehr misstrauisch, was meinen plötzlichen Sinneswandel anging, weil ich doch auf einmal so ganz anders war, aber er ließ sich auf das Abenteuer ein und wir verabredeten uns für den nächsten Tag in der Mittagspause.

Ah, mit einem Weltmenschen verabredet sein, ein junger Mann, ganz alleine ohne Anstandsdame, ohne Angst entdeckt zu werden, ohne Angst vor Sünde …

Bei unserem Treffen am nächsten Tag unterhielten wir uns hauptsächlich über die Schulzeit. Worüber sollte ich auch sonst reden? Mein früheres Leben hatte mit der Schulzeit aufgehört, deswegen lag es für mich nahe, dort anzuknüpfen. Mein Denken glitt oft noch in die alten Bahnen (Satan oder nicht? Harmagedon oder nicht? Ungläubige = Böse), und ich spürte, dass es wohl doch noch einige Zeit dauern würde, bis ich wirklich wieder ein freier Mensch sein konnte. Was ich dafür brauchte, waren andere Menschen, die mich mochten, und die hatte ich. Gleichzeitig war das alles aber auch aufregend neu für mich.

Am Mittwochnachmittag wollte ich mich mit Peter in Eckernförde treffen. Ich ging durch die Fußgängerzone, ganz ohne Zwang jetzt hier mit den Zeitschriften zu stehen, und war einfach nur fröhlich.

Vor mir bemerkte ich Roswitha, wie sie mit ihren beiden Söhnen auf einer Bank im Schatten saß.

»Hallo, Martina!«, rief sie, »Mensch, dich hab ich ja lange nicht gesehen. Ich dachte schon, du wärst krank. Wo warst du denn die letzten Male?«

Fröhlich setzte ich mich neben sie.

»Ich komme nicht mehr. Ich habe die Gemeinschaft verlassen.«

Roswithas Gesicht wurde fahl. »Rasch, geht irgendwohin und schaut euch was an«, zischte sie ihren Jungen zu, die mich entgeistert anstarrten, dann aber ihrer Mutter gehorchten.

»Martina, mach keinen Fehler«, flehte sie mich an, »überleg dir das Ganze doch noch mal ...«

»Es ist zu spät. Ich habe schon eine schriftliche Erklärung abgegeben.«

War denn mein Austritt noch gar nicht bekannt gegeben worden? Oder hatte Roswitha wieder einmal nur gefehlt?

Roswitha jedenfalls zuckte nur hilflos mit den Schultern. »Ach, Martina«, seufzte sie, »du warst doch immer so nett! Ich kann mir gar nicht mehr vorstellen, dass ich dich nicht mehr grüßen soll!«

»Ob du mich grüßt oder nicht, hängt doch allein von dir ab«, erwiderte ich lächelnd.

Roswitha aber schüttelte wieder nur hilflos den Kopf und wusste nichts mehr zu sagen.

Schließlich sah ich Peter mit schnellem Schritt auf mich zugehen. »Ah, da kommt der Mann, mit dem ich hier verabredet bin. Mach's gut, Roswitha, ich wünsch dir alles Gute.«

Ich ließ sie zurück in ihrem goldenen Käfig und ich konnte nur hoffen, dass sie den Dietrich benutzte, den ich ihr gerade gegeben hatte.

In der Bücherei lieh ich mir das Buch einer »Abtrünnigen« aus, das ich damals zu lesen mich nicht getraut hatte. Jetzt war ich frei, zu lesen, was ich wollte. Ich fürchtete keine Angriffe der Dämonen mehr, ich brauchte mir um Treue Jehova gegenüber keine Gedanken mehr zu machen – ich brauchte nur noch mir selber treu zu sein. Und ich musste wissen, ob nun wirklich nur Lügen drinstanden, mit dem Wissen, das ich jetzt hatte.

Natürlich, wie zu erwarten war: Ich fand mich in diesem Buch wieder, jedes einzelne meiner Gefühle. Ja, ich hatte richtig gehandelt mit meinem Austritt, es war keine »Wahrheit«, die ich damals gefunden hatte, es war reine Indoktrination gewesen, man hatte mein Wesen verändert und mich für die Zwecke einer mächtigen Sekte zurechtgebogen, mich zum Sklaven gemacht und in Fesseln des Glaubens und der Furcht gelegt.

Das musste ich mir immer wieder und wieder klar machen, denn allzu leicht drohten meine Gedanken wieder in die alten Denkmuster zurückzufallen. Wenn ich die Schlagzeilen der Zeitung sah, musste ich mir klar machen: Du brauchst keine Angst vor Harmagedon zu haben; auf der Welt läuft vieles schief, aber du wirst nicht mit Feuer verzehrt werden, nur weil du dich für Liebe und Freiheit entschieden hast. Wenn ich mit anderen Menschen zusammen war, musste ich mir klar machen: Du brauchst nicht mehr zu überlegen, wie du sie bloß die »Wahrheit« der Bibel erkennen lassen kannst; sie brauchen vor keiner Vernichtung gewarnt zu werden; sie sind einfach nur Menschen wie du, und du kannst ganz normal mit ihnen reden. Wenn ich mit dem Hund durch die Wiesen ging und meine Freiheit genoss, musste ich mir gleichzeitig klar machen: Du verschwendest keine Zeit; du brauchst nicht mehr dein Leben dem zu opfern, was du glaubtest, dass es ein Dienst für Gott wäre; du genießt die Welt um dich herum, und das ist gut so, denn dafür ist sie da. Und wenn ich mit Peter spazieren ging, musste ich mir klar machen: Du sündigst nicht; du genießt dein Leben mit einem Menschen, den du gern hast, und das ist gut so.

Natürlich war auch Peter sich nicht klar darüber, ob mein Austritt nun wirklich endgültig wäre, und in unseren Gesprächen testete er mich auf Herz und Nieren. Ich aber wusste nur: Ich brauchte jetzt einen Menschen, den ich lieben konnte. Nur Liebe konnte mich heilen. Ich dachte nicht viel weiter als bis an den nächsten Tag. Ich musste irgendwie überleben, nur das zählte. Schließlich gab ich ihm mein Tagebuch über die letzten zwei Jahre zum Lesen. Das war der Schlüssel zum Verständnis dessen, was in mir vorgegangen war, und Peter sah endlich ein, dass ich nicht einfach nur eine Macke hatte, sondern die raffinierte Gedankenmanipulation einer Sekte Schuld an meiner Lage gewesen war.

Peter verbrachte fast jede frei Minute mit mir. Wir machten lange Wanderungen, wir besuchten Museen, wir machten Ausflüge mit dem Auto und mit dem Fahrrad. Er brachte mir bei sich zu Hause das Tanzen bei und ging von da an mit mir zu den Tanzkursen abends an der Uni. Ich genoss jede einzelne Minute mit ihm zusammen, denn ich spürte: Dies war der Mann, den ich mir so lange erträumt hatte. Endlich hatte ich wirklich jemanden, der mich liebte und den ich liebte, und wenn nicht Gott mir diesen Wunsch erfüllt hatte, wer dann? Denn dass gleich der erste Mann, dem ich in meinem neuen Leben begegnete, der Richtige sein sollte, schien mir schon fast zu viel zu sein, um es noch Glück oder Zufall nennen zu können.

So gelang es mir ganz allmählich, im Laufe der Monate wieder ein stabiles Ich aufzubauen. Am Anfang gab es manchmal Tage, da war es mir egal, ob ich bei einem Autounfall ums Leben kommen würde oder ob ich mit dem Flugzeug abstürzte. Doch dann spürte ich immer mehr diesen übermächtigen Drang zu leben in mir! Ich wollte leben, ich wollte lernen, ich wollte lieben. Und schließlich wollte ich keine Faser meines Daseins mehr missen.

Ich würde es schaffen, meine Wunden heilen zu lassen. Das Leben nahm Wege, die uns manchmal merkwürdig erschienen, aber vieles lag nicht in unserer Hand. Man musste es nehmen, wie es kam.

EPILOG

Seit diesen Dingen sind jetzt mehr als zehn Jahre vergangen.

Knapp zwei Jahre nach meinem Austritt haben Peter und ich geheiratet und sind auch jetzt noch glücklich zusammen. Ich habe zwei wundervolle Kinder bekommen, die mir viel Freude machen, und so das Paradies auf Erden für mich verwirklicht.

Ich bin mit meinem Mann viel gereist und habe viel gelernt über die Welt.

Ganz allmählich habe ich wieder gelernt, meinen Fuß über die Schwelle einer Kirchentür zu setzen. Ich lese immer noch gerne in der Bibel, greife aber auch mal zum Koran. Und ich habe gelernt, wieder zu einem eigenen Glauben zu finden und eine Beziehung zu Gott aufzubauen, doch dieser Prozess ist noch lange nicht abgeschlossen, vielleicht wird er es auch nie sein.

Was ich noch viel mehr gelernt habe, ist, dass ich mich nie mehr auf eine Ideologie versteifen werde und Fragen und Kritik überaus hoch schätze. Denn nur das kritische Fragen und das Mitdenken kann uns davor bewahren, von anderen vor einen ideologischen Karren gespannt zu werden oder in einer Masse mitzulaufen, die uns in unserer eigenen persönlichen Freiheit kaum noch Raum zum wirklichen Leben lässt.

Vielleicht wäre ich nie so leicht Zeugin Jehovas geworden, wenn es Ruth nicht gegeben hätte und die Freundschaft, die sie mir anbot. Vielleicht wäre ich auch heute noch in diesem System der Bewusstseinskontrolle gefangen und nicht in der Lage Zweifel zuzulassen, wenn ich damals in der Versammlung einen

Partner gefunden hätte. Was für ein Mensch wäre dann wohl aus mir geworden? Wahrscheinlich ein kinderloser Pionier, seelisch leer und ausgepumpt, den nur noch die Hoffnung auf die baldige Erlösung durch die Neue Welt und die Angst vor der eigenen Vernichtung bei der Stange hält. Ich bin unendlich dankbar, dass es nicht so gekommen ist.

Ich habe nicht einen einzigen Tag lang meinen Austritt bereut, und ich bin heute glücklich, wie ich es damals vor über zehn Jahren nicht zu hoffen gewagt hatte. Kann so viel Glück wirklich Satan bewirkt haben? Oder liegt es nicht doch daran, dass ich selber mich zum Guten bekenne, zur Liebe und zur Freiheit? Ist es nicht das, was Gott ausmacht?

Von meinen ehemaligen »Freunden« habe ich nichts mehr gehört – keine Besuche, kein Telefonterror, nichts. Die, die ich noch auf der Straße traf, schauten, als hätten sie den Leibhaftigen erblickt. Und als einmal vier von ihnen denselben Tanzabend in der Tanzschule besuchten wie ich, war meine pure Anwesenheit ihnen Grund genug, den Raum zu verlassen.

War es nun ein Fehler, damals Zeuge Jehovas geworden zu sein? Ich vermag es nicht zu sagen. Es hat mir viele Schmerzen bereitet. Es hat meinen Lebensweg in andere Bahnen gelenkt dadurch, dass ich nicht in jungen Jahren studiert habe. Doch wer kann schon sagen, wozu es gut war? Ich hätte dann auch viele Erfahrungen nicht gemacht, die mein Leben ohne Zweifel bereichert haben. Ich hätte nie gelernt, wie wichtig Freiheit ist, wie wichtig die Liebe ist, und dass das eine vom anderen abhängt.

Ideologie und Indoktrination sind überall zu finden. Die Methoden, die die Zeugen Jehovas verwenden, begegnen uns in vielen anderen Modellen wieder. Information ist das Einzige, was uns schützen kann, das Regehalten des Geistes.

Ob die Lehren der Zeugen Jehovas nun eine Art »Wahrheit« sind oder nicht, muss jeder für sich selbst beleuchten. Letztendlich kommt es darauf aber gar nicht an. Denn es ist die Art und Weise, wie diese Lehren vermittelt werden, die beurteilt werden muss.

Die Freiheit des Glaubens und des Denkens ist unverletzlich; jeder soll das glauben können, was er möchte. Doch anderen Glauben einflößen, Kritik zu ächten, Ängste zu schüren, das Denken, das Bewusstsein und das Verhalten zu kontrollieren und Informationen nicht frei zugänglich sein zu lassen – das ist es, was wir nicht zulassen dürfen.

»Die Würde des Menschen ist unantastbar. Sie zu achten und zu schützen ist Verpflichtung aller staatlichen Gewalt.« (Art. 1, Absatz 1, Grundgesetz)